所有交通資訊全收錄在這一本！

四國兜風MAP & SA/PA、公路休息站指南

可以拆下使用！

特別附錄 2
四國兜風MAP & SA／PA、公路休息站指南

CONTENTS

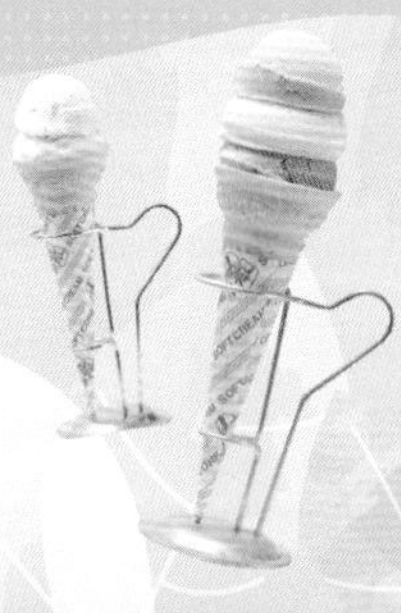

圖例

景點　玩樂　美食　咖啡廳
購物　溫泉　住宿
四國八十八札所　讚岐烏龍麵
都道府縣廳　瞭望所
市公所　滑雪場
町村公所、政令市區公所　海水浴場
公路休息站　賞櫻、紅葉名勝
溫泉　景點
神社　紀念物
寺院

詳細地圖頁數　松山市 本書P.106

高速、收費道路　IC　SA　隧道　多車線　2車線　PA
新幹線　車站　隧道
國道　11　收費　徒步道　冬季封閉
JR線
都道府縣道　都道府縣道　收費　主要地方道
私鐵線
其他道路　收費　徒步道
航路

★關於附錄冊子刊載的地圖★
●測量法に基づく国土地理院長承認（使用）R 4JHs 21-296818　R 4JHs 23-296818　R 4JHs 24-296818

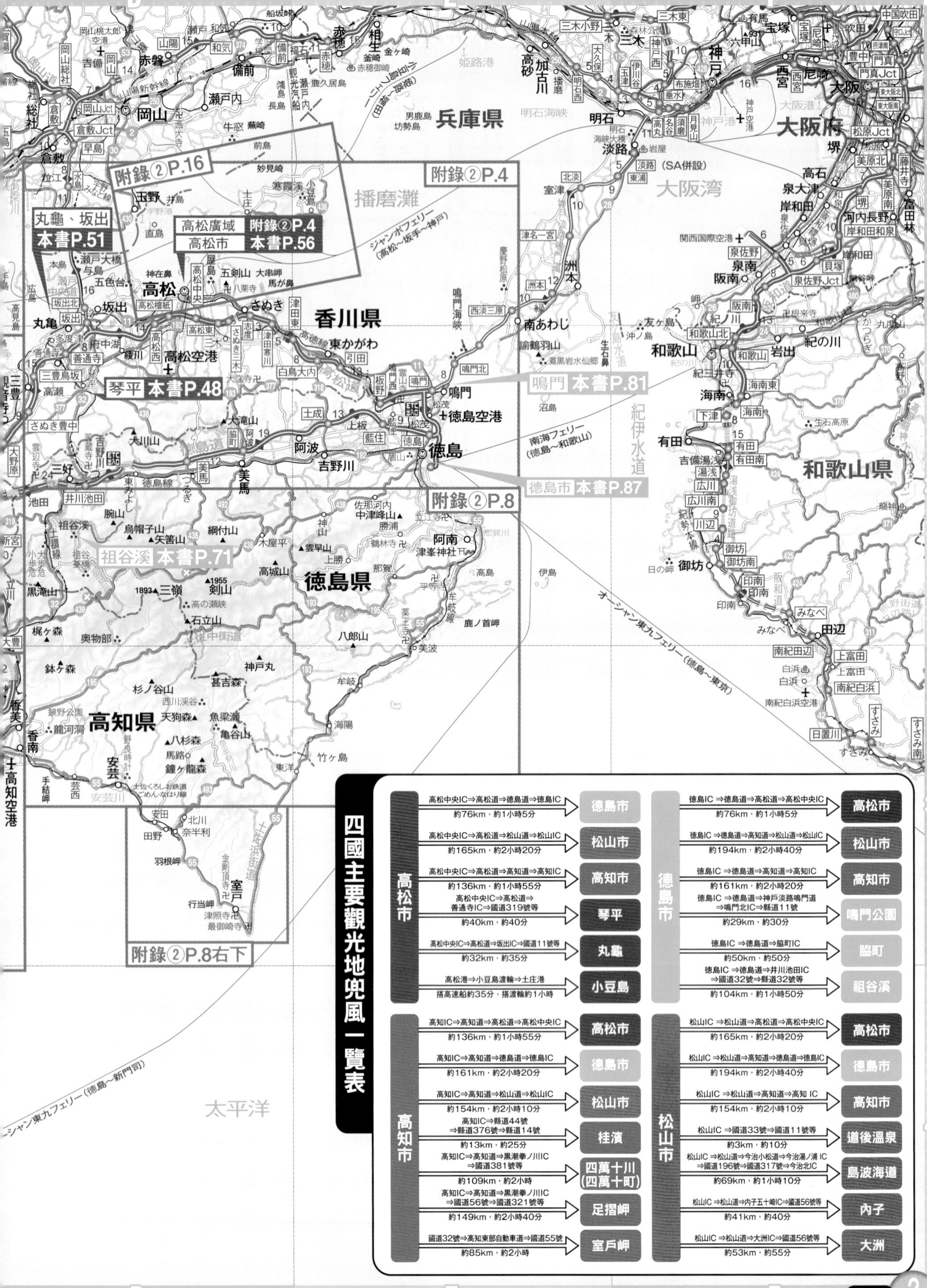

四國主要觀光地兜風一覽表

出發地	路線	距離・時間	目的地
高松市	高松中央IC⇒高松道⇒徳島道⇒徳島IC	約76km，約1小時5分	徳島市
高松市	高松中央IC⇒高松道⇒松山道⇒松山IC	約165km，約2小時20分	松山市
高松市	高松中央IC⇒高松道⇒高知道⇒高知IC	約136km，約1小時55分	高知市
高松市	高松中央IC⇒高松道⇒善通寺IC⇒國道319號等	約40km，約40分	琴平
高松市	高松中央IC⇒高松道⇒坂出IC⇒國道11號等	約32km，約35分	丸龜
高松市	高松港⇒小豆島渡輪⇒土庄港	搭高速船約35分，搭渡輪約1小時	小豆島
徳島市	徳島IC ⇒徳島道⇒高松道⇒高松中央IC	約76km，約1小時5分	高松市
徳島市	徳島IC ⇒徳島道⇒高知道⇒松山道⇒松山IC	約194km，約2小時40分	松山市
徳島市	徳島IC ⇒徳島道⇒高知道⇒高知IC	約161km，約2小時20分	高知市
徳島市	徳島IC ⇒徳島道⇒神戸淡路鳴門道⇒鳴門北IC⇒縣道11號	約29km，約30分	鳴門公園
徳島市	徳島IC ⇒徳島道⇒脇町IC	約50km，約50分	脇町
徳島市	徳島IC ⇒徳島道⇒井川池田IC⇒國道32號⇒縣道32號等	約104km，約1小時50分	祖谷溪
高知市	高知IC⇒高知道⇒高松道⇒高松中央IC	約136km，約1小時55分	高松市
高知市	高知IC⇒高知道⇒徳島道⇒徳島IC	約161km，約2小時20分	徳島市
高知市	高知IC⇒高知道⇒松山道⇒松山IC	約154km，約2小時10分	松山市
高知市	高知IC⇒縣道44號⇒縣道376號⇒縣道14號	約13km，約25分	桂濱
高知市	高知IC⇒高知道⇒黒潮拳ノ川IC⇒國道381號等	約109km，約2小時	四萬十川（四萬十町）
高知市	高知IC⇒高知道⇒黒潮拳ノ川IC⇒國道56號⇒國道321號等	約149km，約2小時40分	足摺岬
高知市	國道32號⇒高知東部自動車道⇒國道55號	約85km，約2小時	室戸岬
松山市	松山IC ⇒松山道⇒高松道⇒高松中央IC	約165km，約2小時20分	高松市
松山市	松山IC ⇒松山道⇒高知道⇒徳島道⇒徳島IC	約194km，約2小時40分	徳島市
松山市	松山IC ⇒松山道⇒高知道⇒高知 IC	約154km，約2小時10分	高知市
松山市	松山IC ⇒國道33號⇒國道11號等	約3km，約10分	道後溫泉
松山市	松山IC ⇒松山道⇒今治小松道⇒今治湯ノ浦 IC⇒國道196號⇒國道317號⇒今治北IC	約69km，約1小時10分	島波海道
松山市	松山IC ⇒松山道⇒内子五十崎IC⇒國道56號等	約41km，約40分	内子
松山市	松山IC ⇒松山道⇒大洲IC⇒國道56號等	約53km，約55分	大洲

Mapple Magazine SHIKOKU '24
索引地圖
INDEX MAP Shikoku
四國
0 10 20 30 40 50km
※地圖上省略標示智慧辨識IC（ETC專用出入口）
景點 玩樂 美食
咖啡廳 購物 溫泉 住宿
四國八十八札所 讚岐烏龍麵
A
B
C
1
2
3
4
岡山県
広島県
山口県
愛媛県
大分県
宮崎県
瀬戸内海
伊予灘
宇和海
安芸灘
燧灘
土佐湾
広島
福山
尾道
三原
東広島
竹原
呉
岩国
周南
下松
光
柳井
屋代島
江田島
今治
西条
新居浜
松山
松山空港
伊予
大洲
八幡浜
西予
宇和島
宿毛
四万十
土佐清水
須崎
大分
臼杵
佐伯
附録②P.15
附録②P.6
附録②P.14
附録②P.10
附録②P.12
今治 本書P.117
松山市 本書P.106
道後溫泉 本書P.92
砥部 本書P.109
内子 本書P.120
高知廣域 本書P.140
高知市 本書P.139
大洲 本書P.121
宇和島 本書P.122
四萬十川、中村 附錄②P.13
足摺岬、龍串 本書P.149
松山·小倉フェリー（松山～小倉）
名門大洋フェリー（新門司～大阪）
阪九フェリー（新門司～神戸·泉大津）
宇和島運輸（別府～八幡浜）
オーシャン東九フェリー（新門司～徳島·東京）
フェリーさんふらわあ（別府～大阪）
石鎚山
瓶ヶ森
篠山
国東半島
佐田岬半島
四万十川

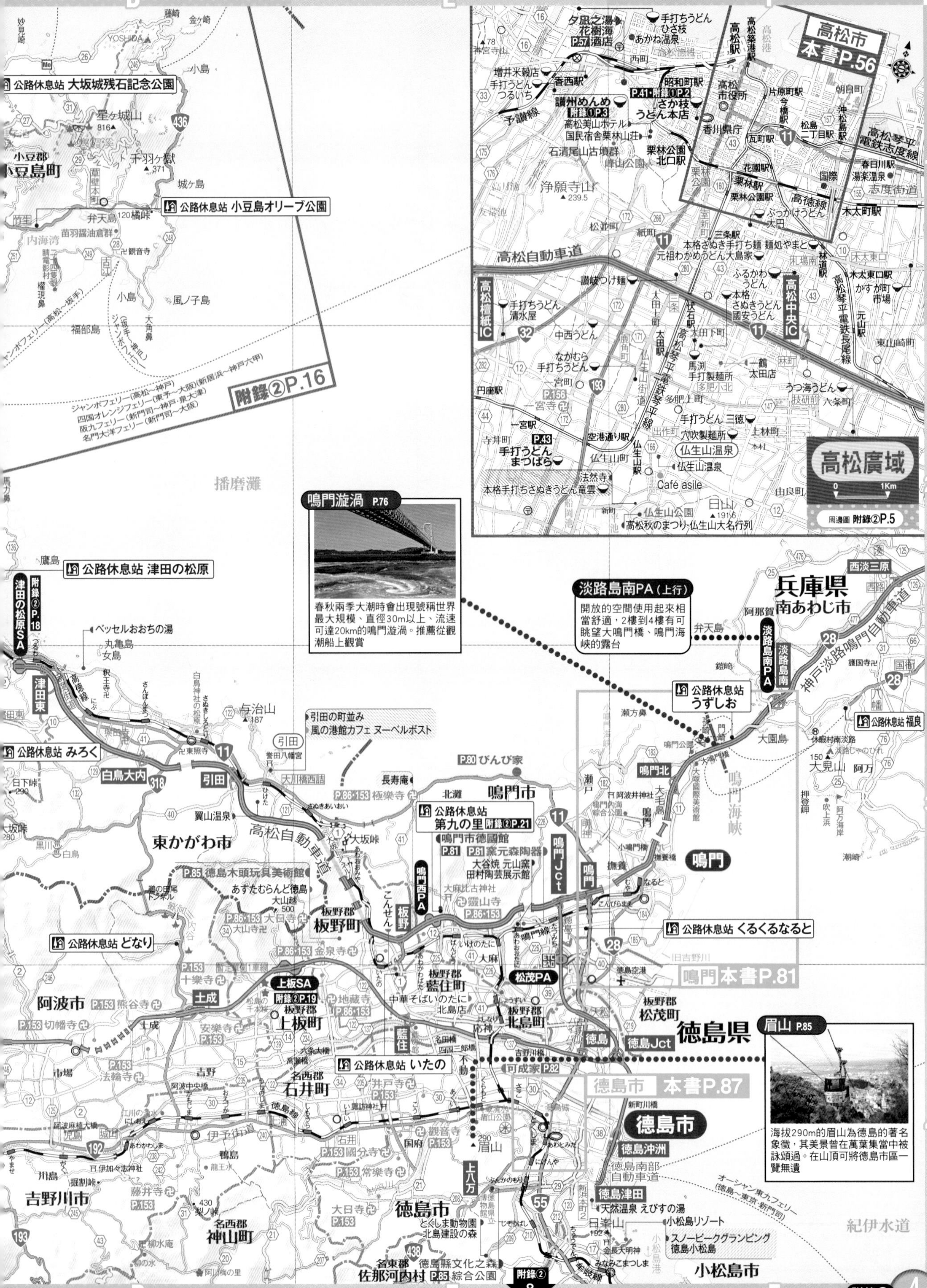

高松市 本書P.56
高松廣域
0 1Km
周邊圖 附錄②P.5
附錄②P.16
公路休息站 大坂城残石記念公園
公路休息站 小豆島オリーブ公園
小豆郡 小豆島町
星ヶ城山
千羽ヶ獄
播磨灘
ジャンボフェリー（高松～神戸）
四国オレンジフェリー（東予～大阪）
阪九フェリー（新門司～神戸・泉大津）
名門大洋フェリー（新門司～大阪）
夕凪之湯 花樹海 酒店
手打ちうどん ひさ枝
讃州めんめ
さか枝 うどん本店
高松自動車道
仏生山温泉
高松秋のまつり・仏生山大名行列
鳴門漩渦 P.76
春秋兩季大潮時會出現號稱世界最大規模、直徑30m以上、流速可達20km的鳴門漩渦。推薦從觀潮船上觀賞
淡路島南PA（上行）
開放的空間使用起來相當舒適，2樓到4樓有可眺望大鳴門橋、鳴門海峽的露台
兵庫県 南あわじ市
公路休息站 うずしお
公路休息站 福良
公路休息站 津田の松原
公路休息站 みろく
公路休息站 第九の里
公路休息站 どなり
公路休息站 くるくるなると
公路休息站 いたの
東かがわ市
鳴門市
鳴門 本書P.81
板野郡 板野町
板野郡 藍住町
板野郡 上板町
板野郡 北島町
板野郡 松茂町
阿波市
名西郡 石井町
吉野川市
名西郡 神山町
徳島県
徳島市 本書P.87
徳島市
小松島市
名東郡 佐那河内村
眉山 P.85
海拔290m的眉山為徳島的著名象徵，其美景曾在萬葉集當中被詠頌過。在山頂可將徳島市區一覽無遺
紀伊水道
附錄② 8

高松、徳島
4
6
8
14 10
12
周邊圖 附錄②P.2
0 2.5 5km
景點 玩樂 美食 咖啡廳
購物 溫泉 住宿
四國八十八札所 讚岐烏龍麵
※詳細航道請看附錄②P16・17
岡山県
玉野市
瀬戸内海
倉敷市
瀬戸內的群島
小豆島
土庄町
香川県
坂出市
丸亀市
宇多津町
多度津町
善通寺市
三豊市
観音寺市
高松市
高松市 本書P.56
高松廣域 右上
丸龜、坂出 本書P.51
琴平 本書P.48
さぬき市
三木町
綾川町
まんのう町
東みよし町
三好市
美馬市
つるぎ町
瀬戸中央自動車道
高松自動車道
徳島自動車道
鴻ノ池SA
与島PA 附錄②P.18
府中湖PA
高瀬PA
吉野川SA
井川池田
阿波PA
粒江PA
直島
豊島
男木島
女木島
屋島
栗林公園 P.14·52
位於紫雲山東麓，四國具代表性的天下名園。在日本全國的特別名勝當中，幅員面積最為廣大
金刀比羅宮 P.10·37·44
有「金毘羅宮」暱稱，廣受喜愛的海上交通守護神。參道到御本宮有785階的漫長石階，到奥社有1368階
脇町 P.88
從江戶時代到明治時代因是阿藍的集散地而繁榮發展。可在滿情懷的「卯建街道」悠閒散步
公路休息站 瀬戸大橋記念公園 附錄②P.20
公路休息站 恋人の聖地うたつ臨海公園
公路休息站 滝宮
公路休息站 香南楽湯 附錄②P.20
公路休息站 しおのえ
公路休息站 空の夢もみの木パーク
公路休息站 たからだの里さいた 附錄②P.20
公路休息站 ことなみ・エピアみかど 附錄②P.20
公路休息站 三野
公路休息站 みまの里
公路休息站 貞光ゆうゆう館 附錄②P.21
公路休息站 藍ランドうだつ P.88・附錄②P.21
公路休息站 小豆島ふるさと村
公路休息站 源平の里むれ 附錄②P.20
海鮮食堂じゃこや P.14·54
高松空港
四国空市場(YOSORA)
KITOKURAS cafe P.51
がもううどん P.36・附錄①P.4
山下うどん店 附錄①P.4
たむらうどん P.36・附錄①P.6
宮武うどん P.41・附錄①P.2
池上製麺所 附錄①P.3
もり家 P.42・附錄①P.3
本格手打うどん セルフはゆか P.40・附錄①P.6
岡製麺所 P.43・附錄①P.6
山越うどん P.38・附錄①P.6
長田うどん P.41
小縣家 P.37・附錄①P.6
やまうち P.42・附錄①P.6
谷川米穀店 P.39・附錄①P.6
二嶋製麺所 P.40・附錄①P.6
湯山荘 阿讃琴南 P.57
郷屋敷 P.43・附錄①P.2
こだわり手打ちうどん P.40・附錄①P.3
Hessokko水上樂園 P.9
定期觀光巴士 大步危、祖谷秘境之旅 P.70
雲邊寺空中纜車
箸蔵山空中纜車 P.153
脇町卯建街道 P.88
美馬市傳統工藝體驗館
藍商佐直吉田家住宅 P.88
脇町劇場Odeon座 P.88
附錄② 9
6 附錄②

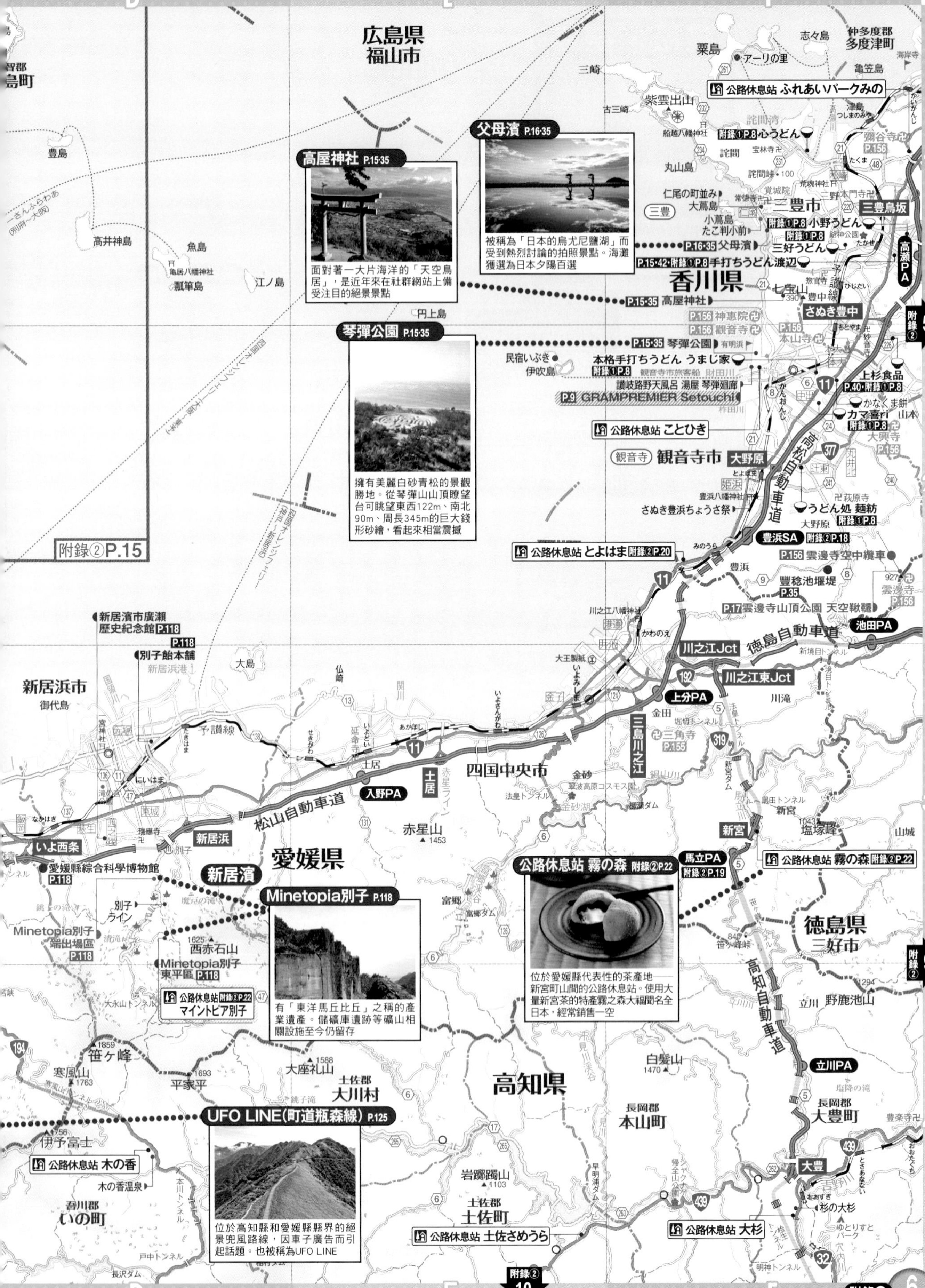
D
E
F
広島県
福山市
香川県
愛媛県
高知県
徳島県
三好市
高屋神社 P.15·35
面對著一大片海洋的「天空鳥居」，是近年來在社群網站上備受注目的絕景景點
父母濱 P.16·35
被稱為「日本的烏尤尼鹽湖」而受到熱烈討論的拍照景點。海灘獲選為日本夕陽百選
琴彈公園 P.15·35
擁有美麗白砂青松的景觀勝地。從琴彈山山頂瞭望台可眺望東西122m、南北90m、周長345m的巨大錢形砂繪，看起來相當震撼
Minetopia別子 P.118
有「東洋馬丘比丘」之稱的產業遺產。儲礦庫遺跡等礦山相關設施至今仍留存
公路休息站 霧の森 附錄②P.22
位於愛媛縣代表性的茶產地──新宮町山間的公路休息站。使用大量新宮茶的特產霧之森大福聞名全日本，經常銷售一空
UFO LINE(町道瓶森線) P.125
位於高知縣和愛媛縣縣界的絕景兜風路線，因車子廣告而引起話題。也被稱為UFO LINE
公路休息站 ふれあいパークみの
附錄①P.8 心うどん
三豊市
三豊鳥坂
附錄①P.8 小野うどん
附錄①P.8 三好うどん
P.16·35 父母濱
P.15·42·附錄①P.8 手打ちうどん渡辺
P.15·35 高屋神社
P.156 神恵院
P.156 観音寺
P.15·35 琴彈公園
本格手打ちうどん うまじ家
附錄①P.8
讃岐路野天風呂 湯屋 琴弾廻廊
P.9 GRAMPREMIER Setouchi
公路休息站 ことひき
観音寺市
大野原
上杉食品 P.40·附錄①P.8
カマ喜ri 附錄①P.8
うどん処 麺紡 附錄①P.8
さぬき豊浜ちょうさ祭
公路休息站 とよはま 附錄②P.20
豊浜SA 附錄②P.18
P.156 雲邊寺空中纜車
豐稔池堰堤 P.35
P.17 雲邊寺山頂公園 天空鞦韆
高瀬PA
さぬき豊中
池田PA
徳島自動車道
川之江Jct
川之江東Jct
上分PA
三島川之江
四国中央市
松山自動車道
高松自動車道
高知自動車道
入野PA
土居
新居浜
いよ西条
新居濱
新居濱市廣瀨歷史紀念館 P.118
別子飴本舗 P.118
新居浜市
愛媛縣綜合科學博物館 P.118
Minetopia別子 端出場區 P.118
Minetopia別子 東平區 P.118
公路休息站 附錄②P.22 マイントピア別子
西赤石山 1625
赤星山 1453
笹ヶ峰 1859
寒風山 1763
大座礼山 1588
土佐郡 大川村
伊予富士 1756
公路休息站 木の香
吾川郡 いの町
岩躑躅山 1103
土佐郡 土佐町
公路休息站 土佐さめうら
長岡郡 本山町
白髪山 1470
長岡郡 大豊町
大豊
公路休息站 大杉
立川PA
馬立PA 附錄②P.19
新宮
公路休息站 霧の森 附錄②P.22
附錄①P.15
附錄② 5
附錄② 9
附錄② 10

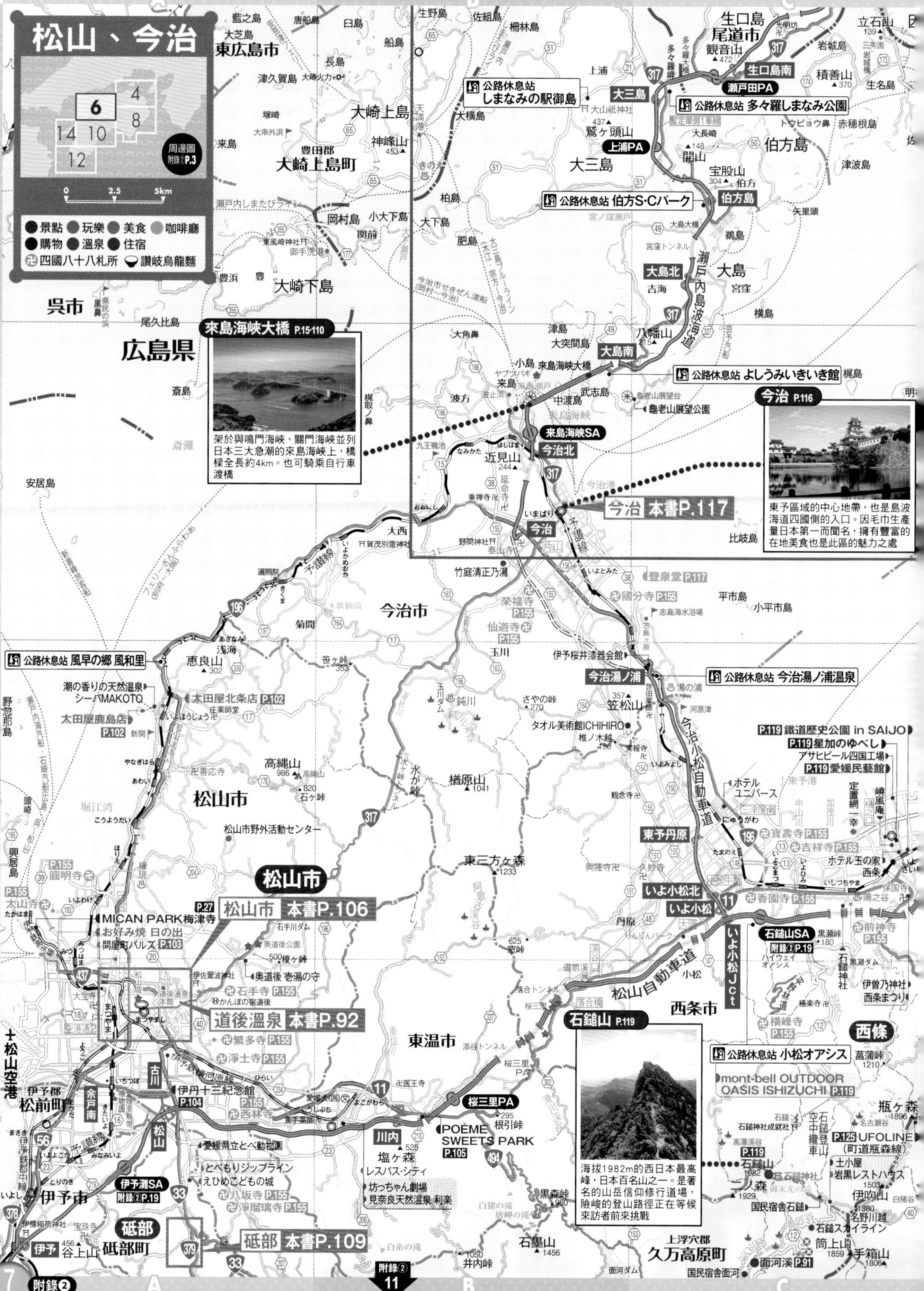

松山、今治
6
4
8
14
10
12
周邊圖 附錄② P.3
0
2.5
5km
景點
玩樂
美食
咖啡廳
購物
溫泉
住宿
四國八十八札所
讃岐烏龍麵
東広島市
大芝島
藍之島
唐船島
臼島
船島
長島
津久賀島
大崎上島
神峰山
453
豊田郡
大崎上島町
来島
瀬戸内しまたびライン
岡村島
小大下島
関前
御手洗港
大崎下島
豊浜
豊
呉市
尾久比島
広島県
斎島
斎灘
安居島
來島海峽大橋 P.15·110
架於與鳴門海峽、關門海峽並列日本三大急潮的來島海峽上，橋樑全長約4km。也可騎乘自行車渡橋
生野島
佐組島
柵林島
公路休息站 しまなみの駅御島
大三島
大山祇神社
鷲ケ頭山
437
上浦PA
大三島
生口島
尾道市
観音山
472
生口島南
瀬戸田PA
公路休息站 多々羅しまなみ公園
多々羅大橋
伯方島
開山
宝股山
304
公路休息站 伯方S·Cパーク
伯方島
立石山
岩城島
積善山
370
赤穂根島
生名島
津波島
柏島
大下島
肥島
大島北
吉海
大島
瀬戸内島波海道
宮窪
横島
津島
大突間島
八幡山
215
大島南
公路休息站 よしうみいきいき館
小島
來島海峽大橋
来島
波方
中渡島
武志島
亀老山展望公園
来島海峡SA
今治北
近見山
244
今治 P.116
東予區域的中心地帶，也是島波海道四國側的入口。因毛巾生產量日本第一而聞名，擁有豐富的在地美食也是此區的魅力之處
今治 本書P.117
今治
予讃線
大西
比岐島
竹庭清正乃湯
登泉堂 P.117
國分寺 P.155
今治市
平市島
小平市島
榮福寺 P.155
仙遊寺 P.155
玉川
伊予桜井漆器会館
公路休息站 風早の郷 風和里
恵良山
302
浅海
笹ケ峠
353
今治湯ノ浦
公路休息站 今治湯ノ浦温泉
潮の香りの天然温泉 シーパMAKOTO
太田屋北条店 P.102
太田屋鹿島店 P.102
笠松山
357
タオル美術館ICHIHIRO
高縄山
986
820
石ケ峠
水ケ峠
楢原山
1041
今治小松自動車道
松山市
堀江湾
松山市野外活動センター
野忽那島
P.119 鐵道歷史公園 in SAIJO
P.119 星加のゆべし
アサヒビール四国工場
P.119 愛媛民藝館
ホテルユニバース
東予丹原
寶壽寺 P.155
吉祥寺 P.155
ホテル玉の家
西条
東三方ヶ森
1233
松山市
P.155 圓明寺
P.27
松山市 本書P.106
MICAN PARK梅津寺
お好み焼 日の出
問屋町バルズ P.103
P.155 太山寺
いよ小松北
いよ小松
香園寺 P.155
石鎚山SA
附錄② P.19
前神寺 P.155
いよ小松Jct
松山自動車道
西条市
伊曽乃神社
西条まつり
奥道後 壱湯の守
石手寺 P.155
道後溫泉 本書P.92
繁多寺 P.155
浄土寺 P.155
東温市
石鎚山 P.119
海拔1982m的西日本最高峰，日本百名山之一。是著名的山岳信仰修行道場，險峻的登山路徑正在等候來訪者前來挑戰
横峰寺 P.155
西條
公路休息站 小松オアシス
mont-bell OUTDOOR OASIS ISHIZUCHI P.119
松山空港
伊予郡 松前町
伊丹十三紀念館 P.104
西林寺 P.155
桜三里PA
POÈME SWEETS PARK P.105
根引峠
295
川内
塩ケ森
525
レスパス·シティ
坊っちゃん劇場
見奈良天然温泉 利楽
瓶ケ森
1896
P.125 UFOLINE (町道瓶森線)
P.119 石鎚山
1982
土小屋
岩黒レストハウス
伊吹山
1503
二ノ森
1929
国民宿舎石鎚
石鎚スカイライン
筒上山
1859
手箱山
1806
面河渓 P.91
愛媛県立とべ動物園
とべもりジップライン
えひめこどもの城
八坂寺 P.155
浄瑠璃寺 P.155
伊予灘SA
附錄② P.19
伊予市
砥部
砥部 本書P.109
伊予
谷上山
456
砥部町
石墨山
1456
黒森峠
980
井内峠
1050
上浮穴郡
久万高原町
国民宿舎面河
附錄② 11

室戶岬 P.151
位於高知東部，可欣賞到被認定為世界地質公園的壯觀海岸線。這裡也是弘法大師的淵源之地

祖谷溪 P.11·70
雄偉的溪谷連綿不絕，傳說平家落人隱居於此深山的秘境之地。這裡也是熱門的溫泉地
祖谷蔓橋 P.11·72
以藤蔓所編的吊橋，架於流經深谷的祖谷川上。能實際走於橋上，體驗吊橋搖晃的刺激感
劍山 P.69
海拔1955m的四國第2高峰，為日本百名山之一。因登山路線難度較低而受到眾人喜歡，一年四季登山客絡繹不絕
祖谷溪 本書P.71
高知廣域 本書P.140
5 附錄②
6 附錄②
10 附錄②
附錄② 8右下
大步危祖谷阿波溫泉 阿波之抄 P.75
公路休息站 大步危
公路休息站 にしいや
公路休息站 美良布
公路休息站 やす
公路休息站 大山
落合集落 P.74
桃源鄉祖谷山里 茅草屋民宿 P.73
蕎庵 P.73
P.74 そば道場
古民家喫茶 きむら
東祖谷歷史民俗資料館 P.74
奥祖谷観光周遊モノレール
武家屋敷（舊喜多家住宅）P.74
鉾杉 P.74
P.74 奥祖谷二重蔓橋
劍山 P.69
劍山觀光登山吊椅 P.69
MIRAI CONVENIENCE STORE P.9
劍山木綿麻溫泉
東みよし町
三好市
つるぎ町
美馬市
徳島県
高知県
大豊町
香美市
香南市
安芸市
芸西村
馬路村
北川村
安田町
室戸市
土佐湾
森林鉄道&インクライン 馬路温泉
馬路村ふるさとセンター まかいちょって家
野村家住宅
土居廓中武家屋敷
野良時計
神峯寺 P.154
中津山 1447
国見山 1409
寒峰 1605
落合峠 1520
矢筈山 1848
黒笠山 1703
塔丸 1713
三嶺 1893
天狗塚 1812
白髪山 1770
綱附森 1643
石立山 1708
高板山 1427
梶ヶ森 1400
黒滝山 1210
友内山 1073
八面山 1312
丸笹山 1712
一ノ森 1879
大久保山 1563
平家平 1603
折宇谷山 1653
赤城尾山 1436
甚吉森 1423
千本山 1084
杉ノ谷山 1367
稗已屋山 1228
天狗森 1295
鐘ヶ龍森 1126
御在所山 1079
妙見山 434
三辻森 674
野根山 983
土佐中街道
土佐浜街道
（土佐東街道）
土讃線

仁淀川 P.146
擁有日本全國頂級水質的仁淀川被譽為「奇蹟的清流」。可進行各式各樣的河川休閒活動
長岡郡 本山町
長岡郡 大豊町
土佐郡 土佐町
国見山 1089
赤荒峠 820
明神岳 743
笑淵 P.125
陣ケ森 1013
郷ノ峰峠
工石山 1176
吾川郡 いの町
国見山 926
穴内川ダム
甫喜ケ峰
根曳峠 410
香美市
南国市
高知廣域 本書P.140
公路休息站 633美の里
公路休息站 南国風良里
高知市
南国SA
高知Jct
高知
南国
香南市
獨木舟學校1日路線
P.146 土佐和紙工藝村QRAUD
高岡郡 越知町
公路休息站 土佐和紙工芸村 附錄② P.23
高知アイス売店 P.146
仁淀川ラフティングツアー（集合場所）
水辺の駅 あいの里 仁淀川
屋形船 仁淀川 P.146
スノーピークおち仁淀川キャンプフィールド
波川公園 P.146
伊野
仁淀川 P.146
スノーピーク かわの駅おち
高岡郡 日高村
横倉山自然之森博物館
高知中央
なんこく南
高知南
高知空港
高知龍馬空港
高知市 本書P.139
P.154 清瀧寺
弘岡
土佐
土佐市
桂濱
日曜市場 P.11·126
位於高知城東側，許多攤販聚集於此，綿延超過1km長，是日本最大街頭市集。販售各式當地產蔬果
禅師峰寺
雪蹊寺
種間寺
高岡郡 佐川町
佐川町城市散步MAP在P.23
土佐PA
高知自動車道
牧野公園 P.13·22
牧野富太郎故鄉館 P.22
舊濱口家住宅 P.23
酒藏之道 P.23
キリン館 P.23
青山文庫 P.23
酒ギャラリーほてい P.23
大正軒 P.23
虚空蔵山 675
蟠蛇森 769
宇佐
青龍寺 P.154
帷子崎展望台
須崎プリンスホテル
須崎東
須崎市
須崎中央
須崎西
清水渚
桂濱及龍馬像 P.132
弓狀延伸的白砂青松景觀勝地。附近一帶被規劃為桂濱公園，幕末時生於高知的英雄坂本龍馬雕像佇立於此
土佐湾
まゆみの店 鍋焼きラーメン専門店
戸島
中ノ島
神島
公路休息站 かわうその里すさき 附錄② P.23
多田水產 須崎公路休息站店
焼坂峠
双名島
久礼大正町市場
田中鮮魚店
漁師小屋
黒潮本陣
黒潮工房
公路休息站 なかとさ
久礼
矢田部崎
冠岬
高知、四國喀斯特
4 6 8 10 12 14
周邊圖 附錄② P.3
0 2.5 5km
景點 玩樂 美食 咖啡廳
購物 溫泉 住宿
四國八十八札所 讚岐烏龍麵
附錄② 9

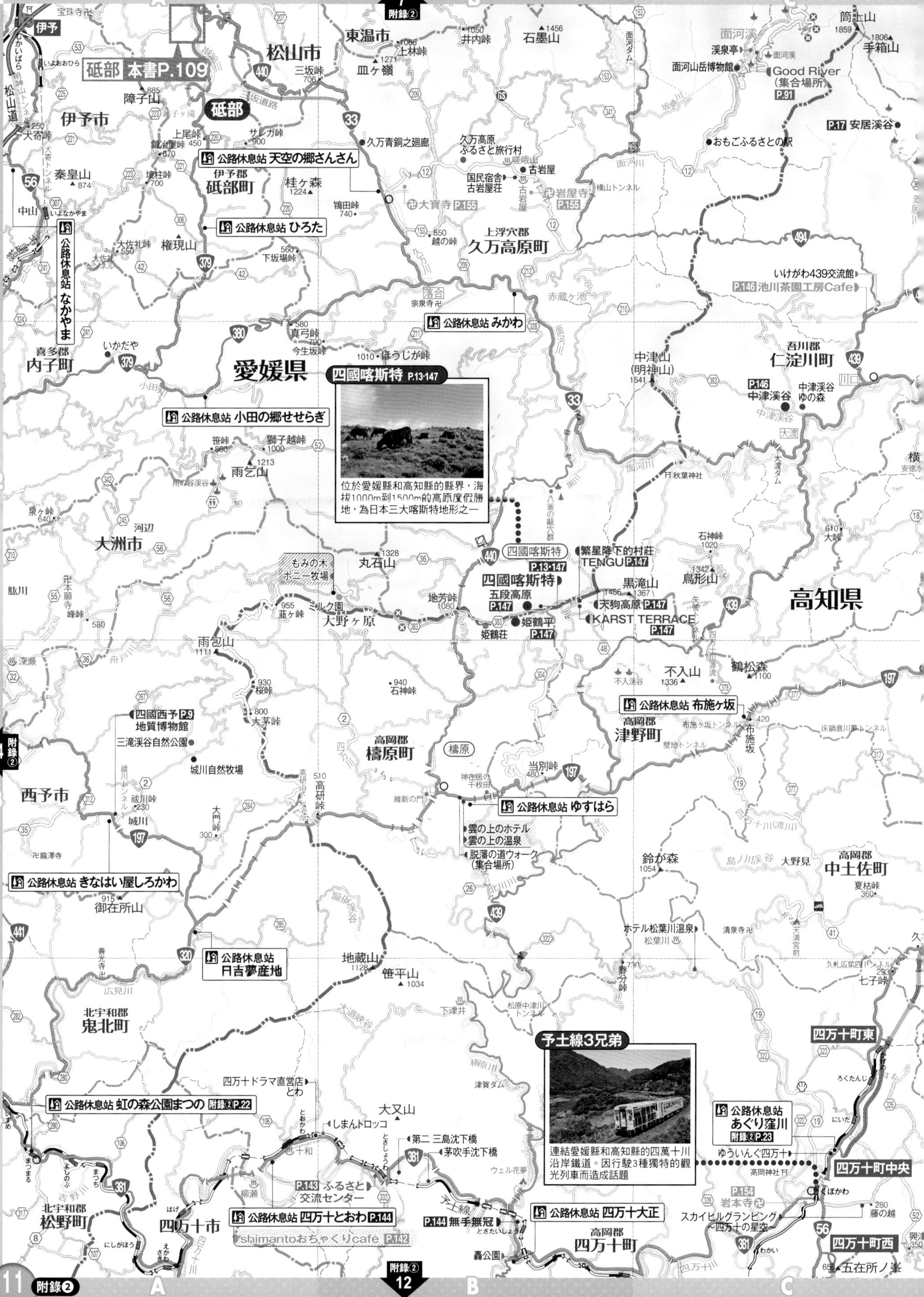

位於愛媛縣和高知縣的縣界，海拔1000m到1500m的高原度假勝地，為日本三大喀斯特地形之一

連結愛媛縣和高知縣的四萬十川沿岸鐵道。因行駛3種獨特的觀光列車而造成話題

足摺岬、四萬十川
11 附錄②
星羅四萬十飯店 P.145
四萬十川之驛獨木舟館 P.13·143
四万十川りんりんサイクル
公路休息站 よって西土佐 附錄②P.23
いわき食堂 P.144
岩間沈下橋 P.142
四萬十川 P.142
四萬十樂舍
屋内沈下橋
公路休息站 四万十大正
高岡郡
四万十町
P.143 海洋堂河童館
海洋堂HOBBY館四萬十 P.143
四万十町西
五在所ノ峯
竹の屋敷林
興津八幡宮
興津小室の浜
四万十町
黒潮拳ノ川
土佐佐賀
公路休息站 なぶら土佐佐賀 附錄②P.23
四萬十川
高知県
四万十市
幡多郡
黒潮町
海洋堂HOBBY館四萬十
海洋堂河童館 P.143
海洋堂因製造、販賣模型而世界聞名，將其歷史與收藏集大成的特殊博物館
黒潮一番館
鹿島
勝間沈下橋 P.142
カヌーとキャンプの里 P.144 かわらっこ
高瀬沈下橋
塩塚坂
井ノ岬
井の岬
公路休息站 附錄②P.23 ビオスおおがた
砂浜美術館
Tシャツアート展
ネスト・ウエストガーデン土佐
四万十の碧
そらみるアウトフィッターズ(集合場所)
川辺のコテージ
佐田沈下橋 P.13 142
宿毛市
山奈
P.154 延光寺
平田
中村
不破八幡宮
四万十いやしの里
四万十の宿
四万十いやしの里
四萬十川、中村 左圖
平田
貝ケ森
中筋川ダム
幡多郡
三原村
四萬十川野鳥自然公園 P.144
伊豆田峠
伊豆田トンネル
今ノ山
土佐清水市
竜串ダイビングセンター
竜串観光汽船
公路休息站 めじかの里土佐清水
高知縣立足摺海洋館 P.148 SATOUMI
たつくし海中観光
ホテルオレンジ
P.148 足摺海底館
見残海岸 P.148
竜串海域公園
水島
足摺半島
以布利川ダム
足摺岬 P.148
足摺岬位於四國最南端。周邊除了有大自然鬼斧神工的洞門之外，還有許多神秘景點
太平洋
龍串
位於足摺岬西方的龍串海域公園可以看見大自然鬼斧神工的造形美景。搭乘玻璃船的海中散步為人氣活動
足摺岬、龍串 本書P.149
足摺岬
足摺岬、四萬十川
4 6 8 14 10 12
周邊圖 附錄② P.3
0 2.5 5km
景點 玩樂 美食 咖啡廳 購物 溫泉 住宿
四國八十八札所 讃岐烏龍麵
D E F
1 2 3 4

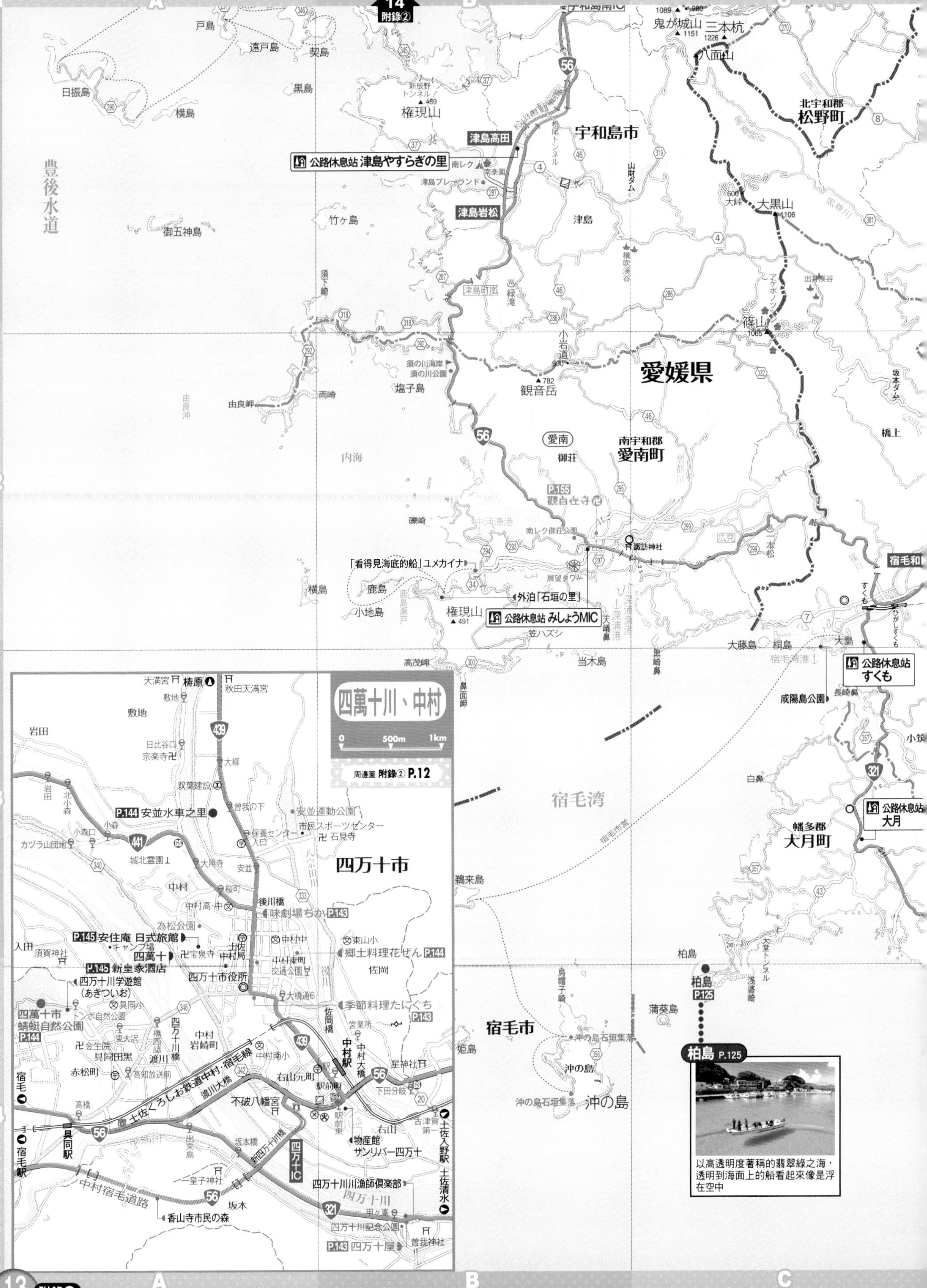

柏島 P.125
以高透明度著稱的翡翠綠之海，透明到海面上的船看起來像是浮在空中

內子、宇和島
周邊圖 附錄②P.3
景點 玩樂 美食 咖啡廳 購物 溫泉 住宿
四國八十八札所 讚岐烏龍麵
內子的街道 P.120
內子町的主要街道「八日市護國街區」，還保留著許多江戶時代後半到大正時代的建築物
JR下灘站 P.16
前方就是平穩海面的無人小車站，懷舊的光景是人氣的拍照景點
公路休息站 なかやま
公路休息站 ふたみ
伊予市
中山
JR下灘站 P.16
予讃線
喜多郡 內子町
壺神山
公路休息站 內子フレッシュパークからり
內子 本書P.120
內子PA
內子五十崎
內子
松山自動車道
大洲 本書P.121
大洲
大洲北
大洲富士
大洲肱南
大洲南
少彥名神社參籠殿 P.17
大洲 P.121
位於清流河畔的古老城下町，保有江戶時代的舊倉庫和明治到大正時代的住宅，有伊予的小京都之稱
小藪溫泉
大洲市
西宇和郡 伊方町
伽藍山
えびすや旅館
佐田岬半島
佐田岬物産センター 三崎漁師物語り てんねんもん
佐田岬 P.91
佐田岬灯台
網掛岩 P.17
出石山
公路休息站 伊方きらら館
伊予灘
西宇和郡 伊方町
公路休息站 八幡浜みなっと 附錄②P.22
丸山ちゃんぽん
公路休息站 瀬戸農業公園
せと風の丘パーク
八幡浜市
愛媛県
佐田岬半島
西予市
乙亥の里 カロト温泉
大洲市交流促進センター 鹿野川荘
明石寺 P.155
西予宇和
公路休息站 どんぶり館
卯之町の町並み
開明学校
山田屋まんじゅう本店
佛木寺 P.155
龍光寺 P.155
公路休息站 みま 附錄②P.22
三間
公路休息站 森の三角ぼうし
宇和島市
宇和海
宇和島
泉が森
北宇和郡 鬼北町
宇和島北
宇和島朝日
公路休息站 みなとオアシスうわじま きさいや広場
宇和島 本書P.122
民宿 段畑さの屋
遊子水荷浦的梯田 P.122
宇和島別当
宇和島南
鬼が城山
高月山
三本杭
北宇和郡 松野町
豊後水道
附錄② 13
附錄② 11

島波海道
15
4
6
8
14
10
12
周邊圖 附錄②P.3·7
0
2.0
4km
景點 玩樂 美食 咖啡廳
購物 溫泉 住宿
四國八十八札所 讃岐烏龍麵
広島県
尾道市
福山市
三原市
竹原市
今治市
愛媛県
瀬戸内海
山陽自動車道
山陽新幹線
山陽本線
高坂PA
八幡PA
三原久井
尾道
尾道Jct
福山西
今津
西藤
西瀬戸尾道
栗原
尾道大橋
福地
吉和
向島
因島北
因島南
生口島北
生口島南
大浜PA
瀬戸田PA(上行)
大三島
上浦PA
伯方島
大島北
大島南
今治北
今治
来島海峡SA
公路休息站 みはら神明の里
公路休息站 たけはら
公路休息站 しまなみの駅御島 P.113
公路休息站 P.113·附錄②P.22 多々羅しまなみ公園
公路休息站 伯方S·Cパーク
公路休息站 よしうみいきいき館
海洋與島嶼，稍微走幾步路就能看到因島大橋的絕美景致。美食街有尾道拉麵等豐富的當地美食。
P.115 はっさく屋
P.115 白滝山
P.115 尾道市因島Flower Center
P.115 HAKKO公園
P.15·114 しまなみドルチェ本店
因島水軍城 P.115
博愛堂 P.115
P.114 瀬戸の味 万作
P.114 cafe VIA shimanami
P.114 平山郁夫美術館
耕三寺博物館(耕三寺) P.114
島ごころ SETODA
島嶼美術館 P.114
(整座島都是美術館，作品散布在島上各處)
平山郁夫美術館 P.114
位於廣島縣尾道市瀬戸田町的熱門景點。美術館中完整介紹生口島出身的日本畫家平山郁夫的畢生偉業
しまなみコーヒー P.113
位於能眺望多多羅大橋的絕佳觀景位置。停好車後，也能行走在多多羅大橋上的自行車行人道。
P.15·113 大山祇神社
今治市伊東豊雄建築博物館 P.15·113
TOKORO MUSEUM OMISHIMA P.113
Limone P.113
Pâtisserie T's cafe玉屋 P.112
Bubuka-歩歩海
P.112 マリンオアシスはかた
ドルフィンファームしまなみ
枯井山展望公園 P.112
open cafe遠見茶屋 P.112
石のカフェ
能島水軍 P.111
村上海盗博物館 P.112
村上海盗博物館 P.112
以被認定為日本遺產的村上海盜的歷史為主題的博物館。透過立體模型或影像等介紹能島村上海盜的活動和生活
P.112 吉海玫瑰公園
paysan
友浦サイト Tomoura Site
P.112 来島海峡急流観潮船
P.15·110 来島海峡大橋
P.15·111 亀老山展望公園
亀老山展望公園 P.15·111
島波海道上能眺望號稱最大規模的來島海峡大橋的絕佳觀景點，夕陽美景也很漂亮
附錄②P.18
今治市サイクリングターミナル サンライズ糸山
SHIMANAMIモニュメント
風のレストラン
海食 浜勝
重松飯店 P.117
コンテックスタオルガーデン
P.116 今治
今治 本書P.117
テクスポート今治
今治タオル 本店 P.116
P.155 泰山寺
P.155 延命寺
フェリーさんふらわあ(別府～大阪)
附錄② 7

小豆島、直島
周邊圖 附錄②P.2·4
●景點 ●玩樂 ●美食 ●咖啡廳
●購物 ●溫泉 ●住宿
四國八十八札所 讚岐烏龍麵
寒霞溪 P.59
日本三大溪谷美之一，可一覽瀨戶內海，是小豆島首屈一指的觀景勝地，一年四季都有美景可欣賞
天使之路（天使的散步道）P.58
一天當中只有退潮時會短暫出現的沙道，被認定為「戀人的聖地」
公路休息站 小豆島オリーブ公園 P.58·60·附錄②P.20
因橄欖之島而聞名的小豆島象徵性的景點。園內的風車是大受歡迎的絕佳拍照景點
渡輪 約1小時 1160円（1日4班）
渡輪 約1小時40分 1710 円（1日7班）
渡輪 約1小時 700円（1日11班）
渡輪 約3小時20分 ※夜班船約6小時30分 1990円～（1日3～4班）
瀬戸内海
播磨灘
瀬戸内市
前島
黄島
小豆島
土庄町
小豆島町
土庄港
土庄東港
池田港
草壁港
坂手港
福田港
大部港
公路休息站 大坂城残石記念公園
Olivean Shodoshima Yuhigaoka Hotel P.61
HOMEMAKERS
銚子渓自然動物園おさるの国
SHIMAASOBI小豆島 P.60
かつや旅館
妖怪美術館 P.60
土庄港觀光中心 P.61
民宿マルセ
Coomyah grocery P.61
小豆島國際飯店 P.61
天使之路 P.58（天使的散步道）
井上誠耕園 らしく本館 P.61
井上誠耕園 レストラン 忠左衛門
井上誠耕園 スタイルショップマザーズ
公路休息站 附錄②P.20 小豆島ふるさと村
日本一どでカボチャ大会
中山千枚田
こまめ食堂 P.61
四方指
寒霞溪
星ヶ城山
小豆島シーサイドゴルフクラブ
公路休息站 小豆島 オリーブ公園 P.58·60·附錄②20
MINORI GELATO
平井製麺所
創作料理 野の花 P.61
フォレスト酒蔵 森國ギャラリー
丸金醤油紀念館 P.60
醤の郷現代美術館
平和堂 本店
醤の郷 P.59
山六醤油 P.60
なかぶ庵 P.61
二十四隻眼睛電影村 P.59
寒霞溪空中纜車
ジャンボフェリー（高松～神戸）
高松港（停車場）
渡輪乘船處 往小豆島（土庄、池田）渡輪 往直島（宮浦）渡輪
客船乘船處
第1浮棧橋 往小豆島（土庄）高速船 往大島旅客船 往女木島、男木島渡輪
第2浮棧橋 往豐島（家浦／唐櫃）高速船
渡輪乘船處
第1浮棧橋
第2浮棧橋
高速旅客船乘船處
旅客船等候區
SUN PORT高松地下停車場 6:30～24:00 前2小時每20分100円，之後每30分100円（但6～12小時一律1400円、12～16小時為每30分100円，16～24小時一律2200円）
JR高松駅
さぬき市

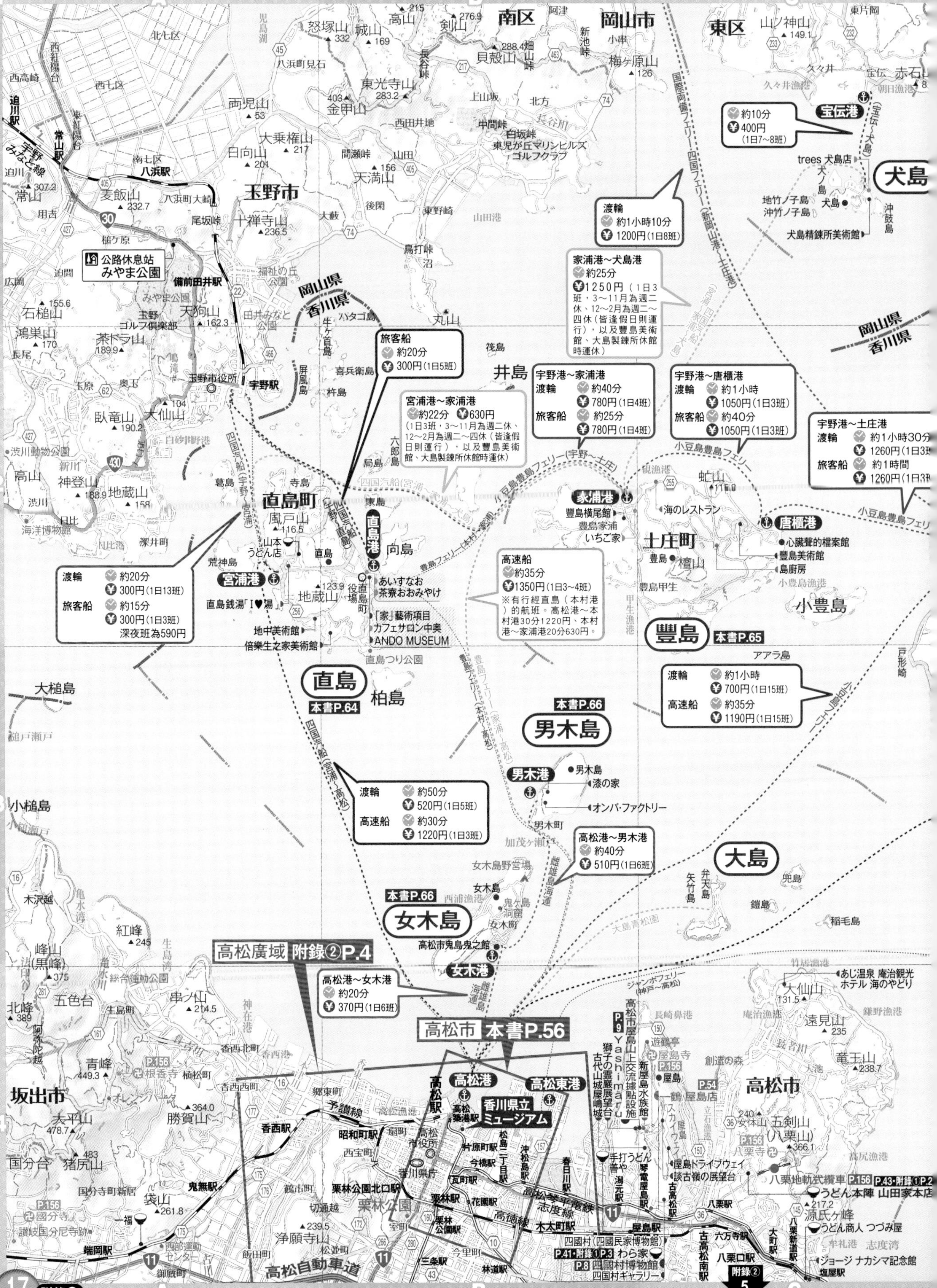

A
B
C
南区
岡山市
東区
玉野市
直島町
土庄町
坂出市
高松市
岡山県
香川県
犬島
井島
直島
本書P.64
豊島
本書P.65
小豊島
男木島
本書P.66
女木島
本書P.66
大島
柏島
大槌島
小槌島
高松廣域 附錄② P.4
高松市 本書P.56
宇野駅
八浜駅
常山駅
迫川駅
備前田井駅
宮浦港
直島港
家浦港
唐櫃港
宝伝港
男木港
女木港
高松港
高松東港
高松駅
公路休息站 みやま公園
玉野市役所
地中美術館
倍樂生之家美術館
直島銭湯「I♥湯」
山本うどん店
あいすなお 茶寮おおみやけ
「家」藝術項目
カフェサロン中奥
ANDO MUSEUM
豊島横尾館
海のレストラン
心臟聲的檔案館
豊島美術館
島廚房
いちご家
trees 犬島店
犬島精錬所美術館
オンバ・ファクトリー
高松市鬼島鬼之館
香川県立ミュージアム
あじ温泉 庵治観光ホテル 海のやどり
うどん本陣 山田家本店
うどん商人 つづみ屋
ジョージ ナカシマ記念館
わら家
四國村(四國民家博物館)
四國村ギャラリー
四國村博物館
手打うどん 善や
八栗地軌索纜車
屋島ドライブウェイ
談古嶺の展望台
旅客船 約20分 300円(1日5班)
宮浦港～家浦港 約22分 630円(1日3班，3～11月為週二休、12～2月為週二～四休(皆逢假日則運行)，以及豊島美術館、大島製錬所休館時運休)
宇野港～家浦港 渡輪 約40分 780円(1日4班) 旅客船 約25分 780円(1日4班)
宇野港～唐櫃港 渡輪 約1小時 1050円(1日3班) 旅客船 約40分 1050円(1日3班)
宇野港～土庄港 渡輪 約1小時30分 1260円(1日3班) 旅客船 約1時間 1260円(1日3班)
渡輪 約1小時10分 1200円(1日8班)
家浦港～犬島港 約25分 1250円(1日3班，3～11月為週二休、12～2月為週二～四休(皆逢假日則運行)，以及豊島美術館、大島製錬所休館時運休)
約10分 400円(1日7～8班)
渡輪 約20分 300円(1日13班) 旅客船 約15分 300円(1日3班) 深夜班為590円
高速船 約35分 1350円(1日3～4班) ※有行經直島(本村港)的航班。高松港～本村港30分1220円、本村港～家浦港20分630円。
渡輪 約1小時 700円(1日15班) 高速船 約35分 1190円(1日15班)
渡輪 約50分 520円(1日5班) 高速船 約30分 1220円(1日3班)
高松港～男木港 約40分 510円(1日6班)
高松港～女木港 約20分 370円(1日6班)
高松自動車道
予讃線
高徳線
琴電志度線

四國推薦的SA&PA指南

在此介紹如果是駕車環遊四國的讀者，絕對不容錯過的SA和PA。除了稍作休息之外，還能享受美食或購買伴手禮，感受這塊土地獨有的無窮魅力!

高松自動車道

可以品嘗到讚岐烏龍麵和拉麵

橄欖地雞的雞醬油拉麵炒飯組合套餐 1480円

使用香川縣特產的橄欖地雞熬煮的湯頭，和全麥麵條搭配絕佳

※11:00～20:30於餐廳提供

上行SA

炸蝦烏龍麵 840円

將八うどん人氣No.1。放上講究的將八流炸法製成的炸蝦

下行SA

瀨戶內檸檬霜淇淋 500円～

有檸檬的香氣和清爽的酸味。在美食街販售

下行SA

24小時營業的美食街十分方便

香川縣 **豊浜SA** ★とよはまサービスエリア

上行SA／0875-52-6585
下行SA／0875-52-3239

MAP 附錄②6F-2

位於香川縣的最西端，上下行皆設置了24小時的美食街。除了道地的讚岐烏龍麵外，還有豐富多樣使用當地食材的料理。

美食街
24小時（上行SA烏龍麵店為7:00～20:00、週六日、假日為～21:00。下行SA烏龍麵店為11:00～20:00、週六日、假日為10:00～21:00

商店 24小時

溫泉蛋肉片烏龍乾麵（小） 760円

甘鹹的牛肉片和自製小魚乾湯與烏龍麵搭配得相當入味的人氣菜單

享用只有這裡才有的美食

桑茶霜淇淋佐黃豆粉&和三盆糖蜜 500円

淋上滿滿的香川縣產黃豆粉和濃郁的和三盆糖蜜

讚岐烏龍麵漢堡 600円

原創的人氣商品。只在週六日、假日數量限定販售

可眺望瀨戶內海的高速公路服務區

香川縣 **津田の松原SA** ★つだのまつばらサービスエリア

上行SA／0879-42-1777
下行SA／0879-42-0880 MAP 附錄②4D-3

位於可一覽津田灣的丘陵地，從高地眺望瀨戶內海堪稱絕景。販售當地特產的商店和輕食區，以及自助式的道地讚岐烏龍麵區也相當受旅客歡迎。

美食街
7:00～21:00

商店
24小時（上行為7:00～21:00）

瀨戶中央自動車道

瀨戶大橋近在眼前

瀨戶大橋的正中間！絕佳的觀景視野為一大賣點

香川縣 **与島PA** ★よしまパーキングエリア

0877-43-0226 MAP 附錄②5A-2

能將瀨戶內海、本州和四國盡收眼底的高速公路休息站。從展望台可見到夕陽從瀨戶內海隱沒的景色，美不勝收。周圍是綠意盎然的園地，也適合散步休閒。

也可以一邊看風景一邊散步

美食街、商店
美食街為8:00～20:30（週六日、假日為7:30～21:00）、商店為8:00～21:00（週六日、假日為7:30～21:30）

自助式烏龍麵店
10:00～16:00（週六日、假日為～17:00）

瀨戶大橋夜間點燈
點燈日、時間請確認本州四國聯絡高速道路官網 HP https://www.jb-honshi.co.jp

西瀨戶自動車道（瀨戶內島波海道）

群島美景是魅力所在

來島海峽大橋

2樓有瞭望室和瞭望露台

宇和島風鯛魚飯 1350円

鯛魚生魚片鋪在飯上，再淋上加入生雞蛋的特製醬汁享用的漁師飯。相當奢華的生雞蛋拌飯

世界首座的三連吊橋，來島海峽大橋近在眼前

愛媛縣 **來島海峡SA** ★くるしまかいきょうサービスエリア

上下行共通設施。從四國出發則僅能從今治IC前往利用

0898-33-8633 MAP 附錄②15A-4

從位於腹地內的瞭望台能將來島海峽大橋一覽無遺。美食街提供燒豚玉子飯等豐富的當地美食，商店則有販售餅乾糖果和在地特產品等。

美食街、商店
8:00～21:00（週六日、假日為7:00～22:00）

美食街 商店 info 服務中心 無線網路、投幣式網路 遛狗場 育嬰室

松山自動車道

羅曼蒂克的觀景地點廣受歡迎

愛媛縣 **伊予灘SA** ★いよなださービスエリア

上行SA／089-946-7755　下行SA／089-946-7775

MAP 附錄②7A-4

能將道後平野和伊予灘一覽無遺，可欣賞落入伊予灘的夕陽和夜間點燈的松山城等夜景。當地美食也極受歡迎。

美食街 7:00～22:00

商店 7:00～22:00

大量別處吃不到的豐富原創料理

著名的夕陽勝地

下行SA

伊予柑霜淇淋 360円～

品嘗味道濃郁又爽口的伊予柑風味

上行SA

今治燒豚玉子飯 880円

在豬肉片和荷包蛋上淋偏甜的醬汁，是今治市當地的B級美食（10:00～22:00販售）

上行SA

西條鐵板拿坡里義大利麵套餐 950円

廣受愛媛縣西條市民喜愛的咖啡廳代表料理。另附湯品和沙拉

下行SA

魩仔魚丼 800円

愛媛縣產的魩仔魚搭配蜜柑蛋，是一道滑順醇厚的美食

四國最大規模的SA，豐富的當季滋味

愛媛縣 **石鎚山SA** ★いしづちさんサービスエリア

MAP 附錄②7C-3　※遛狗場在上行SA

上行SA／0898-72-6500

下行SA／0898-72-6450

愛媛縣的特產和當季滋味齊聚一堂，四國最大規模的休息站。鄉土料理也應有盡有。

美食街 24小時※不同時段提供不同料理（下行餐廳11:00～20:00）

商店 24小時

高知自動車道

高知的入口，美味特產不勝枚舉

高知縣 **南国SA** ★なんごくサービスエリア

※遛狗場位於下行SA

MAP 141C-2

上行SA／088-866-5701

下行SA／088-866-0005

使用當地食材的美食豐富多樣。於上行SA販售使用土佐赤牛特製的料理和在地拉麵。提供完善的Wi-Fi服務。

美食街、商店

7:00～22:00（上行SA、餐廳為11:00～20:30）、6:00～21:00（下行SA）

下行SA

鹽焙茶霜淇淋 430円～

使用生產於四萬十川源流域，香氣撲鼻的「一番茶」的鹽霜淇淋

上下SA

南國名產炸地瓜（5～6個入） 450円～

熱騰騰的土佐金時地瓜香甜原味在口中化開

品嘗土佐得天獨厚的豐富美食

上行SA

鍋燒拉麵和青海苔炸雞排定食 1440円

高知名產鍋燒拉麵和海苔香味炸雞排的共同演出

德島自動車道

德島的「絕頂美味」齊聚一堂

阿波尾雞的炸雞排定食 1080円

德島品牌雞「阿波尾雞」做的炸雞，搭配番茄醬汁爽口不膩

德島拉麵 890円

稍帶甜味的強勁湯頭，麵條也十分入味

阿波尾雞照燒漢堡（單點） 590円～

充滿阿波尾雞美味的肉餅堪稱一絕

販售豐富的當地美食與德島伴手禮

德島縣 **上板SA** ★かみいたサービスエリア　※遛狗場位於下行SA

上行SA／088-694-6945

下行SA／088-694-6955

MAP 附錄②4D-4

位於下行SA，設置室內遊樂器材和親子廁所的西日本首座「キッズかふぇ」廣受好評。於上行SA提供大量使用當地食材的料理。

美食街 7:00～21:00（下行「キッズかふぇ」11:00～15:00）

商店 7:00～21:00

被密林環繞的療癒系PA

愛媛縣 **馬立PA** ★うまたてパーキングエリア

上行PA／0896-72-2468

MAP 附錄②6F-3

這座公路休息站是從高知縣進入愛媛縣後第一個休憩施設。數量有限的「霧之森大福」超搶手，在高速道路上只有這裡才買得到。

美食街、商店

8:00～19:00（12～2月為～18:00）

辛辣滋味是餘韻不絕的好味道

麻辣拉麵 680円

充滿辣椒與辣油風味的乾拉麵

大快朵頤瀨戶內的當季美味

以特製醬汁醃漬的醃橄欖鰤魚丼825円（10月～1月上旬限定）

有當地美食還有溫泉！

四國推薦的公路休息站指南

行車途中能稍作放鬆歇息的公路休息站。能在此品嘗到在地美食、購買當地特產，及獲取實用的觀光資訊等，度過愉快舒適的旅程。

香川縣

11 公路休息站 源平の里むれ

MAP 附錄②5C-2

高松市 ★みちのえきげんぺいのさとむれ

☎087-845-6080

位於連結四國八十八所靈場的八栗寺和志度寺遍路道之間。能飽覽瀨戶內海風光，腹地內規劃有寬廣的公園。海鮮食堂和清晨現採蔬菜的直售店也很受歡迎。

餐廳 L11:00～14:00（週六日、假日為～15:00）

L9:00～17:00 休第1、3週二（逢假日則營業）

所高松市牟礼町原631-7 P62輛

192 公路休息站 瀨戶大橋記念公園

坂出市 ★みちのえきせとおおはしきねんこうえん MAP 附錄②5A-2

☎0877-45-2344

有介紹瀨戶大橋的瀨戶大橋紀念館和海洋穹窿形頂棚，鄰接於旁建有迴轉式瞭望塔「瀨戶大橋塔」。

咖啡廳 L週六日、假日的10:00～16:00

L自由入園（瀨戶大橋紀念館為9:00～16:30）

休瀨戶大橋紀念館為週一（逢假日則翌日休，黃金週、暑假無休） 所坂出市番の州緑町6-13 P449輛

在寬敞的園內散步吧

紀念瀨戶大橋的建設而打造的公園

11 公路休息站 とよはま

MAP 附錄②6F-2

觀音寺市 ★みちのえきとよはま

☎0875-56-3655

鄰近愛媛縣縣界處的公路休息站。おーしゃん食堂的海鮮料理和使用自製麵條的錢形拉麵很受歡迎。於週六、日和國定假日舉辦「日野ら市」（跳蚤市場）。

餐廳 L11:00～15:00

L9:00～17:00 休週一（逢假日則翌日休） 所觀音寺市豊浜町箕浦大西甲2506

P66輛

鰤魚被指定為香川的縣魚

有豐富的當地產鰤魚和海鮮 おーしゃん弁当七福椀1950円

250 公路休息站 小豆島ふるさと村

MAP 附錄②16D-3

小豆島町 ★みちのえきしょうどしまふるさとむら

☎0879-75-2266

具備網球場、露營區、住宿設施等，還能在海邊享受豐富的休閒活動。商店販售種類眾多的小豆島特產品。

餐廳 L10:30～15:00（視時期而異）

L8:30～17:30（視時期有所變動） 休無休（冬季有固定公休） 所小豆島町室生2084-1 P51輛

設有露營區和住宿設施，也能體驗划獨木舟

能暢玩一整天的公路休息站！

香川＆德島 能泡溫泉的公路休息站

香川、德島區域擁有眾多附設或是鄰近溫泉的公路休息站。在此介紹開車兜風還能享受泡湯樂趣的公路休息站。

438 公路休息站 ことなみ・エピアみかど

MAP 附錄②5B-4

滿濃町 ★みちのえきことなみエピアみかど

☎0877-56-0015

L9:00～20:00 休週二（逢假日則營業） 所まんのう町川東2355-1 P135輛

餐廳 L10:00～18:30

溫泉 L9:00～19:30 ¥600円

平賀源內世代傳承的溫泉

美霞洞溫泉（みかど溫泉）

美膚效果值得期待的潤澤泉質

13 公路休息站 香南楽湯

高松市 ★みちのえきこうなんらくゆ

☎087-815-8585 MAP 附錄②5B-3

L10:00～22:30 休第3週三（逢假日則翌日休） 所高松市香南町横井997-2 P101輛

餐廳 L10:30～14:30（週六日、假日為11:00～20:30）

溫泉 L10:00～22:30 ¥700円

每週替換的2種浴池

能享受到

香南樂湯

附設餐廳和伴手禮商店

436 公路休息站 小豆島オリーブ公園

MAP 附錄②16E-3

小豆島町 ★みちのえきしょうどしまオリーブこうえん

☎0879-82-2200

L8:30～17:00（視設施而異） 休無休（溫泉為週三休，逢假日則翌日休） 所小豆島町西村甲1941-1 P200輛

餐廳 L11:00～14:00

溫泉 L14:00～20:00 ¥700円

景色有如愛琴海一般

SUN・OLIVE溫泉

能從露天溫泉欣賞到內海灣

32 公路休息站 たからだの里さいた

三豊市 ★みちのえきたからだのさとさいた

☎0875-67-3883

MAP 附錄②5A-4

L8:00～21:00（視設施而異） 休週一（逢假日則營業） 所三豊市財田町財田上180-6 P120輛

餐廳 L11:00～20:30（週二、三為～19:30）

溫泉 L10:00～21:00 ¥520円

享受眼前開展的美景

環之湯

擁有2種泉質迥異的溫泉為其特徵

道路資訊 住宿設施 浴池 溫泉 餐廳 商店 自行車出租 ●有 ●無

德島縣

車站建築由板東俘虜收容所的部分建築移建而成

192 公路休息站 貞光ゆうゆう館

MAP 附錄②5B-4

劍町 ★みちのえきさだみつゆうゆうかん

0883-62-5000

從高23m的展望台能將吉野川和劍山一覽無遺。使用當地食材的餐廳廣受好評。另設有販售早晨現採當地蔬菜和半田素麵的物產中心。

餐廳 L9:00～18:00

L9:00～18:00 休第3週三（餐廳為週三休） 所つるぎ町貞光大須賀11-1 P105輛

「半田手延素麵」為劍町的特產

特徵為粗麵條的半田手延素麵。釜揚素麵550円

高23m的瞭望台

41 公路休息站 第九の里

鳴門市 ★みちのえきだいくのさと

MAP 附錄②4E-3

特色為粗細不一的捲麵
鳴ちゅる ちくわかうどん500円

088-689-1119

因是日本首次演奏交響曲「第九」之地而得名的休息站。館內設有物產館和美食中心。附近設有德國館和賀川豐彥紀念館。

L9:00～17:00 休第4週一（逢假日則翌日休） 所鳴門市大麻町桧東山田53 P118輛

餐廳 L10:00～15:30

妖怪&石頭的博物館逗趣好玩

和奇怪獨特的妖怪們相見歡

32 公路休息站 大歩危

三好市 ★みちのえきおおぼけ

MAP 71A-2

0883-84-1489

能一覽大步危峽景色的休息站。設有以當地山城傳說而建的妖怪住宅，和展示世界珍貴石頭的石頭博物館。也販售天然石。

L9:00～17:00（妖怪博物館為～16:30） 休無休（12～2月為週二休，逢假日則翌日休） 所三好市山城町上名1553-1 P56輛

12 公路休息站 藍ランドうだつ

MAP 附錄②5C-4

美馬市 ★みちのえきあいランドうだつ

糯米紅豆飯上方有阿波尾雞和山菜
阿波尾雞蒸籠 1210円

低脂肪有彈力的阿波尾雞

0883-53-2333（藍藏）

位於卯建街道南側的縣道上。附設重現往昔碼頭和藍藏樣貌的公園。1樓販售特產品和伴手禮，2樓則是咖啡廳形式的飲茶處。

餐廳 L11:00～14:00

L9:00～17:30 休無休 所美馬市脇町脇町55 P36輛

55 公路休息站 日和佐

美波町 ★みちのえきひわさ

0884-77-2121 MAP 附錄②8E-3

位於城鎮中心的JR牟岐線日和佐站和國道55號鄰接處，腹地內有設有資訊中心的「物產館」，以及可購買當地特產的「產直館」。

L9:00～17:30 休無休 所美波町奥河内寺前493-6 P67輛

淡綠色以及帶有清爽酸味的酢橘霜淇淋300円

美波町首次推出的在地汽水。「阿波晚茶」和「乙姬米」各300円

55 公路休息站 宍喰温泉

MAP 附錄②8D-4

海陽町 ★みちのえきししくいおんせん

0884-76-3442

溫泉 L6:30～9:00、12:00～20:00 ¥800円

L9:00～18:00 休無休 所海陽町久保板取219-6 HOTEL RIVIERA ししくい內 P33輛

欣賞太平洋的同時讓肌膚光滑柔嫩

光滑美肌溫泉

從地下1000m湧出的溫泉

195 公路休息站 もみじ川温泉

MAP 附錄②8E-2

那賀町 ★みちのえきもみじがわおんせん

0884-62-1171

餐廳 L11:00～21:00

溫泉 L10:00～22:00 ¥700円

L8:00～22:00 休第3週二 所那賀町大久保西納野4-7 P70輛

飽覽那賀川的美麗景致！

紅葉川溫泉

美容效果值得期待，泉質黏滑的單純硫磺冷礦泉

愛媛縣

設有採礦本部，有如要塞般的東平區

5 公路休息站 霧の森　MAP 附錄②6F-3

四國中央市　★みちのえききりのもり

☎0896-72-3111

位於四國的產茶處新宮町，附設溫泉和小木屋。特產的新宮茶和霧之森大福最適合作為伴手禮。也很推薦「茶フェゆるり」，能品嘗到在施設工坊內所製作的菓子。

餐廳
⏰11:00～16:30、17:00～19:30（需1日前預約）

溫泉
⏰10:00～19:30
¥400円

推薦以新宮茶製作的甜點

↑「茶フェゆるり」的氛圍沉穩平靜

→霧之森大福（8個入）1296円

⏰10:00～17:00　休週一（逢假日則翌日休，溫泉設施以外則4～8月無休）　所四國中央市新宮町馬立4491-1　P207輛

379 公路休息站 内子フレッシュパークからり

内子町　★みちのえきうちこフレッシュパークからり

☎0893-43-1122　MAP 120B-1

除了能品嘗到鮮味十足的内子豬醪味噌燒之外，還有香酸柑桔じゃばら的果汁和啤酒等使用内子特產的豐富多樣美食。

餐廳
⏰11:00～15:00（視時期有所變動）

沙拉吧、湯品無限供應

↑内子豬醪味噌燒1518円

⏰8:00～17:00（視店家而異）
休無休　所内子町内子2452　P170輛

31 公路休息站 みま

宇和島市　★みちのえきみま

☎0895-58-1122　MAP 附錄②14F-4

日式西式合璧的特殊建築外觀。附設推廣地域文化的美術館和紀念館。能品嘗到當地食材的餐廳，豐富的原創甜點也不容錯過。

→三間饅頭圓餅各730円

使用名酒「虎之尾」製作的甜點

↑吟醸奶油長崎蛋糕 虎之尾 1375円

⏰9:00～18:00　休無休（餐廳為第1週二休）　所宇和島市三間町務田180-1　P156輛

餐廳
⏰9:00～17:00

27 公路休息站 八幡浜みなっと　MAP 附錄②14E-3

八幡濱市　★みちのえきやわたはまみなっと

☎0894-21-3710
（港交流館）

鄰近於四國西邊的入口八幡濱港。熱門的海產物直營所販售從八幡濱捕撈的新鮮漁獲。週末常舉辦活動。

↑どーや丼（數量有限）2200円

⏰8:00～18:00（視設施而異）
休無休　所八幡浜市沖新田1581-23　P197輛

美食街
⏰10:00～16:00（視設施而異）

新鮮度優異的限量海鮮丼！

47 公路休息站 マイントピア別子　MAP 附錄②6D-3

新居濱市　★みちのえきマイントピアべっし

☎0897-43-1801

滿滿的當地時蔬

休息站位於曾因產銅礦山而蓬勃發展的城鎮。附設重現江戶時代別子銅山的觀光坑道、礦山鐵道以及不住宿溫泉。還提供有趣的採砂金體驗。另有商店和餐廳。

餐廳
⏰11:00～15:00

溫泉
⏰10:00～21:00
¥600円

觀光
[觀光坑道＋礦山鐵道]
¥1300円

↑餐廳もりの風的人氣商品 米麴醬燒嫩雞1180円

⏰9:00～17:00（視設施而異、視時期有所變動）　休無休（每2個月會有一週左右的休館，視時期會有休館設施）　所新居浜市立川町707-3　P415輛

381 公路休息站 虹の森公園まつの

松野町　★みちのえきにじのもりこうえんまつの

☎0895-20-5006　MAP 附錄②11A-4

→建於四萬十川的支流廣見川沿岸

建於四萬十川的支流，擁有淡水魚水族館的公路休息站。展示世界120種生物共2000隻。在特產品商店販賣的「桃農家手工桃子果醬」非常適合當作伴手禮。

⏰10:00～17:00　休無休
所松野町延野々1510-1
P140輛

可以品嘗到口感Q彈的媛子地雞

餐廳
⏰11:00～16:00

水族館
⏰10:00～17:00
¥900円

↑使用3顆雞蛋的媛子地雞親子丼900円

317 公路休息站 多々羅しまなみ公園

今治市　★みちのえきたたらしまなみこうえん

☎0897-87-3866　MAP 附錄②15B-3

位於多多羅大橋橋邊的公路休息站。最推薦邊欣賞橋梁景色邊用餐。設有能享用到夢幻高級魚──正石斑的餐廳以及可租借自行車的受理處。

⏰10:00～17:00　休無休（冬季為不定休）　所今治市上浦町井口9180-2　P300輛

讓海風輕拂著悠閒地散步吧

↑坐在海邊的長椅遠眺雄偉大橋

美食
⏰11:00～15:00

半敲燒定食（鹽‧醬汁）各1100円

高知縣

56 公路休息站 なぶら土佐佐賀

黑潮町 ★みちのえきなぶらとささが

☎0880-55-3325

MAP 附錄②12E-1

嘗遍所有的鰹魚料理吧！

充滿魅力的鰹魚之鎮，能徹底品嘗到各式鰹魚料理的公路休息站。除了有鰹魚半敲燒的稻草燒烤現場表演外，還能買到黑潮町產的蔬菜和水果。

⏰8:00～18:00 🈺不定休（需確認官網） 📍黑潮町佐賀1350 🅿62輛

→土佐鰹魚丼
900円

⏰9:00～15:00
（週六日、假日為～18:00）

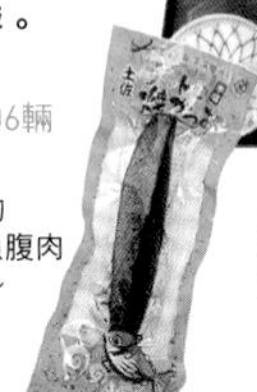

→黑糖霜淇淋
350円

56 公路休息站 かわうその里すさき

須崎市 ★みちのえきかわうそのさとすさき

☎0889-40-0004 **MAP** 附錄②10D-3

→鍋燒拉麵780円，特色是使用蛋雞骨架熬煮的醬油基底湯頭

休息站的1樓販售著各式在地農產品、海產和土佐產地酒。知名料理鍋燒烏龍麵也不容錯過。鰹魚半敲燒的現場稻草燒烤表演和販售也廣受好評。

⏰9:00～17:00 🈺不定休 📍須崎市下分甲263-3 🅿106輛

【餐廳】
⏰11:00～16:30
（視時期有所變動）

→土佐的燒烤鰹魚腹肉 1000円～

裝在熱騰騰的鍋子裡

56 公路休息站 ビオスおおがた

黑潮町 ★みちのえきビオスおおがた

☎0880-43-3113

MAP 附錄②12E-2

→鰹魚半敲燒漢堡 500円

能遠眺景觀勝地入野松原的休息站。於物產館能品嘗到使用日曬鹽和宗田節柴魚的宗田節拉麵，以及放了滿滿當地產魩仔魚的魩仔魚丼。

⏰直售商店7:00～18:00
🈺不定休 📍黑潮町浮鞭953-1 🅿28輛

【餐廳】
⏰8:00～16:30

以速食形式品嘗鰹魚半敲燒

441 公路休息站 よって西土佐

四萬十市 ★みちのえきよってにしとさ

西土佐的魅力精華凝聚於此！

☎0880-52-1398 **MAP** 附錄②12D-1

從展望台能將四萬十川的景色盡收眼底。以新鮮蔬菜和天然鹽烤香魚為傲。西土佐的熱門蛋糕店也在此另開設咖啡廳。

※天然香魚的漁獲量依季節而異

↑隔著國道441號分為2塊區域

↗四萬十牛筋丼 1210円

⏰7:30～18:00 🈺無休（12～2月為週二休，逢假日則營業） 📍四万十市西土佐江川崎2410-3 🅿40輛

【餐廳】
⏰11:00～14:50
（蛋糕店為10:00～17:00）

32 公路休息站 南国風良里

南國市 ★みちのえきなんこくふらり

高知的特產品琳琅滿目

☎088-880-8112 **MAP** 140D-1

販售土佐的清酒、甜點和海產等

鄰近南國IC，最適合在此收集旅途的資訊。直營所販售豐富的在地農產品。餐廳除了能品嘗到道地的土佐滋味外，自助式早餐也很受歡迎。

受歡迎的自助式早餐1200円

⏰9:00～18:00 🈺奇偶數月的週二不定休（餐廳為週二休） 📍南国市左右山102-1 🅿137輛

【餐廳】
⏰8:00～15:30
（週六日、假日為～16:30）

194 公路休息站 土佐和紙工芸村

伊野町 みちのえきとさわしこうげいむら

體驗土佐的傳統工藝和各式豐富活動

☎088-892-1001（土佐和紙工藝村QRAUD） **MAP** 附錄②10D-2

被豐沛綠意環繞的公路休息站。除了能體驗手漉和紙外，還有織布（預約制）或獨木舟等體驗活動。附設餐廳、藝廊和旅館。

⏰9:00～21:00（視設施而異） 🈺週三（直售商店無休） 📍いの町鹿敷1226 🅿74輛

【餐廳】
⏰10:00～20:00

【兼湯泡泡】
⏰11:00～20:30
💰650円

↑體驗製作原創明信片和色紙

56 公路休息站 あぐり窪川

四萬十町 ★みちのえきあぐりくぼかわ

☎0880-22-8848 **MAP** 附錄②11C-4

↑簡倉風格的建築物是標記

四萬十町產的蔬菜，使用仁井田米或四萬十豬肉製作的加工品等，四萬十自傲的美食齊聚一堂。特製的豬肉包子肉汁飽滿，最適合作為伴手禮。

四萬十美食的全員大集合

⏰8:30～18:00 🈺奇偶數月的第3週三、3月最後一天 📍四万十町平串284-1 🅿93輛

【餐廳】
⏰8:00～15:30

←塞滿餡料的豬肉包子（2個入）460円

快速掌握距離感！

使用高速道路前往各區域

駕車前往四國

高速道路的通行費用 ETC折扣

能活用於假日兜風的ETC折扣主要為下列2類。此外，由於近年來高速道路的費用體系趨向複雜化，需確認NEXCO西日本的費用以及路線搜索網站。

假日折扣 最大30%折扣
週六日、假日／24小時適用
●NEXCO西日本對象區間

深夜折扣 約30%折扣
全年／0～4時適用

◎方便開車兜風的洽詢中心

日本道路交通情報中心
✆050-3369-6770（四國地方高速情報）
NEXCO西日本顧客中心
✆0120-924-863

◎好用的智慧型手機網站

NEXCO西日本
「高速道路費用、路線搜索」

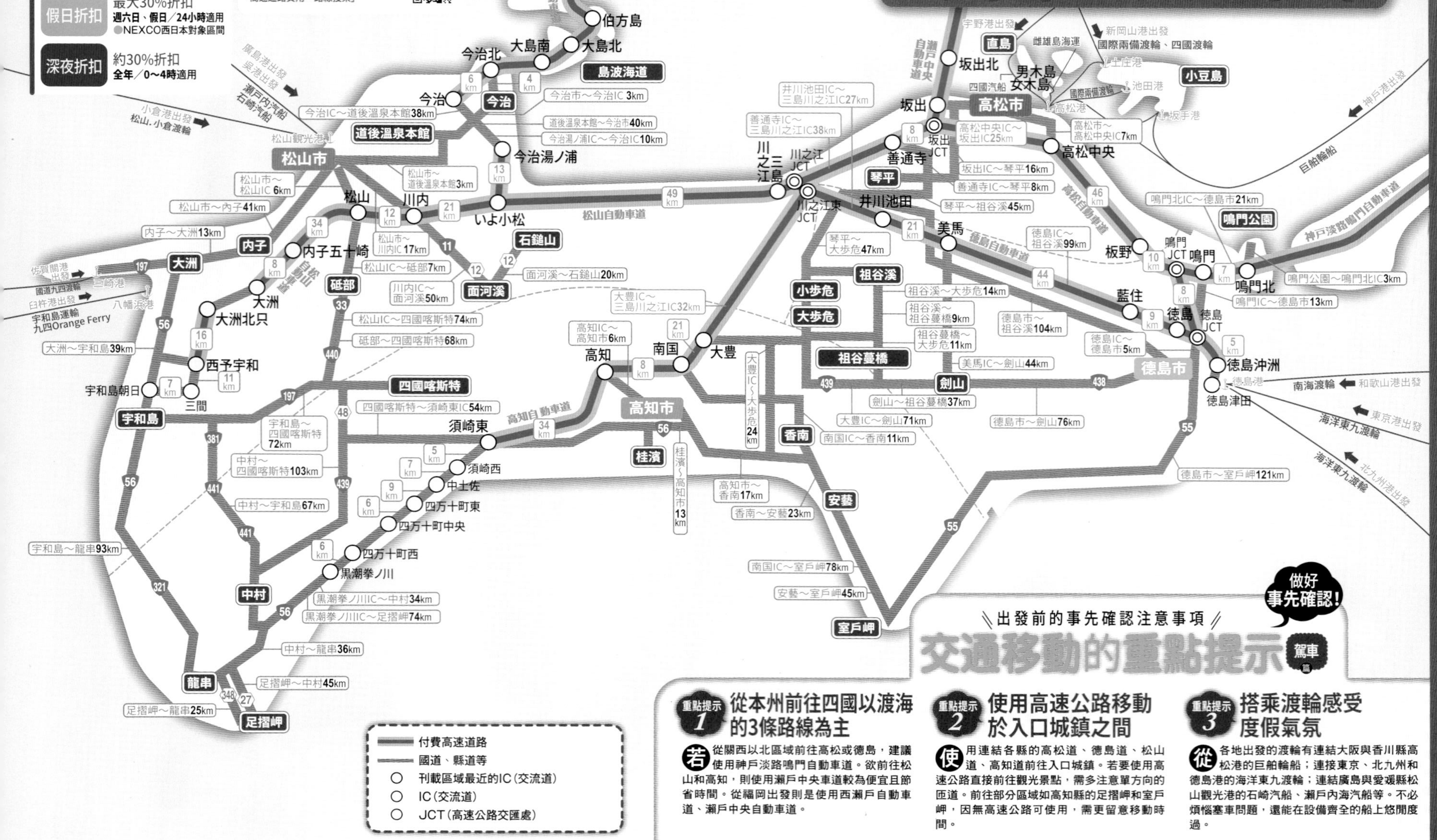

\\出發前的事先確認注意事項//

交通移動的重點提示 駕車篇

做好事先確認！

重點提示1 從本州前往四國以渡海的3條路線為主

從關西以北區域前往高松或德島，建議使用神戶淡路鳴門自動車道。欲前往松山和高知，則使用瀨戶中央車道較為便宜且節省時間。從福岡出發則是使用西瀨戶自動車道、瀨戶中央自動車道。

重點提示2 使用高速公路移動於入口城鎮之間

使用連結各縣的高松道、德島道、松山道、高知道前往入口城鎮。若要使用高速公路直接前往觀光景點，需多注意單方向的匝道。前往部分區域如高知縣的足摺岬和室戶岬，因無高速公路可使用，需更留意移動時間。

重點提示3 搭乘渡輪感受度假氣氛

從各地出發的渡輪有連結大阪與香川縣高松港的巨船輪船；連接東京、北九州和德島港的海洋東九渡輪；連結廣島與愛媛縣松山觀光港的石崎汽船、瀨戶內海汽船等。不必煩惱塞車問題，還能在設備齊全的船上悠閒度過。

人人趣旅行系列
日本神社與寺院之旅
從日本為數眾多的神社與寺院中精挑細選，並分門別類呈現給讀者。編輯超推薦此生必訪！
一輩子一定要去一次！
精美的大張圖片，好美！還有詳細解說、參訪&交通資訊、周遭的觀光景點。
修身 休憩
介紹日本知名的大型祭典、神社與寺院的建築知識、宗派等，美感度&知識性含金量都超高！！眾目亮睛！
祈福 療癒
人人趣旅行
日本
神社與寺院之旅
Shrines and Temples with Scenic Views in Japan
一輩子一定要去一次！
紅葉、白雪、山水、庭園
精選日本絕美神社與寺院！
超美大圖搭配詳細好懂的說明！
美感度&知識性兼具！
更有詳細地圖和周邊觀光景點指南
定價450元
行程範例、交通方式、參拜重點、
伴手禮、重要祭典、周邊景點…
依季節、依主題走訪超過130間的神社與寺院！
超經典的參拜探訪指南
系列姊妹作：
《日本絕景之旅》、《日本地方列車之旅》

欲索取免費電子書者，請掃描QR碼上傳購買相關證明並填寫信箱，待審核通過即會發送GOOGLE圖書兌換券及兌換步驟說明。

MAPPLE まっぷる 哈日情報誌

四國 CONTENTS 1

豪華2大附錄

特別附錄1

Go! Go! 烏龍麵巡遊 讚岐烏龍麵55間目錄大全&四國拍照絕景MAP

特別附錄2

四國兜風MAP &SA／PA·公路休息站指南

請詳細閱讀下列事項

●本書刊載的內容為2022年12月～2023年1月採訪、調查時的資訊。
本書出版後，餐飲店菜單和商品內容、費用等各種資訊可能有所變動，也可能因為季節性的變動和臨時公休等因素而無法利用。因為消費稅的調高，各項費用可能變動，因此隨設施不同，有些標示的價格為不含稅價。使用之前請務必事先確認。因本書刊載內容而造成的糾紛和損害等，敝公司無法提供補償，請在確認此點之後再行購買。
●各類資訊以下列基準刊登。
☎…電話號碼　本書標示的是各設施的洽詢用號碼，因此可能會出現非當地號碼的情況。使用衛星導航等設備查詢地圖時，可能會出現和實際不同的位置。基本上使用的語言為日文，撥打時可能採國際電話費用計算，請知悉。
L…營業時間·開館時間　標示實際上可使用的時間。餐飲店為開店到最後點餐時間；設施則是標示開館至可以入館的最晚時間。最後點餐時間也標記為L.O。
休…公休日　原則上只標示公休日，基本上省略過年期間、黃金週、盂蘭盆節和臨時休業等情況。
¥…費用、價位
●各種設施的費用，基本上標示成人1位的含稅費用。
●住宿費用若標示有「1泊附早餐」、「1泊2食」則是2人入住時1人的費用。「1泊費用」則為單人房1人；雙人房2人的費用。標示的費用雖然已包含服務費、消費稅，但隨著季節與週間或週末、房型的差異等，費用會有所異動，預約時請務必確認。
交…交通方式　原則上標示最近的車站。所需時間為粗估時間，有可能隨著季節與天候、鐵路運行時刻更改而變動。
P…停車場　表示有無停車場。若有，會標示「付費」還是「免費」。

本書的標示

景點 玩樂 美食 咖啡廳 購物

※本書中刊載的資訊可能會因各設施採取的新冠肺炎應對措施而修改，請事先確認最新的情況。

mapple
DiGJAPAN!
JAPAN
Japan.
Endless
Discovery.
Follow us!
日本旅遊達人, MAPPLE
DiGJAPAN! Taiwan
DiGJAPAN!
Search
https://digjapan.travel/zh_tw/
繁體中文
日本旅遊攻略網站！
最新資訊滿載
高CP值行程規劃
深度挖掘日本好玩、好吃、好看的旅遊資訊!!
無論您是旅遊日本的入門者還是重度使用者
DiGJAPAN! 都將帶給您最新鮮、有趣的精彩內容！
vol.1
vol.2
旅遊優惠券 特集
CP值超高 一日行程
LOGIN
Website

MAPPLE まっぷる 哈日情報誌

四國 CONTENTS 2

香川 かがわ

德島 とくしま

愛媛 えひめ

高知 こうち

透過地圖 快速了解四國

出發之前先做足功課!

四國旅遊地圖

一旦開始訂定旅遊規劃，會發現意外不知道該用哪種交通方式，以及區域位置和人氣景點究竟在何處。先打開這張旅遊地圖，快速掌握地理位置吧！

公路休息站 小豆島オリーブ公園

位於眉山腳下的城下町德島市

NEWS 全球首例！一起來搭乘阿佐海岸鐵道DMV吧

DMV（雙模式車輛）是指在巴士底部安裝鐵路用輪胎，再使用切換模式，可在軌道和馬路上運行的車輛。通常行駛於德島縣海陽町和高知縣東洋町，週六、週日、假日可直達高知縣室戶市。→P.31

佇立於桂濱的坂本龍馬像

遼～闊的四國

事先查好所需時間和距離

旅遊規劃時該注意的重點

- 想周遊四國最少需要3天2夜。如果想欣賞自然美景，最好先確認最佳季節
- 4個縣都有許多值得遊訪的景點。例如絕景、藝術、歷史等，可配合自己的興趣決定主題
- 遠離市區後的電車和巴士班次較少，開車移動會比較方便
- 建議跨縣時搭乘JR或高速巴士，主要車站間則可租車移動
- 高知有夜來祭、德島有阿波舞等慶典，可先事先確認能讓旅程變得更豐富的當地活動，將這些演出納入行程裡吧

現存的公眾浴場道後溫泉本館是重要文化財

想事先瞭解！

四國的國家之光

香川

雖然是全日本面積最小的縣，但卻是家喻戶曉的「**烏龍麵縣**」。縣內**讚岐烏龍麵**店雲集，是必吃的美食。**栗林公園**和**四國水族館**等熱門景點、海島度假村**小豆島**和充滿藝術氣息的**瀨戶內的群島**、暱稱為「金毘羅宮」的**金刀比羅宮**所在的**琴平**也是必訪之處。

伴手禮 讚岐烏龍麵、小豆島橄欖、和三盆糖
必吃美食 讚岐烏龍麵、帶骨雞、橄欖鰤魚

德島

具有400年歷史之久的仲夏祭典**阿波舞**除了在德島市之外，也會在縣內各地舉行。鳴門海峽因潮汐漲落的落差形成的**鳴門漩渦**、流傳平家落人在此隱居傳說的祕境**祖谷溪**等，可欣賞到許多壯觀的自然絕景。用陶板重現世界名畫的**大塚國際美術館**，以及**脇町卯建街道**也值得關注。

伴手禮 鳴門金時、藍染小物、酢橘
必吃美食 德島拉麵、阿波尾雞、祖谷蕎麥麵

愛媛

以日本三大古湯聞名，首推保留了明治時期風貌的**道後溫泉**。歷史名勝**松山城**、陶瓷之鄉**砥部**、南予的城下町**大洲**、**宇和島**等歷史悠久的街道也極具魅力。以今治毛巾最為著名的**今治**為玄關口，租借自行車穿越架在海上的**島波海道**也是相當受歡迎的行程。

伴手禮 蜜柑、少爺丸子、今治毛巾
必吃美食 鯛魚飯、鯛魚素麵、今治燒豚玉子飯

高知

除了**高知城**和**週日市場**之外，打造了全新設施的**桂濱**也不容錯過。晨間劇主角的原型人物**牧野富太郎博士**的淵源之地也值得關注。還有可進行獨木舟、泛舟等活動的**四萬十川**一帶、高知縣和愛媛縣縣界的**四國喀斯特**，以及面臨太平洋的**足摺岬**、**室戶岬**等，可盡情享受壯觀宏偉的自然景色。

伴手禮 地瓜條、土佐地酒、柚子
必吃美食 鰹魚半敲燒、鯨魚龍田揚、炸溪蝦

架於四國最長的四萬十川上的岩間沉下橋

四國 NEWS & TOPICS

德島縣鳴門市新開設的公路休息站、因成為NHK晨間劇的舞台變得熱鬧非凡的高知、熱門新景點以及全新改裝的設施等，各種不容錯過的情報在此一次確認。

德島的玄關口，位於鳴門IC附近的公路休息站

2022年4月 開幕

德島 公路休息站 くるくるなると

●みちのえきくるくるなると

建於鳴門IC南方，國道11號沿途上的公路休息站。除了有使用鳴門特產鳴門金時、鳴門海帶芽、鳴門蓮藕等的豐富美食和伴手禮外，2樓的屋頂廣場還有空中飛索、觀景平台等設施。

088-685-9696 MAP 81A-2
L 9:00～17:00 休 無休 所 鳴門市大津町備前島蟹田の越338-1 交 鳴門IC車程2km P 免費

完整體驗整個鳴門的「體驗型飲食主題樂園」

「くるくるなると大渦食堂」的くるくるなる丼1380円

「ホレタテキッチン」的鳴門金時鬆餅1210円

透過屋頂的空中飛索體驗空中漫步

滑行時可眺望德島平原的景色。9歲以上、身高120cm以上、體重25～100kg可遊玩。10～16時（採預約制）、1次800円。

德島蓮藕肉味噌780円

熱呼呼番薯 甜地瓜（4個裝）897円

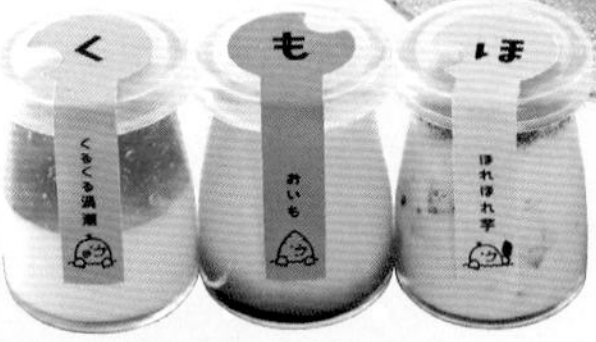

鳴門ほれほれ布丁（1個）320～380円

巨船輪船新船登場

2022年10月 啟航

香川 新船「Aoi」

●しんせんあおい

連結神戶到小豆島、高松的航線，巨舶輪船的新船「Aoi」全新登場。船上的美食區可品嘗使用香川縣食材的輕食，還有兒童遊樂區、寵物休息室、足湯，以及能停放自行車的自行車站等。

能夠放鬆雙腳休息的「のびのび席」只要付船票費用就可使用

087-811-6688（巨舶輪船）
L 服務時間為9:00～18:00 ¥ 神戶～小豆島、高松區間單程乘船費1990円～

航路DATA→附錄②P.16

以波光粼粼的瀨戶內海顏色為概念

桂濱公園的據點設施登場

2023年3月 正式開幕

高知 桂濱 UMI-NO TERRACE

●かつらはまうみのテラス

桂濱公園內的商店、飲食區重新改建。2022年10月，可品嘗到高知美食的餐飲店、咖啡廳、伴手禮店全新開幕，桂濱博物館也在2023年3月開館。

→P.133

設施中央有戶外休息區「UMI-NO TERRACE」

屋島的戶外博物館打造全新入口

2022年4月 全新改建

香川 四國村博物館

●しこくむらミウゼアム

將四國各地的民宅和倉庫等建築物遷移至此並修復的戶外博物館，新建一座入口建築「屋頂先生」，裡面有售票中心和博物館商店

087-843-3111 MAP 附錄②17C-4
L 9:30～16:30 休 週二（逢假日則翌平日休） ¥ 入場費1600円（僅利用博物館商店則免費） 所 高松市屋島中町91 交 琴電琴電屋島站步行5分 P 免費

充滿藝術感的大屋頂相當吸引人目光的「屋頂先生」

咸受瀨戶內海，享受頂級豪華露營

香川 **GLAMPREMIER Setouchi** ●グランプレミアセトウチ

2022年6月 開幕

於觀音寺市琴彈公園附近海岸邊開幕。豪華帳篷附木製露臺及席夢思高級床，還有能看到絕美海景的Villa房型。

MAP 附錄②6F-2
☎0875-23-7400
IN 14:00～（視設施而異）、OUT 11:00 ¥豪華露營帳篷Setouchi 1泊2食21900円～ 所觀音寺市有明町6-10 🚗大野原IC車程6km P免費

↺以藍色為基調的帳篷客房Setouchi

螺旋狀的時尚觀景設施

香川 **高松市屋島山上交流據點設施 Yashimāru** ●たかまつしやしまさんじょうこうりゅうきょてんしせつやしまーる

2022年8月 開幕

可從屋島山上眺望瀨戶內海和高松市全景的觀景空間備受矚目。付費區可參觀以源平合戰為主題的全景畫作品「屋島夜之夢」。

MAP 附錄②17C-4
☎087-802-8466
9:00～17:00（週五六、假日前日～21:00，視設施而異）休週二（逢假日則翌平日休）¥入場免費、全景展示室參觀費1000円
所高松市屋島東町1784-6
🚗高松中央IC車程12km
P使用屋島山上觀光停車場（1次300円）

↺設施內有商店、咖啡廳等

「四國的肚臍」水上度假樂園

德島 **Hessokko水上樂園** ●ヘソッコみずあそびパーク

2022年7月 開幕

開設於三好市池田町的池田湖。有立式划槳（SUP）、獨木舟、香蕉船等水上活動。包含水上活動、BBQ烤肉、帳篷三溫暖的12000円方案大受好評。

↑SUP等水上活動於4月中旬～11月下旬舉行

☎0883-70-0130 MAP 附錄②5A-4
9:00～18:00 休無休 所三好市池田町イタノ3307-1池田湖水際公園內 🚗井川池田IC車程6km P免費

四國西予地質公園的資訊傳播設施

愛媛 **四國西予地質博物館** ●しこくせいよジオミュージアム

2022年4月 開幕

西予市於2013年9月被認定為保存、活用特殊地層和地質的「日本的地質公園」。在博物館內的常設展示室等處，介紹四國西予地質公園的特色。

↑常設展示室「西予GeoMuse」

MAP 附錄②11A-3
☎0894-89-4028
9:00～17:00 休週二（逢假日則翌平日休）¥免費入場，常設展示室參觀費500円 所西予市城川町下相945 🚗西予宇和IC車程27km P免費

變身星野集團的人氣飯店品牌

高知 **OMO7高知 by 星野集團** ●オモセブンこうちバイほしのリゾート

2023年4月 開始營運

2023年4月起開始由星野集團營運，前往高知市中心景點交通相當方便的飯店。翻修後預計於2024年春天全新開幕。

↑「Go-KINJO」等OMO服務將於2024年春天啟動

MAP 141B-3
☎050-3134-8095（OMO預約中心）
※2023年4月6日以降可預約住宿
所高知市九反田9-15
🚗琴電交通菜園場町電車站步行5分

TOPICS

2023年4月開始播放

高知 **2023年度前期NHK連續電視小說《爛漫》的舞台在高知**

該劇主角的原型人物為佐川町出身、被稱為「日本植物學之父」的牧野富太郎。可前往拜訪高知市內的高知縣立牧野植物園（→P.20）和出身地佐川町（→P.22）等牧野博士相關的景點。 →P.20·22·137

↑位於高知縣立牧野植物園的牧野富太郎紀念館本館

↺春天在牧野公園有和牧野博士有所淵源櫻花盛開

1000人城市的熱門話題

德島 **MIRAI CONVENIENCE STORE** ●みらいコンビニ

以「世界第一美的便利商店」為概念，位於人口約1000人的那賀町木頭地區的便利商店。除了一般便利商店會販售的商品之外，還有許多使用木頭地區特產柚子的伴手禮和飲品等。

☎0884-69-2620 MAP 附錄②9C-2
8.00～19.00 休週三
所那賀町木頭北川いも志屋敷11-1
🚗南国IC車程60km P免費

↑外觀有表現出概念的設計感

→赤柚子胡椒（1罐）497円

↑木頭柚子汽水270円

老字號百貨公司的愛媛伴手禮選擇值得關注

愛媛 **松山三越** ●まつやまみつこし

位於松山市區的大型百貨公司。1樓有人氣伴手禮精選店「十五万石 YUI」，除了愛媛的伴手禮之外，全日本各地的美食也匯集於此。

→P.105

↑道後的老字號店鋪十五万石監製的店家「十五万石 YUI」

四國最大規模的美食區

愛媛 **少爺美食大廳** ●ぼっちゃんフードホール

松山三越1樓充滿話題性的大規模美食區。時髦又開放的空間裡有西班牙料理、小酒館、日本料理、中華料理、咖啡廳、精釀啤酒專賣店等，在同一層中可享用各式各樣的料理。 →P.105

↓美食區工作人員經常在現場待機

四國周遊標準方案

Plan1 四國4縣貪心路線

3天2夜

包含金刀比羅宮、祖谷溪、高知城、道後溫泉等四國4縣人氣景點的周遊方案，也別忘了享用當地美食！

從參拜香川首屈一指的能量景點 金刀比羅宮出發

爬上長長的石階，前往金刀比羅宮。到御本宮有785級石階，從御本宮可眺望美麗絕景

第1天

1 金刀比羅宮

START 善通寺IC

前往參拜者來自日本各地、讚岐首屈一指的大社，參拜後別忘了前往門前町逛逛餐飲店和伴手禮店！

P.44

幸福的黃色御守

邊走邊吃當地美食

以「花嫁菓子」為配料的「花嫁菓子冰淇淋」→KOTOHIRA TERRACE P.47

名產灸饅頭→P.46 灸まん本舗石段や

2 中野烏龍麵學校 琴平校

在製麵專家的指導下挑戰製作烏龍麵，能體驗揉製到試吃的一整套流程，也能打包外帶。

P.48

在烏龍麵主產地體驗手打過程

親手打製的烏龍麵會特別美味，快樂學習道地的手打烏龍麵吧

河水特別清澈透明

3 大步危、小步危

這裡是橫越四國山地的吉野川激流形成的溪谷勝地，可搭乘遊覽船就近觀賞景色。

P.71

搭乘遊覽船遊逛大步危、小步危

有巨石奇岩連綿5km的大步危，以及下游水流蜿蜒湍急的小步危

蔓橋周邊住宿

入住充滿山間風情的溫泉鄉——祖谷溫泉的旅宿，在有露天浴池的溫泉旅宿緩解旅遊的疲憊吧。

湯元新祖谷溫泉 蔓橋飯店→P.75

標準方案

總行駛距離 323km ※行駛距離、所需時間為預估值

香川 第1天 START
- 9:30 善通寺IC
- ↓ 8km／15分
- 10:00 金刀比羅宮（需時約2小時）
- ↓ 參道旁
- 12:10 中野烏龍麵學校 琴平校（需時約1小時20分）
- ↓ 50km／1小時5分

德島
- 14:35 大步危・小步危（遊覽船需時約30分）
- ↓ 13km／20分
- 蔓橋周邊住宿

第2天
- ↓ 1km／2分
- 10:00 祖谷蔓橋（需時約30分）
- ↓ 9km／20分
- 10:50 祖谷溪（尿尿小童雕像）（需時約10分）
- ↓ 72km／1小時25分

高知
- 12:25 高知城（需時約1小時）
- ↓ 500m／步行5分
- 13:30 高知縣立高知城歷史博物館（需時約1小時）
- ↓ 2km／10分
- 高知市住宿

第3天
- ↓ 1km／5分
- 9:00 週日市場（需時約1小時）
- ↓ 155km／2小時

愛媛
- 12:05 松山城（需時約1小時30分）
- ↓ 4km／10分
- 13:45 道後溫泉（需時約1小時30分）
- ↓ 8km／20分
- 15:35 松山IC或松山機場 GOAL

自駕建議

從高知市開車到松山市走收費道路（高知IC⇒高知自動車道⇒松山自動車道⇒松山IC）最快。

第2天

從蔓橋周邊的旅宿出發

4 祖谷蔓橋 P.72

用軟棗獼猴桃的藤蔓製成、與平家落人有所淵源的吊橋，以日本三大奇橋之一而聞名。

距離水面14m高

橫跨祖谷的象徵地標 蔓橋

每踏出一步，橋就會緩緩搖晃，讓人不禁停下腳步，充滿刺激感

5 祖谷溪 P.70

由祖谷溪激流沖刷而成的V字形溪谷。從谷底到山峰森林遍布，尤其是春天的新綠和秋天的紅葉，美不勝收。

祖谷首屈一指的觀景點
尿尿小童雕像佇立於祖谷川沿岸七曲的一座從谷底高約200m的絕壁上

6 高知城 P.130

位於高知市中心的高知公園內，是日本現存唯一完整保有本丸建築群的城郭，江戶時期的外觀仍保存至今。

擁有全日本罕見的古天守，包含天守等有15項建築物獲指定為重要文化財
土佐二十四萬石的象徵

7 高知縣立高知城歷史博物館 P.131

鄰接高知城，以土佐藩主山內家流傳下來約67000件文物為中心，展示土佐藩、高知縣相關歷史資料的博物館。

親身感受江戶時代的土佐歷史文化
從3樓的觀景大廳可將高知城、追手門、山內一豐像盡收眼底

高知市住宿

可以提早抵達高知市，參觀知名景點播磨屋橋，逛完伴手禮後再去吃晚餐。→P.135

順道品嘗當地美食

切成厚片的半敲燒分量十足

鰹魚半敲燒→P.128

高知的代表性料理，高知縣民的靈魂食物。簡單沾醬汁或鹽享用的味道，美味無與倫比！

→咲くら P.129

第3天

從高知市的飯店出發

8 週日市場 P.126

從江戶時代開始擁有超過300年歷史的露天市場，於每週日舉辦，販售當地摘採的新鮮蔬果以及日用雜貨等。

擁有300年歷史的週日市場
從高知城追手門往東約1km綿延著300間攤販

邊走邊吃當地美食

有文旦、炸地瓜等豐富的高知特產和美食

長途兜風之後前往松山城

9 松山城 P.100

松山城位於松山市區海拔132m的勝山山頂。包含天守在內，共有21棟建築物被指定為重要文化財。

可先搭空中纜車或登山吊椅到8合目，會比較方便抵達

日本最古老的名湯 在道後溫泉放鬆紓壓

道後溫泉本館→P.93據說是日本最古早的溫泉建築。整修工程期間仍開放入內泡澡

10 道後溫泉 P.92

在旅途最後前往道後溫泉。在道後溫泉本館、道後溫泉別館飛鳥乃湯泉泡完溫泉後，可到道後商店街散步。

在道後商店街尋找伴手禮

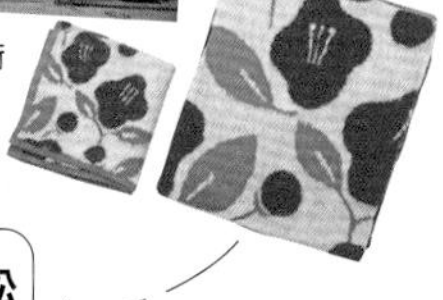

熱門伴手禮 今治毛巾→伊織 本店P.97

道後溫泉別館 飛鳥乃湯泉→P.94

GOAL

松山IC 或 松山機場

四國周遊標準方案

Plan2

太平洋～四萬十川～四國喀斯特

絕景之路路線

3天2夜

遊訪龍馬相關的高知市和牧野富太郎博士的相關之地，被四萬十川的大自然和名湯道後溫泉療癒的充實方案。

有龍馬像佇立
高知首屈一指的名勝地

高知縣民謠夜來小調中吟唱到的內容：「月之名勝地是桂濱」

凝望著太平洋遠方的坂本龍馬像。包含台座高13.5m

第1天

1 桂濱

P.132

START 高知IC

周圍一帶被規劃為桂濱公園，有桂濱UMI-NO TERRACE、坂本龍馬像、桂濱水族館等景點。

桂濱UMI-NO TERRACE裡商店、咖啡廳聚集

「桂浜美食館 神」的稻草燒鰹魚半敲燒丼定食 1500円

「SHIP'S MARKET」販售的海鹽長崎蛋糕（5片裝）600円

2 高知縣立坂本龍馬紀念館

P.133

匯集所有與坂本龍馬相關的資料

新館展出能瞭解龍馬人格特質的信件，以及龍馬相關史料。本館則可透過影像等方式，快樂學習龍馬及幕末的相關知識。

可深入瞭解土佐引以為傲的幕末志士龍馬

3 高知縣立牧野植物園

P.20・130

前往NHK晨間劇主角的原型人物牧野富太郎的世界

將世界級植物學者牧野富太郎博士的偉業傳承給後世而成立的植物園。新的研究大樓也在2023年春天開幕。

有影像廳和圖書室等的牧野富太郎紀念館本館

熱帶植物茂密叢生的玻璃帷幕溫室

4 高知城

P.130

位於市中心的高知地標

山內一豐修築的土佐名城，是日本現存唯一完整保有本丸建築群的城郭，從天守可一覽整個高知市區。

全日本罕見的古天守，江戶時期的外觀仍保存至今

5 弘人市場

P.126

前往匯集所有高知美食的攤販村吧

在弘人市場能品嘗到使用鰹魚和溪蝦的高知美味料理，約有60間餐飲店和特產店，當地顧客和觀光客絡繹不絕。

市場內約設有430個座位，在午餐時段、傍晚到深夜及假日時幾乎座無虛席

高知市住宿

高知縣東西狹長，高知市為觀光客的主要據點。若遇到星期日，還可早起去逛週日市場。→P.135

標準方案

總行駛距離 413km
※行駛距離、所需時間為預估值

第1天 START（高知）
- 9:40 高知IC
- 14km／20分
- 10:00 桂濱（需時約1小時30分）
- 1km／5分
- 11:35 高知縣立坂本龍馬紀念館（需時約1小時）
- 11km／25分
- 13:00 高知縣立牧野植物園（需時約1小時30分）
- 7km／20分
- 14:50 高知城（需時約1小時）
- 500m／步行5分
- 16:10 弘人市場（需時約1小時）
- 2km／10分
- 高知市住宿

第2天
- 35km／50分
- 9:00 橫倉山自然之森博物館（需時約45分）
- 8km／15分
- 10:00 牧野公園（需時約1小時）
- 95km／1小時50分
- 12:50 四萬十川之驛獨木舟館（獨木舟4km短程路線需時約2小時30分～）
- 36km／50分
- 四萬十（中村）住宿

第3天
- 8km／15分
- 10:00 佐田沉下橋（需時約30分）
- 110km／2小時15分
- 12:10 四國喀斯特（需時約1小時）
- 77km／1小時50分
- 15:00 道後溫泉（需時約90分）（愛媛）
- 8km／20分
- 松山IC GOAL

自駕建議

- 高知縣東西狹長，移動需要時間，規劃自駕行程時，最好預留充裕時間。
- 從四萬十川到四國喀斯特這段路絕景連綿不斷，沿途都可欣賞四季分明的大廣角美景。

第2天

從高知市的飯店出發

認識牧野博士所愛的橫倉山之樣貌

6 橫倉山自然之森博物館

よこぐらやましぜんのもりはくぶつかん

位於越知町的橫倉山是牧野富太郎博士觀察植物的地方。博物館裡展示橫倉山的自然演變史以及棲息於此的動植物。

1樓有牧野博士相關的常設展

0889-26-1060 MAP 附錄②10D-2
9:00～16:30 休週一（逢假日則翌日休）
所越知町越知丙737-12 ¥入館費500円
JR佐川站搭黑岩觀光巴士15分，宮の前下車步行5分 P免費

7 牧野公園

↓P.22

位於牧野博士的故鄉佐川町，因種植了博士贈送的染井吉野櫻而打造的公園。

獲選為日本櫻花名勝百選之一

冠有博士之名的公園是高知代表性的賞櫻名勝

旅遊說明書

四國周遊 標準方案

充分體驗河上活動

8 四萬十川之驛 獨木舟館

↓P.143

在四國最長的四萬十川流域遊玩的獨木舟方案，還有泛舟漂流、自行車租借等豐富的玩樂項目。

體驗在大河中嬉戲，融入大自然裡的暢快感

教練會細心教導，初學者也能安心遊玩

四萬十（中村）住宿

四萬十市區旅宿設施和當地美食餐飲店雲集，非常適合當戶外休閒活動的據點。→P.145

第3天

從四萬十市中村的飯店出發

四萬十川最長沉下橋

9 佐田沉下橋

↓P.142

在四萬十川所有的沉下橋當中，位於最下游的橋樑。走在全長291.6m，寬4.2m，沒有欄杆的橋上，充滿刺激感。

沉下橋是指當河水上漲時，為了使橋樑不被沖走，宛如沉入水中般設計的橋樑

10 四國喀斯特

↓P.147

位於愛媛縣和高知縣縣界，海拔1000～1500m的石灰岩高原。由姬鶴平、五段高原、天狗高原等構成，是日本三大喀斯特之一。

在石灰岩塊最多的五段高原上，可看見宏偉壯觀的牧歌景色

四處散布無數的石灰岩和放牧的牛隻

天氣放晴時，

南邊可看見太平洋，

北邊能將石鎚連峰一覽無遺

11 道後溫泉

↓P.92

整修期間仍可入內泡澡！

在日本最古老的名湯，緩解長途兜風的疲憊之後，到咖啡廳和商店林立的道後商店街散步。

整修工程期間仍開放入內泡澡的道後溫泉本館→P.93

道後商店街→P.96

GOAL 松山IC

四國周遊標準方案

Plan3

瀨戶內藝術&美食路線

3天2夜

從大鳴門橋出發到島波海道，遊覽德島、香川、愛媛3縣的方案。可在風格獨特的美術館盡情感受藝術。

世界最大規模！
為充滿魄力的漩渦深受感動
在春季和秋季的大潮時期，最大直徑可達30m以上的世界最大規模漩渦

前往觀賞漩渦

→P.76

搭乘觀潮船，參觀世界最大規模的漩渦。別忘了事先查好退漲潮的時間，以及觀潮船的時刻表。

第1天

1 渦之道

START 鳴門北IC

P.77

在海上散步觀賞漩渦

大鳴門橋內設有全長450m的海上步道「渦之道」，可從高45m處俯瞰漩渦。

可透過玻璃地板眺望腳下逆流旋轉的漩渦

自古深受鳴門人喜愛的美味

順道品嘗當地美食

鳴門烏龍麵

發源自鳴門市的柔軟細麵，特色是用柴魚片和小魚乾熬製的高湯，口味清爽。

→舩本うどんP.80

2 大塚國際美術館

P.78

與世界1000多件名畫相遇

將約1000件西洋名畫用陶板重現的熱門美術館。重現古代遺跡和禮拜堂等壁畫的立體展非看不可。

重現梵蒂岡宮殿裡的西斯汀禮拜堂壁畫

3 特別名勝 栗林公園

P.52

四國代表性的天下名園

在位於紫雲山東麓的迴遊式大名庭園散步，可在園內的掬月亭一面眺望南湖，一面享用抹茶。

從園內數一數二的絕景景點飛來峰看出去的景色

掬月亭（→P.53）的抹茶與和菓子

順道品嘗當地美食

醃橄欖鰤魚丼

鰤魚是用加入橄欖葉粉末的飼料養殖的，米飯上面鋪了滿滿用祕傳醬汁醃漬的鰤魚厚片。

→海鮮食堂じゃこやP.54

10月～1月上旬左右的限定菜單

高松市住宿

高松市一帶為四國的玄關口，熱鬧非凡。史蹟、美術館、讚岐美食景點全都匯集在此。→P.57

標準方案

總行駛距離 343km
※行駛距離、所需時間為預估值

第1天

德島
- 10:15 鳴門北IC（START）
- ↓ 4km／10分
- 10:25 渦之道（需時約30分）
- ↓ 2km／5分
- 11:00 大塚國際美術館（需時約1小時30分）
- ↓ 71km／1小時

香川
- 15:00 特別名勝 栗林公園（需時約1小時）
- ↓ 3km／10分
- 高松市住宿

第2天
- ↓ 28km／45分
- 10:00 丸龜市豬熊弦一郎現代美術館（需時約1小時）
- ↓ 31km／45分
- 12:40 高屋神社（本宮）（需時約30分）
- ↓ 10km／20分
- 13:30 琴彈公園（需時約30分）
- ↓ 93km／1小時25分

愛媛
- 15:25 今治城（需時約30分）
- ↓ 2km／10分
- 今治市住宿

第3天
- ↓ 16km／25分 島波海道
- 10:00 龜老山展望公園（大島）（需時約30分）
- ↓ 28km／35分 島波海道
- 11:05 大山祇神社（大三島）（需時約1小時）
- ↓ 8km／15分 島波海道
- 12:20 今治市伊東豐雄建築博物館（大三島）（需時約1小時30分）
- ↓ 47km／45分
- 西瀨戶尾道IC（GOAL）

自駕建議

走島波海道時，島內若有2個交流道，只能從行進方向前方的交流道下橋，需特別留意。

旅遊說明書

四國周遊 標準方案

從山頂俯瞰下界的 天空鳥居

人氣急竄的絕景景點，可將觀音寺市內和美麗的瀨戶內海盡收眼底

第2天

從高松市的飯店出發

4 丸龜市豬熊弦一郎現代美術館 P.51

在丸龜站前鑑賞現代美術

大量採用自然光，寬敞的開放性空間，有3層樓的美術館。附設美術館商店和咖啡廳。

除了繪畫之外，還有展示各式各樣的作品（攝影：增田好郎）

順道品嘗當地美食

讚岐烏龍麵

想要連吃好幾家烏龍麵，推薦有很多人氣店和熱門店的中讚區域。很多店家營業時間都較短，或是售完即打烊，需特別留意。

→手打ちうどん渡辺P.42

讓天婦羅的麵衣融入湯汁中享用，會讓滋味更加滑順圓潤

5 高屋神社 P.35

本宮位於海拔404m的稻積山頂，可眺望觀音寺一帶。本宮的鳥居被稱為「天空鳥居」，是四國八十八景之一。

6 琴彈公園 P.35

可眺望白砂青松的美麗觀景點

櫻花和杜鵑花的賞花名勝。從琴彈山山頂瞭望台可眺望東西122m、南北90m、周長345m的巨人錢形砂繪，看起來相當震撼。

據說是在1633年建造的巨大錢形砂繪

7 今治城 P.116

鄰近瀨戶內海的水上要塞

1602年由築城名將藤堂高虎所建設的城堡。築城時因鄰近海邊，經常吹起海砂，故有「吹揚城」之別名。

引進海水的護城河，會因海水的漲退潮而改變水位。到了夜晚就會點燈

順道品嘗當地美食

燒豚玉子飯

白飯上放叉燒和荷包蛋的丼飯料理，從餐廳的員工餐變成當地的人氣美食。

→白楽天 今治本店P.117

帶有甜味的叉燒醬汁令人食慾大增，直接用湯匙挖來吃才是專業吃法

今治市住宿

今治市是島波觀光的據點，交通相當便利，還有豐富的住宿設施和餐飲店。

第3天

從今治市的飯店出發

8 龜老山展望公園（大島）P.111

位於大島南端、海拔307.8m的龜老山山頂。從全景瞭望台能將來島海峽大橋和美麗的瀨戶內海群島盡收眼底。

放晴時還能眺望西日本最高峰石鎚山

島波海道數一數二的觀景點

9 大山祇神社（大三島）P.113

天皇和武將曾來參拜的神社

全日本1萬多間祭祀大山積神（天照大神的兄神）的神社的總本社，也是讓大三島被稱為「神之島」的神社。

前來讓境內的樹齡2600年大樟樹療癒身心

10 今治市伊東豐雄建築博物館（大三島）P.113

建築物本身就是藝術

建築家伊東豊雄氏的建築博物館。由多面體構造的「鋼鐵小屋」和舊私宅改建的「銀色小屋」2棟建築所構成。

參觀融入島嶼風景的現代建築，感受島嶼藝術

在島波海道來個跳島遊

有多島美之稱的絕景只有瀨戶內海看得到

來島海峽大橋→P.110

島波海道是用9座橋樑連結四國和本州的海上路線。世界第一座三連式吊橋來島海峽大橋是觀光的一大亮點。

順道品嘗當地美食

瀨戶田的義式冰淇淋（生口島）

使用瀨戶田的檸檬等當地現採當季水果的義式冰淇淋相當歡迎，也有季節限定販售的口味。

→しまなみドルチェ本店P.114

本店在生口島的名產義式冰淇淋

GOAL 西瀨戶尾道IC

拜訪熱門絕景
最美的拍照聖地

四國拍照絕景MAP→附錄①背面

以下介紹會讓人想去拜訪一次的四國4縣絕景。除了經典絕景之外，
還會精選接下來人氣可能會扶搖直上的祕境絕景。
在四國之旅中拍下的張張美照，都會成為旅途中重要的回憶。

一下月台眼前就是大海！充滿懷舊感的無人車站

觀光列車「伊予灘物語號」（→P.18）的所有列車都會在途中停車，可拍照留念

愛媛縣

JR下灘站

ジェイアールしもなだえき

只要一下電車，就能看到眼前的伊予灘，地理位置絕佳。雖然是1小時只有1～2班電車停靠的無人車站，但想欣賞這片風景的愛好者仍絡繹不絕。

MAP 附錄②14F-1
所伊予市双海町

出現在瀨戶內海的天空之鏡 可隨意擺出喜歡的姿勢入鏡

以自己喜愛姿勢拍照的人讓這裡熱鬧了起來
照片提供／三豐市觀光交流局

香川縣

父母濱

ちちぶがはま

橫跨約1km的遠淺海灘。被稱為「日本的烏尤尼鹽湖」，眼前的美景獲選為「日本夕陽百選」，吸引大批觀光客前來。只要條件齊全，水面就會如鏡面般反射出周圍景色，呈現出一望無際的夢幻光景。

➜P.35

⊙最佳拍照時間是無風的退潮時刻、日落前後30分鐘。詳細時間請查詢三豐市觀光交流局官網

熱門&經典 打卡絕景

抱著爽快的心情朝天空盪出去吧

鞦韆設置在斜坡上，充滿刺激感

香川縣

雲邊寺山頂公園 天空鞦韆

うんぺんじさんちょうこうえんてんくうのブランコ

設於海拔920m的雲邊寺山頂公園裡的鞦韆。可眺望三豐平原和瀨戶內海，感受宛如飛在空中的爽快感和刺激感。

MAP 附錄②6F-2

0875-54-4968（雲邊寺空中纜車）

L 7:30～17:00（視時期而有所變動） 休 無休（對應雲邊寺空中纜車營業時間） 所 觀音寺市大野原町丸井1974-57 交 大野原IC車程10km，山麓站搭雲邊寺空中纜車7分，山頂站下車即到 P 使用雲邊寺空中纜車山麓站停車場（免費）

這裡是祕境 尚未看過的絕景 前往

以高透明水色著稱 充滿感動的仁淀藍

➲溪谷後方有防沙水壩

高知縣

安居溪谷

やすいけいこく

位於仁淀川支流安居川的溪谷。有仁淀川流域當中，透明度也特別高的水晶淵，還有飛龍瀑布、回眸瀑布等知名景點，秋天的紅葉也是美不勝收。

MAP 附錄②11C-1

0889-35-1333（仁淀川町觀光協會）

L 自由參觀 所 仁淀川町大屋

交 伊野IC車程47km P 免費

設有長椅和觀景平台

位於深山當中的絢爛杜鵑花田

德島縣

神山町 上分花之隱里

かみやまちょうかみぶんはなのかくれさと

位於神山町西部的上分地區，在約1公頃的土地上，種植了約5000棵杜鵑花，4月下旬～5月上旬會開花。色彩繽紛的花海令人讚不絕口。

MAP 附錄②8D-1

088-676-1118（神山町產業觀光課）

L 自由參觀

所 神山町上分川又南

交 德島津田IC車程36km P 免費

愛媛縣

少彥名神社參籠殿

すくなひこなじんじゃさんろうでん

建於斜坡上 美麗的懸造式建築神殿

於昭和9（1934）年建蓋的懸造式建築，和京都的清水寺為相同的建築工法。蓋在精準美麗的木頭組合上的樓閣，有著傳統建築樣式的外觀之美。

0893-23-1014 MAP 附錄②14F-2

L 自由參觀 所 大洲市菅田町大竹乙937-2 交 大洲肱南IC開車即到

P 免費

➲內部可參觀

從對岸眺望神祕的岩石

漂浮在伊予灘上的鳥居和岩石

愛媛縣

綱掛岩

つなかけいわ

據說是在1300年前，當時的伊予國主前往現在的福岡縣時，在海上遇到大風浪，為了讓船停下來，用粗繩投掛在這塊岩石上，他回到伊予後，便在這塊岩石上建立三島神社。日落時分可見到夢幻的夕陽美景。

MAP 附錄②14E-2

0893-53-0101（大洲市櫛生公民館）

L 自由參觀 所 大洲市長浜町櫛生

交 大洲IC車程19km P 免費

可以欣賞絕景也能享用美食

四國的超人氣！觀光列車

四國除了有在2022年新車上路的「伊予灘物語號」之外，還有「四國正中千年物語號」以及「志國土佐 時代黎明物語號」等許多特色豐富的觀光列車，可透過車窗盡情欣賞四國美景。

在伊予路感受非日常的大人假期之旅

去試坐了！

不但可以享用美食，還可以看到伊予灘和大洲城的美景，搭車時間感覺一下就過去了。會在以絕景聞名的下灘站安排下車時間也是一大重點。若搭「道後篇」路線，就可欣賞到傍晚的伊予灘絕景！（編輯部K）

1號車「茜之章」

車輛外觀是會讓人聯想到伊予灘夕陽的暗紅色，室內座椅是以綠色為基調，也有可3～4人使用的面對面座位。

2號車「黃金之章」

車輛外觀為太陽的光輝和愛媛特產柑橘的顏色。室內為明亮時尚的風格，靠海側有部分雙人座位。

3號車「陽華之章」

高雅的室內裝潢營造出溫暖平靜的氛圍，也有迎賓飲料等專屬服務。是可讓2～8人使用的私人包廂。

＼2022年4月新車上路／

伊予灘物語號

愛媛

沿著海岸線行駛於松山站到伊予大洲站或八幡濱站的復古時尚觀光列車。共有四種特色鮮明的主題路線，每個路線都能眺望美麗海景。行駛到最美拍照聖地下灘站（→P.16）時，所有班次都會中途停車。

✆0570-00-4592（JR四國電話諮詢中心） MAP 107B-3
營服務時間為8:00～19:00 休無休

行駛日	主要在週六日、假日行駛
行駛時間	松山站發車8:26（大洲篇） 伊予大洲站發車10:57（雙海篇） 松山站發車13:31（八幡濱篇） 八幡濱站發車16:14（道後篇）
車資	【1、2號車】松山～伊予大洲之間3670円、松山～八幡濱之間4000円（皆含車資和特急Green費用） 【3號車】28000円（含Green包廂費用）＋1人 松山～伊予大洲之間2170円、松山～八幡濱之間2500円（皆含車資和特急費用）
餐點	3000円（大洲篇）、5500円（雙海篇、八幡濱篇）、3500円（道後篇） ※餐點需在搭車4天前購買餐券

※車資、餐費為2023年2月時的資訊

行經大洲城附近，窗外的景色也令人目不暇給

可用加購，品嘗到愛媛縣內的餐廳等規劃的美食（參考圖片）

3號車「陽華之章」有專屬服務員在此接待乘客

香川、德島

四國正中 千年物語號

1號車「春萌之章」，室內被木頭的溫暖氣息包圍，襯托出亮眼的新綠顏色

行駛於多度津站到大步危站之間的觀光列車。伴隨著超過千年的歷史文化和景觀，享受一趟約2個半小時的頂級列車之旅吧！可搭配蔓橋、祖谷溪的絕景、善通寺和金刀比羅宮的觀光行程一起遊玩。

隨著沿線歷史搭乘充滿情懷的列車之旅

MAP 51A-1

0570-00-4592（JR四國電話諮詢中心）

服務時間為8:00～19:00 休無休

行駛日	主要在週六日、假日行駛
行駛時間	多度津站發車10:19（天空之鄉紀行） 大步危站發車14:21（幸福之鄉紀行）
車資	多度津～大步危之間4000円、 善通寺、琴平～大步危之間3810円 （皆含車資和特急Green費用）
餐點	5600円（天空之鄉紀行）、 5100円（幸福之鄉紀行） ※餐點需在搭車4天前購買餐券

※車資、餐費為2023年2月時的資訊

去試坐了！

我去搭乘了大步危站出發的「幸福之鄉紀行」。下車時間可以跟當地人交流，還可以戴上站長的帽子拍照留念，留下很多快樂的回憶。在祕境車站坪尻站可以體驗稀有的折返式路線。（編輯部M）

可透過車窗眺望溪谷之美

可加選使用了沿線講究食材的餐點（參考圖片）

3號車「秋彩之章」以秋天色彩繽紛的群山，和成熟果實為意象

2號車「夏清之章」、「冬清之章」有3人以上可使用的長椅沙發座位

高知

志國土佐 時代黎明物語號

行駛於高知站到窪川站之間的觀光列車。一路行經高知城、閒逸的田園風光、蔚藍遼闊的太平洋到險峻的崇山峻嶺，可體驗龍馬當年脫藩時路線的列車之旅。車廂有「宙船」和「黑船」兩種。

0570-00-4592 MAP 139C-2（JR四國電話諮詢中心）

服務時間為8:00～19:00 休無休

行駛日	主要在週六日、假日行駛
行駛時間	高知站發車12:04（立志之抄） 窪川站發車15:13（開花之抄）
車資	高知～土佐久禮之間3610円、 高知～窪川之間3970円 （皆含車資和特急Green費用）
餐點	5000円 ※餐點需在搭車4天前購買餐券

※車資、餐費為2023年2月時的資訊

「宙船」的車廂內部是以通往未來的夢想為概念

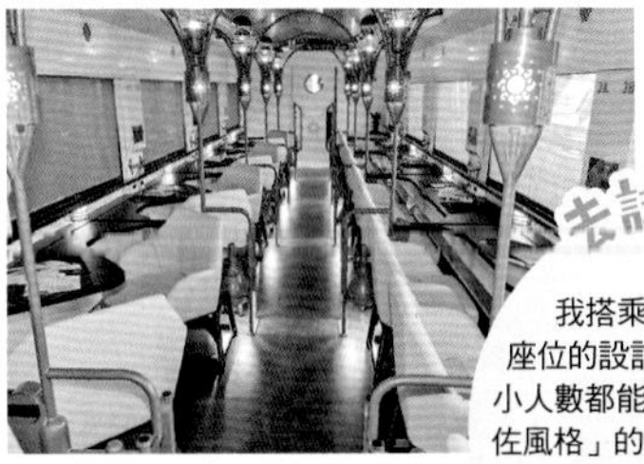

可享受土佐流款待的列車之旅

去試坐了！

我搭乘了「宙船」。座位的設計不管是團體還是小人數都能很享受。充滿「土佐風格」的料理外觀也相當華麗，讓人吃得津津有味。（編輯部K）

「黑船」的車廂內部是以蒸氣船為概念

可另外加購，品嘗到充滿高知特產的美食（參考圖片）

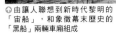

由讓人聯想到新時代黎明的「宙船」，和象徵幕末歷史的「黑船」兩輛車廂組成

牧野博士成為晨間劇的原型人物！
高知縣立 牧野植物園 大受矚目

こうちけんりつまきのしょくぶつえん

2023年度前期NHK晨間連續電視小說《爛漫》主角的原型人物，就是高知縣出身的植物學家牧野富太郎博士。植物園裡有介紹博士一生的紀念館，還有規模相當龐大的溫室和遼闊的庭院，約8公頃的腹地種植了3000種以上的植物。

088-882-2601 MAP 141C-3
L 9:00～16:30 休 無休（有休園保養期）
¥ 入園費730円 所 高知市五台山4200-6 交 JR高知站搭MY遊巴士27分，牧野植物園正門前下車即到
P 免費※停車場最新資訊請確認官網

設計成開放式半戶外空間的本館，是由建築師內藤廣氏所設計

牧野富太郎紀念館本館

進入正門後即到。除了有影像廳、五台山大廳、圖書室之外，還有植物學商店和餐廳。入園券於此處和南門入口皆有販售。

園內MAP
仔細逛需要約3小時

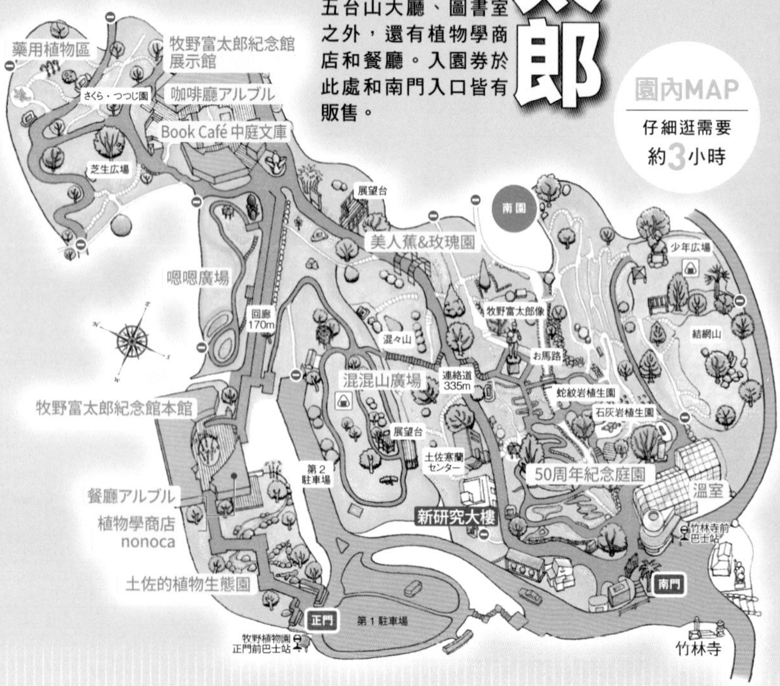

牧野富太郎紀念館展示館

常設展示室會透過植物圖、著書、觀察會紀錄、照片等資料，介紹博士的一生和其偉業。企劃展示室每年會舉辦數次企劃展。中庭種植與博士相關的250種植物。

常設展示室裡陳列著博士相關的貴重資料

劇院裡播放能夠感受植物世界的原創作品

牧野富太郎

1862年誕生於現在的佐川町。自學植物相關知識，被譽為「日本的植物分類學之父」。橫跨94年生涯蒐集的標本約有40萬件，藏書約有45000冊。

廣場

園內有好幾個廣場，可一邊散步，一邊欣賞四季花朵，還有體驗型展覽，可從玩中學習。

◎眺望景色極佳的草皮區──混混山廣場

◎可用五感親近植物的嘿嘿廣場

溫室

玻璃帷幕的溫室高度約17m。有瀑布傾瀉的水庭園和叢林區等8個區域，各式各樣的熱帶植物茂密叢生。綠之塔的正中央種植了蕨類植物，外壁是雀榕。爬上螺旋階梯便可從高處俯瞰溫室的內部景觀。

◎叢林區裡可看到飽富生命力的景色

◎高9m的綠之塔是以大樹樹洞為概念

◎土佐的植物生態園重現了豐富的高知自然生態

◎藥用植物區，栽種可用來當中藥、民間藥的藥草及樹木

植栽區

春季約有40種櫻花盛開的50周年紀念庭園、植物園的研究活動蒐集到的美人蕉&玫瑰園，以及栽種研究用藥草的藥用植物區都在此處。

◎美人蕉&玫瑰園種植了大量的美人蕉品種及玫瑰

◎50周年紀念庭園種植了東洋的園藝植物，隨四季更迭點綴園區

TOPICS

2023年春天

新研究大樓開幕

設有化學、生物學的實驗室、栽培實驗室、研究員室等，可參觀植物研究的現場，另外新設可眺望南園的餐廳。

新研究大樓的完成示意圖

餐廳、咖啡廳、商店

園內有餐廳、咖啡廳、商店，可用餐也可尋找伴手禮。

◎餐廳「アルフル」的午餐
※圖片僅供參考

◎在Book Café 中庭文庫裡，可一邊看植物和牧野博士相關的書籍，一邊享受咖啡時光

◎植物學商店「nonoca」販售的Makino original blend tea（8種）各324円

圖片提供／高知縣立牧野植物園

MAPPLE まっぷる 哈日情報誌

地方應援計畫

#全力應援地方推廣！

MAPPLE擅自全力應援「地方推廣」活動！大家要不要一起來參與「地方應援」活動呢？

在牧野富太郎博士的故鄉
佐野町賞花以及在酒藏之道散步

～高知縣佐川町～

佐川町上町地區位於高知市西部，為江戸時代的領主深尾家的城下町，商家住宅及酒藏林立的都市景觀流傳至今。明治時代有政治家田中光顯及英文學家西谷退三等偉人輩出，也是著名的文教之町。

世界級的植物學家牧野富太郎博士同樣也是佐川町出身，他是2023年度前期連續電視小說《爛漫》主角的原型人物，因此造成話題。春天有與博士相關的櫻花盛開的牧野公園，還有博士出生之家的故居等，在上町地區可步行的範圍內，有許多傳統氛圍的街道，非常適合在街上散步。不妨來牧野博士的故鄉佐川町走一趟吧。

山頂上有佐川城遺跡的牧野公園。一到春天，前來賞花的觀光客就會絡繹不絕

本頁與WEB連動！

從右側QR CODE可閱覽詳盡的地方食材及優秀的店家。

MAPPLE TRAVEL GUIDE

MAPPLE編輯部 KATO

我的個人推薦！

佐川町是因晨間劇而備受矚目的牧野富太郎出生地，不妨來此探訪整條街都是酒藏的酒藏之道，以及運用別有風趣的古宅打造的景點吧。

牧野公園

まきのこうえん

推薦景點

春天盛開的櫻花點綴山野

牧野博士從東京將染井吉野櫻的樹苗送給佐川町的民眾，地方的有志青年將櫻花種在青源寺的土堤上而打造出來的公園。如今獲選為日本櫻花名勝百選之一，是高知代表性的賞花名勝。

0889-20-9500（佐川觀光協會）
自由入園　佐川町甲2458
JR佐川站步行7分
MAP 23

牧野博士命名的物種之一，藪椿

博士非常喜歡的五葉黃蓮。1～3月會開出小巧可愛的白花

牧野博士的墓蓋在五葉黃蓮的花田附近

位於牧野公園山麓的金峰神社，是博士小時候常來玩耍的地方

牧野富太郎故鄉館

まきのとみたろうふるさとかん

牧野富太郎出生之家遺址

牧野富太郎是造酒商「岸屋」的獨生子，在大自然環繞的佐川町中，對植物特別感興趣，在當地的鄉校名教館學習之後，繼續研究植物學。這裡展示了博士愛用的鋼筆、圓規、書信等。

0889-20-9800　9:00～17:00　休週一　¥入館免費　佐川町甲1485　JR佐川站步行8分　MAP 23

重現牧野富太郎年幼時期的房間（參考圖片）

推薦！順道景點

佐川町的遊逛方法

高知站到佐川站搭JR土讚線特急列車25分。從車站走到有觀光服務處的上町站約6分，交通很方便。若是開車，從高知市區出發約45分，可使用青山文庫、四國銀行東側等免費觀光用停車場。

有觀光服務處的上町站

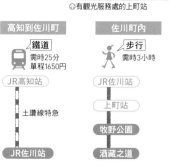

高知到佐川町

鐵道　需時25分　單程1650円

JR高知站 — 土讚線特急 — JR佐川站

佐川町內

步行　需時3小時

JR佐川站 — 上町站 — 牧野公園 — 酒藏之道

Ⓐ **酒藏之道**
さかぐらのみち
✆0889-20-9500（佐川觀光協會）
🕒自由參觀 所佐川町甲上町
🚃JR佐川町步行5分 MAP23

Ⓑ **舊濱口家住宅**
きゅうはまぐちけじゅうたく
✆0889-20-9500（佐川觀光協會）
🕒9:00～17:00（咖啡廳為10:00～16:00） 休週一（逢假日則翌日休）¥免費入館 所佐川町甲1472-1 🚃JR佐川町步行6分
MAP23

Ⓒ **青山文庫** せいざんぶんこ
✆0889-22-0348 🕒9:00～16:30
休週一（逢假日則翌日休）
¥入館費400円 所佐川町甲1453-1 🚃JR佐川町步行7分 P免費 MAP23

Ⓓ **キリン館** キリンかん
✆0889-22-9160 🕒10:00～18:00
休週二 所佐川町甲1300
🚃JR佐川町步行4分 MAP23

Ⓒ 青山文庫

也有展示牧野富太郎相關的資料

收藏了幕末貴重資料的博物館。佐川町出身、從幕末志士變成宮內大臣的田中光顯捐贈了基金和藏書等，也有展示坂本龍馬和中岡慎太郎等人的書信和繪畫。

縣內最古老的木造洋館佐川文庫庫舍（舊青山文庫）。鄰接上町站

Ⓐ 酒藏之道

整條路上都是擁有約420年歷史的司牡丹酒造的酒藏，高大的煙囪底下，有日本數一數二長的酒藏，出貨前的酒就沉睡在這裡。冬天會聞到街上瀰漫著新酒的芳醇香。

整條街上有許多酒藏林立，從江戶時期的建築到最近的建築都有

館內有許多座敷席，可當咖啡廳使用

Ⓑ 舊濱口家住宅

濱口家住宅是幕末時期的酒造商家，因在附近建設酒藏而興盛繁榮，為國家登錄有形文化財。目前改造為觀光設施，經營咖啡廳、伴手禮店家等。

蛋糕套餐（附當地牛乳冰淇淋）800円。這一天的蛋糕是無花果戚風蛋糕

Ⓓ キリン館

利用了曾被稱為「丸久」、幕末到明治初期建造的舊竹村吳服店建築物。土屋和倉庫陳列了器皿、文具、公平貿易相關流行雜貨及食品。附設咖啡廳「喫茶まるきゅう」。

店裡擺著滿滿的雜貨，一定能找到中意的商品

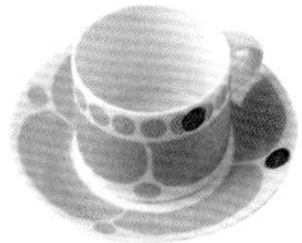
芬蘭的陶器製造商「ARABIA」的杯子&茶碟 6600円

公平貿易「People Tree」的板片巧克力各388円。包裝也很可愛

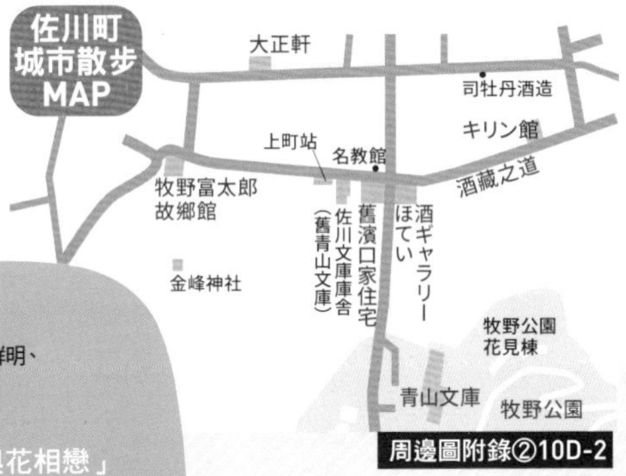

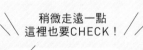

佐川町產的焙茶、冷泡綠茶茶包8個裝各350円

使用了佐川町大正時期傳承下來的吉本乳業的牛奶製作的佐川地乳冰淇淋（草莓）260円

使用了佐川當地牛乳以及佐川町產的綠茶製作的綠茶白玉紅豆湯霜淇淋600円
牧野公園
周邊圖附錄②10D-2

透過故鄉稅來應援！

繳交佐川町故鄉稅

透過故鄉稅，可帶給地方活力，支援特色鮮明、充滿活力的地區發展。

司牡丹酒造純米酒「與花相戀」
（720㎖／2瓶）
捐贈金額：11000円以上
牧野博士誕辰160週年紀念酒新包裝。有華麗的香氣和清爽的口感。

佐川的當地牛乳 生乳
（1000㎖／10瓶）
捐贈金額：10000円以上
在佐川町擁有100年以上歷史的吉本乳業所製造。因為牛舍接近工廠，新鮮度超群。

牧野生薑糖漿
（150㎖／2瓶）
捐贈金額：9000円以上
使用高知縣產的薑。PINK和SPICY一組，非常適合用來泡薑汁紅茶。

申請方法
- 前往佐川町的故鄉納稅網頁
- 選擇用途和特產品
- 網路上從「ふるさとチョイス」申請
- 若需扣稅，則按照規定手續進行

稍微走遠一點
這裡也要CHECK！

大正軒
たいしょうけん

享用沾有祕傳醬汁的頂級鰻魚料理

大正2（1913）年創業的鰻魚料理專賣店。不斷添醬使用的祖傳醬汁，沾在精心燒烤的厚片鰻魚上相當入味。鰻魚定食（松）為5148円。店內為完全包廂，採2人以上的預約制。

✆0889-22-0031 🕒11:30～14:00、17:00～19:00 休週日 所佐川町甲1543 🚃JR佐川站步行7分 MAP23

鰻魚飯盒（正常分量）2970円。美味到一入口就會忍不住嘴角上揚

酒ギャラリーほてい
さけギャラリーほてい

司牡丹的雜貨店

這裡原本是個料亭，對有許多文人墨客聚集的司牡丹酒造而言，宛如社交俱樂部般的地方。除了基本的純米酒之外，還有「土佐宇宙深海酒」、「仁淀藍」、燒酒到利口酒，種類相當豐富。

✆0889-22-1211（司牡丹酒造）
🕒9:30～13:00、13：45～16:30 休無休
所佐川町甲1299
🚃JR佐川站步行6分 MAP23

可試喝購買司牡丹的酒

牧野博士誕辰150年紀念特別純米酒「ハナトコイシテ（與花相戀）」360ml 960円

可杯2800円。座興杯的一種，必須一口氣喝完，才能放回桌上的杯子

※刊載內容為2023年1月時的資訊。回饋禮品的捐贈金額可能會變動，或有缺貨、申請結束等情況。

四國的伴手禮

從四國4縣的經典伴手禮到話題性的雜貨，各種令人忍不住想購買的伴手禮大集合！

kagawa miyage

香川

香川縣擁有「烏龍麵縣」的暱稱，不僅有烏龍麵伴手禮，傳統工藝品香川漆器和小豆島名產橄欖製品也值得關注。

2 屋島筷枕（筷架） 各550円

使用大理石紋路的玻璃，以淡染的櫻花和紅黃色的紅葉為意象

2 帶骨雞調味包 378円
料理之友 324円

「帶骨雞調味包」的辛香料使用了縣產大蒜，風味絕妙。「料理之友」可取代鹽巴、胡椒用在料理上，可襯托出食物的美味

說到香川就是這個！

來到烏龍麵縣 首先就要買這個

1 栗林庵原創烏龍麵（3人份）555円

外包裝是香川縣的鄉土玩具，可在家重現美味讚岐烏龍麵的人氣商品

4 保多織布巾 770円～

保多織是香川的傳統工藝品之一。如其名「能夠保存多年」，質料堅固，凹凸布料吸水性強、速乾乾爽

1 讚岐和三盆金平糖 655円

和菓子老字號「寶月堂」僅以香川縣特產和三盆作為材料製成的奢華金平糖

充滿香川縣傳統和當季的名產

1 かがわ物産館 栗林庵

●かがわぶっさんかんりつりんあん

鄰接栗林公園的香川縣特產直銷商店。從經典商品到隱藏的夢幻逸品，各種當季食品、加工品、傳統工藝品等都應有盡有。

☎087-812-3155 MAP 56A-4
營10:00～18:00（視時期有所變動） 休無休
所高松市栗林町1-20-16 交琴電栗林公園站步行10分 P25分100円

四國名產齊聚一堂

2 四国ショップ88

●しこくショップはちじゅうはち

從香川的烏龍麵相關產品，到四國4縣講究的名產、物產，商品琳瑯滿目。還有販售朝聖巡禮用品和四國的冰淇淋等。 MAP 56A-2

☎087-822-0459 營10:00～21:00（12～3月為～20:00） 休無休 所高松市サンポート2-1 マリタイムプラザ高松 ホール棟1F 交JR高松站即到 P有契約停車場

販售許多讚岐製商品

3 まちのシューレ963

●まちのシューレきゅうろくさん

主打以香川縣為首的四國美味食材、高級生活雜貨、傳統工藝品等生活用品選貨店。還能買到調味料、乾貨、茶等。

☎087-800-7888 MAP 56A-2
營11:00～18:30（咖啡廳為11:30～17:30、週五～日為～19:15） 休第3週一（逢假日則翌日休） 所高松市丸亀町13-3 高松丸亀町参番街東館2F 交琴電片原町站步行10分 P有合作停車場

5 金毘羅宮的幸福豆 780円

「金毘羅寶船」運送而來的吉祥五色豆。神椿限定商品

4 讚岐的手鞠 （1顆）3960円～

使用天然染料的棉線。全手工製作，編織出來的圖案和配色豐富多彩

6 滑溜古祥物烏龍麵腦應援色毛巾 各1320円

香川的吉祥物，滑溜吉祥物烏龍麵腦變成毛巾了。可以選擇自己喜歡的顏色，也能當伴手禮送人

4 漆塗湯匙 （1支）1100円

傳承自江戶時期技法的香川漆器。色彩繽紛，共有12種顏色

6 花嫁菓子冰淇淋夾心餅乾 （6塊裝）810円

以花嫁菓子冰淇淋為概念的奶油夾心餅乾，奶油裡面有酥脆的碎片

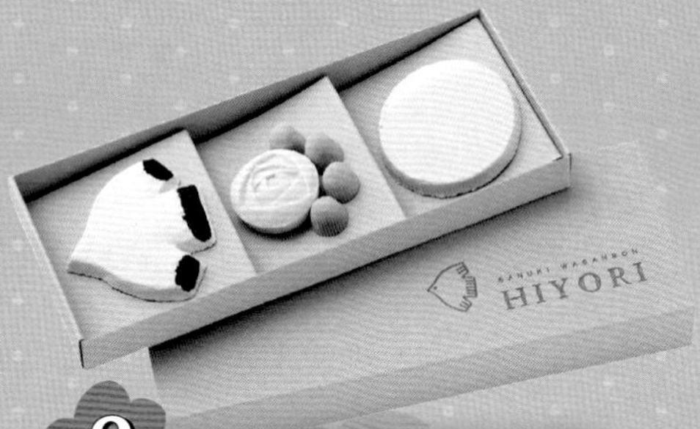

2 和三盆「瀨戶內日和」 （3塊裝）1188円

和三盆品牌「HIYORI」製作，以瀨戶內風景為概念的100%和三盆糖點心

3 柑橘生薑糖漿 （300mℓ）1730円

裡面有滿滿的不使用農藥和化學肥料的自家栽培的薑，用100%日本產蔗糖熬煮

位於金刀比羅宮參道上的店家

6 ナカノヤ琴平

●ナカノヤことひら

除了伴手禮用的手打烏龍麵之外，還有餅乾、派等甜點伴手禮。店內販售的花嫁菓子冰淇淋相當受歡迎。

☎0877-75-0001（中野烏龍麵學校） MAP 48B-2
營9:00～18:00 休無休 所琴平町796（ナカノヤ本館） 交JR琴平站步行10分
P1日500円（週六、日為1日800円）

位於參道第500階的咖啡廳&餐廳

5 CAFÉ & RESTAURANT 神椿

●カフェアンドレストランかみつばき

位於金刀比羅宮參道途中。販售女性喜歡的和三盆甜點和資生堂PARLOUR商品。

☎0877-73-0202 MAP 48A-2
營9:00～16:30（餐廳為11:30～14:00）
休無休（餐廳為週三休） 所琴平町892-1
交JR琴平站步行24分 P免費

香川的傳統工藝品琳瑯滿目

4 讚岐玩具美術館商店

●さぬきおもちゃびじゅつかんショップ

位於讚岐玩具美術館入口的美術館商店，內有香川漆器和讚岐繡織手鞠等傳統工藝品。

☎087-887-6762 MAP 56A-2
營10:00～19:00（有可能變動） 休週四 ¥商店可免費進入 所高松市大工町8-1讚岐玩具美術館內 交琴電片原町站步行5分 P有合作停車場

ehime miyage

愛媛

柑橘類收穫量為全日本第一的愛媛縣，有各式各樣柑橘相關的伴手禮，高級的伊予絣和平滑的白磁砥部燒也深受歡迎。

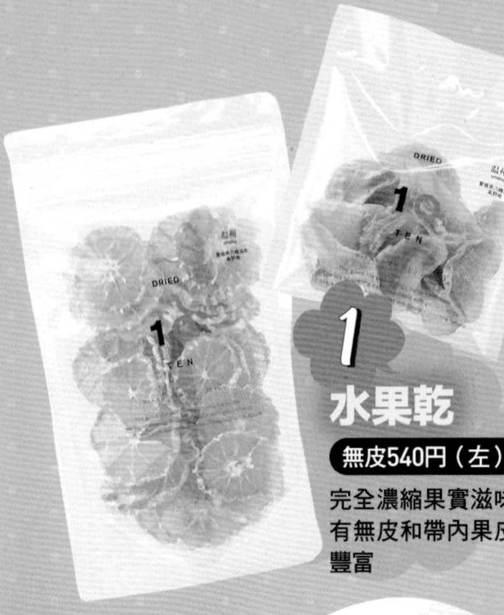

1 水果乾

無皮540円（左）、橘瓣270円（右）

完全濃縮果實滋味的水果乾。也有無皮和帶內果皮等類型，種類豐富

1 柑橘醬 清見

（110g）910円

以滑順易融的甜味為特色的「清見」等，在各個季節使用當季柑橘製成的柑橘醬

說到愛媛就是這個!

5 切片一六塔(柚子)

（1塊）140円、（10塊）1512円

在鬆軟的海綿蛋糕裡，夾入用愛媛縣特產柚子提味的紅豆泥，帶有清爽的甜味，是一種傳統點心

1 蜜柑果汁

（200mℓ）540～760円

發揮每個品種特色風味的蜜柑果汁，蜜柑種類也會隨季節而異

使用各季蜜柑的100%純果汁

4 整顆蜜柑大福 （1個）430円

將整顆小玉溫州蜜柑放入大福當中。冷凍販售，常溫解凍約1個半小時後是品嘗的最佳時機

道後溫泉附近的伴手禮商店

3 十五万石 MASARU

●じゅうごまんごくマサル

四國各地的伴手禮在此齊聚一堂，是道後溫泉街規模最大的伴手禮商店。特產酒、銘菓、工藝品、民藝品等，約有1萬件商品。

089-946-1844　MAP 92A-1
9:00～21:00　休無休　所松山市道後湯之町20-23　伊予鐵道道後溫泉站步行5分

陳列著茶坊直送的菓子

2 霧の森菓子工房松山店

●きりのもりかしこうぼうまつやまてん

販售四國中央市的工房直送的和洋菓子。由抹茶、抹茶麻糬、紅豆沙、鮮奶油4層組成的霧之森大福最受歡迎。

089-934-5567　MAP 106D-3
9:30～17:30　休第4週一（逢假日則營業）
所松山市大街道3-3-1 渡部ビル1F
伊予鐵道大街道電車站即到

販售縣產&當季的蜜柑水果

1 10FACTORY 道後店

●テンファクトリーどうごてん

10FACTORY松山本店（→P.101）的姊妹店。有多項原創商品，像是使用當季縣產蜜柑的果汁和果醬、水果乾等。

089-997-7810　MAP 92A-2
9:30～19:00　休無休
所松山市道後湯之町12-34
伊予鐵道道後溫泉站即到

4 こよみいろ飾り

各880円

由現代知名工匠「有高扇山堂」將伊予地方的傳統結繩加工製成的杯墊

5 I-YOKAN SHIKA SHINAI!

（1塊）129円、（10塊裝）1404円

使用愛媛縣產的伊予柑做成的瑪德蓮蛋糕，紮實的口感和伊予柑清爽的味道相當契合。特色鮮明的包裝也充滿魅力！

2 霧之森大福

（1顆）195円

大量使用冠茶抹茶的大福，總是銷售一空的人氣點心，若是看到一定要立刻購買

5 少爺丸子

（1串）118円、（10串）1296円

在軟Q的麻糬外裹上抹茶、蛋黃、紅豆泥，串製而成的愛媛經典點心

3 道後醃菜

各1350円

除了蔬菜之外，醋、高湯、蜂蜜等也都是愛媛縣產。推薦買來當禮物

4 砥部燒

（大）各1980円

運用偏高偏大的底座，製作出實用性和外觀時尚度兼具的茶碗

6 喝的蜜柑果凍

各380円

大量使用愛媛縣產柑橘類果汁的喝的果凍。有伊予柑、凸頂柑、清見等口味

4 IYO KASURI 伊織原創摺半型手帕

各880円

使用在松山市製造的棉織品「伊予絣」，製成的摺半型絨毛毛巾手帕

愛媛蜜柑的主題樂園

6 MICAN PARK梅津寺

●みきゃんパークばいしんじ

能夠快樂瞭解和購買愛媛縣產蜜柑的商店附設工廠。這裡有流出蜜柑果汁的水龍頭、海景咖啡廳，還可享用蜜柑甜點。

✆089-992-9898 MAP 附錄②7A-3
🕒10:00～16:00（視時期有所變動）
休週一 所松山市梅津寺町1374-1
🚃伊予鐵道梅津寺站即到

有很多愛媛的特產點心

5 一六本舗 道後本館前店

●いちろくほんぽどうごほんかんまえてん

除了有使用柚子風味紅豆餡的鬆軟海綿蛋糕「一六塔」之外，還有少爺丸子等豐富的愛媛銘菓。附設面對道後溫泉本館的咖啡廳。

✆089-921-2116 MAP 92B-1
🕒9:00～19:00（週五、六為～20:00）
休無休（咖啡廳為週四休） 所松山市道後湯之町20-17 🚃伊予鐵道道後溫泉站步行5分

愛媛的美麗設計都陳列於此

4 伊織 松山店

●いおりまつやまてん

以販售今治毛巾為主的毛巾專賣店。有許多和創作者合作開發的毛巾商品，展現出現代的感性之美。另外提供縣產品，相當適合去尋找伴手禮。

✆089-993-7557 MAP 106D-2
🕒9:00～19:00 休無休 所松山市大街道3-2-45
🚃伊予鐵道大街道電車站步行5分

kochi miyage

高知

高知縣有很多像地瓜條和美樂圓餅等質樸的縣民點心，也有許多使用柚子、薑等當地特產的伴手禮。

說到高知就是這個！

從以前就深受喜愛的
香脆傳統點心

3 特選地瓜條

(200g) 500円

由地瓜點心專賣店所製作的炸地瓜條，口味樸實簡單，只使用嚴選的地瓜、油品和砂糖製作

2 土佐JIROLL

1080円

使用高知地雞土佐次郎的雞蛋製作，蓬鬆柔軟又散發高雅甜味的蛋糕捲

1 桐島畑 生薑糖漿

(230g) 980円

僅使用無農藥栽培的薑和柑橘製作而成，帶著辛辣爽口的味道。也可用在薑汁汽水和薑燒料理上

1 ゆずパッパッ

460円

馬路村特產的柚子皮粉末。撒在烏龍麵上，會散發柚子的香氣，提升美味度

4 姫かつおスティック綜合

(5包裝) 1080円

直火慢烤新鮮的宗田鰹魚，最適合當下酒菜或點心

3 芋屋金次郎 卸団地店

使用地瓜製作的地瓜點心專賣店

●いもやきんじろうおろしだんちてん

自1952年創業以來就持續製作地瓜點心。可嘗到7種以上的地瓜條、現烤地瓜和霜淇淋等商品。

088-883-7421 MAP 141 B-3
10:00～19:00 休無休 所高知市南久保14-25
JR高知站搭計程車5分 P免費

2 Kiosk高知銘品館

旅途最後要統一購物時最方便

●キヨスクこうちめいひんかん

位於JR高知站內的伴手禮專賣店。除了販售高知縣內的伴手禮，還有許多四國銘菓和名特產。店內也會當場介紹販售「地瓜條」。

088-823-5356 MAP 139C-2
8:00～19:30 休無休 所高知市栄田町2-1-10 JR高知駅構內 JR高知站站內
P使用高知站停車場（付費）

1 てんこす

不可錯過的當地甜點和吉祥物商品

縣內全部共34個市町村的特產品齊聚一堂的選貨店。販售以縣產食材製作的甜點和調味料、雜貨。

088-855-5411 MAP 139C-3
10:00～19:00 休無休
所高知市帯屋町1-11-40
JR高知站步行15分

1 四連美樂圓餅

各216円

帶點鹹味的油炸餅乾，有很多種口味和包裝

4 HAPPY TOMATO 番茄醬、醋番茄、番茄泥

（各240mℓ）605円～

使用高糖度迷你番茄「HAPPY TOMATO」製作的加工品。番茄醬等商品會散發自然的甜味

1 土佐打刃物 鯨魚小刀

2500円

迷你小刀做成線條優雅的布氏鯨形狀，放在辦公室可用來當拆信刀或拿來削鉛筆

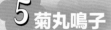

4 紅茶、烏龍茶

（茶葉20g）各864円

以高知縣佐川町生產的稀有品種「初紅葉」，使用傳統製法製成的茶葉

6 團扇

550円～

色彩美麗的團扇非常適合拿來當室內擺設。有夏日風情或和風時尚的圖案等，種類非常豐富

5 菊丸鳴子

1320円

夜來祭常看到的敲擊器具「鳴子」變成時髦的裝飾品，是很受歡迎的品項

4 番茄燉鰹魚和蕈菇(90g) 橄欖鰹魚(90g) 和風高湯生薑鰹魚凍(95g)

500円～

使用安心且新鮮的食材，重視食材鮮味製成的各種罐頭

6 質地溫和的土佐和紙

土佐和紙工房 Papier

●とさわしこうぼうパピエ

土佐和紙專賣店，主要陳列同時也是抄紙師傅的女店長的作品。也有販售可感受到和紙特有溫暖的團扇和小信封袋

088-880-9185 MAP 139C-3
10:00～17:00 休週二、三 所高知市はりまや町2-8-11 JR高知站步行10分 P免費

5 可愛的和風商品令人怦然心動♡

ほにや本店

●ほにやほんてん

有許多將「和」改造成現代風，適合經常使用的生活雜貨。在使用美麗色彩描繪的和風圖案中加入玩心的原創商品也值得注目。

088-872-0072 MAP 139B-3
11:00～19:00 休不定休 所高知市帯屋町2-2-4 土佐電交通堀詰電車站步行5分
P有合作停車場

4 再次發現高知的「美味」的選貨店

とさのさと AGRI COLLETTO

●とさのさとアグリコレット

有匯集了縣內農家製作的加工品的「一町一反」專區等，有許多只有這裡才有的商品。高知縣內18個酒廠的日本酒也齊聚一堂。

088-803-5015 MAP 141B-2
10:00～19:00（餐廳為～20:00） 休無休
所高知市北御座10-10 高知IC車程3km
P免費

tokushima miyage

德島

德島縣深受歡迎的伴手禮是使用鳴門金時和阿波和三盆糖製作的甜點，以及酢橘的加工品，阿波藍小物也很適合送給自己當紀念品。

3 藍染小物

用藍草的葉子發酵製成的天然染料所染成的藍染，是德島的工藝品之一

口金包
2800円
深藍色和紅色呈鮮艷對比

鑰匙包
1000円
將重要的鑰匙好好收起來

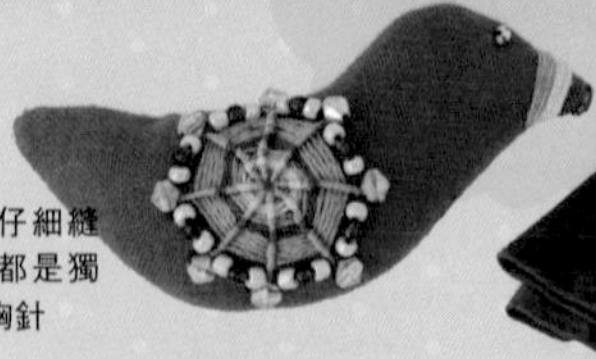

小鳥胸針
2200円
一針一線仔細縫製，每件都是獨一無二的胸針

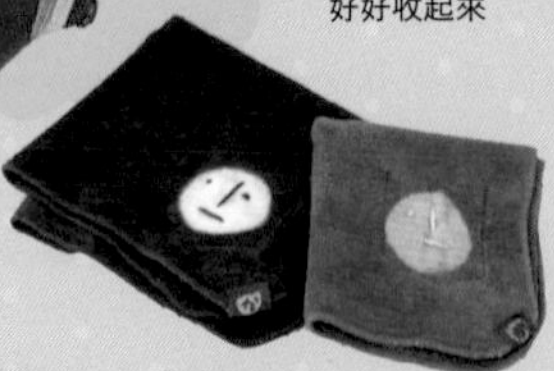

毛巾手帕
（大）1200円
（小）800円
吸水性極佳的手帕上畫著可愛的臉孔圖案

2 阿波藍茶

（5包）810円

100%使用德島產食用藍草的無咖啡因茶。方便沖泡的茶包類型

說到德島就是這個！

2 柚子入浴劑 220円

使用木頭村產的乾燥柚子皮製成的無添加物入浴劑。柚子的香氣令人放鬆

2 酢橘汽水

（245mℓ）238円

使用德島產酢橘果汁的飲料。不會太甜，後勁清爽

2 阿波尾雞 地鶏の旨み

（50g）886円

德島地雞阿波尾雞的乾燥薄片。可以拿來煮雞湯，直接吃也很美味

如栗子般的甜度 和溼潤的口感

1 ゆうたま

（7顆裝）972円

形狀圓潤可愛的錦玉菓子。使用四國的嚴選水果，能吃到5種口味的和風果凍

2 阿波和三盆 法蘭酥

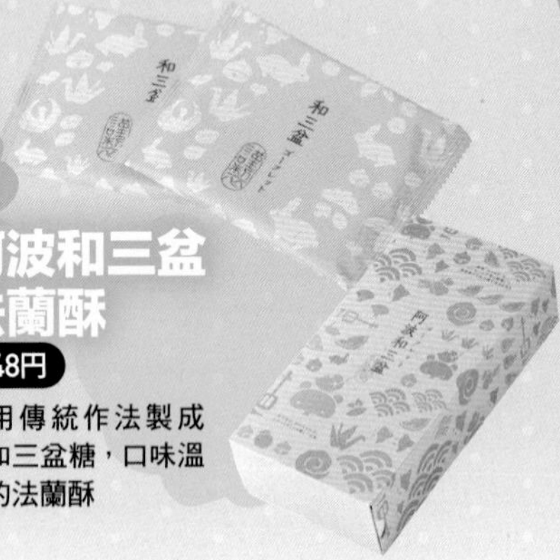

648円

使用傳統作法製成的和三盆糖，口味溫和的法蘭酥

2 元祖鳴門金時

（10個裝）1080円

德島的銘菓，用黑糖風味的麵團包裹以鳴門金時番薯為基底的餡料。能感覺口中充滿番薯的甜味

3 にちにち雜貨店

集結德島的好物和可愛小物

●にちにちざっかてん

除了和德島有所淵源的創作者作品之外，還販售德島食材果醬和阿波晚茶等商品。以德島為主題、充滿玩心的雜貨相當受歡迎。

088-679-9318 MAP 81A-2
11:00～18:00 休週二（假日則營業）
所鳴門市撫養町南浜東浜382
JR鳴門站步行5分 P免費

2 あいぐら

在車站附近的商店選購伴手禮

陳列著以鳴門金時番薯和酢橘等縣產食材製作的伴手禮。設置在店內一角的當地吉祥物商品專區也不容錯過。

088-623-2421 MAP 87B-2
8:00～20:00 休無休 所德島市元町1-5-1 ホテルサンルート徳島1F
JR德島站即到

1 茜庵

能感受到季節感的優美和菓子

●あかねあん

使用阿波和三盆糖、鳴門金時番薯和楊梅等德島食材製作的創意菓子店。以鬆軟糯米麵團包裹柚子餡的淡柚（6個裝）1296円很受歡迎。

088-625-8866 MAP 87B-2
9:00～18:00 休無休
所德島市德島町3-44 JR德島站步行12分
P免費

全球首例 一起去搭乘DMV吧！

什麼是DMV？
「Dual Mode Vehicle（雙模式車輛）」的簡稱。在小型公車上安裝橡膠輪胎和鐵車輪，透過切換模式來運行。

DMV是世上獨一無二的車輛，可從列車切換成巴士，在軌道和馬路上運行。直通德島縣海陽町到高知縣室戶市。不妨來搭乘「全球首例」的DMV，來趟令人雀躍的體驗吧。

德島縣

阿佐海岸鐵道DMV

あさかいがんてつどうディーエムブイ

✆0884-76-3700（宍喰站）MAP 附錄②8D-3
¥阿波海南文化村～公路休息站 宍喰溫泉800円、阿波海南文化村～海之驛とろむ（僅週六日、假日運行）2400円 所海陽町四方原杉谷73 阿波海南文化村（起始站）交阿波海南文化村從阿佐海岸鐵道阿波海南站步行15分 P免費

德島縣

阿波海南站

あわかいなんえき MAP 附錄②8D-3

位於阿佐海岸鐵道和JR四國邊界的無人車站。這裡有可以近距離參觀DMV切換模式的地方。

軌道附近有可以拍攝切換模式瞬間的地方！

在站前等候的DMV，在這裡是巴士模式

在馬路和軌道連接的模式切換交流道換成鐵車輪，需時15秒，一眨眼就完成了！

車內跟迷你巴士幾乎相同，有18個乘客座位。坐在前面的位子，可以清楚看到駕駛座和司機駕駛的模樣

有些地方可以從車窗一覽平靜的海灣

德島縣

海部站

かいふえき MAP 附錄②8D-3

舊月台前展示著退休的柴油火車。可以拍到在旁邊運行的DMV以及穿過無山隧道的樣子。

阿佐海岸鐵道的站名板是衝浪板的形狀

與柴油火車ASA-101潮風號並停的DMV

德島縣

宍喰站

ししくいえき MAP 附錄②8D-4

阿佐海岸鐵道唯一的有人車站。這個區域是西日本首屈一指的衝浪勝地，可以享受各種海上活動。

驗票窗口處販售DMV商品。切換模式御守600円

驗票口旁的站長室有龍蝦站長「阿佐·阿鐵」在此迎接

鐵印帳（自由版）1620円、預寫鐵印300円（圖片為DMV一週年紀念印）

高知縣

甲浦站

かんのうらえき MAP 附錄②8D-4

位於高知縣最東方東洋町的無人站。可以在走上舊月台階梯的通道空間觀看DMV切換模式。

大紅色車身的「阿佐海岸維新號」。其他還有藍色的「乘浪向未來號」以及綠色的「酢橘之風號」

在模式切換交流道換成橡膠輪胎。這段期間車內會播放輕快的歌曲，車內螢幕會播放切換畫面

德島縣

公路休息站 宍喰溫泉

みちのえきししくいおんせん

館內展示DMV快速運行的巨大立體模型，也有販售DMV相關伴手禮。這裡也有海陽町的特產品直銷處。

✆0884-76-3442 MAP 附錄②8D-4
L9:00～18:00 休無休 所海陽町久保板取219-6 交阿佐海岸鐵道宍喰站步行12分
P免費

DMV餅乾酢橘之風（1塊）264円、餅乾&脆餅禮盒1100円

DMV從Hotel RIVIERA SHISHIKUI前方通過的立體模型

DMV咖哩959円。椪柑阿波尾雞咖哩和阿波尾雞絞肉咖哩2包裝

日本電車大集合1922

廣田尚敬・廣田泉・坂正博

296頁 / 21 x 25.8 cm

650元

1 介紹多達**1922款**日本電車

2 以**區域別，路線別，**看遍行駛全日本的各式列車

3 **大而精采**的圖片 讓愛火車的你一飽眼福

本書是目前集結數量最多、也最齊全的日本鐵道車輛圖鑑，從小孩到大人皆可一飽眼福。

日本的火車**琳瑯滿目，**
不禁令人好奇，日本到底
有多少款火車？

環遊世界鐵道之旅新148選

蘇昭旭
600元

日本觀光列車80選

谷崎龍
380元

新幹線全車種完全圖鑑（二版）

レイルウエイズグラフィック
500元

人人出版

香川

かがわ

充滿必看景點&話題性的烏龍麵縣

金刀比羅宮

雖然是全日本47都道府縣面積最小的縣，但卻是全日本知名的「烏龍麵縣」。金刀比羅宮、特別名勝栗林公園、遍布現代藝術的瀨戶內群島等，有很多充滿魅力的景點。除了讚岐烏龍麵之外，帶骨雞、橄欖牛、海鮮等香川美食也是不可錯過喔！

從日本全國前往香川的交通方式

東京出發

- 飛機：羽田機場 — 高松機場 — 高松站（ANA·JAL 約1小時25分／機場巴士 約45分）
- 鐵道：東京站 — 岡山站 — 高松站（山陽新幹線希望號 約3小時20分／JR快速列車Marine Liner號 約55分）

京阪神出發

- 鐵道：新大阪站 — 岡山站 — 高松站（山陽新幹線希望號 約45分／JR快速列車Marine Liner號 約55分）
- 車：中国吹田IC — 高松中央IC（中国道～阪神高速7號北神戶線～神戶淡路鳴門道～高松道 約2小時20分）
- 船：神戸港 — 高松東港（巨船輪船 約4小時15分～）

岡山、廣島出發

- 鐵道：岡山站 — 高松站（JR快速列車Marine Liner號 約55分）
- 車：広島IC — 高松中央IC（山陽道～瀨戶中央道～高松道 約2小時20分）

從四國各縣前往的交通方式

鐵道

- 從德島：德島站 — 高松站（JR特急 渦潮號 約1小時10分）
- 從松山：松山站 — 高松站（JR特急 石鎚號 約 2小時33分）
- 從高知：高知站 — 多度津站 — 高松站（JR特急 南風號 約1小時43分／JR快速 SUNPORT 約33分）

車

- 從德島：德島IC — 高松中央IC（德島道～高松道約46分）
- 從松山：松山IC — 高松中央IC（松山道～高松道 約1小時38分）
- 從高知：高知IC — 高松中央IC（高知道～高松道 約1小時25分）

CONTENTS

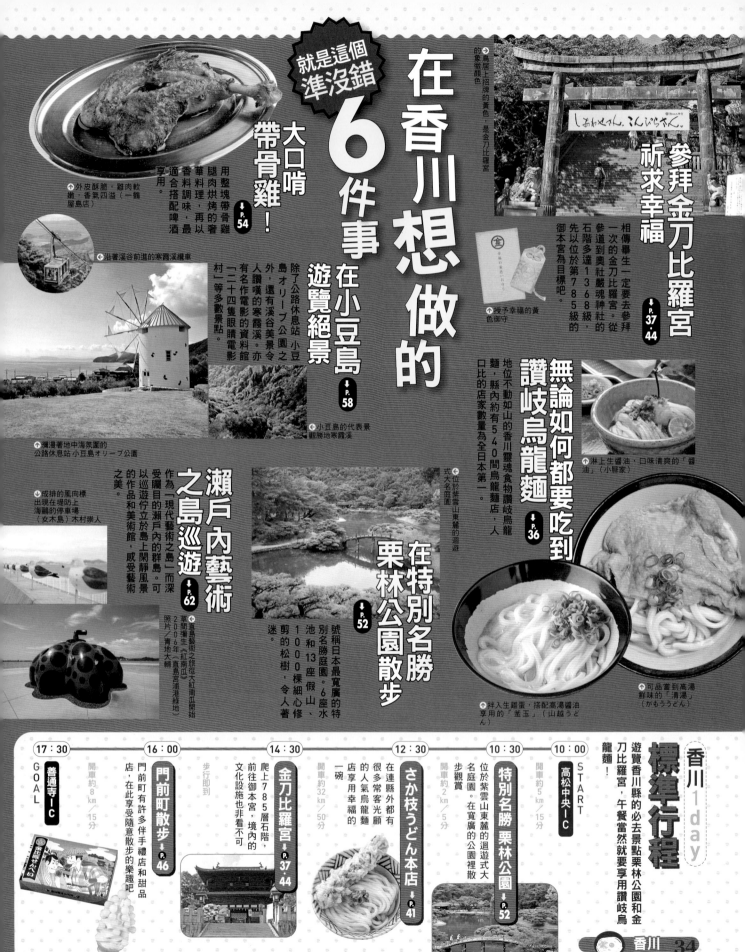

就是這個準沒錯

在香川想做的6件事

↑外皮酥脆，雞肉軟嫩，香氣四溢（一鶴 屋島店）

大口啃帶骨雞！

P.54

用整塊帶骨雞腿肉烘烤的奢華料理，再以香料調味，最適合搭配啤酒享用。

→鳥居上招牌的黃色，是金刀比羅宮的象徵顏色

參拜金刀比羅宮 祈求幸福

P.37・44

相傳畢生一定要去參拜一次的金刀比羅宮。從參道到奧社嚴魂神社的石階多達1368級，先以位於第785級的御本宮為目標吧。

↑授予幸福的黃色御守

←沿著溪谷前進的寒霞溪纜車

在小豆島遊覽絕景

P.58

除了公路休息站 小豆島オリーブ公園之外，還有溪谷美景令人讚嘆的寒霞溪。亦有名作電影的資料館「二十四隻眼睛電影村」等多數景點。

↑瀰漫著地中海氛圍的公路休息站 小豆島オリーブ公園

←小豆島的代表景觀勝地寒霞溪

無論如何都要吃到讚岐烏龍麵

P.36

地位不動如山的香川靈魂食物讚岐烏龍麵，縣內約有540間烏龍麵店，人口比的店家數量為全日本第一。

↑淋上生醬油，口味清爽的「醬油」（小縣家）

↑可品嘗到高湯鮮味的「清湯」（かもううどん）

↑拌入生雞蛋，搭配高湯醬油享用的「釜玉」（山越うどん）

←位於紫雲山東麓的迴遊式大名庭園

在特別名勝栗林公園散步

P.52

號稱日本最寬廣的特別名勝庭園。6座水池和13座假山、1000棵細心修剪的松樹，令人著迷。

瀨戶內藝術之島巡遊

P.62

作為「現代藝術之島」而深受矚目的瀨戶內的群島。可以巡遊佇立於島上閑靜風景的作品和美術館，感受藝術之美。

↓成排的風向標出現在堤防上 海鷗的停車場（女木島）木村崇人

←直島藝術之旅從大紅南瓜開始 草間彌生《紅南瓜》2006年（直島宮浦港綠地）照片／青地大輔

香川 1day 標準行程

遊覽香川縣的必去景點栗林公園和金刀比羅宮，午餐當然就要享用讚岐烏龍麵！

10:00 START **高松中央IC**

開車約5km／15分

10:30 **特別名勝 栗林公園** P.52

位於紫雲山東麓的迴遊式大名庭園。在寬廣的公園裡散步觀賞

開車約2km／5分

12:30 **さか枝うどん本店** P.41

在連縣外都有很多常客光顧的人氣烏龍麵店享用幸福的一碗

開車約32km／50分

14:30 **金刀比羅宮** P.37・44

爬上785層石階，前往御本宮，境內的文化設施也非看不可

步行即到

16:00 **門前町散步** P.46

門前町有許多伴手禮店和甜品店，在此享受隨意散步的樂趣吧

開車約8km／15分

17:30 **善通寺IC** GOAL

還有其他 必看景點

Close up 遍布著拍照景點的 西讚區域！

三豐市和觀音寺市擁有豐富的大自然島嶼，除了父母濱之外，還有滿滿的話題景點。

出現於瀨戶內的天空之鏡
父母濱
●ちちぶがはま

橫跨約1km的遠淺海灘。只要條件齊全，乾潮時會形成一大片潮池，水面如鏡面般反射出周圍景色，呈現出一望無際的夢幻光景。

↑最佳拍照時間是日落前後30分鐘

☎0875-56-5880（三豐市觀光交流局）所三豐市仁尾町仁尾乙203-3 車三豐鳥坂IC車程10km Ｐ免費

可俯瞰低地的天空鳥居
高屋神社 ●たかやじんじゃ

高屋神社位於海拔404m高的山頂上，本宮的鳥居被稱為「天空鳥居」，是可眺望觀音寺市一帶的絕景景點。

（四國八十八景之一）

MAP 附錄②6F-1
☎0875-24-2150（觀音寺市觀光協會）所觀音寺市高屋町2800（高屋神社本宮）
自由參觀 車從大野原IC到本宮車程14km（週六日、假日有從縣立琴彈公園停車場出發的接駁巴士，來回1000円）Ｐ免費

散步在白砂青松的美麗景色裡
琴彈公園 ●ことひきこうえん

櫻花和杜鵑花的賞花名勝，能欣賞到露出根部等形狀罕見的松樹以及海濱植物。從琴彈山山頂瞭望台可眺望東西122m、南北90m、周長345m的巨大錢形砂繪，看起來相當震撼。

MAP 附錄②6F-2
☎0875-24-2150
（觀音寺市觀光協會）
自由入園 所觀音寺市有明町
車JR觀音寺站搭計程車5分 Ｐ免費

↑據說是在1633年建造的巨大錢形砂繪

風靡水壩迷的近代建築物
豐稔池堰堤 ●ほうねんいけえんてい

位於深入阿讚山脈的柞田川上游的拱形水壩。矗立於此的模樣宛如中世紀歐洲的城牆，獲指定為重要文化財。

MAP 附錄②6F-1
☎0875-24-2150
（觀音寺市觀光協會）
自由參觀 所觀音寺市大野原町田野々 車大野原IC車程8km Ｐ免費

↑魄力十足的洩洪景觀

想要搭乘這個！
深受當地人喜愛的地方鐵道
琴電

1911年開始運行的香川地方鐵道，使用的車輛是從各家鐵道公司接收而來。瀧宮站保留了大正時期當時的模樣，瀰漫著復古氛圍的車站建築也是看點之一。

☎087-863-7300（琴電運輸服務部）

＼遊逛該區域的優惠票券／
琴電1日自由乘車券

1天之內可自由搭乘琴平線、長尾線、志度線3條路線。參拜金刀比羅宮或吃烏龍麵都很方便。
洽詢處 ☎087-863-7300
（琴電運輸服務部）
效期 1天 金額 1250円
販售窗口 所有有人車站

瀨戶內的群島 →P.62
受到國際矚目的元祖現代藝術之島直島，以及擁有美麗梯田的豐島，都很受歡迎。

丸龜、坂出 →P.50
讚岐烏龍麵名店雲集的區域，也能在日本畫家的美術館裡欣賞藝術作品。

小豆島 →P.58
因栽培橄欖而聞名。受惠於溫暖的氣候，以及有許多美麗景點和電影外景地，有許多值得一看的地方。

高松市 →P.52
香川觀光的主要據點，日本最寬廣的特別名勝栗林公園是不容錯過的地方。

琴平 →P.44
有四國首屈一指的能量景點，且參拜者來自全日本各地的金刀比羅宮，也有很多烏龍麵店。

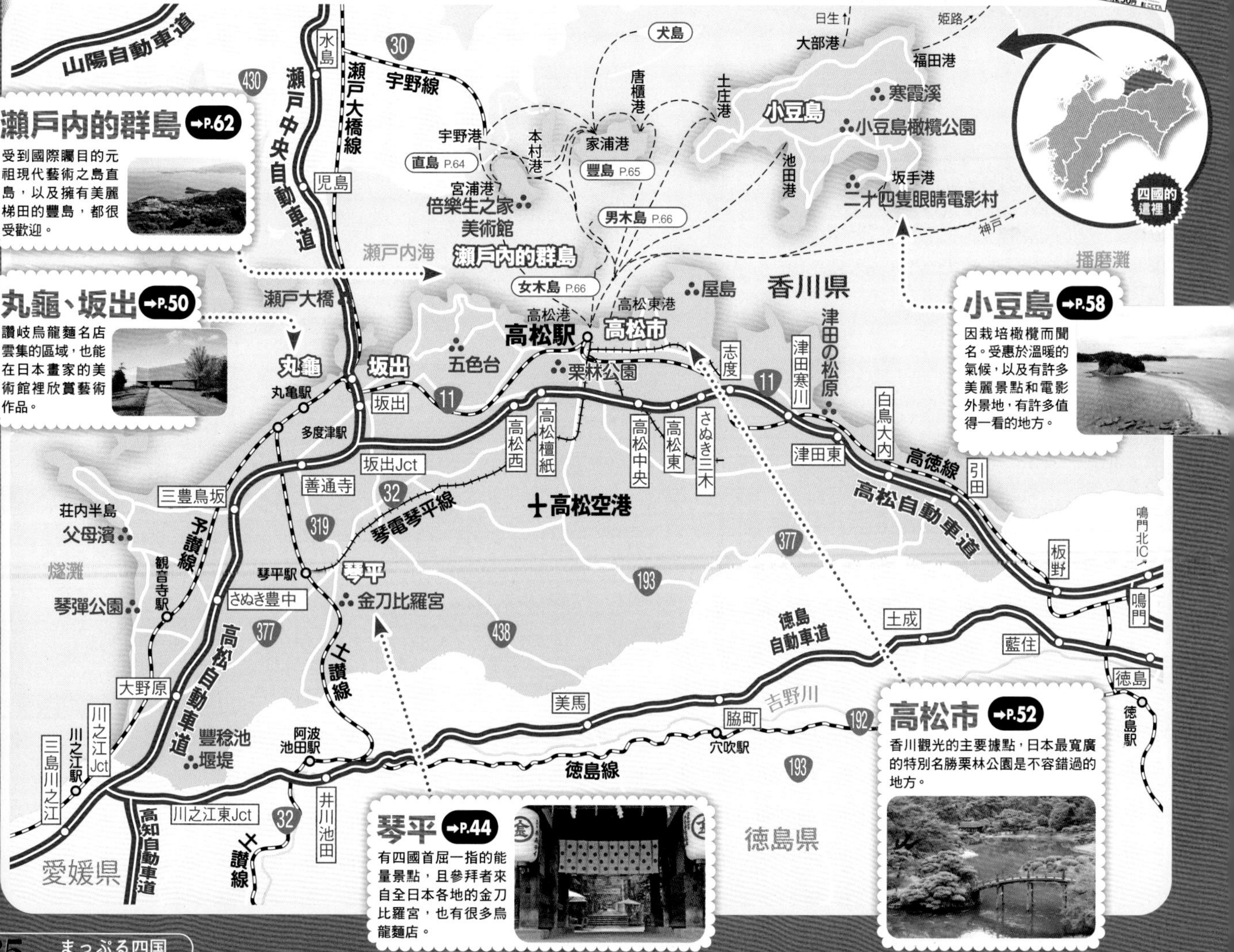

出發前往烏龍麵巡遊之旅！

烏龍麵兜風之旅 Go!

一定要去吃過一次的嚴選名店。趁著烏龍麵巡遊的空檔，還可以去參拜金刀比羅宮。

風味獨特的清爽高湯，最適合在早上享用

烏龍麵(小)+炸豆皮 300円
以柴魚、昆布為基底的湯頭，搭配帶有甜味的炸豆皮是相當受歡迎的組合

坂出市 ㊡週日、一 Ⓟ55輛

がもううどん

由家族經營的老字號烏龍麵店，持續守護著傳統滋味。菜單只有清湯烏龍麵，可選擇「冷」、「熱」口味。特色是麵條帶有光澤和嚼勁。配菜推薦可以蓋住底下麵條的大塊炸豆皮。

MAP 附錄②5B-2
☎0877-48-0409
L 8:30～13：30左右，週六、假日為～13:00左右（售完打烊） 休 週日、一 所 坂出市加茂町420-1 交 JR鴨川站步行20分 P 免費

屋齡100年的店鋪，風情十足

有天婦羅、炸豆皮等配料可選擇

本日行程

START 9:15 坂出IC
車程15分
9:30 第1碗 がもううどん
車程10分
10:20 第2碗 たむらうどん
車程20分

中讚區域是烏龍麵巡遊的聖地，匯集了讚岐烏龍麵的人氣店。山區裡面也有店家，巡遊時開車前往較為方便。可以邊吃邊評比每家店自豪的烏龍麵。

綾川町 ㊡週日、假日 Ⓟ20輛

たむらうどん

老闆手打而成的烏龍麵，是使用香川縣產小麥「讚岐之夢2009」的農村風粗麵。小麥風味絕佳，和小魚乾基底的清爽高湯絕配。天婦羅等配料也應有盡有。

MAP 附錄②5B-3
☎087-876-0922
L 9：00～13：00（售完打烊） 休 週日、假日 所 綾川町陶1090-3 交 琴電陶站搭計程車5分 P 免費

有吧檯座和桌椅座可選擇

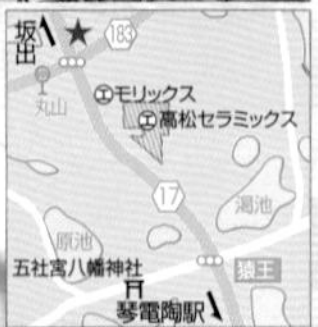

流露出老闆人品的質樸農村烏龍麵

烏龍麵(小)＋竹輪 310円
金黃色的高湯口味清爽。除了竹輪之外，也推薦昆布天婦羅60円

前往金刀比羅宮參拜
消化飽腹感♪

金刀比羅宮

●ことひらぐう

自古受到人民信仰的「金毘羅宮」。到御本宮有785級石階，參拜時還可欣賞境內綠意盎然的風景。

LINK P.44

↑位於第785級石階的御本宮。據說建立於大化革新之前

→寫有「幸福，金刀比羅」文字的鳥居招牌

滿濃町 休週一、二 P40輛

小縣家

●おがたや

招牌菜單醬油烏龍麵會搭配白蘿蔔泥、蔥、酢橘等佐料，再淋上生醬油品嘗。麵條的嚼勁和帶有一點甜味的生醬油，風味絕配。

☎0877-79-2262 MAP 附錄②5A-3
L 11:00～14:30 休週一、二
所まんのう町吉野1298-2
交JR琴平站搭計程車10分
P免費

←掛在建築物上的「滿濃池」符號為標記

醬油烏龍麵的始祖
可自己磨白蘿蔔泥！

醬油烏龍麵（小）470円
白蘿蔔的辣味、酢橘的酸味和小縣家特製的生醬油十分對味

→只要點醬油烏龍麵，就會送上讓客人自己磨的白蘿蔔和磨泥器

11:30	13:00	15:00	16:30	17:30
第3碗 小縣家	金刀比羅宮	第4碗 長田in香の香	第5碗 おか泉	GOAL 坂出IC

小縣家 →車程15分→ 金刀比羅宮 →車程20分→ 長田in香の香 →車程15分→ おか泉 →車程5分→ 坂出IC

宇多津町 休週一、二 P41輛

おか泉

●おかせん

極為順口的麵條都是考量當日氣溫和濕度而製作的自信之作，口感紮實。此外，酥脆的天婦羅和濃縮食材鮮味的特製高湯，全部都是頂級之作。

☎0877-49-4422 MAP 51B-1
L 11：00～19：00 休週一、二（逢假日則營業） 所宇多津町浜八番丁129-10 交JR宇多津站步行15分 P免費

↑木頭的溫暖氣息，讓店內充滿沉穩的氛圍

簡直是藝術！連擺盤和
口味都高人一等的絕品料理

天婦羅白蘿蔔泥烏龍冷麵 1100円
おか泉的代表餐點。酥脆的天婦羅味道相當出眾

善通寺市 休週三、四 P120輛

長田in香の香

●ながたインかのか

釜揚烏龍麵的聖地，有來自全日本各地的愛好者。烏龍麵菜單中最受歡迎的正是釜揚烏龍麵。店家自豪的高湯鹹中帶甜，散發烹煮前仔細處理過的伊吹島產小魚乾風味。麵條充滿光澤，口感Q彈。

☎0877-63-5921 MAP 51A-2
L 9:00～15:00 休週三、四（逢假日則營業） 所善通寺市金蔵寺町1180 交JR金蔵寺站步行10分 P免費

↑桌上備有蔥和薑等佐料

搭配香醇高湯享用的
釜揚烏龍麵

釜揚烏龍麵（大）450円
Q彈的麵條和以小魚乾為基底的高湯真是絕配！

絕對想去！

烏龍麵店BEST 30

1 山越うどん

綾川町 休週三、日 P200輛

●やまごえうどん

愛好者來自日本各地 釜玉烏龍麵的發祥地

擁有60年以上歷史的名店。熱騰騰的麵條和生雞蛋搭配絕妙的「釜玉」是因為常客自行帶蛋進來而誕生的菜單，進而傳至日本全國。加入山藥當配料的釜玉山（1球）400円也深受好評。

MAP 附錄②5B-3

☎087-878-0420

L9:00～13:30 休週三、日 所綾川町羽床上602-2 交琴電瀧宮站搭計程車5分 P免費

釜玉（1球）350円

麵條、生雞蛋、高湯醬油三位一體的頂級之作

↑可在寬廣庭院的座位享用烏龍麵

伴手禮就選這個

（左）生烏龍麵600円、（右）濃縮高湯（185㎖）400円

好想去一次看看的 超級名店

香川縣匯集了許多人氣店。以下會介紹到顧客來自日本各地的嚴選名店。因為是人氣店，那就要抱著即使排隊也要吃到的決心。

店家分成3種類型

在製麵工廠的一角讓客人用餐。通常是工廠兼店面，基本上採自助式。

先點餐再入座，煮麵和加高湯等自己做得到的事情要自己動手。

採用跟普通餐廳同樣的模式。入座後會有店員前來點餐，用完餐再結帳。

還有烏龍麵用語

冷麵冷湯：冷麵上加冷高湯

熱麵熱湯：熱麵上加熱高湯

冷麵熱湯：冷麵上加熱高湯

3 上原屋本店

高松市 休週日 P18輛

●うえはらやほんてん

為了追求烏龍麵的美味，會根據不同餐點使用不同高湯。清湯烏龍麵使用的是昆布和沙丁脂眼鯡熬煮的清爽高湯。竹籠烏龍麵則是使用以陳年醬油為基底的甘口高湯。

☎087-831-6779 MAP 56A-4

L9:30～15:30（售完打烊） 休週日 所高松市栗林町1-18-8 交琴電栗林公園站步行10分

P免費

↑店家位於栗林公園附近

清湯烏龍麵（小）320円

滑順且充滿彈性的麵條勁道十足

讓人想全部喝完的香醇高湯是關鍵

2 松下製麵所

高松市 休週日 P6輛

●まつしたせいめんしょ

創業以來從未改變的手打麵製法被傳承守護至今。使用昆布、柴魚片、小魚乾熬煮的高湯，富有濃郁深邃的風味。店內除了有8個吧檯座之外，還有立食空間。

☎087-831-6279 MAP 56A-3

L7:00～15:00（售完打烊）休週日 所高松市中野町2-2 交JR栗林公園北口站步行7分 P免費

↑店門口從一大早就在排隊

位於住宅區，深受當地客人喜愛的製麵所

清湯烏龍麵（1球）+蛋300円

偏細的麵條柔軟得恰到好處。加入雞蛋讓口味更加溫和柔順

↑停車場可看到讚岐富士全景

←中午和週末都大排長龍

5 なかむら

丸亀市　休週二　P30輛

能就近仰望有讚岐富士之稱的飯野山。口感滑順的細麵，搭配充滿柴魚香氣的高雅湯頭，味道絕配。以前還會讓客人在田裡摘採佐料用的蔥。

☎0877-98-4818　MAP 51B-2
🕐9:00～14:00（售完打烊）　休週二（5月為週二、第1週日為週二）　所丸亀市飯山町西坂元1373-3　🚌JR丸亀站搭丸亀社區巴士15分，高柳下車，步行5分　P免費

今後也會嚴守從祖父那傳承下來的味道

村哲也先生　←第3代老闆中

釜玉（小）310円
均勻拌入雞蛋的柔軟細麵就像奶油蛋黃義大利麵一樣滑嫩順口

在讚岐富士的山腳下 Let's品嘗露天烏龍麵

烏龍麵（溫‧小）+蛋 200円
熱騰騰的麵條加入新鮮的蛋當配料，是最經典的吃法

在山林間的獨棟店家中與光澤滑順的麵條相遇

4 谷川米穀店
●たにかわべいこくてん

滿濃町　休週日　P15輛

蓋在大自然包圍的山林間。麵條滑順好入口，充滿光澤，搭配醬油醃漬的青辣椒等配料一起享用。冬季時有使用當地產的蕎麥粉製成的手打蕎麥麵，是1日只有50份的限定口味。

MAP 附錄②5B-4
☎0877-84-2409
🕐10:30～13:30（售完打烊）　休週日　所まんのう町川東1490　🚌JR琴平站搭琴参巴士39分，落合橋下車即到　P免費

←充滿沉穩氣氛的獨棟建築

奶油和雞蛋味道濃厚的釜奶油烏龍麵發祥店

釜奶油烏龍麵（小）490円
在手打極粗麵上拌入濃厚的奶油和雞蛋，再淋上桌上的醬油，豐富味道層次

7 手打十段うどんバカ一代
●てうちじゅうだんうどんバカいちだい

高松市　休無休　P45輛

確實揉製後醒麵一晚的麵條，能嘗到Q彈滑順的口感。店家只會提供起鍋10分內的麵條，因此不管什麼時候來訪，都能吃到最佳狀態的麵。

☎087-862-4705　MAP 56B-3
🕐6:00～18:00　休無休　所高松市多賀町1-6-7　🚌琴電花園站步行5分　P免費

↑店內陳列著許多名人的簽名板

6 中村うどん
●なかむらうどん

丸亀市　休週五　P10輛

なかむら（→左上）的姊妹店，每天都有許多顧客光臨。會根據現場的顧客多寡來調整下麵的分量。若想直接品嘗麵條的美味，推薦先試試看醬油烏龍麵。

☎0877-21-6477　MAP 51B-1
🕐10:00～14:00（售完打烊）　休週五　所丸亀市土器町東9-283 クローバーキョウトビル1F　🚌JR宇多津站步行20分　P免費

↑大大的「うどん」字樣相當顯眼

讓細麵在香川發揚光大的先驅

醬油烏龍麵（小）250円
完全手打的古早味柔韌細麵，口感相當Q彈

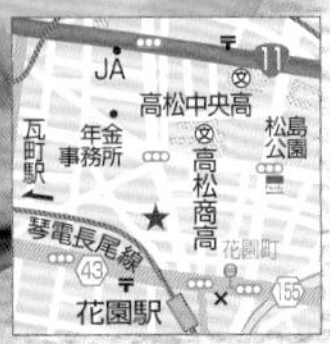

讚岐烏龍麵的基本類型
5大烏龍麵 selection

分別介紹具代表性的5種烏龍麵推薦的店家。

乾麵

讚岐烏龍麵的經典型態

將麵條泡冷水冰鎮過後，加入少量濃稠高湯的烏龍麵。將高湯均勻拌入麵條中享用。

強韌有彈性的正統讚岐烏龍麵麵條

烏龍乾麵（小）300円
捲麵的特色是相當有嚼勁

位於視野良好的道路旁

9 山下うどん

善通寺市　休週二　P50輛

●やましたうどん

以烏龍乾麵始祖聞名的店鋪。以昆布、小魚乾為基底的清爽拌麵高湯，能襯托出麵條的美味。起鍋後不過水的湯拔烏龍麵（小）300円也很推薦。

MAP 附錄②5A-3
0877-62-6882
9:30～16:00　休週二（逢假日則翌日休）　所善通寺市与北町284-1　JR善通寺站搭計程車10分
P免費

8 本格手打うどんセルフはゆか

綾川町　休不定　P23輛

●ほんかくてうちうどんセルフはゆか

店家周圍是一片開逸的田園風景

守護基本傳統的同時，也在追求全新美味的老闆所製作的烏龍麵聚集了許多愛好者。想要品嘗麵本身的味道，推薦著名的烏龍乾麵。搭配100%使用綾川町產本鷹辣椒的「鬼びっくり一味」和當地產粗粒辣椒粉等佐料，風味無窮。

087-876-5377　MAP 附錄②5B-3
10:00～15：30（售完打烊）
休不定休　所綾川町羽床下2222-5
琴電羽床站步行15分
P免費

使用新口感的佐料提升烏龍麵的風味香氣吸引不少回流客

白蘿蔔泥烏龍乾麵 360円
直徑約6mm的極粗麵。高湯可選擇要濃郁還是清淡

醬油

可以品嘗到麵條的Q彈嚼勁

將起鍋後的麵條放入冷水冰鎮，再淋上生醬油的烏龍麵。通常醬油的量可依個人喜好自行加入。

年輕老闆手打的強韌細麵令人難以抗拒

醬油（小）260円
極具彈力的細麵跟醬油是絕配

11 山とも

丸亀市　休週二　P10輛

●やまとも

每次接到點餐才切麵條，因此能品嘗現煮的烏龍麵。推薦常備的10種天婦羅。全程手工製的Q彈細麵大受好評。

080-1992-3716　MAP 51B-1
9:30～14:00（售完打烊）　休週二　所丸亀市土器町東9-194
JR宇多津站步行15分　P免費

能夠品嘗到小麥風味和香氣的極粗烏龍麵

釜拔生醬油 390円
在粗細不一的手切麵上，淋上特製的高湯醬油享用

10 こだわり手打ちうどん山

讃岐市　休週四　P20輛

●こだわりてうちうどんやま

原本位於山上的名店，遷徙到國道旁後，能夠更輕易享用具有Q彈口感和小麥香氣的絕品烏龍麵。想淋上獨創的醬油後，好好品嘗這簡單的美味。

090-2822-3751　MAP 附錄②5C-2
11:00～14:00　休週四（逢假日則營業）　所さぬき市志度1370-11　JR志度站搭計程車5分　P免費

位於交通便利的國道11號旁

醬油（小）350円
2種混合的醬油有滑順圓潤的口感，非常適合搭配Q彈的麵條享用

飽富彈力的自家製粗麵是重點

13 上杉食品

三豊市　休週一　P10輛

●うえすぎしょくひん

通常開店2小時左右就會售完。風味濃郁的高湯和Q彈有嚼勁的麵條是這家店的特色。菜單只有醬油烏龍麵和清湯烏龍麵兩種，但在8點（週六、日會到9點）之前也有釜揚烏龍麵。

0875-62-2231　MAP 附錄②6F-2
6:30～中午左右（售完打烊）　休週一　所三豊市豊中町上高野2791　JR本山站搭計程車7分　P免費

12 三嶋製麵所

滿濃町　休週五　P3輛

●みしませいめんじょ

電影《UDON》中說出名台詞「要熱的？還是要冷的」的老奶奶所經營的店家。菜單只有烏龍麵，滑順可口的現煮麵條搭配生醬油享用。

0877-84-2266　MAP 附錄②5B-3
9:00～16：30（週六日、假日為～16:00）　休週五
所まんのう町川東276　JR琴平站搭琴參巴士30分，中通下車即到　P免費

說不定可以遇到電影《UDON》裡面的老奶奶

熱（小）+蛋 210円
熱騰騰的麵條加上蔥、蛋50円當配料是經典人氣菜色

清湯

麵條X高湯的最強組合

在麵條上淋上高湯的簡樸烏龍麵。在熱麵上淋冷湯等，每家店有不同的吃法。

自古不變的傳統捲麵 加入高湯非常入味

冷麵熱湯(小)300円
口感極佳的手切麵，淋上滿滿的小魚乾風味高湯

15 宮武うどん

高松市 休週三 P30輛

●みやたけうどん

從已經走入歷史的名店「宮武」繼承技術和屋號，不使用製麵機，全程手工揉製麵條，有獨特捲曲的麵條Q彈有嚼勁，口感絕佳。推薦什錦天婦羅130円當配料。

087-886-0939 MAP 附錄②5B-2
9:30～15:00左右（售完打烊）
休週三 所高松市円座町340
高松西IC開車即到 P免費

↑掛著繼承自「宮武」的布簾

在高松市內大排長龍的超人氣店

清湯烏龍麵(小)＋炸竹輪360円
散發著小麥香氣的粗麵跟高湯十分相稱。現場有50種天婦羅，每種1個110円

↑鄰近香川縣廳

14 さか枝うどん本店

高松市 休週日 P5輛

●さかえだうどんほんてん

大早就有許多上班族和觀光客光顧，因為是自助式，翻桌率高，隨時都能品嘗現揉現煮的麵條。在小魚乾基底中加入5種柴魚熬煮的高湯為該店招牌。

087-834-6291 MAP 附錄②4F-1
7:00～15:00 休週日（週六、假日不定休）
所高松市番町5-2-23 JR栗林公園北口站步行10分 P免費

可以品嘗到帶有甜味的高湯和粗麵的絕佳組合

清湯烏龍麵(小)280円
也想搭配名產炸海苔捲當配料

16 純手打うどんよしや

丸亀市 休週二 P15輛

●じゅんてうちうどんよしや

用手捏、腳踩、手切製成的麵條粗達7mm，吃起來相當有嚼勁。有很多使用讚岐糯米豬的菜色，昆布和小魚乾熬煮的高湯香氣四溢。一大早就開始營業，推薦可以來這裡吃早餐。

0877-21-7523 MAP 51B-2
7:00～14:50 休週二 所丸亀市飯野町東二343-1 JR丸龜站搭計程車15分 P免費

釜玉

擁有和製奶油蛋黃義大利麵的別稱

在釜揚麵裡拌入生雞蛋，再淋上醬油和高湯的烏龍麵。滑順的口感相當濃郁。

營業時間限定1小時的超人氣店

釜玉(小)190円
100%用香川縣產品牌小麥「讚岐之夢」製作的麵條，一天限定100份

19 日の出製麵所

坂出市 休不定 P20輛

●ひのでせいめんしょ

由於製麵和批發才是本業，因此營業時間只有中午1小時。到12點30分排隊的人都可以吃得到。數次在「讚岐烏龍麵品鑑會」上得獎的麵條具有光澤和彈力，堪稱絕品。

0877-46-3882 MAP 51B-1
11:30～12:30、販售為9:00～16:00 休不定休 所坂出市富士見町1-8-5 JR坂出站步行10分 P免費

↑平日也是大排長龍

家族烏龍麵(4～5人份)2800円
裝在木盆裡的釜揚烏龍麵，是讓人驚訝的大分量！

在江戶時代的古民宅享用釜揚烏龍麵

18 わら家

高松市 休無休 P200輛

●わらや

風格獨特的店，移建自江戶時代末期的茅葺屋頂農家。以木盆盛裝4～5人份釜揚麵的「家族烏龍麵」最為出名，用大酒壺盛裝的小魚乾沾醬味道十分濃郁。

MAP 附錄②17C-4
087-843-3115
9:30～17:30 休無休 所高松市屋島中町91 琴電琴電屋島站步行10分 P免費

↑建於屋島的山腳下

釜揚

滑嫩順口度首屈一指！

煮熟的麵條連熱湯汁一同倒入碗中的烏龍麵，麵條沾醬汁享用。

粗麵和沾醬搭配絕佳

釜揚烏龍麵(小)350円
※價格可能有變
小魚乾風味的高湯是讓人想一吃再吃的美味

17 長田うどん

滿濃町 休週四、第3週五 P60輛

●ながたうどん

被稱為元祖釜揚烏龍麵的店家。在烏龍麵激戰區，僅靠釜揚烏龍麵和烏龍涼麵決勝負。Q彈的手打麵和使用國產小魚乾的質樸高湯搭配絕佳。

0877-79-2171 MAP 附錄②5A-3
10:00～15:00（週六日、假日為～16:00，售完打烊）休週四、第3週五（逢假日則營業） 所まんのう町吉野1290-1 JR琴平站搭計程車10分 P免費

↑淋上裝在酒壺裡的高湯享用

→入口處掛有綠色布簾

讚岐烏龍麵應用篇
4大變化 selection

烏龍麵王國香川縣的烏龍麵
種類也是千變萬化。
除了大家都熟悉的天婦羅烏龍麵等人氣菜色之外，
還要介紹外觀也相當衝擊的4大變化料理。

天婦羅

酥脆X滑順的口感令人愉快

說到經典人氣配料就是天婦羅，搭配Q彈的讚岐烏龍麵十分相稱！酥脆的麵衣口感吃起來好開心。

大片的天婦羅蓋在烏龍麵上

天婦羅烏龍麵（中）550円
天婦羅的味道高雅，過一段時間後，麵衣和高湯相互交融，讓滋味更加柔和圓潤

20 手打ちうどん渡辺
三豊市　休週四　P20輛
●てうちうどんわたなべ

天婦羅烏龍麵就是這裡的招牌菜。手工揉製和切裁的麵條微粗富有嚼勁。點餐時若沒特別指定，中碗（2球）就是指普通大小。

0875-72-1073　MAP 附錄②6F-1
10:30～19:00　休週四　所三豊市高瀨町下勝間2552　JR高瀨站步行10分　P免費

高瀨町遠近馳名的店家

冰鎮收縮的細麵令人忍不住一口接一口

天婦羅烏龍冷麵780円
將炸蝦、蔬菜等天婦羅放在冷麵上，和味道高雅的湯頭絕配

21 うどん棒 本店
高松市　休週三　P6輛
●うどんぼうほんてん

建於南新町商店街附近的老字號店家。細麵口感滑順，搭配使用5種柴魚片熬煮的濃郁高湯相當契合。有很多料的強棒烏龍麵也很受歡迎。

087-831-3204　MAP 56A-3
11:00～14:30（週五～日、假日的17:00～19:30也有營業）　休週三　所高松市亀井町8-19　JR高松站搭琴電巴士9分，南新町下車即到　P免費

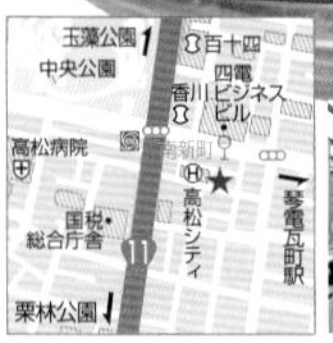

雖然是老字號，但店面看起來完全沒有架子

請享用用柴火煮出來的美味極品

冷麵熱湯（小）＋炸花枝腳 450円
在冷麵上淋熱湯享用。有稜角的手切麵條吃起來相當有嚼勁

22 やまうち
滿濃町　休週四　P30輛

佇立在小山的入口處，使用柴火煮熱水再快速川燙的烏龍麵條口感紮實有嚼勁。在冷麵上淋熱湯時，店裡使用「冷麵熱湯」等獨特的稱呼方式。

MAP 附錄②5A-4
0877-77-2916
9:00～售完打烊　休週四
所まんのう町大口1010
JR琴平站搭計程車20分
P免費

店家後面是一片竹林

將半熟蛋天婦羅推廣到全日本的名店

烏龍麵（1球）＋半熟蛋天婦羅 390円
以濃稠的半熟蛋拌麵的超迷人組合。店面經常會有剛炸好的熱騰騰天婦羅

23 もり家
高松市　休週四、五　P40輛
●もりや

老闆精心從腳踩到用手擀製的麵條是口感Q彈妙的極粗直麵。著名的巨大什錦天婦羅是接單後才會油炸，可和麵條一起享用。

087-879-8815　MAP 附錄②5B-3
10：30～18：00　休週四、五（逢假日則營業）　所高松市香川町川内原1575-1　琴電佛生山站搭香川町接駁巴士16分，台目下車，步行15分　P免費

除了和式座位，也有桌椅座

什錦天婦羅白蘿蔔泥烏龍麵 980円
巨大什錦天婦羅直徑15cm，厚4cm。麵能選擇冷麵或熱麵

加入巨大的什錦天婦羅看起來分量十足

24 竹清
高松市　休週一　P7輛
●ちくせい

為自助式烏龍麵先驅的實力派名店。老闆擀製的麵條飽富彈力和嚼勁。不泡熱水直接淋上高湯是專家的吃法。

087-834-7296　MAP 56A-3
10:45～14:30（售完打烊）
休週一　所高松市亀岡町2-23
JR栗林公園北口站步行10分
P免費

平日中午也大排長龍

26 手打うどん まつばら

高松市 休週五、第3週四 P40輛

●てうちうどんまつばら

炸雞肉竹籠 800円
鮮嫩的麵條加上軟嫩的炸雞腿肉搭配絕佳

鮮嫩多汁的炸雞肉和熟成麵的美味組合

放置一晚的熟成麵，以滑順的口感自豪。炸雞塊使用的是宮城縣產地雞的厚肉，可選擇炸雞肉烏龍乾麵850円，炸雞肉烏龍麵750円。

087-814-5417 MAP 附錄②4E-2
11:00～15:00（售完打烊）
休週五、第3週四 所高松市寺井町1015 琴電空港通站步行15分
P免費

店內是沉穩的和風時尚感

25 手打うどん 風月

高松市 休週日、假日 P無

●てうちうどんふうげつ

有很多回流客是在附近上班的男性。炸雞肉塊使用的是脂肪較少的雞胸肉，分量十足，同時兼顧健康，和滑順可口的細麵搭配絕佳。

090-5716-4445 MAP 56A-2
11:15～14:00（售完打烊）
休週日、假日 所高松市紺屋町4-13 中井ビル1F JR高松站步行10分

位於高松市區，僅中午營業

炸雞肉竹籠

建立起不動地位的全新領域

用冷水冰鎮過的竹籠烏龍麵裡，加入熱騰騰炸雞肉的「炸雞肉竹籠烏龍麵」正因為材料簡單，才能夠品嘗到食材的極致美味。

現炸的美味雞肉塊商業街裡的人氣店

炸雞肉竹籠 900円
炸雞肉塊會接單後再炸，熱騰騰地上桌。淋上檸檬，口味清爽

肉

清爽甜美的味道令人安心

配料是燉煮軟爛的牛肉，加入一點甜辣調味，襯托出讚岐烏龍麵的美味。

招牌菜肉片烏龍麵的美味關鍵是秘傳湯頭

肉片烏龍麵（小）550円
厚片牛肉越嚼越有味。肉的甜味和濃郁美味融入的湯頭也是極品

28 飯野屋

丸龜市 休週一、第4週二 P50輛

●いいのや

說到飯野屋的名產就是「肉片烏龍麵」。使用秘傳湯頭炊煮出滿滿鮮味的牛肉搭配烏龍麵，是不分男女老幼都喜歡的人氣菜色。肉片烏龍乾麵（小）600円和醬油肉片烏龍麵也很受歡迎。

0877-25-1891 MAP 51B-2
10：00～15：00（售完打烊） 休週一、第4週二
所丸龜市飯野町東二1888-1 JR丸龜站搭計程車10分
P免費

如牛丼般放了滿滿肉片的烏龍麵

肉片烏龍麵（小）550円
麵上有煮到變焦糖色的洋蔥，和滿滿的甘煮牛肉

建於靜謐山裡的老字號店鋪

27 岡製麵所

綾川町 休週二、日 P20輛

●おかせいめんしょ

昭和35（1960）年創業的製麵所，位於山路上的民宅。Q彈粗麵加入濃郁湯頭以及加入許多料的肉片烏龍麵大受好評。也很推薦10月到3月可吃到的卓袱烏龍麵（小）550円。

087-878-1780 MAP 附錄②5B-3
10:00～14:00 休週二、日
所綾川町山田上甲1949-8
琴電陶站搭計程車10分
P免費

豪華

在歷史名店細細品嘗

能夠快速享用是烏龍麵的魅力之一，但偶爾不妨在店裡以定食的形式細細品嘗烏龍麵等店家自豪的料理。

在舊與力宅院大啖烏龍麵宴席料理

季節性的烏龍乾麵 1160円
每月更換菜色的人氣餐點。烏龍乾麵附散壽司和醬油豆

30 鄉屋敷

高松市 休無休 P60輛

●ごうやしき

利用江戶時代中期的舊與力宅院改裝的風雅店家，所有房間都能眺望美麗的庭院，無微不至的服務也深受好評。使用Q彈麵條和當季食材的烏龍麵宴席料理為該店招牌。

087-845-9211 MAP 附錄②5C-2
11:00～14:30、17:30～20:30（週六日、假日為11:00～20:30） 休無休 所高松市牟礼町大町1987
琴電大町站步行20分 P免費

可在氣氛沉穩的和室享用餐點

在舊武士宅院享用極品烏龍麵

釜烏龍乾麵定食（附蛋黃）1240円
Q彈的麵條加上濃郁的蛋黃，還有押壽司、醬油豆、天婦羅等配菜

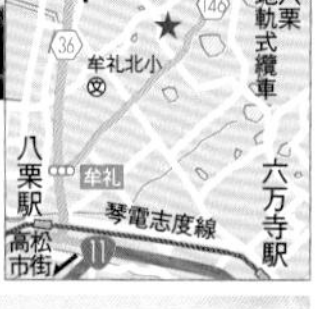

29 うどん本陣 山田家本店

高松市 休無休 P160輛

●うどんほんじんやまだやほんてん

本館建在約800坪的廣大腹地內，是被日本庭園包圍、非常有情懷的老宅。釜玉烏龍乾麵600円，頂級天婦羅烏龍麵860円，另外還有季節性的天婦羅和烤鯖魚壽司等單點料理也很受歡迎，另外也有定食。

087-845-6522 MAP 附錄②17C-4
10:00～20:00 休無休 所高松市牟礼町牟礼3186
琴電八栗站搭計程車5分 P免費

屋齡130年以上的本館獲登錄為有形文化財

到奥社共1368階！四國首屈一指的能量景點！

帶著笑容許願

金刀比羅宮參拜

自古以來就相傳一生一定要去參拜一次的金刀比羅宮。一階一階地走上連綿至御本宮的785層石階，啟程前往金刀比羅宮祈求幸福吧！

琴平

ことひら

前往充滿門前町風情的街道

是這樣的地方！

遍布在象頭山東山麓的琴平地區，是作為金刀比羅宮的門前町而繁榮的城鎮。長石階兩旁比鄰而立的伴手禮店和餐廳，展現著門前町特有的熱鬧氛圍。

MAP P.48•附錄②5

住宿資訊 P.49

洽詢處

琴平町觀光商工課

☎0877-75-6710

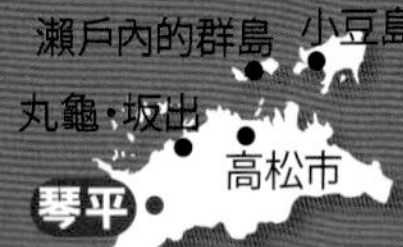

ACCESS

電車：高松站 —JR予讚、土讚線快速、普通列車— 琴平站
所需時間／約1小時　費用／870円

電車：高松築港站 —琴電琴平線— 琴電琴平站
所需時間／約1小時　費用／630円

車：高松西IC —高松道— 善通寺IC —319— 琴平市區
約22km　費用／750円　約8km

從以前就深受信奉，讚岐首屈一指的大社

金刀比羅宮

ことひらぐう

建於象頭山半山腰的神社。參拜者從全國聚集而來，祈求五穀豐收和海上安全，十分熱鬧。從參拜步道到奧宮——嚴魂神社之間連綿多達1368層石階，途中遍布屬於重要文化財的寶物館、表書院等文化設施。穿過雙層入母屋造的瓦葺大門，就是神社境內了。

☎0877-75-2121 MAP 48A-2

參拜為6:00～18:00、授與所為9:00～17:00

所 琴平町892-1　JR琴平站到表參道石階登梯口步行15分

※金刀比羅宮沒有專用停車場，故使用周邊的付費停車場

1 大門 石階365層

おおもん

由初代高松藩主松平賴重捐款建造的雙層入母屋造瓦葺大門。

2 五人百姓 石階365層

ごにんびゃくしょう

一穿過大門，眼前就會出現並列的5個糖果攤。這些是唯一獲得許可在境內擺攤的商家，是過去侍奉過神明的證明。

加美代飴（5片裝）500円

由五人百姓手工製作的糖果，充滿了柚子風味的溫和甜味。用附贈的槌子敲碎吃。

金刀比羅犬

古代的風俗是，住在遠方不便前往的參拜者，會把旅費和香油錢綁在家犬的脖子上，讓牠代替自己前去參拜，於是便有了「金刀比羅犬」的稱呼。

金刀比羅宮參拜的建議

所需時間 約2小時

在門前町進行登梯準備

最近的車站是JR琴平站和琴電琴平站，從任一站到表參道石階登梯口都要步行約15分鐘。請參考門前町MAP（➡P.47）確認路線吧。

以御本宮為目標吧

登上785層石階，尋找御本宮才有販售的御守和絕景吧！

留意文化設施

位於境內的高橋由一館、表書院等是貴重的文化設施，有時間的話，也可以前去參觀看看。

最後可在門前町散步

在伴手禮店和甜品店聚集的門前町（➡P.46）可以看到琳琅滿目的琴平名產。不妨一面品嘗邊走邊吃的美食，一面購買琴平伴手禮吧！

6 表書院 石階477層
おもてしょいん

表書院裡公開展示著重要文化財圓山應舉的90面障壁畫。奧書院為非公開。
🅛9:00～16:30
休無休
¥入館費800円

➲入母屋造、檜皮葺屋頂的表書院

5 社務所門 石階477層
しゃむしょもん

穿過門就是表書院。由於社務所從前附屬於書院，因此得名。

鋼造的大鳥居，散發著獨特風情

4 櫻馬場西詰銅鳥居 石階431層
さくらのばばにしづめどうとりい

黃色看板格外吸睛的大鳥居。裡面的神馬舍據說有神明所乘的神馬。

➲置於御前四段坂的黃金立牌，是為了提升香川縣觀光效益的「Golden Project」的一環

7 御本宮 石階785層
ごほんぐう

檜皮葺屋頂、大社關棟造的美麗社殿。現在的社殿為明治11（1878）年改建而成。

太棒了～♪
終於到了！

➲祭祀大物主神和崇德天皇的御本宮

3 櫻馬場 石階370層
さくらのばば

從大門連綿約150m的石板步道。兩側立著木柵欄和無數的石燈籠。

➲櫻花季節才能看到的美麗隧道

春天會有3500棵櫻花綻放

＊御守

➲金刀比羅宮原創的笑顏元氣君御守500円

➲御本宮限定的幸福黃色御守1000円

再往上走的話…

白峰神社 石階923層
しろみねじんじゃ

位在御本宮延伸至後側步道的不遠處。本殿為朱塗流造、檜皮葺屋頂，祭祀崇德天皇和其母親待賢門院。

➲周邊稱作紅葉谷，秋季的紅葉非常秀麗

嚴魂神社 石階1368層
いづたまじんじゃ

祭祀金刀比羅本教的教祖嚴魂彥命。明治38（1905）年時遷移至現在的場所。

➲絕壁上掛著天狗面具

8 旭社 石階628層
あさひしゃ

雙層入母屋造的社殿到處都有精緻的雕刻，屬於重要文化財。

➲位於御本宮前的大樟樹

➲在CAFÉ & RESTAURANT神椿（↓P.48）稍微休息一下

裏參道
うらさんどう

從高橋由一館前面往下延伸的道路稱作裏參道，有杜鵑花和山茶花、楓葉等四季花木點綴著風景。

前往金刀比羅宮參拜完之後
逛伴手禮&甜點悠哉散步

琴平的門前町不僅有四國代表性的釀造廠，還有比鄰而立的伴手禮店和甜品店。不妨單手拿著以口味自豪的甜點，享受在街道隨意散步的樂趣吧！

浪花堂餅店
なにわどうもちてん

☎0877-75-5199 MAP 48B-1

第6代老闆守護著傳統口味，是創業超過100年的老店。在延展性佳的紅豆麻糬裡添加自製內餡。

L8:30～售完打烊 休每月9、19、29日（逢週六日、假日則營業） 所琴平町603-3 JR琴平站步行7分 P免費

內含大量的自家製顆粒紅豆泥

紅豆麻糬（5顆裝）650円

有白豆沙、艾草、黍子、小米、黑豆等5種以傳統作法製作的口味

本家船々堂
ほんけふねふねどう

☎0877-73-2020 MAP 48B-2

以因民謠「金毘羅船…」而廣為人知的金毘羅船為象徵主題的名產煎餅。煎餅和店鋪的名稱都來自民謠，從明治時代開始販售以來便深受喜愛。

L8:00～18:00（視時期變動） 休無休 所琴平町952 JR琴平站步行15分 P免費

金毘羅船的知名煎餅

船々煎餅（24塊裝）900円

由職人在店前手工煎烤的煎餅，口味簡單而懷舊

こんぴらプリン

☎0877-85-5560 MAP 48B-2

布丁使用縣內產太陽蛋以及北海道產純鮮奶油手工製作。從口感較硬的復古類型到口感滑嫩的類型都有。

L9:30～17:30（週六日、假日為～18:00，售完打烊） 休無休 所琴平町716-5 JR琴平站步行10分 P免費

季節布丁（草莓）450円
幸福黃色布丁 390円
抹茶布丁 420円

最受歡迎的幸福黃色布丁是在入口即化的布丁裡，加入瀨戶內檸檬風味的果凍

金陵之郷
きんりょうのさと

宣揚釀酒的技術和精神

↑重現了江戶時代釀酒的模樣

☎0877-73-4133（西野金陵）MAP 48B-1

資料館是將四國的代表清酒「金陵」釀造源頭的釀酒庫再利用而成。白牆倉庫圍著和金毘羅天狗有關的大楠樹而建，館內介紹了釀酒的歷史和工具、釀酒的模樣等等。清酒也能試喝和購買。

L店家為9:00～16:30（週六日、假日為～17:30），資料館為9:00～15:30（週六日、假日為～16:30） 休無休 ¥免費入館 所琴平町623 JR琴平站步行10分

金陵 純米酒 山廢仕込 讚岐良米（720ml）1386円

100%使用讚岐誕生的酒米「讚岐良米」的純米酒

灸まん本舗石段や
きゅうまんほんぽいしだんや

THE琴平必買伴手禮

☎0877-75-3220 MAP 48B-2

做成艾灸形狀的琴平銘菓「灸饅頭」十分有名。許多人都會把這裡當成茶屋，在參拜後進來休息。另有販售送禮用的手打烏龍麵。

L8:00～17:00 休無休 所琴平町798 JR琴平站步行10分

醬油烏龍麵 430円

常溫可保存1年，附坂出市鎌田醬油的高湯醬油

灸饅頭（12顆裝）1185円

饅頭的特徵是以蛋黃揉製的優質甜餡，口感溫和

ナカノヤ琴平
ナカノヤことひら

MAP 48B-2

☎0877-75-0001（中野烏龍麵學校）

在門前町有好幾間店鋪的伴手禮店。除了伴手禮用的手打烏龍麵之外，還有餅乾、派等甜點伴手禮。

L9:00～18:00 休無休 所琴平町796（ナカノヤ本館） JR琴平站步行10分 P1日500円（週六、日為1日800円）

除了烏龍麵之外還有種類豐富的伴手禮

讚岐巻物烏龍麵（1卷、5份）970円

烏龍麵麵團用卷壽司的方式捲起，可依照喜歡的大小裁切。附高湯

金比羅煎餅（10片裝）650円

每一片煎餅都是手工燒製，上面還印著「金」的大字樣

しょうゆ豆本舗
しょうゆまめほんぽ

☎0877-75-3788 MAP 48B-2

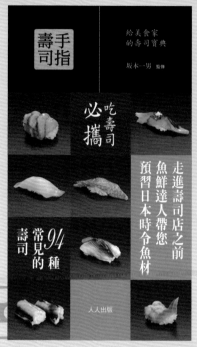

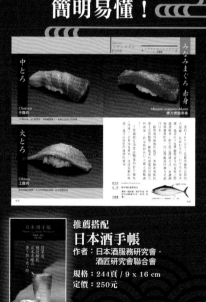

店內知名的釜玉霜淇淋是宛如把烏龍麵做成霜淇淋一般，屬於烏龍麵縣特有的當地甜點。伴手禮和雜貨也一應俱全。

L 10:00～17:00
休 週三
所 琴平町811
🚃 JR琴平站步行10分

以金毘羅的「金」為印象的霜淇淋

黃金霜淇淋 500円
以牛奶霜淇淋為基底，稀少糖糖漿的甜度和酥脆口感相當合拍

KOTOHIRA TERRACE
コトヒラテラス

☎0877-75-0001（中野烏龍麵學校）
MAP 48B-2

除了花嫁菓子冰淇淋之外，還販售和三盆甜甜圈（1個100円）等外帶甜點。也有附設休息區。

L 10:00～16:00　休 不定休　所 琴平町716-5
🚃 JR琴平站步行10分
P 有契約停車場

冰淇淋上面有可愛的花嫁菓子

花嫁菓子冰淇淋 350円
能品嘗到花嫁菓子和冰淇淋融於口中的絕妙滋味

色彩繽紛又圓潤的花嫁菓子看起來好可愛♡

花嫁菓子冰淇淋蘇打 600円
附讚岐的傳統點心「花嫁菓子」。蘇打有哈密瓜、水蜜桃等6種口味可選擇

たなかや FRESH JUICE&KAKIGORI
たなかやフレッシュジュースアンドカキゴオリ

☎0877-88-8222（焼鳥・骨付鳥 田中屋）MAP 48B-1

位於參道入口的咖啡廳。除了果汁、刨冰之外，還有珍珠飲料、配料是花嫁菓子的「花嫁菓子冰淇淋」等甜品。

L 10:00～19:00（冬季為～18:00）　休 無休
所 琴平町720-12　🚃 JR琴平站步行7分

在這裡取得觀光資訊 香川、琴平觀光服務處
かがわこんぴらかんこうあんないしょ

☎0877-75-3500 MAP 48B-2

服務處內備齊了大量以琴平為主的香川縣相關資料。來這邊取得周邊的觀光資訊吧。

L 10:00～16:00　休 不定休　所 琴平町811
🚃 JR琴平站步行10分

五人百姓 池商店
ごにんびゃくしょういけしょうてん

☎0877-75-3694 MAP 48A-2

五人百姓（→P44）一家，是約有800年歷史的「加美代飴」店。除了販售花嫁菓子和伴手禮之外，還有設置咖啡攤。

L 9:30～18:00
休 不定休
所 琴平町933
🚃 JR琴平站步行20分

掀起話題的糖果店甜點

糖果店的秋蘋聖代（秋季限定）550円
在香甜多汁的秋季蘋果上，加入脆脆的加美代飴捏糖的甜味

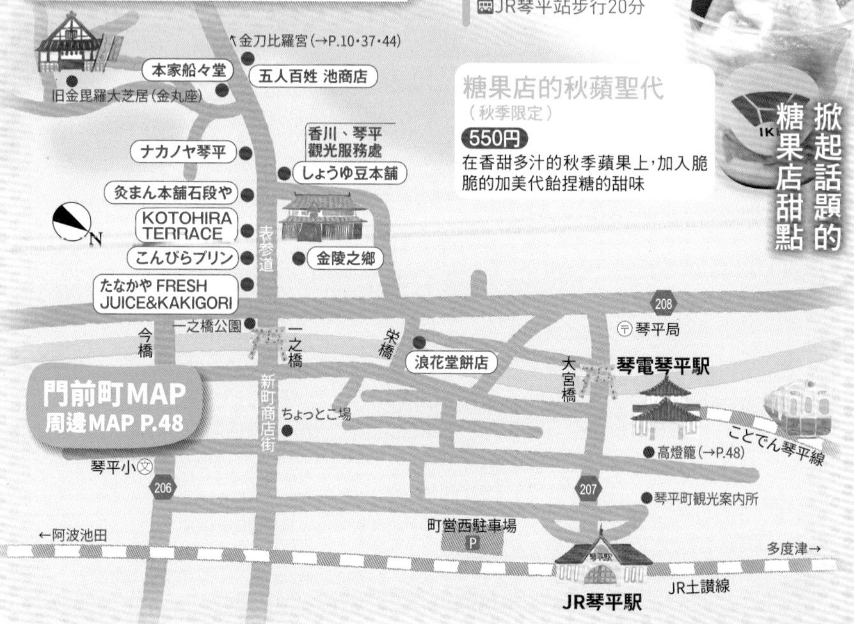

能感受歷史和文化的門前町

琴平

●ことひら

區域導覽

從琴電琴平站到金刀比羅宮的周邊遍布著宣揚歷史和文化的設施，十分適合散步。不妨前往具有歷史性的建築物和博物館、美術館參觀，接觸一下這處城鎮的歷史吧！

MAP P.48•附錄②5
住宿資訊 P.49

在特集介紹！
金刀比羅宮參拜→P.44
逛伴手禮&甜點悠哉散步→P.46

MAP 48B-2

鞘橋

●さやばし

☎0877-75-2121（金刀比羅宮社務所） 景點

罕見的有屋頂的橋

橫跨於金倉川上的橋，屬於有屋頂的銅葺唐破風造建築。因為沒有橋桁的關係，也被稱作浮橋，相當罕見。現在只在金刀比羅宮例大祭等祭典時才開放。

🕒僅外觀自由參觀
所琴平町琴平
🚃JR琴平站步行10分

僅外觀能自由參觀

MAP 48B-1

高燈籠

●たかとうろう

☎0877-75-2121（金刀比羅宮社務所） 景點

號稱日本第一高木造燈籠的夜燈

1860年建造的燈籠，高達27.6m，號稱是日本第一高的木造燈籠。從燈籠的寬敞底部到中間都有階梯。夜晚會點燈，讓遊客感受濃濃的旅行風情。

🕒僅外觀自由參觀
所琴平町361
🚃JR琴平站步行3分

佇立在琴電琴平站前

MAP 48A-2

CAFÉ & RESTAURANT 神椿

●カフェアンドレストラン かみつばき

☎0877-73-0202 咖啡廳

金刀比羅宮境內唯一的咖啡廳

前往金刀比羅宮途中想進去坐坐的設施。咖啡廳的人氣商品是使用讚岐傳統點心「花嫁菓子」與和三盆等的聖代。餐廳可以品嘗到地產地消的全餐。

🕒咖啡廳為9:00～16:30、餐廳為11:30～14:00
休咖啡廳無休、餐廳為週三休　所琴平町892-1
🚃JR琴平站步行24分
P免費

使用當地食材的神椿聖代1230円

MAP 48B-2

中野烏龍麵學校 琴平校

●なかのうどんがっこう ことひらこう

☎0877-75-0001 玩樂

體驗手打烏龍麵的樂趣

在專家的指導下挑戰製作烏龍麵，能體驗揉製、拉長、切割、水煮等一整套流程，也能試吃。所需時間約為45分到1小時20分。

🕒9:00～18:00（體驗為9:00～15:00）　休無休　¥烏龍麵手打體驗（2人以上、預約制）1人1760円　所琴平町796
🚃JR琴平站步行10分　P1日300円（週六、日為1日500円）

自己親手製作的烏龍麵特別美味

MAP 48B-2

琴平海洋博物館（海之科學館）

●ことひらかいようはくぶつかん うみのかがくかん

☎0877-73-3748 景點

位於金刀比羅宮參道旁的海洋博物館。展示實物尺寸的金毘羅船，也有掌舵室等體驗型學習設施。

🕒9:00～16:30　休無休　¥入館費450円
所琴平町953　🚃JR琴平站步行15分　P免費

MAP 48B-1

焼鳥・骨付鳥 田中屋

●やきとりほねつきどりたなかや

☎0877-88-8222 美食

招牌菜是在店內用高溫烤箱烹調的帶骨雞1000円。可選擇成雞或嫩雞來品嘗比較。

🕒11:00～14:30、17:00～22:00（週六日、假日為11:00～22:00）休週三（逢假日則營業）　所琴平町720-13　🚃JR琴平站步行7分

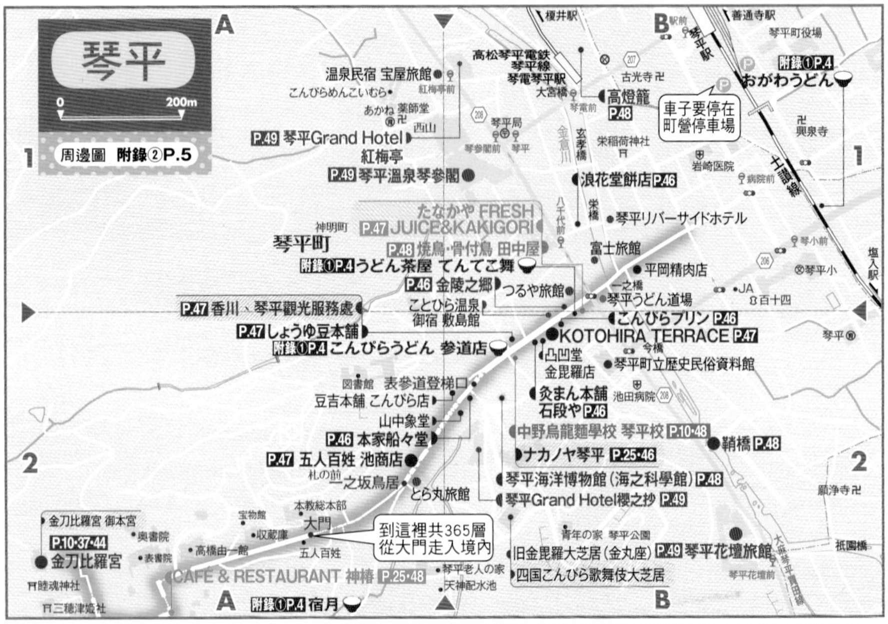

●景點 ●玩樂 ●美食 ●咖啡廳 ●購物 ●溫泉 ●住宿 ㊣四國八十八札所 讚岐烏龍麵

稍微走遠一點！

中四國最大規模的主題樂園

雷歐瑪渡假村

玩樂

有22種遊樂設施和玫瑰等不同季節的花朵、夜間的3D投影燈光秀、重現亞洲遺跡的區域等，遊玩方式豐富多彩。鄰接的雷歐瑪之森大飯店（→P.57）也提供不住宿溫泉和自助餐。

☎0877-86-1071　MAP 附錄②5A-3

🕒10:00～16:00（視時期有所變動）　休請確認官網
¥入園券1700円～、Free pass（入園＋遊樂器材）4000円～（請參照官網）　所丸龜市綾歌町栗熊西40-1
🚃琴電岡田站搭計程車5分　P免費

有距離地面59公尺的刺激設施「飛鳥翱翔」，以及好玩的遊行

琴平的溫泉住宿

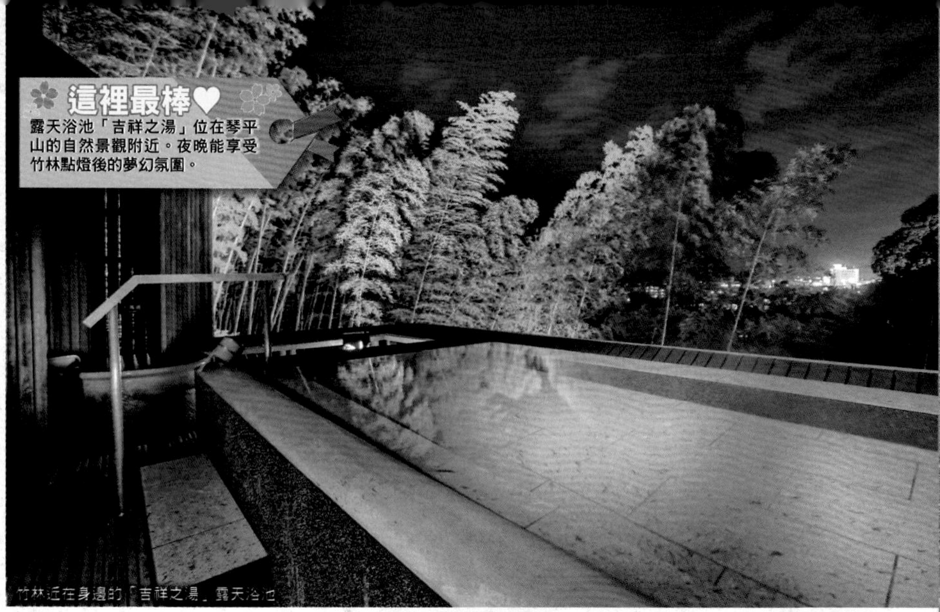

這裡最棒♥
露天浴池「吉祥之湯」位在琴平山的自然景觀附近。夜晚能享受竹林點燈後的夢幻氛圍。

竹林近在身邊的「吉祥之湯」露天浴池

和風與時尚調和的空間
創業400年的老牌旅館

琴平花壇旅館

●ことひらかだん

日本庭園裡分布了3棟風情各異的獨棟客房

以香川縣美食品牌食材入菜的宴席料理範例

森鷗外等知名文人墨客也喜愛的庭園溫泉旅館。有附溫泉露天浴池的客房、附包租溫泉露天浴池的山翠閣等3棟各富意趣的獨棟客房，以及能遠望讚岐富士的展望大浴池和花園休息室等豐富設備。能享用讚岐三畜等當地美食的宴席料理也充滿魅力。

MAP 48B-2
☎0877-75-3232
IN15:00、OUT10:00　¥1泊2食18700円～　所琴平町1241-5　JR琴平站步行15分（琴平站有接送服務，預約制）　P免費　可

建在金刀比羅宮坐鎮的
象頭山山腳的飯店

琴平Grand Hotel 櫻之抄

●ことひらグランドホテルさくらのしょう

位於金刀比羅宮參拜道第22階，是非常便於遊覽琴平的飯店。漂浮著玫瑰的「華風呂」等適合女性的專案、備有50種和洋菜單的自助早餐等也都廣受好評。

☎0877-75-3218　MAP 48B-2
IN 15:00、OUT 10:00　¥1泊2食24350円～　所琴平町977-1　JR琴平站步行15分（琴平站有接送服務，預約制）
P免費　可

女性專用的露天浴池「華風呂」

這裡最棒♥
別邸「初音」融合日式和洋室風格，打造出溫泉露天浴池套房（1泊2食32050円～）。從客房可眺望金刀比羅宮或讚岐富士。

金刀比羅宮景色的客房「初音Premium」

在15座浴池中悠閒地
享受溫泉遊覽

琴平Grand Hotel 紅梅亭

●ゆもとこんぴらおんせんはなのゆこうばいてい

能在大浴場和庭園露天浴池等15座豐富的溫泉浴池中悠閒放鬆。附露天浴池的客房、能眺望讚岐富士的客房也一應俱全。割烹餐廳「丸忠」的宴席料理和早餐也讓人期待。

☎0877-75-1111　MAP 48B-1
IN 15:00、OUT 10:00　¥1泊2食26550円～　所琴平町556-1　JR琴平站步行5分（琴平站有接送服務，預約制）　P免費　可

現場烹調的割烹餐廳「丸忠」

這裡最棒♥
2處溫泉區共有15種溫泉，能享受2種源泉。庭園裡的「花てらす」有用季節花卉環繞的露天浴池和大浴場，感覺就像泡室外溫泉一樣。

具備7種溫泉的「花てらす」

在金刀比羅宮的山腳下，
盡情享受溫泉直到滿意為止

琴平溫泉 琴參閣

●ことひらおんせんことさんかく

輪流制的大浴場包含露天浴池在內，種類多樣。宴席料理以讚岐名產和瀨戶內的山珍海味入菜，深受歡迎。客房有附專屬庭園和露天浴池的特別和室及西式房型。

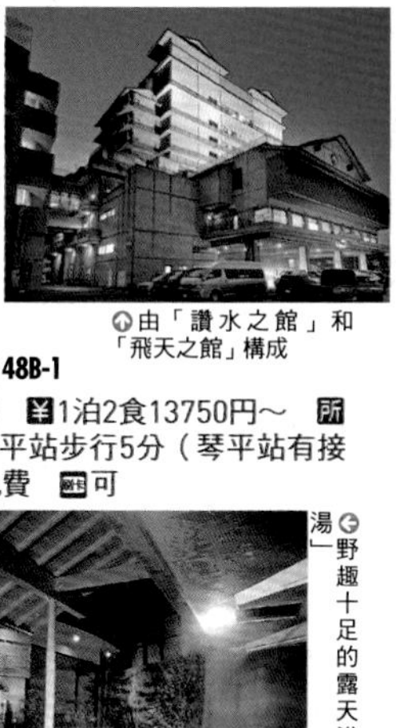

由「讚水之館」和「飛天之館」構成

☎0877-75-1000　MAP 48B-1
IN 15:00、OUT 10:00　¥1泊2食13750円～　所琴平町685-11　JR琴平站步行5分（琴平站有接送服務，預約制）　P免費　可

野趣十足的露天浴池「かぶきの湯」

這裡最棒♥
在大浴場こんぴらの湯中盡情享受溫泉。飛天之館有房客專用景觀露天浴池，能度過一段頂級時光。

可悠閒放鬆的景觀露天浴池

※若住宿費用註明為「1泊附早餐」或「1泊2食」，則代表2位住宿時1位的費用；若註明為「1泊房價」時，則代表單人房1位住宿，以及雙床房2位住宿的總費用。費用皆包含稅金與服務費。

丸龜、坂出
●まるがめ・さかいで

到處都是藝術品和美食相關的景點

是這樣的地方！

丸龜市是一處港口城市，自古以來作為「金刀比羅宮參拜」的入口而繁榮，而坂出市則架有瀨戶大橋。中讚區域包含位於2市中間的宇多津町，這裡有水族館、藝術景點等許多值得一逛的景點。

MAP P.51・附錄②5

住宿資訊 P.57

洽詢處
丸龜市觀光協會
✆0877-22-0331
坂出市產業觀光課
✆0877-44-5103

ACCESS

電車：高松站 ─ JR快速列車 Marine Liner號 ─ 坂出站 ─ JR予讚線 ─ 丸龜站
所需時間／約15分 費用／460円　所需時間／約10分 費用／220円

電車：高松站 ─ JR快速列車SUNPORT ─ 丸龜站
所需時間／約25分 費用／560円

車：坂出IC ─ 11 ─ 丸龜市區
約6km

前往瀨戶內的2大景點

JR宇多津站附近的話題水族館，以及位於地上127m的天空水族館都有許多值得一看的地方。兩個設施正好就蓋在對面。

四國水族館
●しこくすいぞくかん

能夠飽覽四國豐富的水景的水族館

⊙每個水槽都有加邊框，宛如一幅幅水中世界的畫

⊙可以遇見海獅、水獺、熱帶斑海豚

四國水族館重現了環繞四國的瀨戶內海、太平洋，以及四國的河川和湖泊，表現出四國的環境和歷史文化，同時還能看到生氣蓬勃的生物。海豚的玩樂時間和企鵝的餵食秀都是必看活動。

✆0877-49-4590　MAP 51B-1
9:00～17:30（有季節性變動）
休無休（有整修休館時期）
¥入館費2400円　所宇多津町浜一番丁4
JR宇多津站步行12分
P使用周邊的付費停車場

⊙搭配夕陽美景的海豚池格外美麗

光、魚、景色交織而成的夢幻空間

天空水族館空金
●てんくうのアクアリウムソラキン

主要展示於全高158m的GOLD TOWER 4、5樓。魚群優雅地悠游在光影、鏡面打造出來的夢幻空間裡。從GOLD TOWER眺望的風景也是演出的一環，白天和晚上可看到不同風景。

MAP 51B-1
✆0877-49-7070（GOLD TOWER）
10:00～17:30（週六日、假日為～21:30）　休無休　¥入館費1500円
所宇多津町浜一番丁8-1 GOLD TOWER 4、5F　JR宇多津站步行12分P使用設施時免費

⊙4樓的「愛的球體」。使用花朵打造半顆地球的水族箱

⊙5樓的「空金水族箱」。以瀨戶大橋為背景，金魚彷彿在空中飛舞。

⊙4樓展區「URUOI象徵水槽」。擺設流木和植物的水族箱裡，棲息著世界各地的熱帶魚

⊙5樓展區「KIRAMEKI象徵水槽」。透過光影與鏡像投射在水族箱和壓克力裝置上點燈的球體，讓金魚在此悠游

MAP 51A-1

丸龜城

●まるがめじょう ☎0877-25-3881（丸龜城內觀光服務處） 景點

保留著美麗石牆的古城

1602年完工的城堡。石牆勾勒出稱作「扇形斜坡」的漂亮曲線。城跡一帶整頓成龜山公園，春天會舉辦櫻花祭。

自由入園（天守為9:00～16:00）
休 無休　¥ 天守參觀費200円
所 丸亀市一番丁　JR丸龜站步行15分
P 免費

現存的木造天守獲指定為重要文化財

MAP 附錄②5A-2

香川縣立東山魁夷瀨戶內美術館

●かがわけんりつひがしやまかいいせとうちびじゅつかん ☎0877-44-1333 景點

瀨戶內海與風景畫巨匠的名畫令人著迷

主要收藏昭和的代表性日本畫家東山魁夷版畫作品的美術館。每年有4次館藏作品展和春、秋2次特別展。

9:00～16:30　休 週一（逢假日則翌日休）
¥ 入館費310円（特別展覽舉辦期間需額外收費）
所 坂出市沙弥島南通224-13　坂出IC車程8km
P 使用瀨戶大橋紀念公園西停車場（免費）

在「な・ぎ・さ」咖啡廳可透過大片玻璃窗欣賞瀨戶大橋的全景

MAP 51A-1

丸龜市豬熊弦一郎現代美術館

●まるがめしいのくまげんいちろうげんだいびじゅつかん ☎0877-24-7755 景點

色彩鮮明的作品讓觀賞者為之著迷

館內收藏約2萬件與丸龜市有深厚淵源的藝術家豬熊弦一郎的作品，並有常設展覽。每年會舉辦數次以現代美術為中心的企劃展。

10:00～17:30　休 週一（更換展覽期間休）
¥ 入館費300円（企劃展需額外收費）
所 丸亀市浜町80-1　JR丸龜站即到
P 使用JR丸龜站前地下停車場，2小時免費

壁畫《創造的廣場》和充滿躍動感的裝置（攝影：增田好郎）

MAP 51A-1

中津萬象園

●なかづばんしょうえん ☎0877-23-6326 景點

1688年由丸龜第2代藩主京極高豐下令建造，占地面積多達15000坪的迴遊式庭園。園內附設丸龜美術館。

9:30～16:30　休 週三　¥ 入園費700円　所 丸亀市中津町25-1
JR讃岐鹽屋站步行15分　P 免費

MAP 51B-1

茂木団扇

●しげきうちわ ☎0877-23-2406 購物

從江戶時代傳承下來的團扇製作商。在和紙上塗天然柿澀的澀團扇不但輕盈，還堅固持久，備受好評。

9:00～18:00　休 不定休　所 丸亀市土器町東8-312
JR宇多津站步行20分　P 免費

MAP 附錄②5B-3

KITOKURAS cafe

●キトクラスカフェ ☎0877-86-5331 咖啡廳

木材行所經營的咖啡廳，大量運用木頭的空間充滿魅力。人氣的新・森之絞肉咖哩附飲料1000円。

10:00～16:30　休 週四　所 丸亀市綾歌町栗熊東3600-5　琴電瀧宮站搭計程車7分　P 免費

MAP 51A-1

餃子 寺岡商店丸亀本店

●ぎょうざてらおかしょうてんまるがめほんてん ☎0877-25-4304 美食

蘸著獨特醬汁品嘗爽口餃子

餃子的底部酥脆，表面的麵皮薄透，內餡則包滿軟嫩的雞肉。搭配以酢橘汁和大量胡椒調配而成的醬汁，細細品嘗吧！

17:00～21:00（週日、假日為15:00～17:00，售完打烊）　休 不定休　所 丸亀市大手町3-8-11
JR丸龜站步行7分

口感輕盈的餃子（6顆）380日圓

MAP 附錄②5A-2

名物かまど総本店

●めいぶつかまどそうほんてん ☎0877-46-6600 購物

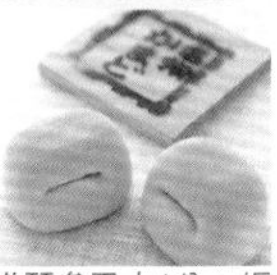

坂出市的名產，麵團的形狀模仿煮鹽的爐灶，裡面包入用嚴選菜豆和蛋黃製成的內餡烘焙而成。

9:00～19:00　休 無休
所 坂出市江尻町1247　JR坂出站搭琴參巴士6分，坂橋下車，步行7分　P 免費

●景點 ●玩樂 ●美食 ●咖啡廳 ●購物 ●溫泉 ●住宿 卍 四國八十八札所 讃岐烏龍麵

代表四國的天下名園

りつりんこうえん

特別名勝 栗林公園

位於紫雲山東麓一望無際的迴遊式大名庭園，不僅名聞遐邇，還獲指定為國家特別名勝。6座水池和13座假山、1000棵細心修剪的秀麗松樹、四季的花木等等，全都展現出被譽為「一步一景」的美景。

✆087-833-7411 MAP 56A-4
營 7:00～17:00（視時期有所變動）
休 無休 ¥ 入園費410円（1月1日、3月16日為免費） 所 高松市栗林町1-20-16 交 琴電栗林公園站步行10分
P 25分100円

飛來峰

●ひらいほう

佇立在南湖東側的假山。可以看到以紫雲山為背景的掬月亭、前方的偃月橋等秀麗景色在眼前展開。同時也是能眺望南湖全景的絕景景點。

導覽行程

一邊遊覽，一邊聆聽志工導遊解說栗林公園的歷史，以及各大景點的相關故事。

●舉辦日週日 ●集合時間10:30
●集合場所東門售票處旁 ●需時1小時
●費用免費 ●預約不用

新舊景點完美交融 高松市

●たかまつタウン

是這樣的地方！

作為繁華的四國入口都市，不僅有號稱日本最寬廣的特別名勝庭園——栗林公園、購物景點，還能享用讚岐美食，十分吸引人。

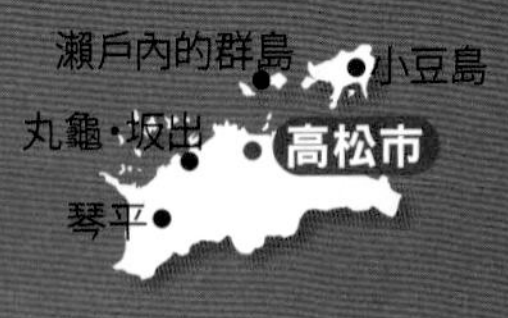

MAP
P.56・附錄②4-5
住宿資訊 P.57

洽詢處
高松市觀光交流課
✆087-839-2416

ACCESS

電車：岡山站 —JR快速列車Marine Liner號→ 高松站
所需時間／約55分 ¥費用／1550円

車：高松中央IC —43・11→ 高松市區
約7km

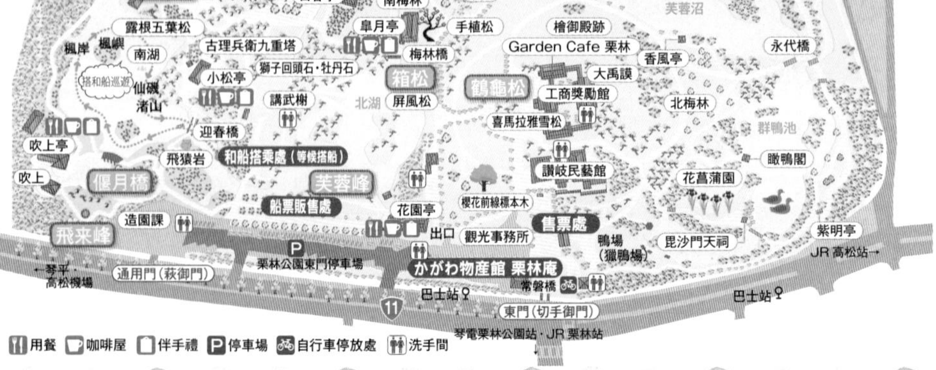

栗林公園是什麼樣的地方？

Q 建造栗林公園的人是誰？

A 16世紀後期，當時的豪門佐藤氏建設了庭園。之後，讚岐領主生駒氏下令造園，往後高松藩主松平家的歷代藩主也不斷修建，直到明治維新為止的228年期間，都是松平家共11代藩主的別墅。

Q 栗林公園的厲害之處是？

A 在全日本24處特別名勝的庭園中，號稱是日本最遼闊的庭園。占地面積約達75萬㎡，相當於16座東京巨蛋。

Q 傳授一下遊覽訣竅吧！

A 園內全部逛完約需2小時左右。只要在入口拿取導覽圖，參考裡面介紹的南庭迴遊路線，也能用1小時左右逛完。

偃月橋
●えんげつきょう

園內最大的木造橋，架設在園內南方的南湖上，特徵是漂亮的彎度。名稱由來是倒映在湖面的橋影看起來像偃月(彎月)之故。

橫渡風情十足的弓形木橋

漂浮在南湖上的心形杜鵑，也稱為「戀愛杜鵑」。5月左右會染成粉紅色。

眺望開放感十足的北湖風景

芙蓉峰
●ふようほう

假山位在園內中央的北湖東岸。從山頂能觀賞雄偉的景觀，以紫雲山為背景的紅色梅林橋十分吸睛。

鶴龜松
(別名：百石松)
●つるかめまつ

以打造成烏龜形狀的岩石(約由110顆石頭組成)為底座，上面的松樹則呈現出宛如白鶴飛舞的姿態，因而得此名。原本是位於松平家的家老──稻田家的別墅裡。

園內首屈一指的名松，威風凜凜讓人驚艷

箱松
●はこまつ

從旁邊看過去形狀就像箱子一樣，因而稱為「箱松」。複雜的樹形是歷經300多年修整而成的樣貌。

經過園藝師常年修整的藝術作品

眺望美景，享用抹茶

可享用抹茶及當季和菓子

掬月亭
●きくげつてい

江戶時代初期建造的數寄屋造建築。原本是舊藩主作為茶室之用的場所，能在亭內一邊眺望南湖一邊飲用抹茶。

9:00～16:00
¥入亭費（附抹茶・點心）700円

還有這種享受方法♪

化身為殿下巡遊南湖！

南湖周遊和船
●なんこしゅうゆうわせん

搭乘南湖周遊和船，悠閒遊覽南湖一圈約莫需要30分鐘。聽著船夫的導覽，飽覽搭船巡遊才能看見的園內精彩風光，體驗一下歷代藩主的乘船樂趣吧！

●航行日每天 ※可能因天候惡劣或其他理由而停航
●航行時間9:00首航，之後每15～30分一班，最終乘船時間視季節而異（需確認詳細資訊）
●所需時間約30分（含上、下船時間） ●乘船費620円（入園費另收） ●限定人數6人 ●船票購買在船票販售處，於開園時間起販售當日船票，當日可乘船人數額滿即結束販售。可預約

順道一遊景點

可眺望瀨戶絕景的地標

高松地標塔
景點
●たかまつシンボルタワー

從JR高松站步行即到，地理位置絕佳。塔棟具備能一望高松市街道和瀨戶內海的瞭望空間，大廳棟則聚集了四國伴手禮、帶骨雞、讚岐烏龍麵、香川名產花嫁菓子冰淇淋等豐富店家。 MAP 56A-2

087-811-2111（Maritime Plaza高松運營事務所）
餐飲店為11:00～22:00、商店為10:00～21:00（視店家而異） 休無休 所高松市サンポート2-1
JR高松站即到 P20分100円

30層樓的高塔極為醒目

日本數一數二的水城遺跡

史跡高松城跡 玉藻公園
景點
●しせきたかまつじょうあとたまもこうえん

高松城是朝向瀨戶內海的水城，是日本三大水城之一。安土桃山時代，生駒親正下令築城，之後作為松平家居住的城堡而繁榮一時。目前城跡作為公園開放，能參觀月見櫓等名勝。 MAP 56A-2

087-851-1521 西門為日出～日落、東門為7:00～18:00（10～3月為8:30～17:00） 休無休
¥入園費200円（1月1～3日、5月5日為免費） 所高松市玉藻町2-1 JR高松站步行5分 P免費

負責監視來往船隻的月見櫓

透過玩具和傳統工藝瞭解香川的魅力

讚岐玩具美術館
●さぬきおもちゃびじゅつかん

展示玩具和香川的傳統工藝品，可實際觀賞、觸摸、遊玩。「玩具工坊」會定期舉辦工作坊。附設讚岐玩具美術館商店（→P.25）和咖啡廳。 MAP 56A-2

087-884-7171
10:00～15:30
休週四（逢假日則翌日休）
¥入館費900円
所高松市大工町8-1 丸亀町くるりん駐車場1F 琴電片原町站步行5分
P有契約停車場

「讚岐之森廣場」可一邊感受木頭的溫暖一邊玩樂

帶骨雞

ほねつぎどり

用整塊帶骨雞腿肉烘烤成的豪邁料理。以鹽、胡椒和蒜頭調出辛香辣味。

帶骨雞 雛鳥 1001円

「雛鳥」口感軟嫩、肉汁豐富，深受各世代喜愛

帶骨雞的創始店，香料調味堪稱極品

一鶴 屋島店

●いっかくやしまてん

以香川縣為中心嚴選的日本國產雞以香料調味，再用專門的烤箱烤得香味四溢又軟嫩。主要提供帶骨雞、內臟燉菜、醋拌雞皮等單點料理。

✆087-844-3711 MAP 附錄②17C-4

L11:00～13:45、17:00～21:30（週六日、假日為11:00～21:30） 休週三（逢假日則營業） 所高松市屋島中町220-1 交琴電琴電屋島站即到 P免費

香川縣裡，除了有帶骨雞創始店的丸亀本店，還有中府店、土器川店、高松店、太田店。

時髦有型的店內

在高松品嘗 讚岐知名美食

高松是香川縣當地料理齊聚的美食之城。從人氣的帶骨雞、瀨戶內的海產到以品牌肉入菜的自豪料理，全都不放過地大口享用吧！

橄欖鰤魚

オーリブハマチ

以添加橄欖葉粉末的飼料培育養殖的鰤魚。清爽的口味、適當的嚼勁和風味都很誘人。

醃橄欖鰤魚丼

825円（10月～1月上旬限定）

※期間會因天候等因素而變動

裝滿厚實鰤魚的知名蓋飯，魚肉以醬油基底的祕傳醬料醃漬而成。也有小碗（671円）

橄欖鰤魚生魚片621円

山椒烤橄欖鰤魚下巴500円

自助式的食堂，以每天早上進貨的海產自豪

海鮮食堂じゃこや

かいせんしょくどうじゃこや

一到週末必定大排長龍的人氣店。能享用小菜和蓋飯、生魚片等以鮮魚為主的50多種每日料理。堅持使用地產地消的產品，漁貨主要為瀨戶內產的海產，還有香川縣產的米等。

MAP 附錄②5C-2

✆087-845-6080（公路休息站 源平の里むれ）

L11:00～14:00（週六日、假日為～15:00） 休第1、3週二（逢假日則營業） 所高松市牟礼町原631-7道の駅源平の里むれ 交琴電房前站步行5分 P免費

位於公路休息站 源平の里むれ之中

用壽喜燒風味的涮涮鍋享用橄欖牛

天神前 すきしゃぶ亭

●てんじんまえすきしゃぶてい

名產的原創火鍋「壽喜燒涮涮鍋」是將肉和蔬菜在壽喜燒風味的醬汁中快速涮煮，再蘸點蛋液品嘗。看準醬汁沸騰的時機放入橄欖牛肉片涮煮，滋味絕妙。

☎087-837-4635 MAP 56A-3
17:30～22:00 休週日、假日（若有預約會營業）
所高松市天神前8-6 琴電瓦町站步行7分

橄欖牛
オリーブぎゅう
是指以橄欖飼料盡心養育的讚岐牛。特色是肉質柔軟、脂肪清爽而不膩，滋味濃郁可口。

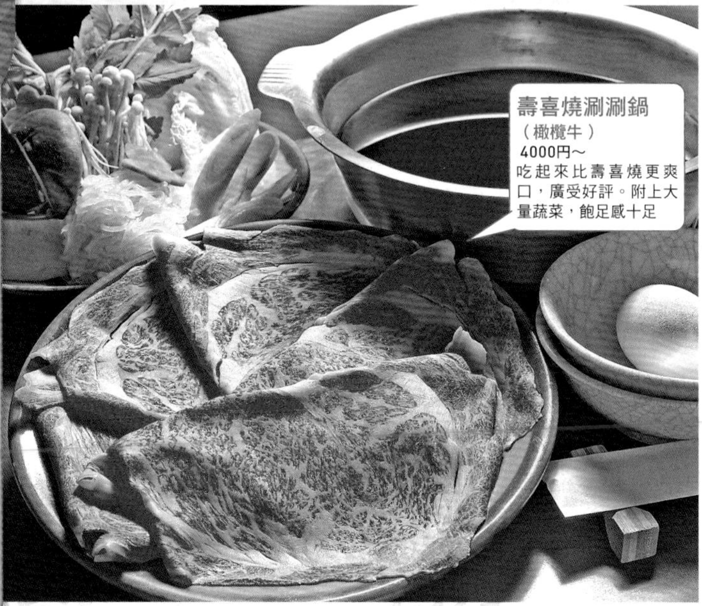

壽喜燒涮涮鍋（橄欖牛）
4000円～
吃起來比壽喜燒更爽口，廣受好評。附上大量蔬菜，飽足感十足

星鰻壽喜燒鍋（2人以上起餐的預約制）
1人份 3630円
以星鰻入菜的罕見壽喜燒。拌上蛋液再品嘗

能享用入口即化的美味星鰻的絕品壽喜燒鍋

天勝

●てんかつ

創業155年的和食餐館。以從店內中央水池撈取的瀨戶內新鮮食材自豪。以「星鰻」入菜的料理除了知名的壽喜燒之外，還有生魚片、炸物、棒壽司等豐富的菜單。

☎087-821-5380 MAP 56A-2
11:00～14:00、17:00～21:40（週六日、假日為11:00～20:40）休無休 所高松市兵庫町7-8 JR高松站步行7分

星鰻
べえすけ
在瀨戶內海捕獲的粗大星鰻稱為「べいすけ」。魚身油脂肥美又富含優質膠原蛋白，能做成蒲燒和燉菜享用，放進火鍋也很適合。

↺圍繞著水池的1樓吧檯座位

品嘗裹著酥脆外皮的橄欖豬

とんかつ ひがさ 兵庫町本店

●とんかつひがさひょうごまちほんてん

↺大廚會在客人眼前油炸熱騰騰的豬排

位在兵庫町商店街的炸豬排專賣店。肉厚多汁的炸豬排以恰到好處的時間油炸，口感十分柔軟。以日本國產豬入菜的里肌定食2000円、橄欖夢豬里肌定食3000円都深受歡迎。

☎087-821-0405 MAP 56A-2
11:30～14:30、18:00～20:00（售完打烊） 休週日 所高松市兵庫町2-7
琴電片原町站步行10分

橄欖豬
オリーブとん
香川縣的新品牌，是以橄欖飼料來養育縣內生產的豬。扎實的美味紅肉和油脂的清爽甜味都深受歡迎。

橄欖豬里肌定食
2500円
奢華地使用約170g～180g的橄欖豬。推薦蘸上從全球各地嚴選出來的鹽再品嘗

鰆魚半敲燒（全餐中的一道料理）（4～6月、10～11月）
全餐料理 4400円～
透過炙烤魚皮帶出鰆魚的鮮味。裝盤美麗，視覺、味覺都極為享受的一道料理

鰆魚
さわら
味道清淡但鮮味濃郁的瀨戶內白身魚。使用大木箱敲打的鄉土押壽司「敲敲壽司」也不容錯過。

為讚岐傳統料理加入全新風味

おきる

食材和調味料都盡可能使用當地產物，提供從傳統料理到融入現代風格的菜色，種類豐富的香川鄉土料理。另外也有很多搭配料理的地酒。

☎087-851-6545 MAP 56B-3
17:30～23:00 休不定休
所高松市福田町13-5
琴電瓦町站步行5分

↑可輕鬆享受正統和食

持續進化的高松第一時尚區

購物

高松丸龜町商店街

●たかまつまるがめまちしょうてんがい

從高級品牌比鄰而立的圓頂廣場，延伸到最南端的丸龜町GREEN全長470m，老店和新店共存，街道上總是熱鬧非凡。 MAP 56A-2

087-823-0001

（高松丸龜町商店街振興組合事務所） L休視店鋪而異 所高松市丸龜町一帶 琴電片原町站步行5分 P有契約停車場

拱廊明亮又寬敞

海邊倉庫街聚集著獨特的店鋪

購物

北濱alley

●きたはまアリー

將昭和初期建造的復古倉庫街重新整修而成的複合設施。聚集咖啡廳、餐廳、雜貨店等21家店鋪。

087-834-4335 MAP 56B-2

（井上商環境設計） L休視店鋪而異 所高松市北浜町4-14 JR高松站步行15分 P使用北濱PARK停車場（1小時100円）

建於海邊的復古倉庫街，建齡90年

●景點 ●玩樂 ●美食 ●咖啡廳 ●購物 ●溫泉 ●住宿 四國八十八札所 讚岐烏龍麵

香川的推薦住宿

位於高松入口的城市飯店

JR高松克雷緬特飯店

●ジェイアールホテルクレメントたかまつ　高松市

位於鄰近JR高松站的絕佳地理位置，地上21層樓的城市飯店，能一望瀨戶內海和高松市區。飯店內除了有日式料理和中式料理、法式料理等6間餐廳和酒吧，1樓還有販售飯店特製麵包和蛋糕的烘焙坊。

☎087-811-1111　MAP 56A-2
IN 14:00、OUT 12:00
¥1泊費用單人房16335円～、雙床房27830円～
所高松市浜ノ町1-1
JR高松站即到
P1晚1000円　刷卡可

⊙距離高松港和琴電高松築港站都很近，交通便利，地理位置佳

⊙好萊塢豪華兩小床雙人房。所有客房都可連接Wi-Fi

⊙早餐範例

花草樹木環繞的「花之旅宿」

夕凪之湯 花樹海酒店

●ゆうなぎのゆホテルはなじゅかい　高松市

建於能眺望名勝屋島的高地上，可在景觀大浴場和附露天浴池的客房享受溫泉。能品嘗到當季食材的鄉土料理非常受歡迎。

☎087-861-5580　MAP 附錄②4F-1
IN 16:00、OUT 10:00
¥1泊2食17600円～
所高松市西宝町3-5-10
JR高松站搭計程車10分　P免費　刷卡可

⊙餐點是加入讚岐食材的瀨戶內宴席料理

⊙附露天浴池客房的一例。1泊2食26000円～

建於鬧區，便利性高的旅宿

大和魯內酒店高松

●ダイワロイネットホテルたかまつ　高松市

位於高松的中心地丸龜町GREEN。所有客房皆有Wi-Fi及附照明的寬敞桌子。也有女性專用房間。

☎087-811-7855　MAP 56A-3
IN 14:00、OUT 11:00
¥1泊費用單人房6000円～、雙床房12000円～
所高松市丸亀町8-23　琴電瓦町站步行10分　P1晚1200円　刷卡可

⊙逛街、吃美食都很方便

廣受喜愛的度假飯店

雷歐瑪之森大飯店

●ホテルレオマのもり　丸龜市

位於雷歐瑪渡假村（→P.48）內的飯店。大自然環繞的露天浴池溫泉「森之湯」，和不住宿也可使用的餐廳自助餐都很受歡迎。

☎0877-86-1071（雷歐瑪渡假村）MAP 附錄②5A-3
IN 15:00、OUT 11:00　¥標準方案1泊2食10989円～
所丸亀市綾歌町栗熊西40-1 雷歐瑪渡假村內
琴電岡田站搭計程車5分（有接駁車，需確認）
P免費　刷卡可

⊙有家庭房、西式房、和室房

⊙住宿者前往新雷歐瑪世界時可折500円

佇立於寧靜自然環境裡的山林別墅

湯山莊 阿讚琴南

●ゆざんそうあさんことなみ　滿濃町

被阿讚山脈環抱的山林別墅。與自然融合的28間客房都是別有風情的設計。在自家源泉露天浴池的療癒下，品嘗野趣十足的季節性懷石料理。

☎0799-22-2521　MAP 附錄②5B-4
（新淡路酒店集團電話預約中心）
IN 15:00、OUT 11:00　¥1泊2食18700円～
所まんのう町勝浦1　JR琴平站搭琴參巴士35分，勝川橋下車即到　P免費　刷卡可

⊙能品嘗到野趣十足的當季懷石料理（照片僅供參考）

⊙滿溢自家源泉美合溫泉的河畔浴池「SESERAGI」

具備人工溫泉的大浴場

露櫻酒店丸龜店

●ホテルルートインまるがめ　丸龜市

除了單人房和雙床房等客房外，還有適合家族住宿的雙人房。人工鐳溫泉的大浴池直到深夜2時都能入浴。館內也有餐廳。

☎050-5576-7995　MAP 51A-2
IN 15:00、OUT 10:00　¥1泊費用單人房6800円～、雙床房12600円～　所丸亀市田村町二丁田512-1　JR丸龜站搭計程車8分　P免費　刷卡可

⊙全部客房都能免費收看WOWOW

具備大浴場，經濟實惠的費用很吸引人

坂出廣場飯店

●さかいでプラザホテル　坂出市

建於坂出北IC附近的飯店，具備能眺望瀨戶大橋夜景的景觀大浴池。早餐自助餐有自製優格和自製咖哩、現烤可頌等美食一應俱全。

☎0877-45-6565　MAP 51B-1
IN 15:00、OUT 10:00
¥1泊費用單人房4980円～、雙床房7980円～
所坂出市西大浜北3-2-43
JR坂出站搭計程車5分　P免費　刷卡可

⊙雙人房範例

⊙和洋食豐富的早餐自助餐

※若住宿費用標示為「1泊附早餐」或「1泊2食」，則為2位住宿時1位的費用；若標示為「1泊房價」，則為單人房1位住宿，以及雙床房2位住宿的總房價。費用皆包含稅金與服務費。

遊覽精彩景點！

小豆島最佳景點

由平穩的風土孕育而生的自然景觀和豐富美食，是小豆島的迷人之處。以橄欖園、醬油倉庫等不容錯過的必逛景點為中心，徹底飽覽小豆島吧！

有橄欖樹，又有大自然的大島

小豆島

●しょうどしま

是這樣的地方！

漂浮在瀨戶內海的小豆島，是繼淡路島後第2大的島。不僅是日本知名的橄欖栽培發源地，還有歷史悠久的醬油倉庫、美麗的風景名勝寒霞溪等諸多精彩景點。

MAP
附錄②16
住宿資訊 P.61
洽詢處
小豆島觀光協會
✆0879-82-1775

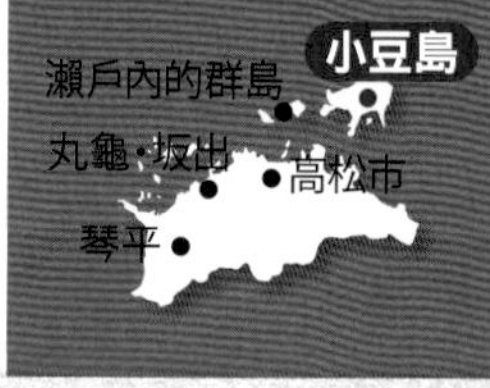

ACCESS

船	神戶港	小豆島巨舶輪船 所需時間／約3小時20分 費用／1990円～	坂手港
船	高松港	小豆島渡輪 所需時間／約1小時 費用／700円	土庄港
船	新岡山港	國際兩備渡輪、四國渡輪 所需時間／約1小時10分 費用／1200円	土庄港

Best of Shodoshima 01 天使之路（天使的散步道）

●エンジェルロードてんしのさんぽみち

情侶們的人氣景點

1天2次只在退潮時出現的沙丘。據說和喜歡的人牽著手走過這裡，願望就會實現。由於只在乾潮前後約2～3小時能走過去，行前請查好時間。

MAP 附錄②16D-3
✆0879-82-1775（小豆島觀光協會）
🕒自由參觀 所土庄町銀波浦 交土庄港搭小豆島橄欖巴士13分，国際ホテル（エンジェルロード前）下車，步行5分
P免費

↑只有退潮時可以看到的神秘海道

●天使之路的潮汐表
HP https://www.town.tonosho.kagawa.jp/index.html

Best of Shodoshima 02 公路休息站 小豆島オリーブ公園

●みちのえきしょうどしまオリーブこうえん

小豆島代表性的觀光設施

在種植橄欖樹和香草的廣大公園裡，重現電影《魔女宅急便》場景的雜貨店等特殊拍攝景點相當受歡迎。也有販售橄欖伴手禮。

DATA➡P.60

←可以扮演琪琪搭乘掃帚跳躍！（免費借出拍照用掃帚）

Best of Shodoshima 03

二十四隻眼睛電影村

●にじゅうしのひとみえいがむら

穿越時空 回到懷念的 昭和時代

出生於小豆島的作家──壺井榮的小說《二十四隻眼睛》被拍成電影時所搭建的場景。展示有作為拍攝地點的木造校舍和村莊，充滿懷舊風情。也能品嘗昭和時代的團膳套餐。

☎0879-82-2455 MAP 附錄②16E-3
🕒9:00～17:00 休無休 ¥入村費890円 所小豆島町田浦甲931
🚌土庄港搭小豆島橄欖巴士1小時11分，映画村下車即到 P免費

小學教室裡充滿懷舊的氣氛

能在IG上曬照片的壁畫藝術品也要CHECK!

《戀愛舞蹈派對》
岡村美紀製作

和老紳士一起跳舞，或是接受男性捧著花求婚等等，能拍攝宛如身在畫中的照片。

好想收到這樣的花束！

乘著纜車，享受約5分鐘的空中漫步

Best of Shodoshima 04

寒霞溪

●かんかけい

溪谷美景讓人屏息讚嘆

小豆島的代表景觀勝地。溪谷形成於1300多萬年前的火山活動，之後受到約200萬年的侵蝕，四季都能飽覽美景，比如：春季的新綠、夏季的深綠、秋季的紅葉、冬季的雪景。

MAP 附錄②16E-2
☎0879-82-2171（寒霞溪空中纜車）
🕒自由參觀（空中纜車運行時間為8:30～17:00，視時期有所變動）
休無休 ¥空中纜車（單程）1100円
所小豆島町神懸通 🚌土庄港車程20km，從紅雲亭搭寒霞溪空中纜車5分，寒霞溪山頂下車即到 P免費

Best of Shodoshima 05

醬の郷

●ひしおのさと

日本最大規模的醬油倉庫群林立

小豆島釀造醬油已有400年以上的歷史，至今仍有約20間製造商使用傳統製法製作醬油和佃煮。苗羽散策路一帶被稱為「醬油之鄉」，這裡保留了自古流傳下來的醬油工廠和醬醪倉庫，可在此參觀倉庫和購買醬油伴手禮。

MAP 附錄②16E-3
☎0879-82-1775（小豆島觀光協會） 🕒休視設施而異 所小豆島町苗羽、馬木周邊 🚌土庄港搭小豆島橄欖巴士43分，丸金前下車即到

苗羽醬油藏通散策路上蓋了許多傳統倉庫

豐沛大自然和風土孕育出來的

小豆島的三大特產有這些！

收穫量全日本第一

橄欖

小豆島的氣候類似地中海沿岸，島上約有8萬棵橄欖樹茂密叢生。

洋溢著地中海氛圍的一整片橄欖田

公路休息站 小豆島オリーブ公園

●みちのえきしょうどしまオリーブこうえん

在可一覽瀨戶內海的小山丘上，種植了約2000棵橄欖和香草，附有商店、餐廳、藝廊，也有溫泉和小木屋，可在此悠閒地住宿玩樂。每年10月會舉辦橄欖收穫祭。

☎0879-82-2200 MAP 附錄②16E-3
營8:30～17:00（視設施而異） 休無休（視設施而異） ¥免費入園 所小豆島町西村甲1941-1 交土庄港搭小豆島橄欖巴士28分，オリーブ公園口下車，步行7分 P免費

最有名的就是橄欖、醬油、素麵。在這裡可以品嘗到道地的味道，體會它與日常生活之親近，同時充分感受島嶼的恩惠。

➡公園的地標風車是絕佳的拍照景點

製作橄欖書籤！
使用在園裡找到的心型橄欖葉護貝做成書籤&護身符（1張120円）

擁有400年以上的歷史

醬油

使用傳統木桶釀造的醬油特色為風味絕佳，味道濃醇。

使用傳統技法和約150年前的木桶進行釀造

山六醬油

●ヤマロクしょうゆ

用傳承自明治時代創業初期的大杉桶，持續用心地製造醬油。醪槽廠也能參觀，裡面的梁柱黏滿有益於醪槽發酵的酵母。

MAP 附錄②16E-3
☎0879-82-0666
營9:00～17:00 休無休 ¥免費參觀 所小豆島町安田甲1607
交土庄島搭小豆島橄欖巴士39分，安田下車，步行15分 P免費

使用傳統技法和約150年前傳承下來的杉桶釀造

參觀倉庫
醬油菌遇到納豆菌容易變質，因此參觀倉庫的早晨請注意不要吃納豆（參觀免費）

⬆鶴醬、菊醬（145mℓ）各810円

SHIMAASOBI小豆島

MAP 附錄②16E-2

●シマアソビしょうどしま ☎無 玩樂

在小豆島海上盡情玩樂

小部汽車露營區的前方是一片平穩的瀨戶內海，以此為據點，新手也能安心露營和玩SUP等活動。需從官網預約。

休不定休 ¥SUP體驗6600円～（3～9月，預約制）
所土庄町小部303-3 交大部港搭小豆島橄欖巴士4分，小部下車即到
P1日500円～

⬅在透明度高、海浪平穩的小部海上體驗SUP

妖怪美術館

MAP 附錄②16D-2

●ようかいびじゅつかん ☎0879-62-0221 景點

位於迷宮之町的4座美術館

利用明治時代的吳服店倉庫、醬油屋倉庫、庄屋宅邸等4棟建築物改建的美術館，共展示800件以上現代妖怪的造形作品。3號館每年都會舉辦聚集了特殊妖怪的企劃展。

營9:00～21:00（週四為14:00～、美術館商店為～22:00） 休週三 ¥入館費2900円（4館通用）
所小豆島町甲398 交土庄港步行20分
P免費

⬅特殊又可愛的妖怪們在現代仍繼續誕生著（妖怪美術館3號館）

丸金醬油紀念館

MAP 附錄②16E-3

●マルキンしょうゆきねんかん ☎0879-82-0047 景點

了解醬油的歷史和製法

1907年創業的丸金醬油。紀念館改裝自大正時代初期建造的工廠，透過製造醬油的工具和面板說明製造方法等知識，也有販售醬油。

營9:00～16:00（視時期有所變動）
休不定休 ¥入館費400円
所小豆島町苗場甲1850 交土庄港搭小豆島橄欖巴士43分，丸金前下車即到 P免費

⬅館內改裝自登錄為有形文化財的醬油工廠

小豆島的三大特產有這些！

小‧豆島伴手禮

想買送人&自己用的
嚴選伴手禮！

島の光
綺羅の糸 A
950円
小豆島品牌素麵「島の光」的最高級品

SETONO SWEETS WAVE A
（右）小豆島杏桃乾
（左）小豆島檸檬乾
各600円
口感綿密、味道溫和的酸甜水果乾

まめまめ啤酒 A
（1瓶）638円～
小豆島的精釀啤酒，使用小豆島產柑橘等共有6種口味

島嶼的義大利麵醬 B
（左）橄欖油香蒜
（右）番茄 各700円
放入滿滿的橄欖果實，只要拌入煮好的義大利麵條裡就可以了

小豆島のほほん
橄欖油小饅頭 B 540円
每一塊都有畫圖案的可愛小蛋酥

B 土庄港觀光中心 在這裡買得到
●とのしょうこうかんこうセンター

除了可以獲得小豆島的觀光資訊之外，也有販售手擀素麵、橄欖製品等特產。在餐廳還可以品嘗到素麵。

MAP 附錄②16D-2
✆0879-62-1666
L 9:00～17:30（餐廳為～16:00）
休 無休（餐廳為週三休） 所 土庄町甲6194-10 🚌 土庄港步行5分
P 免費

A Coomyah grocery 在這裡買得到
●クマグローサリー

除了天然釀造醬油、味噌、精釀啤酒、無農藥蔬菜、點心、香草茶等小豆島特產之外，還提供近郊的「美味食物」。

MAP 附錄②16D-2
✆0879-62-9264
L 11:00～18:00 休 週四、五
所 土庄町淵崎甲2136-3 🚌 土庄港搭小豆島橄欖巴士10分，八幡橋前下車即到 P 免費

可以在橄欖田裡散步

日本最古早的橄欖原木，樹齡約100年

販售時髦的橄欖伴手禮

井上誠耕園らしく本館
●いのうえせいこうえんらしくほんかん

建於橄欖田當中，1樓的店家販售橄欖和柑橘的化妝品、食品、雜貨、樹苗等，還有使用橄欖製作的麵包。2樓餐廳可以品嘗各種使用橄欖油的料理。

✆視店家而異 MAP 附錄②16D-3
L 休 視店家而異 所 小豆島町蒲生甲61-4 🚌 土庄港搭小豆島橄欖巴士16分，井上誠耕園らしく園前下車即到 P 免費

製作浮游花！
使用橄欖樹枝和柑橘等植物製作原創的浮游花（體驗費1711円）

珍惜大自然的橄欖農園

小豆島橄欖園
●しょうどしまオリーブえん

進行橄欖栽培和採油的遼闊橄欖農園。園內不僅有美術館「ARTETRA」展示野口勇的照明器具和家具，還附設餐廳和商店。

✆0879-82-4260 MAP 附錄②16E-3
L 8:30～17:00 休 無休 ¥ 免費入園、入館
所 小豆島町西村甲2171 🚌 土庄港搭小豆島橄欖巴士27分，オリーブヶ丘下車即到 P 免費

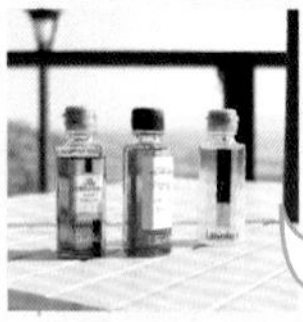

製作橄欖油！
在體驗空間「LaboleA」製作屬於自己的橄欖油（體驗費1000円，預約制，最晚前一天預約）

吃得到新鮮素麵的製麵工廠直營店

なかぶ庵 ●なかぶあん

能進行素麵的筷子分麵體驗並參觀工廠的手擀素麵製麵所。在鄰接的直賣所能品嘗口感Q彈、光澤滑順的招牌素麵。

✆0879-82-3669 MAP 附錄②16E-3
L 10:00～14:00左右（預約制）
休 週三、四 所 小豆島町安田甲1385
🚌 土庄港搭小豆島橄欖巴士39分，安田下車，步行10分 P 免費

「日本三大素麵」之一

素麵

使用小豆島特產的芝麻油，口感Q彈，深受全日本喜愛。

筷子分麵體驗
由老練職人親自指導，挑戰用筷子梳理麵條的過程（參觀工廠&體驗費1200円～，預約制）

生素麵700～吸一口就能感覺到小麥的香甜味在嘴裡擴散

精通職人絕技

小豆島STAY

小豆島國際飯店
●しょうどしまこくさいホテル

鄰近天使之路的飯店

具備岸邊的露天浴池。6種房型的客房都是海景房。

✆0879-62-2111 MAP 附錄②16D-3
L IN 15:00、OUT 10:00 ¥ 1泊2食16500円～
所 土庄町銀波浦 🚌 土庄港搭小豆島橄欖巴士13分，国際ホテル（エンジェルロード前）下車即到（土庄港有接送服務，預約制） P 免費 刷卡 可

Olivean Shodoshima Yuhigaoka Hotel
●オリビアンしょうどしまゆうひがおかホテル

建於夕陽勝地的度假飯店

約有50種料理陳列的自助餐和泉質滑順的溫泉大受好評。

✆0879-65-2311 MAP 附錄②16D-2
L IN 14:30、OUT 11:00 ¥ 1泊2食13200円～
所 土庄町屋形崎甲63-1 🚌 土庄港搭計程車20分（土庄港有接送巴士，預約制） P 免費 刷卡 可

MAP 附錄②16E-2

こまめ食堂 美食
●こまめしょくどう
✆080-2984-9391

眺望梯田，享受大自然的山珍海味

眺望中山千枚田的島上食堂。用名水百選的「湯船之水」將梯田種植的米煮成米飯，再捏成飯糰，深受當地人喜愛。另有販售老闆精心挑選的島上特產品。

L 11:00～14:00 休 週二、四（有不定休）
所 小豆島町中山1512-2 🚌 土庄港搭小豆島橄欖巴士22分，春日神社前下車即到
P 免費

橄欖牛漢堡套餐（附飲料）1200円

MAP 附錄②16E-3

創作料理 野の花 美食
●そうさくりょうりののか
✆0879-75-2424

在建於高地的獨棟餐廳享用創意料理

創意料理以小豆島的蔬菜和海產、自製橄欖油費工烹調而成，廣受好評。能品嘗到橄欖果實天婦羅和小豆島素麵的湯菜料理等，各式各樣的島上美食。

L 11:30～14:00、18:30～21:30（預約制）
休 週二、三 所 小豆島町室生892-1
🚌 土庄港搭小豆島橄欖巴士25分，赤坂下車，步行3分
P 免費

野の花ひしお膳（當季產魚）1400円（僅中午）

※若住宿費用標示為「1泊附早餐」或「1泊2食」，則為2位住宿時1位的費用；若標示為「1泊房價」，則為單人房1位住宿，以及雙床房2位住宿的房價。費用皆包含稅金與服務費。

巡遊現代藝術的聖地

在瀬戸内的群島能接觸蔚藍海洋、秀麗群山等自然景觀，以及溫暖的人情味。除了美術館和街道上的藝廊之外，也要飽覽融入島上閑靜風景的藝術作品。

眺望海洋的豐富藝術寶庫

瀬戸内的群島

●せとうちのしまじま

是這樣的地方！

漂浮在瀬戸内海的群島，近年來作為「現代藝術之島」而深受矚目。藝術展示品年年增加，每次造訪都會有新發現。以大量島上食材入菜的島上美食也不可錯過喔！

MAP
P.64-66・
附錄②17

洽詢處

直島町觀光協會
✆087-892-2299

豐島觀光協會
✆0879-68-3135

男木交流館
✆087-873-0006

高松市鬼島鬼之館
✆087-873-0728

男木島 →P.66

「男木島之魂」建於迎接來島者的男木港，走在街上時還能一邊欣賞散布在各地的巷弄壁畫。

男木島之魂
Jaume Plensa

直島 →P.64

直島展覽館
所有者：直島町
設計：藤本壯介建築設計事務所

作為島上地標的《紅南瓜》和《直島展覽館》，能讓人在作品內部感受作品。另有美術館等許多藝術景點。

女木島 →P.66

並排在岸邊的人氣作品《海鷗的停車場》、仿造帆船的《20世紀的回想》等利用風創作的作品十分豐富。

海鷗的停車場
木村崇人

豐島 →P.65

空之粒子／唐櫃
Neo Aoki

將現代藝術融入豐富的自然景觀中。「空之粒子／唐櫃」為設置在神社境內的鐵雕刻。

Check!

瀬戸内國際藝術祭

瀬戸内國際藝術祭是每3年一次，以瀬戸内海的12座島嶼和2個港為舞台舉辦的現代藝術祭典。非舉辦期間，也會以「ART SETOUCHI」的名義展示作品和舉行活動。

※公開作品需確認瀬戸内國際藝術祭官網 8https://setouchi-artfest.jp/

海島旅遊的訣竅

① 仔細確認船舶時刻表！
一旦錯過最末班就回不去了，因此要特別注意。

② 請約束自己不要開車進島
請體諒島上道路是為居民而設置的。

③ 餐飲店和旅宿要提早預約
店鋪數量和座位皆有限。有必要的話要盡早處理好。

④ 請在前往島上前致電確認
部分手機的通信服務可能接收不到信號。

前往瀬戸内群島的ACCESS

橫渡島嶼的據點是香川縣的高松港和岡山縣的宇野港。由於船班數量有限，事前請確認清楚吧！

直島

1 高松港 ― 宮浦港
搭四國汽船的渡輪 50分 ¥520円（1日5班）
搭高速船 30分 ¥1220円（1日3班）

2 宇野港（岡山縣） ― 宮浦港
搭四國汽船的渡輪 20分 ¥300円（1日13班）
搭旅客船 15分 ¥300円（1日3班）
※有1班深夜班，乘船費為590円

3 宇野港（岡山縣） ― 直島（本村）港
搭四國汽船的旅客船 20分 ¥300円（1日5班）

豐島

4 高松港 ― 家浦港
搭豐島渡輪的高速船 35分 ¥1350円（1日3～4班）
※有經由直島（本村）港的船班。高松港～直島（本村）港30分1220円、直島（本村）港～家浦港20分630円。

5 宇野港（岡山縣） ― 家浦港 ― 唐櫃港
搭小豆島豐島渡輪的渡輪（1日3班）
到家浦港 40分 ¥780円
到唐櫃港 1小時 ¥1050円
搭旅客船（1日3班）
到家浦港 25分 ¥780円
到唐櫃港 40分 ¥1050円

女木島、男木島

6 高松港 ― 女木港 ― 男木港
搭雌雄島海運的渡輪（1日6班）
到女木港 20分 ¥370円
到男木港 40分 ¥510円

洽詢處

四國汽船 ✆087-821-5100／豐島渡輪 ✆087-851-4491
小豆島豐島渡輪 ✆0879-62-1348
雌雄島海運 ✆087-821-7912

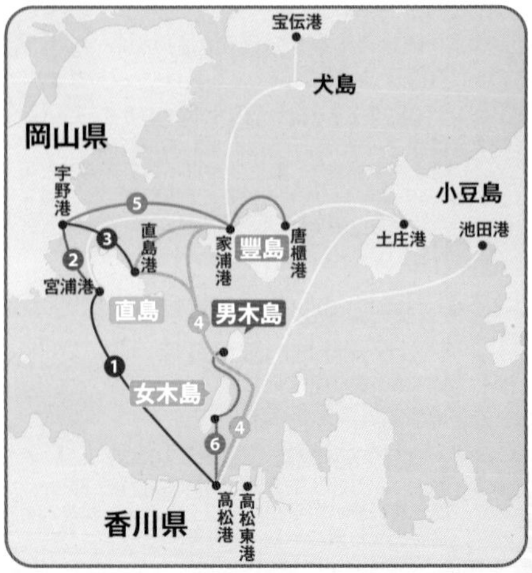

※航運狀況視公司和時期而異。此外，高松港的出發、抵達場所視目的地而異，因此事前請務必確認清楚。

只要是美術愛好者都想造訪一次

佇立著宛如融入島中的 各種 現代藝術品

瀨戶內海是全日本首屈一指的現代美術區域，遍布著許多美術館和藝術作品。只要接觸融入豐富自然景觀的建築和藝術品，肯定會有特別的體驗。

什麼是Benesse Art Site Naoshima？

這是由倍樂生股份有限公司和公益財團法人福武財團以瀨戶內海的直島、豐島、犬島為舞臺所舉行的藝術活動總稱。各大美術館和藝術作品的詳情請至官網查詢。

HP https://benesse-artsite.jp/zhtw/

※各設施的休館日、費用等資訊可能會更動。事前請至官網確認清楚。

直島 隨著自然光而時時改變風貌

地中美術館

●ちちゅうびじゅつかん
MAP 64

永久擺設印象派泰斗克洛德・莫內的《睡蓮》，以及沃爾特・德・瑪莉亞、詹姆斯・特瑞爾的作品。能搭配隨著季節和氣候變化的自然光來鑑賞。

照片：藤塚光政

☎087-892-3755
L 10:00～17:00（10～2月為～16:00） 休 週一（逢假日則翌日休） ¥ 鑑賞費2100円 所 直島町3449-1
交 宮浦港搭町營巴士12分，つつじ荘下車轉搭場內接駁巴士7分，地中美術館下車即到 P 免費 ※線上預約制

直島 瀨戶內「藝術之島」的起點

倍樂生之家美術館

●ベネッセハウス ミュージアム
MAP 64

現代藝術美術館附設飯店的複合設施。除了館內的展示空間外，在戶外的自然環境中也有設置作品。

照片：山本糾

☎087-892-3223（倍樂生之家）
L 8:00～21:00（20:00最後入館）
休 無休 ¥ 鑑賞費1300円 所 直島町琴弾地 交 宮浦港搭町營巴士12分，つつじ荘步行15分，或轉搭場內接駁巴士3分，ベネッセハウス ミュージアム下下車即到

直島 和安藤忠雄建築相互映襯

李禹煥美術館

●リウファンびじゅつかん
MAP 64

展示目前主要在歐洲活動的李禹煥的作品。在戶外廣場能欣賞設置在豐富自然環境中的雕刻；在室內則能品味由天然石、影像、筆觸等交織而成的世界。

照片：山本糾

☎087-892-3754（福武財團）
L 10:00～17:30（10～2月為16:30） 休 週一（逢假日則翌日休）
¥ 鑑賞費1050円 所 直島町倉浦1390 交 宮浦港搭町營巴士12分，つつじ荘下車轉搭場內接駁巴士5分，李禹煥美術館下車即到

直島 現代藝術品遍布於生活圈中

「家」藝術項目

●いえプロジェクト
MAP 64

由藝術家把保留在本村地區的古老房舍、歷史悠久的神社等空間打造成藝術品。目前公開的有《角屋》、《南寺》、《Kinza》、《護王神社》、《石橋》等7棟建築物。

《角屋》照片：上野則宏

☎087-892-3223（倍樂生之家）
L 10:00～16:30（《南寺》為～16:15、《Kinza》為預約制）
休 週一（《Kinza》為週一～三休，逢假日則翌日休） ¥ 通票（《Kinza》之外的6處）1050円、單次票（《Kinza》除外）1處420円、《Kinza》鑑賞費520円 所 直島町本村地 交 宮浦港搭町營巴士8分，農協前下車即到

豐島 用全身感受生命的跳動

心臟聲的檔案館

●しんぞうおんのアーカイブ MAP 65

克利斯提昂・波坦斯基以生、死和記憶為主題的作品。由電燈會隨著心跳聲閃爍的「Heart Room」等3間房所構成。

☎0879-68-3555（豐島美術館）
L 10:00～16:30（10～2月為～15:30）
休 週二（12～2月為週二～四、逢假日則翌日休）
¥ 鑑賞費520円
所 土庄町豐島唐櫃2801-1 交 家浦港搭町營巴士17分，唐櫃港下車，步行15分

照片：久家靖秀

豐島 展示橫尾忠則的作品

豐島橫尾館

●てしまよこおかん MAP 65

由作家橫尾忠則和建築師永山祐子以古民宅改裝的美術館。展現善用既有建築物布置的展示空間和靈感。

☎0879-68-3555（豐島美術館）
L 10:00～16:30（10～2月為～15:30）
休 週二（12～2月為週二～四、逢假日則翌日休）
¥ 鑑賞費520円
所 土庄町豐島家浦2359
交 家浦港步行5分

照片：山本糾

豐島 自然・建築・藝術融為一體

豐島美術館

●てしまびじゅつかん MAP 65

由建築師西澤立衛和藝術家內藤禮所打造的美術館。可以在從天花板開口灑落的自然光線中，欣賞泉水不斷湧出的作品《母型》。

☎0879-68-3555
L 10:00～16:30（10～2月為10:00～15:30）
休 週二（12～2月為週二～四、逢假日則翌日休）
¥ 鑑賞費1570円 所 土庄町豐島唐櫃607
交 家浦港搭町營巴士14分，豐島美術館前下車即到
※入館為預約制

內藤禮《母型》2010年
照片：森川昇

全球藝術愛好者聚集的藝術之島

直島 なおしま

直島是瀨戶內海的島嶼藝術先驅，深受國內外關注，而且不僅有個性豐富的美術館，還遍布著保留傳統風景的街道和藝術作品等精彩景點。推薦搭乘1小時1～2班運行的町營巴士移動。

洽詢處

直島町觀光協會 ☎087-892-2299

象徵直島氣候風土的建築樣式

直島大廳 ●なおしまホール

建築師三分一博志耗費2年半往來本村地區，終於打造出和島上自然景觀調和的多功能大廳。 MAP 64

☎087-892-2882（直島町教育委員會）
L 僅外觀能自由參觀 所 直島町696-1
交 宮浦港搭町營巴士5分，役場前下車即到 P 免費

○所有人：直島町 設計：三分一博志建築設計事務所 Photo：Shigeo Ogawa

宮浦港的大紅南瓜迎接直島藝術之旅的遊客

紅南瓜 ●あかかぼちゃ

由現代藝術巨匠草間彌生所打造的巨大紅南瓜作品，水珠圖樣十分吸睛。還能走進南瓜內部鑑賞作品。 MAP 64

☎087-892-2299（直島町觀光協會）
L 自由參觀 所 直島町宮ノ浦2249-49 交 宮浦港即到

草間彌生《紅南瓜》2006年
直島・宮浦港綠地
照片：青地大輔

○José de Guimarães《Bunraku Puppet》

○直島展覽館
所有者：直島町
設計：藤本壯介建築設計事務所

島上資訊和伴手禮就在這裡

海之驛站「直島」 ●うみのえきなおしま MAP 64

這是鄰接直島入口——宮浦港的渡輪碼頭。不僅有船票販售處和觀光服務處、咖啡廳，還有伴手禮店。

☎087-892-2299（直島町觀光協會）
L 8:30～18:00（視時期、設施內部署而異）
休 無休 所 直島町2249-40 交 宮浦港即到 P 免費（使用時間1小時以內）

○作為藝術之島入口的建築物是由SANAA所設計

直島伴手禮

使用直島當地生產的天日鹽製作的產品、有關直島的藝術商品等都備受歡迎。

SOLASHIO 500円

SOLASHIO 鹽甜甜圈（6顆） 660円

周邊圖 附錄②17

租借自行車

宮浦港可租借自行車。1日400円起（電動式為1100円起）。

宮浦港
·おうぎやレンタサイクル➡☎090-3189-0471
·T.V.C.直島租借服務中心宮浦店➡☎087-892-3212

在老宅咖啡廳品嘗玄米飯菜

あいすなお

改裝自屋齡90年的老宅。提供豐富的素食餐點，包括以蔬菜為主的配菜加上發酵玄米飯的定食套餐。

MAP 64
☎087-892-3830
L 11:00～15:00
休 週一、不定休 所 直島町761-1 交 宮浦港搭町營巴士8分，農協前下車即到

○位於「家」藝術項目《Kinza》附近

○深受素食者好評的あいすなお套餐1000円（照片前方）

直島創始的當地漢堡店

maimai ●マイマイ

將香川縣魚——鰤魚以直島生產的SOLASHIO鹽調味後油炸，淋上自製塔塔醬的直島漢堡740円起，非常受歡迎。

MAP 64
☎090-8286-7039
L 11:00～16:00
休 週一不定休
所 直島町本村750
交 宮浦港搭町營巴士8分，農協前下車即到

○設有可放鬆休息的露台座

○直島鐵板combi 1340円

從檀山湧出的貴重水源

唐櫃清水

●からとのしみず

傳說是弘法大師所挖掘的湧水。被當地居民稱為「清水」，十分受到喜愛。現在仍滋潤著附近的田地。在腹地內有藝術作品「空之粒子／唐櫃」。

無 MAP 65

所土庄町豊島唐櫃岡 巴家浦港搭町營巴士11分，清水前下車即到

可以感受到豐島歷史的神社境內汲水處

梯田曲線秀麗的日本原生風景

唐櫃梯田

●からとたなだ

以唐櫃棚田保存會為首的許多志工將荒廢的休耕田起死回生。朝向海洋延展開來的廣闊梯田是絕景景點。

無 MAP 65

所土庄町豊島唐櫃

巴家浦港搭町營巴士14分，美術館前下車即到

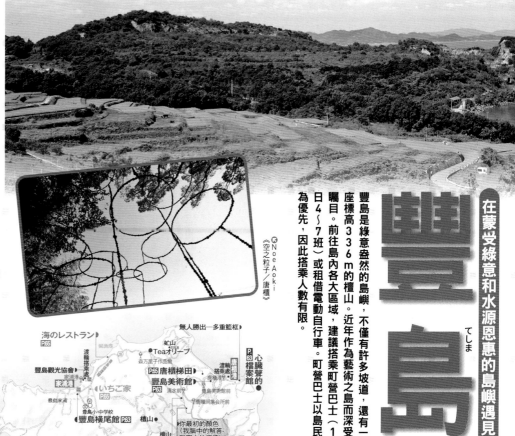

位在豐島美術館前巴士站附近

《空之粒子／唐櫃》Noe Aoki

轉過彎道就是豐島美術館。坡道前方出現的海洋，讓人的心情也興奮起來

豐島 てしま

在蒙受綠意和水源恩惠的島嶼遇見美食和藝術

豐島是綠意盎然的島嶼，不僅有許多坡道，還有一座標高336m的檀山。近年作為藝術之島而深受矚目。前往島內各大區域，建議搭乘町營巴士（1日4～7班）或租借電動自行車。町營巴士以島民為優先，因此搭乘人數有限。

周邊圖 附錄②17

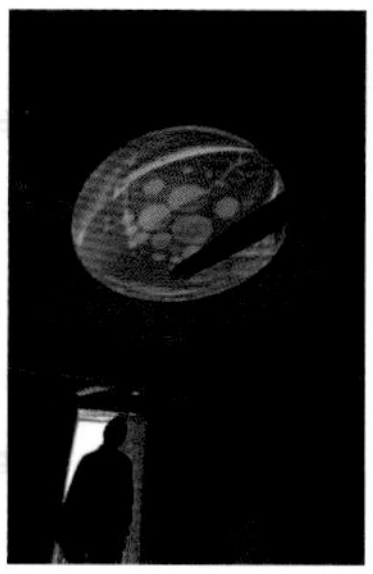

ピピロッティ・リスト
Yorr First Color
(Solution In My Head-Solution In My Stomach)
Photo:
Osamu Nakamura
※開館日請至官網確認

洽詢處

豐島觀光協會 0879-68-3135

租借自行車

·土庄町電動レンタサイクル（豐島觀光協會）

自動自行車（數量有限）為4小時1000円，之後每小時加收100円。

租車

·レンタカーあき➡090-7897-8660

半天3800円起（面議）、8小時5000円起。任一方案都含保險費。只有輕型、7人座車兩種類型。

島上媽媽的款待料理

島廚房

●しまキッチン

島上的媽媽們使用豐島收獲的魚、蔬菜和米等食材大展廚藝。餐廳從屋齡100年的古民房整修而來，整棟房子就是藝術品。營業日會隨季節變動，請事先確認。 MAP 65

0879-68-3771

L 11:00～16:00（午餐為～14:00）

休週二～五（逢假日則營業） 所土庄町豊島唐櫃1061

巴家浦港搭接駁巴士12分，唐櫃岡集会所前下車，步行3分

島廚房套餐1760円。主菜以魚類為主

在能看見海景的露天座享用豐島美食

海のレストラン

●うみのレストラン

可一邊看海一邊用餐的餐廳。午餐推薦使用石窯燒烤的正統披薩，晚餐則可品嘗使用當地食材烹調的義大利菜。 MAP 65

0879-68-3677 L 11:00～16:30、晚餐18:00～（預約制） 休不定休（需確認官網） 所土庄町豊島家浦525-1 巴家浦港步行15分 P免費

瑪格麗特披薩D.O.C.2200円

將瀨戶內海盡收眼底的露台座位

品嘗自製草莓甜點休憩片刻

いちご家

●いちごや

草莓農家所經營的店鋪。使用自製草莓醬和糖煮水果的霜淇淋、可麗餅、刨冰都深受歡迎。11月中旬到6月左右也會推出新鮮草莓。

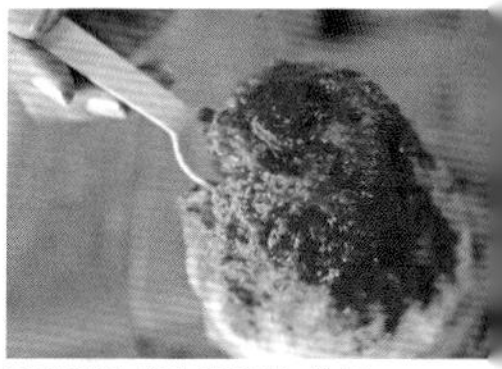

草莓冰（M 450円）全年都吃得到

0879-68-2681 MAP 65

L 12:00～17:00（週六日、假日為11:00～） 休不定休

所土庄町豊島家浦2133-2

巴家浦港步行3分 P免費

當作豐島伴手禮！

草莓醬 草莓果醬各（100g）580円

男木島 おぎじま

巡遊巷弄和斜坡，充滿探險氣氛

家家戶戶就像黏在陡峭斜坡一樣比鄰而立，小巷弄有如迷宮般錯綜複雜。因為坡道和石階很多，所以請穿著好走的鞋再出發吧！

洽詢處
男木交流館 ✆087-873-0006

↺島上的老奶奶精神抖擻地推著推車走路

↺男木島的村落，比鄰而立的房子形成階梯狀

以深受當地喜愛的魚料理自豪的店

御食事処 円

●おしょくじどころまどか

↺地魚定食1000円～

能悠哉享用地魚定食等鮮魚料理。淋上島上傳統麥味噌醬的名產「醬拌烏龍麵」需在2天前預約，1天限量10份。

✆087-873-0703 MAP 66
L 11:00～16:30（售完打烊）
休 週三 所 高松市男木町1925-2
🚌 男木港即到

融入風景裡的豐富色彩

男木島路地壁畫企劃wallalley

●おぎじまろじへきがプロジェクトウォールアレイ

真壁陸二的作品，在從島上收集的廢材和廢船上繪製風景畫，再裝設到民宅的牆壁上。在陡峭坡道和石階有如迷宮般錯綜複雜的村莊中隨處可見。

✆087-813-0853 MAP 66
（瀨戶內國際藝術祭實行委員會事務局）
L 自由參觀 所 高松市男木町

↺分布在島內的7個地方，快去找找看吧

不可思議的回音療癒了身心

Akinorium

●アキノリウム

1樓有影繪，2樓有以竹子和金屬為主材料製作的聲音藝術品，可以親身體驗立體音響。

↺松本秋則的作品

✆087-813-0853 MAP 66
（瀨戶內國際藝術祭實行委員會事務局）
所 高松市男木町1886 🚌 男木港步行5分
※開館日請至官網確認

島上最先遇見的藝術空間

男木島之魂

●おぎじまのたましい

走出男木港，正面就是西班牙藝術家荷梅・潘薩的作品。由8種語言組成屋頂的設計。

MAP 66
✆087-813-0853
（瀨戶內國際藝術祭實行委員會事務局）
L 自由參觀 所 高松市男木町
🚌 男木港即到

↺也是地方上的社區交流空間

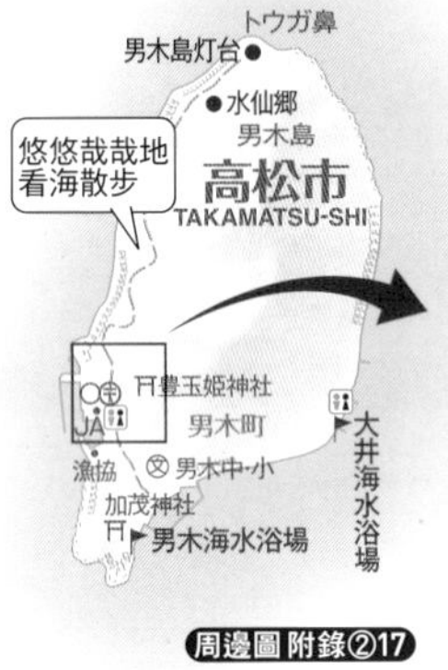

女木島 めぎじま

傳說中被稱作鬼島的海島

距離高松最近的島。有鬼島大洞窟等景點，傳說是被桃太郎消滅的鬼的據點。要在島內移動，搭巴士或騎電動自行車都很方便。

洽詢處
高松市鬼島鬼之館 ✆087-873-0728

一邊眺望海景，品嘗地魚料理

鬼旬

●きしゅん

以大量島上鮮魚和蔬菜入菜的日式定食廣受好評。也經營民宿「UMIYADO鬼旬」，夏季會變成海之家，因此不供應午餐。

↺主廚推薦午餐1500円

✆087-873-0880 MAP 66
L 11:30～14:00（晚餐可議） 休 週三 所 高松市女木町453 🚌 女木港步行7分

↺在高松港搭雌雄島海運シマシマ『めおん』20分

↺不知為何立於女木島的摩艾石像

風與波浪交織而成的藝術品

20世紀的回想

●にじゅっせいきのかいそう

讓人聯想到船隻的1架平台鋼琴和4張船帆。一邊呼應著海浪聲，一邊演奏著旋律。

✆087-813-0853 MAP 66
（瀨戶內國際藝術祭實行委員會事務局） L 自由參觀 所 高松市女木町 🚌 女木港即到

↺中國藝術家禿鷹墳上的作品

※冬天、天氣不佳時會降帆

將風視覺化的作品

海鷗的停車場

●カモメのちゅうしゃじょう

女木港堤防上約300隻並排的海鷗風向標，是作家木村崇人親手打造的作品。風一吹，海鷗就會一起改變方向。

✆087-813-0853 MAP 66
（瀨戶內國際藝術祭實行委員會事務局） L 自由參觀 所 高松市女木町 🚌 女木港即到

↺並排的風向標 木村崇人

到達島上後，要先來這裡

高松市鬼島鬼之館

●たかまつしおにがしまおにのやかた

鄰接渡輪搭乘處的候船所。除了有伴手禮販售區之外，租自行車和往洞窟的巴士售票處都在這裡。

✆087-873-0728 MAP 66
L 8:20～17:00 休 無休
所 高松市女木町15-22
🚌 女木港即到

↺建於女木港附近的摩登建築物

租借自行車

租借電動自行車1天1000円（8:20～17:20）
・高松市鬼島鬼之館
➡✆087-873-0728

※作品開館狀況請確認瀨戶國際藝術祭官方網站（http://setouchi-artfest.jp/）。

德島 とくしま

以世界聞名的著名景點為傲

祖谷のかずら橋

德島縣有許多自然、文化、歷史，以及藝術相關的景點。有400年以上歷史的阿波舞、世界三大海流之一的鳴門漩渦、以陶板重現世界名畫的美術館、有平家落人傳說的祕境祖谷溪等。山間溫泉和當地美食也令人期待。

CONTENTS

從日本全國前往德島的交通方式

東京出發

- 飛機：羽田機場 →（ANA、JAL 約1小時20分）→ 德島機場 →（機場巴士 約30分）→ 徳島駅前
- 鐵道：東京站 →（山陽新幹線希望號 約3小時20分）→ 岡山站 →（JR特急渦潮號等約2小時）→ 德島站

京阪神出發

- 巴士：大阪（JR大阪站）→（JR巴士、德島巴士等 約2小時30分～）→ 徳島駅前
- 車：中国吹田IC →（中国道～阪神高速7號北神戶線～神戶淡路鳴門道～德島道 約1小時55分）→ 德島IC

岡山、廣島出發

- 鐵道：岡山站 →（JR特急列車渦潮號等約2小時）→ 德島站
- 車：広島IC →（山陽道～瀨戶中央道～高松道～德島道 約3小時6分）→ 德島IC

從四國各縣前往的交通方式

鐵道

- 從高松：高松站 →（JR特急列車渦潮號 約1小時10分）→ 德島站
- 從松山：松山站 →（JR特急列車石鎚號 約2小時33分）→ 高松站 →（JR特急列車渦潮號 約1小時10分）→ 德島站
- 從高知：高知站 →（JR特急 南風號 約1小時10分）→ 阿波池田站 →（JR特急 劍山號 約1小時10分）→ 德島站

車

- 從高松：高松中央IC →（高松道～德島道 約46分）→ 德島IC
- 從松山：松山IC →（松山道～高知道～德島道 約2小時21分）→ 德島IC
- 從高知：高知IC →（高知道～德島道 約2小時4分）→ 德島IC

就是這個準沒錯

在德島想做的6件事

近距離感受鳴門漩渦

P.76

漩渦會在海上出現又消失

鳴門海峽的海水會在紀伊水道和瀨戶內海的潮流逆流相撞時，因潮差形成漩渦。可在觀潮船或海上遊步道近距離觀賞大自然的表演。

搭觀潮船接近漩渦！

祖谷溪祕境兜風

P.70

充滿刺激感的祖谷蔓橋

流傳著平家落人在此隱居傳說的祕境。跑在山間的蜿蜒道路，遊逛大步危、小步危、祖谷溪、祖谷蔓橋等景點。

祖谷溪的象徵尿尿小童

挑戰輕型參拜巡禮

P.86

第2號札所極樂寺

弘法大師修行時走過的四國八十八札所靈場。第1號札所到第5號札所距離較近，是最適合新手參拜的巡禮路線。

靜下心來參拜

在大塚國際美術館欣賞藝術

P.78

可以和作品合照

世界名畫用陶板複製重現原尺寸大小的美術館，可就近欣賞，還可拍照，盡情沉浸在藝術當中。

西斯汀禮拜堂

盛夏祭典阿波舞

P.84

說到德島的夏天，就是阿波舞。舞者搭配著敲擊樂器鳴奏的「よしこの」樂曲，在鎮上行進跳舞的畫面相當震撼！請務必到會場來親身感受祭典熱鬧氣氛。

熟練的連隊跳的舞蹈令人著迷

大快朵頤德島拉麵！

P.82

德島當地的拉麵有濃郁湯頭，搭配生蛋、甘鹹燉煮豬肋肉。本地人會跟米飯一起享用。

中華そばいのたに

東大 大道本店

德島1day標準行程

從阿波舞會館到能眺望德島平原全景的眉山，再到被稱為秘境的祖谷。

10:00 START 德島IC
開車約6km／15分

10:30 阿波舞會館 P.84
可在專用劇場觀賞阿波舞表演。可以試著途中加入一起跳舞
從5樓的山麓站搭空中纜車6分

12:00 眉山 P.85
天氣好時，可以一覽大鳴門橋和淡路島
搭空中纜車6分、開車約4km／10分

12:30 可成家 P.82
德島美食的代表性店家，可大啖德島拉麵
開車約97km／1小時30分

14:30 大步危峽觀光遊覽船 P.71
可搭遊覽船近距離觀賞大步危峽的溪谷之美
開車約12km／20分

16:00 祖谷蔓橋 P.72
用藤蔓製成的吊橋搖來搖去，充滿刺激感！
開車即到

17:00 GOAL 祖谷的溫泉旅宿 P.75
住在充滿野趣的溫泉旅宿

還有其他必看景點

四國代表性的劍山系主峰

⊃位於山頂附近的大劍神社，其御神體的御塔石底下湧出來的水為名水百選之一

山名由來源自平家傳說 Close up名峰劍山！

日本百名山之一的劍山海拔1955m，是四國第2高峰。從山頂連聳立於四國山地西端的石鎚山和瀨戶內海都能盡收眼底。有登山吊椅和整備完善的登山道，新手也能挑戰登山

MAP 附錄②9C-2
☎0883-76-0877（三好市觀光服務處）
所三好市東祖谷菅生見ノ越

⊙可搭乘登山吊椅到半山腰

劍山觀光登山吊椅

●つるぎさんかんこうとざんリフト

劍山可從山腳下搭乘觀光登山吊椅到海拔1750m處。可享受需時約15分鐘的空中散步。

MAP 附錄②9C-2
☎0883-67-5277（僅開放期間） 4月中旬～11月下旬的9:00～16:30（視時期有所變動） 休開放期間無休 ¥登山吊椅來回1900円 所三好市東祖谷見ノ越 🚗美馬IC車程43km P免費

想要搭乘這個！

＼逛逛該區域的優惠票券／

路線巴士1日自由乘車券

有德島巴士、德島市營巴士的德島市內210円均一區間，和一般路線巴士全區間無限搭乘2種。

☎088-622-1811（德島巴士運輸課）

效期 1天　金額 210円均一區間500円、全區間1000円

販售窗口 德島巴士德島站前服務處、德島市營巴士站前服務處等

車票可在窗口購買，也能透過智慧型手機直接購買

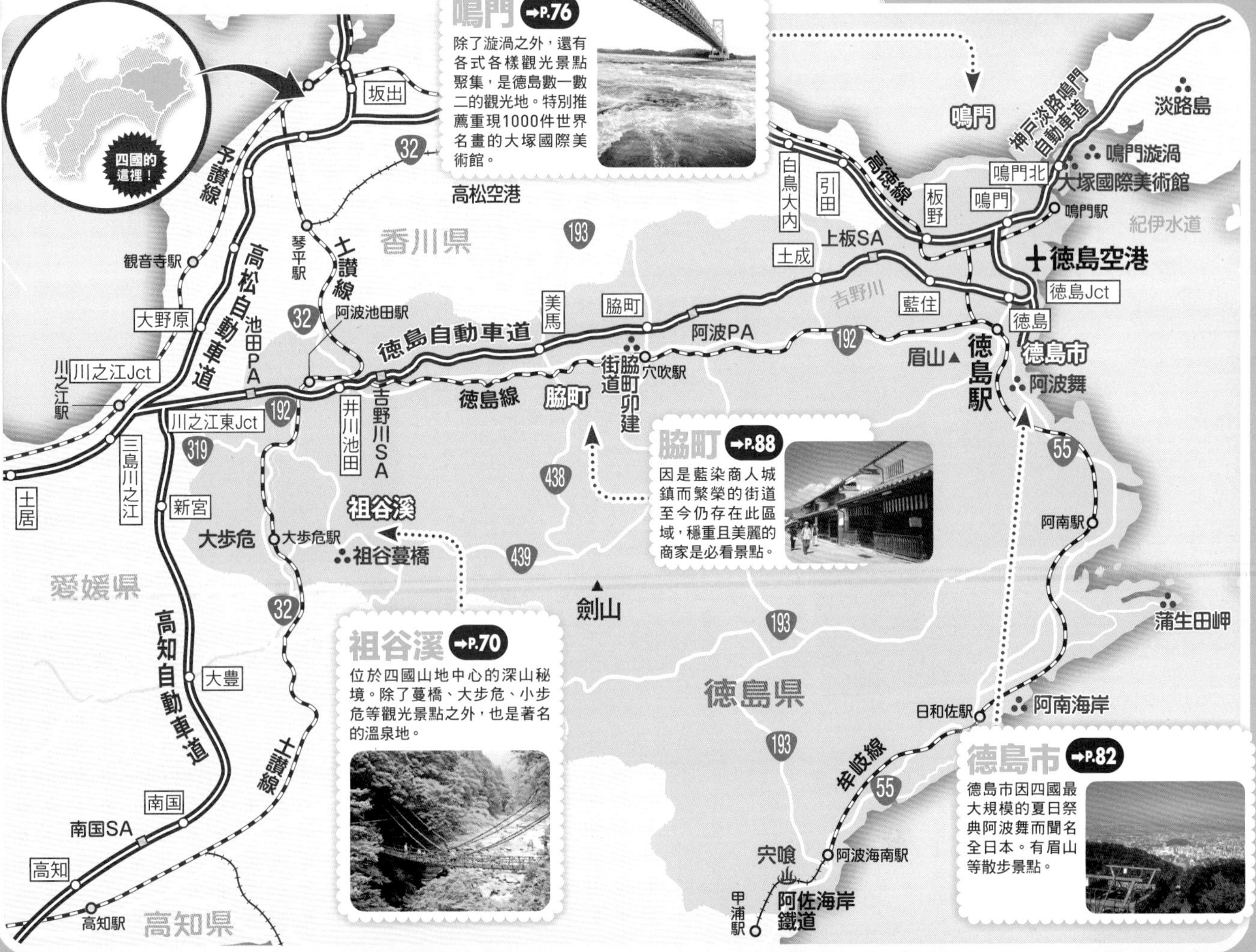

鳴門 ➡P.76

除了漩渦之外，還有各式各樣觀光景點聚集，是德島數一數二的觀光地。特別推薦重現1000件世界名畫的大塚國際美術館。

脇町 ➡P.88

因是藍染商人城鎮而繁榮的街道至今仍存在此區域，穩重且美麗的商家是必看景點。

祖谷溪 ➡P.70

位於四國山地中心的深山秘境。除了蔓橋、大步危、小步危等觀光景點之外，也是著名的溫泉地。

德島市 ➡P.82

德島市因四國最大規模的夏日祭典阿波舞而聞名全日本。有眉山等散步景點。

祖谷溪
（いやけい）

這處深山地區流傳著平家落人曾在此隱居的傳說。有祖谷首屈一指的風景勝地祖谷溪、驚險刺激的祖谷蔓橋、風景壯觀的大步危及小步危等，與祕境稱呼名實相符的景點接連不斷。

1 祖谷溪
（いやけい）

溪谷中有數十公尺到數百公尺的斷崖絕壁，都是由祖谷川沖刷而成。在目眩神迷的絕景中，秀麗的森林從谷底遍布到山峰，每個季節都會展現不同的風貌。

MAP 71B-1
☎0883-76-0877
（三好市觀光服務處）
所三好市池田町松尾
井川池田IC車程25km

MAP P.71・附錄②9
住宿資訊 P.75

這個必看！
尿尿小童
MAP 71B-2
祖谷川沿岸的七曲有一座岩石突出在高達200m的懸崖峭壁上，是從前人們試膽量的地方。佇立在此的尿尿小童雕像是祖谷溪的地標。

是這樣的地方！

洽詢處
三好市觀光服務處
☎0883-76-0877

ACCESS

電車	JR特急劍山號		JR特急南風號	
	德島站	阿波池田站		大步危站

⏱所需時間／約1小時35分　💰費用／3860円

汽車		德島道		
	德島IC	井川池田IC		祖谷溪

⏱約74km　💰費用／2160円　⏱約25km

◎群山和河流交織而成的溪谷美景

祖谷區域的最佳旅遊季節是點妝著綠葉和紅葉的春季和秋季。約10km見方的區域裡聚集著許多精彩景點，周圍還有溫泉湧出，不妨盡情飽覽1日範圍的大自然區域吧。

這裡也很推薦！
U字溪谷
●ひのじけいこく

在被碧綠色的祖谷溪深深切割而成的V字形祖谷溪谷中，有一處河流形似「U」字的絕景點。推薦新綠環繞的春天，以及能一望紅葉開滿群山、河川淌流的秋天。

☎0883-76-0877 MAP 71B-2
（三好市觀光服務處）所三好市西祖谷山村田ノ内　井川池田IC車程28km

值得關注的活動！

◎刺激的溪谷滑索

充分享受
超長滑索帶來的爽快感

Forest Adventure祖谷
●フォレストアドベンチャーいや

以滑索飛越流經祖谷溪谷的翡翠綠祖谷川。河川高低差超過50m、總長超過360m的長滑索為日本國內頂級。除此之外，還可體驗在樹之間空中移動的樹間散步。

☎080-6284-2105 MAP 71B-2
⏱9:00～15:00　休不定休（需洽詢）
💰冒險路線 4100円（含裝備租借費、保險費）　所三好市西祖谷山村尾井ノ内379 祖谷ふれあい公園內　井川池田IC車程34km　P免費

來趟遊訪祕境的巴士之旅
定期觀光巴士「大步危、祖谷祕境之旅」
●ていきかんこうバスおおぼけいやひきょうのたび

遊訪大步危、祖谷觀光地的定期觀光巴士。午餐能品嘗鄉土料理。從JR阿波池田站出發，所需時間約6小時左右。詳情需在預約時確認。

MAP 附錄②5A-4
☎0883-72-1231
（四國交通阿波池田巴士轉運站）
●期間4月第1週六～11月的週六、假日運行
●乘車費需洽詢

2 大步危・小步危

おおぼけこぼけ

這是由橫越四國山地的吉野川激流侵蝕山脈的片岩而形成的溪谷。歷經2億多年侵蝕而成的景觀十分壯麗。有巨岩奇石連綿5km的大步危，以及下游水流湍急的小步危。生氣蓬勃的河流和景觀也能搭乘遊覽船或泛舟盡情觀賞。

MAP 71A-1·2
☎0883-76-0877
（三好市觀光服務處）
所三好市山城町重実～上名
交JR大步危站步行20分
（至遊覽船搭乘處）

攻占

若要享受河川嬉遊

船長會簡單易懂地解說精彩之處

從大步危峽まんなか餐廳出發。限定25人

從平緩前進的船上能看見雄偉的峽谷風貌

在這裡搭乘知名的遊覽船吧

大步危峽觀光遊覽船

●おおぼけきょうかんこうゆうらんせん

近距離靠近大步危溪谷的船舶之旅，來回航程4km，所需時間約30分鐘。穿過由砂岩變質而成的藍、綠色岩壁逐漸前行。不同於從國道俯瞰的感覺，從谷底仰望的秀麗景色也充滿震撼力。

☎0883-84-1211 MAP 71A-2
（大步危峽まんなか餐廳）
時運行為9:00～16:30 休強風時、水位上漲時 ¥乘船費1500円
所三好市山城町西宇1520 交JR大步危站步行20分 P免費

河川嬉遊的休憩景點

River Station West-West

●リバーステーションウエストウエスト

吉野川泛舟遊程的據點。有四國第一座樹林健行的設施，廣受好評，可以在組裝於樹林間的遊樂設施穿梭遊玩。也有餐飲店和咖啡廳、特產品店、便利商店等，相當適合順道前往。

☎0883-84-1117 MAP 71A-2
時10:00～17:00（視店鋪、時期而異）
休12～6月為週三（7月15日～11月無休，活動需洽詢） 所三好市山城町西宇1468-1
交JR大步危站搭計程車5分 P免費

能全家同樂的泛舟遊程

河邊有木造陽台座位的咖啡廳

穿上安全繩索，安全遊玩

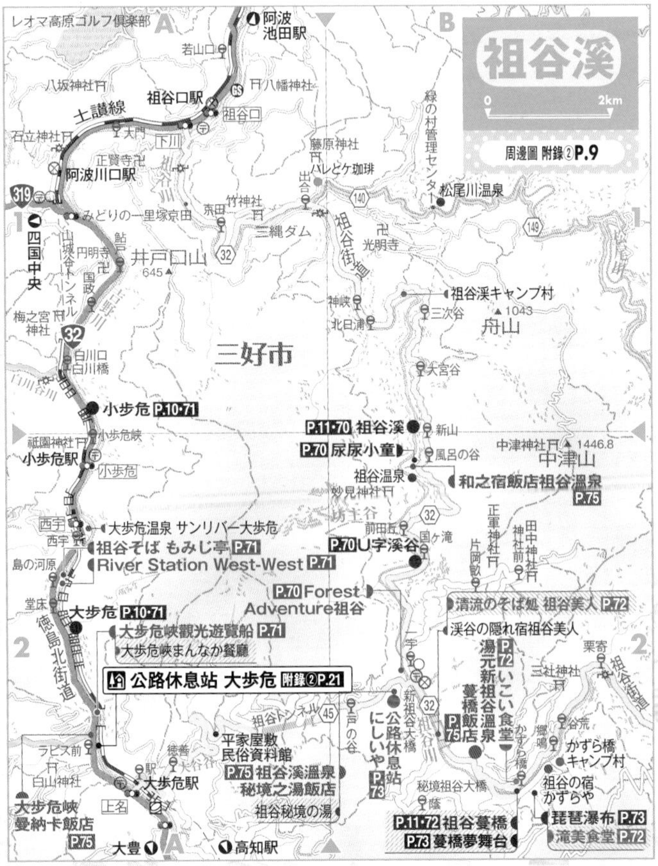

來搭乘觀光列車「四國正中千年物語號」吧

行駛於JR多度津站到大步危站之間的觀光列車「四國正中千年物語號」。透過風情十足的成人「遊山」旅程，飽覽景色並享用美味料理。LINK P.19

展現出和風情懷與季節變換的觀光列車

來吃這個吧！

在充滿風情的古民宅品嘗祖谷蕎麥麵

祖谷そば もみじ亭

●いやそばもみじてい

能品嘗祖谷當地流傳的手打古式蕎麥麵。祖谷當地罕見的「蕎麥乾麵」、附天婦羅或川魚的大步危御膳都廣受好評。

MAP 71A-2
☎0883-84-1117
（River Station West-West）
時11:00～16:30
休12～6月為週三（7月15日～11月無休）
所三好市山城町西宇1468-1 リバーステーションWest-West內 交JR大步危站搭計程車5分
P免費

祖谷山藥蕎麥乾麵（附2碟小菜）1050円

絕佳的觀光季。紅葉最漂亮的時候是在11月左右

秋

3 祖谷蔓橋

いやのかずらばし

以日本三奇橋之一而聞名，是平家落人為了逃離追兵而用藤蔓編織出的能切斷的吊橋。橫跨於祖谷川之上，能夠實際通行。每踏出一步，橋就會緩緩搖晃，能享受讓人不禁駐足的刺激感。

祖谷蔓橋是這樣做成的！

用軟棗獼猴桃的藤蔓製成的吊橋，長達45m、寬達2m、重達6t。距離流經下方的祖谷川水面約有14m高，從橋面格外寬敞的木板之間能看見河灘上凹凸不平的岩石，緊張刺激的感覺會持續到通過吊橋為止。依照藤蔓的持久性，每3年會更換一次吊橋材料。

工匠會以人工的方式更換吊橋材料

0883-76-0877 MAP 71B-2（三好市觀光服務處）8:00～18:00（7、8月為7:30～18:30、9～3月為～17:00） 休 無休（每3年一次為了更換吊橋材料會在冬季休2個月） ¥通行費550円 所三好市西祖谷山村善徳162-2 JR大步危站搭四國交通巴士27分，かずら橋下車，步行5分 P無（使用周邊付費停車場）

來吃這個吧！

在眺望絕景的同時品嘗祖谷鄉土料理

いこい食堂 ●いこいしょくどう

通過祖谷蔓橋後馬上就到，從和室座位能眺望蔓橋。夏季有同樣使用祖谷蕎麥麵的手打蕎麥涼麵650円起，非常受歡迎。

MAP 71B-2
0883-87-2840
9:00左右～17:00左右（視時期有所變動）
休 不定休 所三好市西祖谷山村善徳166
JR大步危站搭四國交通巴士27分，かずら橋下車，步行7分

祖谷蕎麥麵650円～

不可錯過在店前販售的傳統鄉土料理

滝美食堂 ●たきみしょくどう

位在蔓橋附近，能一邊眺望琵琶瀑布一邊享用祖谷的鄉土料理。推薦風味豐富的祖谷蕎麥麵650円，以及將馬鈴薯、豆腐、蒟蒻串成一串的古早味木偶串烤400円。

MAP 71B-2
0883-87-2940
10:00～15:00（蕎麥麵售完打烊）
休 不定休 所三好市西祖谷山村閑定23-3
JR大步危站搭四國交通巴士27分，かずら橋下車，步行7分

木偶串烤要蘸上加有山椒的味噌再品嘗

滿是蕎麥香氣的手打蕎麥扁麵

清流のそば処 祖谷美人

●せいりゅうのそばどころいやびじん

能品嘗到口味純樸的祖谷蕎麥麵。若想享用蕎麥麵本身的風味和嚼勁，推薦竹簍蕎麥麵。另有木偶串烤、蕎麥米菜粥、鹽烤石川鮭魚等祖谷鄉土料理。

MAP 71B-2
0883-87-2009
9:00～16:00 休 無休 所三好市西祖谷山村善徳9-3 JR大步危站搭四國交通巴士18分，祖谷美人前下車即到 P免費

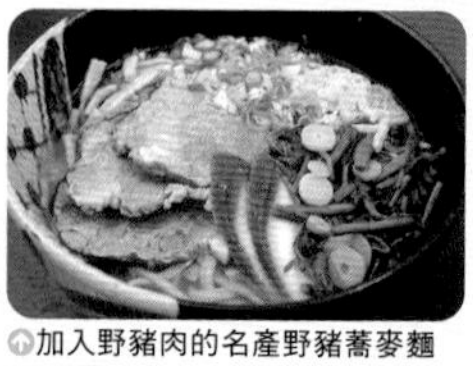

加入野豬肉的名產野豬蕎麥麵1500円

可團體住宿位於車站附近的GUEST HOUSE
4S STAY 阿波池田站前
●フォーステイあわいけだえきまえ

JR四國經營的GUEST HOUSE四國1號店，地理位置佳，到大步危和琴平搭特急列車約20分。1樓有咖啡廳餐廳「hesosalon」（11:00～22:00），也有販售豐富的伴手禮。 MAP 附錄②5A-4

☎0883-70-0166（服務時間11:00～22:00）
IN 16:00～22:00、OUT 10:00
¥1泊純住宿6600円～
所三好市池田町サラダ1804-9
交JR阿波池田站即到

⇨改建自當地壽司店的和風裝潢

琵琶瀑布
從蔓橋步行5分
●びわのたき

從落差40m高的地方傾瀉而下的瀑布。水流猶如白線般從綠意環繞的絕壁往下流。傳說從前平家落人在思念故鄉時，便會在此彈奏琵琶相互慰藉。

☎0883-76-0877 MAP 71B-2
（三好市觀光服務處）
所三好市西祖谷山村善徳
交JR大步危站搭四國交通巴士27分，かずら橋下車，步行7分

CHECK!
一到晚上就會點燈
太陽下山後就會點燈，呈現出如夢似幻的氛圍。時間為每天晚上19:30～21:30。

春

群生的山藤就像圍著吊橋般，增添不少繽紛色彩

冬

有如水墨畫般的世界，美不勝收

夏

深綠景色秀麗，十分舒適。可以享受宛如森林浴般的感覺

古民宅住宿的推薦

桃源鄉祖谷山里 茅草屋民宿
●とうげんきょういやのやまざとかやぶきみんかステイ

使用茅葺古民宅的住宿設施。不妨來保留著傳統生活文化的山村中，度過一段平靜悠閒的時光吧！另有送餐服務，能根據喜好選擇當地料理。

☎0883-88-2540 MAP 附錄②9B-1
（茅草屋民宿服務事務所）
IN 15:00～18:00、OUT 10:00
¥1泊費用雙床房38500円～（餐點依選擇額外收費） 所三好市東祖谷落合403
交井川池田IC車程53km
HP http://tougenkyo-iya.jp

⇨建築物具備復古風情，但設備極為新穎

篪庵
●ちいおり

東洋文化研究者亞歷克斯·克爾約在50年前取得所有權，將這棟茅葺老宅改裝成風情十足的旅館。在兼具傳統與現代風格的空間中，能讓旅客悠閒消磨時光。

MAP 附錄②9A-2
☎0883-88-5290
IN 15:00～18:00、OUT 10:00 ¥1泊費用雙床房39600円～（餐點依選擇額外收費）
所三好市東祖谷釣井209 交井川池田IC車程47km
HP http://chiiori.org/stay/stay.html

⇨位在險峻的溪谷邊，屋齡300年的古民宅

※在住宿費用標示「1泊附早餐」、「1泊2食」的情況下，2人住宿時是標明1人份的費用；在標示「1泊房價」的情況下，單人房是標明1人住宿的房價，雙床房則是標明2人住宿的房價。標示價格已含稅金、服務費。

推薦Shop

蔓橋觀光的據點
蔓橋夢舞台
●かずらばしゆめぶたい

活動廣場兼物產店，具備約能容納300輛車的停車場。鄰近祖谷蔓橋，方便當作觀光據點。也能品嘗祖谷蕎麥麵等餐點。

☎0883-87-2200 MAP 71B-2
9:00～18:00（12～3月為～17:00） 休無休 所三好市西祖谷山村今久保345-1 交JR大步危站搭四國交通巴士27分，かずら橋下車，步行7分 P1次500円

⇨蔓橋蕎麥麵奧祖谷（4人份）800円

⇨蔓橋圖案餅乾600円

在蔓橋附近休息順便填飽肚子
公路休息站 にしいや
●みちのえきにしいや

祖谷兜風時，可來這裡休息順便逛逛。餐廳可以品嘗到名產祖谷蕎麥麵、步危豆皮蕎麥麵。商店販售祖谷特產和當地農家帶來的農作物、工藝品等。

⇨祖谷蕎麥麵（正常分量）520円，100%使用祖谷產蕎麥粉的麵條風味絕佳，非常適合柴魚基底的湯頭

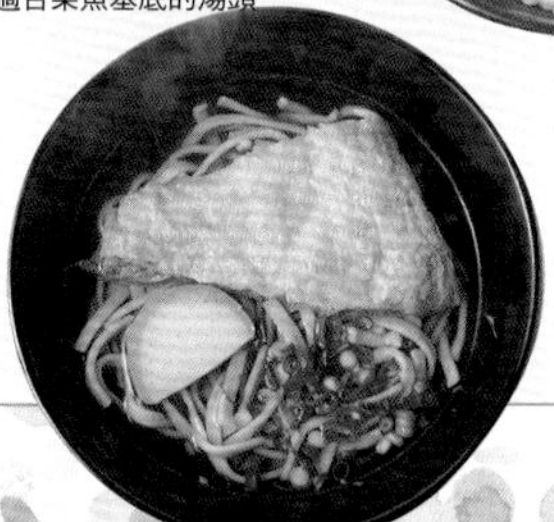

⇨步危豆皮蕎麥麵（正常分量）650円，湯頭入味的大步危名產步危豆皮放在祖谷蕎麥麵上方，非常適合柴魚基底的湯頭

⇨建於距離蔓橋約6km的縣道45號路邊

MAP 71B-2
☎0883-87-2670
餐廳為9:00～16:00（1～3月為10:00～15:00）
休無休（1～2月為週二、三休） 所三好市西祖谷山村尾井ノ内348-2
交井川池田IC車程33km
P免費

架在蔥蘢綠意中的女橋，魄力十足

女橋（照片前方）比較靠近河面

奧祖谷 4

おくいや

從祖谷蔓橋開車前往更深處的曲折山路約40分即可抵達位在深山的祕境村莊。當地不僅保留了諸多有關平家落人的史跡和傳說，且在秀麗的日本原生風景中還遍布觀光景點。

遍布在山間斜坡的村落

CHECK!

※2023年11月時仍未開放使用。重新開放的情況需至「大步危祖谷觀光NAVI」網站確認

野猿

坐上可謂古代手工纜車的交通工具，用手將繩索向內拉就能前進。設置地點位在奧祖谷二重蔓橋的附近。

搭乘木檯橫渡溪谷

保留平家傳說的兩座蔓橋

奧祖谷二重蔓橋

●おくいやにじゅうかずらばし

瀰漫著比祖谷蔓橋更濃厚的祕境氛圍。長約44m的男橋和22m的女橋為平行架設，能在原生林環繞的茂盛綠意中過橋。當地的逸聞則相傳這是平家落人為了東山再起的謀劃和訓練而架設的橋。

0883-76-0877（三好市觀光服務處）MAP 附錄②9B-2
4～6月9:00～17:00、7&8月8:00～18:00、9～11月9:00～17:00 休開放期間無休 ¥入場費550円 所三好市東祖谷菅生620 井川池田IC車程67km P免費

平家的武士宅邸

武家屋敷（舊喜多家住宅）

●ぶけやしききゅうきたけじゅうたく

蓋在與平家有關的土地上，位於平家鄉村的名主「喜多家」的宅邸內，具備當時武士宅邸的許多特徵。庭園前方的鉾杉是四國第2大的大杉樹。

0883-88-2040 MAP 附錄②9B-2
4～11月9:00～17:00 休開放期間無休
¥入場費310円 所三好市東祖谷大枝43
井川池田IC車程51km P免費

建築採用的是能預防外敵入侵的構造

枝幹形似豎立的矛的杉樹

鉾杉 ●ほこすぎ

樹齡超過800年的杉樹，佇立在武家屋敷（舊喜多家住宅）的庭園前。傳說是平國盛在源平合戰戰敗後逃至此地，親自種下的杉樹。MAP 附錄②9B-2

周長11m、高達35m，別名叫做「國盛杉」

位在高低落差390m的陡峭斜坡上的村落

落合集落 ●おちあいしゅうらく

在陡峭的斜坡上，遍布著江戶中期至昭和初期建造的民房和田地，形成村落。村落內的高低落差約達390m。目前獲指定為重要傳統的建造物群保存地區。

0883-76-0877（三好市觀光服務處）MAP 附錄②9B-1
所三好市東祖谷落合 井川池田IC車程54km

認識平家物語和東祖谷的歷史與文化

東祖谷歷史民俗資料館

●ひがしいやれきしみんぞくしりょうかん

展示有「平家落人的故鄉」傳說的祖谷地方的貴重資料，介紹平家物語和祖谷平家傳說的相關內容。除了會用照片面板介紹平家淵源之地，還能學習到東祖谷獨特的文化和風俗習慣。

MAP 附錄②9B-2
0883-88-2286
10:00～16:00 休週三（12～2月的週六日、假日） ¥入館費410円
所三好市東祖谷京上14-3
JR大步危站搭四國交通巴士1小時2分，京上下車，步行2分 P免費

展示與祖谷生活相關的資料等
與平家有淵源的紅旗之複製品

來吃這個吧！

品嘗祖谷地區的名產祖谷蕎麥麵

そば道場 ●そばどうじょう

能進行蕎麥麵揉製體驗2500円（預約制）的蕎麥麵店。蕎麥麵以祖谷川上游的冷水和石臼研磨的蕎麥粉揉製而成，甜味和香味都特別誘人。能享用石板燒烤、蕎麥米菜粥等鄉土料理的滋味。

MAP 附錄②9B-1
0883-88-2577
11:00～16:00（視時期有所變動） 休週四（逢假日則營業） 所三好市東祖谷落合651 井川池田IC車程52km P免費

香味濃烈的竹簍蕎麥麵850～1150円

祖谷溪周邊的住宿

輕鬆享受溫泉、美食、風景

大步危祖谷阿波溫泉 阿波之抄

●おおぼけいやあわおんせんあわのしょう

位在大步危祖谷的入口，四周環繞著豐富自然景觀的溫泉住宿。稍微黏滑的鹼性溫泉有保濕美肌的效果，廣受好評。自助式早餐有現烤可頌、優格、豆腐等自製料理，很受歡迎。

泉質為鹼性單純溫泉

自製豆腐、剛出爐的可頌、披薩、自製咖哩非常受歡迎

MAP 附錄②9A-1
0120-018-081
IN 16:00、OUT 10:00
¥1泊2食10980円～
所 三好市池田町白地本名165-6 JR阿波池田站搭四國交通巴士14分，白地城址下車即到 P免費 可

這裡最棒♥
大啖有鄉土料理蕎麥米雜炊和鹽烤石川鮭魚等的宴席料理。早上可享用自製麵包等。

鄰近井川池田IC，交通非常方便

一次享受
大步危觀光和溫泉

大步危峽 曼納卡飯店

●きょうこくのゆやどおおぼけきょうまんなか

位在大步危峽中心位置的溪流岩岸，能近距離觀賞雄偉峽谷的自然景觀。餐點為使當地阿波食材的鄉村風宴席料理，也有地方菜。飯店內設有具備露天浴池的溫泉及岩盤浴800円（預約制）。 MAP 71A-2

0883-84-1216
IN 15:00、OUT 10:00
¥1泊2食14000円～ 所 三好市山城町西宇1644-1 JR大步危站搭計程車5分（大步危站有接送服務，預約制）
P免費 可

滋味豐富的料理一字排開（料理的一例）

建於被深山環繞的位置上

這裡最棒♥
能享受2種溫泉，大浴場是單純硫磺泉，露台風格的露天浴池是人工礦石溫泉。具備岩盤浴。

人工礦石溫泉的露天浴池

從空中露天浴池眺望祖谷鄉村

湯元新祖谷溫泉 蔓橋飯店

●しんいやおんせんホテルかずらばし

以能俯瞰祖谷溪的露天浴池為傲。除了設置在高台上的日本庭園浴池之外，還有包租的五右衛門浴池，前往時必須搭乘山中小屋風格的專用地軌式纜車前往。 0883-87-2171 MAP 71B-2
IN 15:00、OUT 10:00
¥1泊2食18150円～ 所 三好市西祖谷山村善徳33-1 JR大步危站搭四國交通巴士19分，ホテルかずら橋前下車即到
P免費 可

可一邊泡溫泉一邊遠眺周圍群山

這裡最棒♥
可以品嘗阿波牛或阿波尾雞等山林美食做成的火鍋料理和燒烤料理。地爐聚餐處的餐點也讓人期待。

晚餐提供鹽烤香魚或山豬火鍋等鄉村料理

浸泡在充滿野趣的溪谷祕湯中

和之宿飯店祖谷溫泉

●なのやどホテルいやおんせん

建在祖谷溪斷崖邊的住宿，能飽覽四季風情。知名的露天浴池位於距離飯店170m下的谷底，要搭地軌式纜車移動。晚餐提供以山菜和川魚、阿波牛等祖谷食材入菜的宴席料理。
0883-75-2311 MAP 71B-2
IN 15:00、OUT 11:00 ¥1泊2食22150円～ 所三好市池田町松尾松本367-28 JR大步危站搭計程車30分（大步危站有接送服務，預約制） P免費 可

附景觀露天浴池的客房「小夜終（さよすがら）」

這裡最棒♥
6間附景觀露天浴池的客房都具備展望浴池、按摩椅等奢華設備。眼前的祖谷溪景色一覽無遺。

位在谷底的露天溫泉

在祖谷的懷抱中，享受溫泉與料理

祖谷溪溫泉 秘境之湯飯店

●いやけいおんせんホテルひきょうのゆ

由本館、別館、溫泉棟所組成，客房有單人房、和室、和洋房型等。房客能免費使用具備露天浴池和藥浴的溫泉棟「秘境之湯」。
0883-87-2300 MAP 71B-2
IN 15:00、OUT 10:00 ¥1泊2食17600円～ 所三好市西祖谷山村尾井ノ内401 JR大步危站搭四國交通巴士14分，秘境の湯前下車即到（大步危站有接送服務，預約制）
P免費 可

石川鮭魚等鄉土料理

這裡最棒♥
可以享受秘境特有的野趣十足的露天浴池、艾草藥湯、三溫暖鹽浴等。

使用阿波青石的露天浴池

※若住宿費用註明為「1泊附早餐」或「1泊2食」，則代表2位住宿時1位的費用；若註明為「1泊房價」時，則代表單人房1位住宿，以及雙床房2位住宿的總費用。費用皆包含稅金與服務費。

鳴門
なると

為什麼會形成漩渦？
在狹窄的鳴門海峽，瀬戶內海與紀伊水道的潮汐漲落會產生高達1.5m的落差，於是形成凶猛的海流，接著又和複雜的海底地形相互作用，進而產生無數的漩渦。

世界最大規模 來看漩渦吧

是這樣的地方！
聚集許多值得一看的觀光景點，像是大規模的漩渦、世界名畫齊聚的陶板美術館等。鳴門的鯛魚料理也不容錯過。

號稱世界最大規模的鳴門漩渦，在春季和夏季的大潮時期，直徑可達30m以上。伴隨著轟隆聲響，來觀賞宏偉海潮旋轉的壯觀風景吧！

世界三大海流之一，親自來體驗它的震撼力吧

鳴門海峽位於鳴門市和淡路島之間，因太平洋和瀬戶內海的潮汐落差而在這個海峽產生的「鳴門漩渦」，是四國觀光的重要景點之一。可以觀賞到大自然的壯觀表演。漩渦會隨著轟隆聲相繼出現在海上，隨後逐漸消散。鳴門海峽和義大利的墨西拿海峽、加拿大的西摩海峽並列世界三大海流，絕對不能錯過。

○漩渦旋轉的轟隆聲和飛濺的水花，讓人驚嘆不已

MAP	
MAP	P.81・附錄②4
住宿資訊	P.81

洽詢處
鳴門市觀光振興課
☎088-684-1157

ACCESS

巴士

德島機場	德島巴士	鳴門公園
	⊙所需時間/約46分 ¥費用/480円	
鳴門站	德島巴士	鳴門觀光港
	⊙所需時間/約20分 ¥費用/320円	
新神戶站	西日本JR巴士等	鳴門公園口
	⊙所需時間/約1小時30分 ¥費用/2900円	

電車

德島站	JR高德、鳴門線	鳴門站
	⊙所需時間/約40分 ¥費用/360円	

車

德島市區	192 11 28	鳴門市區
	⊕約14km	

漩渦觀賞的重點

事先確認漩渦的觀賞時機

漩渦是因潮汐變化而產生的，在乾潮與滿潮的前後1～2小時內可以看得到。特別是在潮汐落差大的「大潮」日，此時的漩渦最大，非常壯觀。若要觀賞漩渦，最好事先在官網等處確認潮汐表。

●刊載潮汐表的網頁範例
渦之道網頁
https://www.uzunomichi.jp/

從鳴門公園開車5分。搭巴士的話則從JR鳴門站搭德島巴士19分，鳴門觀光港下車

車子就停在鳴門公園停車場（1次500円）吧。
把導航設定在這裡 鳴門市鳴門町土佐泊浦福池65（鳴門公園）

Eska Hill 鳴門
千疊敷展望台（→P.81）
渦之道（→P.81）
步之道
渦之道入口
大鳴門橋
淡路島南IC

水中觀潮船 AQUA EDDY
大型觀潮船 Wonder鳴門號
漩渦汽船
龜浦觀光港
龜浦口
鳴門公園口
鳴門公園
大鳴門橋架橋紀念館Eddy
お茶園展望台
鳴門漩渦
紀伊水道

鳴門觀光港
スカイラインロ
美術館前
大塚國際美術館前
網干島

這個巴士站是鳴門旅遊的起點。JR鳴門站搭德島巴士往鳴門公園25分

大塚國際美術館（→P.78）

大毛島
島田島

搭乘觀潮船和漩渦近距離接觸

發現大漩渦!!

還能親身體驗水花四濺的快感

觀潮船 贏在這裡!

在波瀾壯闊的漩渦上架有全長1629m的大鳴門橋。巨大吊橋和漩渦交織出的壯觀景色，只有搭觀潮船才能觀賞。

大型觀潮船Wonder鳴門號

●おおがたかんちょうせんわんだーなると

若要近距離感受漩渦的震撼力，推薦搭乘觀潮船。穿過巨大的大鳴門橋，就能聽見轟隆巨響，體驗像要被逆時針的漩渦吸進去般的刺激感。

088-687-0101（渦流觀潮船） MAP 81A-1

航行 9:00～16:20每40分一班 乘船費 1800円
出港 鳴門市鳴門町土佐泊浦大毛264-1
預約 不需 需時 約30分
停車場 免費

大型觀潮船「Wonder鳴門號」

實際搭乘觀潮船！

來搭船吧♪

離漩渦超級近!!

可以感受轟隆聲的震撼景觀

漸漸看到大鳴門橋了!

這些也很推薦

水中觀潮船AQUA EDDY

●すいちゅうかんちょうせんアクアエディ

在潛入水中1m深的水中展望室裡，能夠觀賞漩渦在海裡的模樣。

MAP 81A-1

088-687-0101（渦流觀潮船）

航行 9:15～16:15每30分一班
乘船費 2400円 出港 鳴門市鳴門町土佐泊浦大毛264-1 預約 預約制（若有空位也能搭船） 需時 約25分 停車場 免費

漩渦汽船

●うずしおきせん

從龜浦漁港出航的小型高速觀潮船。約3分鐘即可抵達鳴門海峽的高速船。

088-687-0613 MAP 81B-1

航行 8:00～16:30每30分一班（12～2月為～16:00） 乘船費 1600円
出港 鳴門市鳴門町土佐泊浦福池65-63
預約 不需 需時 約20分 停車場 免費

從展望台眺望

可從高處環視大鳴門橋和海峽

展望台 贏在這裡!

展望台能觀賞360度視角的絕景，像是擁有漩渦的鳴門海峽海景及優美的大鳴門橋，甚至是遠方的淡路島。當作拍攝紀念照的景點也相當適合。

Eska Hill 鳴門

●エスカヒルなると

搭乘全長68m、高低落差34m的透明電扶梯，一邊飽覽景觀一邊前往小山頂端。從屋頂的鳴門山展望台能環視鳴門海峽和淡路島。

088-687-0222 MAP 81B-1

9:00～16:45 休 不定休
¥ 入場費400円 所 鳴門市鳴門町土佐泊浦福池65 鳴門公園內
鳴門公園巴士站步行3分

大鳴門橋架橋紀念館Eddy

●おおなるときょうかきょうきねんかんエディ

以漩渦的魅力和大鳴門橋為主題的紀念館。有可在海中感受漩渦的「Play the Eddy!」，以及以360度影像介紹德島自然與文化的「4K劇場──awa」等設施。

088-687-1330 MAP 81B-1

9:00～16:30
休 3、6、9、12月為第2週一 ¥ 入館費620円（和渦之道的套票900円） 所 鳴門市鳴門町土佐泊浦福池65 鳴門公園內
鳴門公園巴士站步行5分

能夠360度環視鳴門的景色

能觀賞阿波舞等影片的360度4K劇場

從海上步道俯瞰漩渦

感受從正上方觀賞漩渦的珍貴體驗

渦之道 贏在這裡!

位於大鳴門橋中，能邊吹拂海風邊前進的步道。從玻璃地板能感受到和海面之間的落差，十分刺激！在此盡情地觀賞漩渦吧！

渦之道

●うずのみち

橫跨鳴門海峽漩渦架設的大鳴門橋。裡面有全長450m的散步道「渦之道」。在盡頭的展望室鋪有玻璃地板，能觀賞腳下逆時針旋轉的漩渦。

大鳴門橋的構造也很值得一看

在寬敞的空間裡有鑲嵌著玻璃的觀景地板

088-683-6262 MAP 81B-1

9:00～17:30（黃金週、暑假為8:00～18:30、10～2月為～16:30）
休 無休（3、6、9、12月為第2週一）
¥ 入場費510円（和紀念館Eddy的套票900円） 所 鳴門市鳴門町土佐泊浦福池65 鳴門公園內
鳴門公園巴士站步行7分

B3 西斯汀禮拜堂的天花板畫及壁畫

米開朗基羅

將梵蒂岡宮殿裡的禮拜堂空間完整重現。天花板畫《創世紀》和正面壁畫《最後的審判》都是文藝復興繪畫的最高傑作之一。

B2 戴珍珠耳環的少女

揚·維梅爾

維梅爾的代表作，也稱作《藍色頭巾的少女》。因為嘴角展現隱約的笑容，亦被稱作《北方的蒙娜麗莎》。

維梅爾的展室

可同時欣賞35件據信是維梅爾作品中的8件，包括在日本未公開的《站在小鍵琴前的女子》。

B3 斯克羅威尼禮拜堂

喬托

立體重現位在北義大利帕多瓦市的禮拜堂。牆壁上畫著喬托的《聖母瑪利亞的一生》和《基督徒的一生》等作品。

什麼是陶板名畫？

用特殊技術在大型陶板上臨摹原畫的照片後燒製而成的作品。據說連**表面的凹凸狀態都有重現**，而且**保存2000年以上都不會褪色**。

日本最大規模的陶板名畫美術館

大塚國際美術館

將世界名畫用陶板重現成原寸大小的美術館。約達4km的鑑賞步道陳列著約1000件陶板名畫。好好地花點時間，飽覽大師的藝術品吧！

各樓層的主題

- **2F** 現代·專題展示
- **1F** 現代·專題展示
- **B1** 巴洛克～近代
- **B2** 文藝復興～巴洛克
- **B3** 古代～中世

享受鑑賞的訣竅

定時導覽

美術志工會講解代表性的作品。免費參加。

語音導覽

提供日、英、中、韓4國語言的攜帶型耳機語音導覽。能聆聽6種時代的解說和約100件作品的繪畫導覽。租借為1台500円。

藝廊講座

用獨特視角鑑賞作品的導覽行程。週末和期間限定舉辦。所需時間約40分～1小時。免費參加。

大塚國際美術館的這裡最厲害！

全長約4km的鑑賞步道

從地下3樓到地上2樓的館內鑑賞步道全長約4km！號稱為日本最大規模，細細觀賞需要花半天以上。

約1000件陶板名畫

展示全球26國、190座美術館所珍藏的約1000件名畫。曾經在哪看過一次的知名作品都在這裡齊聚一堂。

3種獨特的展覽方法

「環境展覽」將空間完整重現、「系統展覽」能了解西洋美術的變遷、「主題展覽」將同主題作品擺在一起比較。透過這3種展覽，能更輕鬆更深入地理解名畫。

↓可以和作品合照也是這座美術館獨有的特色，但不能開閃光燈

大塚國際美術館

●おおつかこくさいびじゅつかん

☎088-687-3737 MAP 81B-1

營9:30～17:00（入館券販售為～16:00）

休週一（逢假日則翌日休，其他還有特別休館，8月為無休） ¥入館費3300円

所鳴門市鳴門町土佐泊浦福池65-1 鳴門公園內 交JR鳴門站搭德島巴士15分，大塚国際美術館前下車即到 P免費

※照片拍的是大塚國際美術館的展示作品

● 莫內的心願 ●

莫內生前希望畫作能在自然光下供人欣賞，而陶板名畫則以戶外展示作品的方式實現了他的願望。周圍水池的睡蓮在6～9月是最好看的時候。

B2

莫內的《大睡蓮》

只有在這裡才能依照天候和季節享受作品的各種風貌。

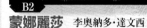

B2

蒙娜麗莎 李奧納多‧達文西

世界知名的作品，描繪著嘴角隱約展露微笑的女性。據說畫中採用了讓人會在無意識中認為好看的黃金三角形構圖。

B1

梵谷的7幅《向日葵》

➊展示梵谷的7幅《向日葵》

梵谷所畫的花瓶裡的《向日葵》共有7幅，散布在世界各地，在此以陶板重現原尺寸大小。能夠近距離欣賞從前保存在日本、卻因戰禍燒毀的夢幻的《向日葵》作品。另外也有以梵谷為主題的「Café Vincent」。

➊咖啡廳一角有重現梵谷名作《在亞爾的臥室》的紀念拍照區

B3

B2

最後的晚餐 李奧納多‧達文西

李奧納多．達文西的名作，捕捉了12位門徒聽見耶穌宣布「有人即將背叛我」的驚訝瞬間。

● 來比較看看吧 ●

面對面展示修復前和修復後的畫作。透過鑑賞比較會有許多發現，像是緊抓著裝有銀幣的袋子的猶大等等。

在美術館商店尋找伴手禮

法蘭酥《最後的晚餐》 540円

向日葵毛巾手帕 各1050円

有向日葵刺繡的美術館原創商品

《向日葵》徽章 770円

7幅《向日葵》各自做成了徽章

名畫便條紙（最後的晚餐、吶喊） 各440円

原子筆 440円

除了維納斯的玫瑰外，也有《蒙娜麗莎》跟《最後的晚餐》！

在咖啡廳稍作休息

➊以梵谷為主題的咖啡廳

Café Vincent

位於地下3樓，以梵谷的名字命名的咖啡廳，有蛋糕、飲料可享用。

➊晴天時也很推薦露天座位

Café de Giverny

與地下2樓莫內的《大睡蓮》相鄰的咖啡廳。丼飯、咖哩、蛋糕等餐點應有盡有。

鳴門美食

好想去那裡吃午餐

有品牌食材的鳴門鯛和鳴門海帶芽、一直以來備受當地人喜愛的鳴門烏龍麵等，來確認一下能在午餐時間享用的鳴門名店。

海鮮料理

到處都有以在鳴門海峽等瀨戶內海捕獲海鮮為賣點的店。來享用分量豐盛的海鮮料理吧！

鳴門鯛

天然鳴門鯛套餐 3300円

包含鯛釜飯、鯛魚生魚片、鯛魚湯等豪華內容的鯛魚套餐

能感受海鮮美味的豪邁漁夫料理

びんび家 ●びんびや

西式座位64席 和室座位180席

「びんび」在德島方言中意思是魚。每天都向當地漁夫直接進貨，因此鮮度的品質能掛保證。除了定食之外，單點料理種類也很豐富。

088-682-0023 MAP 附錄②4E-3
9:00～20:30（週一～五為～15:30） 休 不定休 所 鳴門市北灘町粟田ハシカ谷20-2 JR鳴門站搭德島巴士24分，北灘東小前下車，步行10分 P 免費

鳴門海帶芽

定食附的海帶芽味噌湯

位在店前的大魚塘

照片僅供參考

生魚片定食 2000円

將當季海鮮為主的7～10種食材做成生魚片。裝飾配菜使用鳴門海帶芽

使用當季海產的每日菜單非常豐富

味処あらし ●あじどころあらし

西式座位16席 和室座位26席 可電話預約

廣受好評的人氣餐廳，和食以鳴門鯛等近海捕獲的海產入菜。從店裡的魚塘現撈食材烹調，因此鮮度絕佳。常備30種以上的餐點。

088-686-0005 MAP 81A-2
11:00～20:30 休 週三（逢假日則翌日休） 所 鳴門市撫養町大桑島北の浜51-1 JR鳴門站步行20分 P 免費

假日必定客滿的店內

鳴門烏龍麵

鳴門烏龍麵 418円

自製細麵、散發柴魚片和昆布香氣的優質高湯，兩者是絕佳組合

高湯 用柴魚片和小魚乾熬製高湯，再用醬油調味，口味清爽。

麵條 柔軟的細麵。因為是手工打製裁切，因此麵條會縮成不同的粗細和長度。

配料 切成條狀的炸豆皮和蔥花是基本配料。有些店家會添加海帶和竹輪。

相當於鳴門烏龍麵的創始店

大井食堂 ●おおいしょくどう

西式座位20席

江戶時代持續至今的烏龍麵專賣店。追求簡單又不會吃膩的口味，是當地人經常光顧的名店。菜單只有烏龍麵，配料能選擇竹輪或雞蛋。

088-686-4079 MAP 81A-2
10:00～13:30 休 不定休
所 鳴門市撫養町南浜東浜603
JR鳴門站步行5分
P 免費

竹輪烏龍麵 450円

有豐富柴魚片滋味的清爽高湯，與口感偏軟的麵條是絕配

品嘗傳統的手打烏龍麵和熱騰騰的關東煮

舩本うどん ●ふなもとうどん

吧檯座 7席 西式座位18席

1972年創業的烏龍麵店。口味清爽，能吃出食材的鮮美。醬汁煮得入味的知名關東煮、口味簡單的可樂餅、天婦羅等都是人氣品項。

MAP 81A-1
088-687-2099
10:30～14:00（售完打烊） 休 無休 所 鳴門市鳴門町高島中島26 鳴門IC車程6km P 免費

這裡也要CHECK！ 使用雞肉和鯛魚的新滋味拉麵

とりとたい 鳴門店

●とりとたいなるとてん

美食

使用雞肉和鯛魚來熬煮湯頭搭配Q彈的自製麵條

店家的概念是打造一個「不像拉麵店的時尚咖啡廳」。鳴門鯛魚搭配雞肉白湯的風味層次豐富，是該店特色。麵條會在店內製作。

088-624-8185 MAP 81A-2
11:00～15:30、17:00～20:00 休 無休
所 鳴門市撫養町大桑島濘岩浜48-60
JR鳴門站步行15分 P 免費

雞肉與鯛魚拉麵900円 雞肉白湯與鳴門鯛魚高湯混合，味道濃郁又清爽

MAP 81A-1

鳴門内海綜合公園

●なるとウチノうみそうごうこうえん ✆088-687-3175 玩樂

有豐富的遊樂設施

除了有許多體育相關的遊具，還可以運動、烤肉等的多目的公園。仿造海盜船的遊具和滾筒溜滑梯特別受歡迎。

6:00～22:00（公園中心為9:00～17:00，視時期有所變動） 休無休（公園中心逢週二、假日則翌日休、4・5・9～11月無休） ¥免費入園 所鳴門市鳴門町高島北679 JR鳴門站搭德島巴士21分，ウチノ海総合公園下車即到 P免費

有豐富的遊樂設施

MAP 81B-1

千疊敷展望台

●せんじょうじきてんぼうだい ✆088-684-1157（鳴門市觀光振興課） 景點

鄰近大鳴門橋的展望台

以巨大吊橋為背景的鳴門海峽就在眼前。周邊有許多伴手禮店和餐飲店，可在此逛德島特有的特產品和美食。離大鳴門橋步道「渦之道」的入口也很近。

自由參觀 所鳴門市鳴門町土佐泊浦 鳴門公園内 JR鳴門站搭德島巴士25分，鳴門公園即到 P1次500円

可近距離眺望近在眼前的大鳴門橋

德島觀光的入口

鳴門

●なると

充滿眾多由鳴門海峽的激烈海流所孕育出來的名產。請務必確認以口味自豪的海產、鳴門金時等美食伴手禮。

區域導覽

MAP P.81・附錄②4

住宿資訊 P.81

在特集介紹！

來看漩渦吧→P.76
大塚國際美術館→P.78
鳴門美食→P.80

MAP 81A-1

豊田商店

●とよたしょうてん ✆088-687-0856 購物

以富地魚乾和鳴門海帶芽為傲的伴手禮店。可在此製作石花凍和乾貨（預約制）。

7:00～19:00（體驗需確認） 休無休 ¥製作石花凍＆柚子醋2200円 所鳴門市鳴門町土佐泊浦高砂203-2 JR鳴門站搭德島巴士11分，追分下車，步行3分 P免費

MAP 附錄②4E-3

窯元森陶器

●かまもともりとうき ✆088-689-0022 玩樂

因藍甕和水琴窟而聞名的大谷燒窯戶。可以3300円等費用進行電動拉坏機陶作體驗。

8:30～17:00（週日為9:30～16:30） 休無休（工房為週日休） ¥手拉坏（陶土1kg）2200円、繪製素坏935円～（作品寄送額外收費、預約制） 所鳴門市大麻町大谷井利の肩24 JR阿波大谷站步行5分 P免費

MAP 附錄②4E-3

鳴門市德國館

●なるとしドイツかん ✆088-689-0099 景點

展示著第一次世界大戰時，在板東俘虜收容所生活的德國士兵，以及他們與當地居民交流的相關資料館。

9:30～16:30 休第4週一（逢假日則翌日休） ¥入館費400円 所鳴門市大麻町桧東山田55-2 JR板東站步行20分 P免費

鳴門的推薦住宿

可盡情享受鳴門溫泉和阿波美食

AoAwo Naruto Resort

●なるとしドイツかん

這間臨海飯店從客房和露天浴池可眺望升於海面的朝陽，和被認定為日本百明月的月之道。阿波藍房等多種客房，和食、法式料理等5間餐廳和天然溫泉相當受歡迎。還有釣魚池、藍染、夏天的游泳池、海水浴、秋天的挖蕃薯、初春的採集海帶芽等活動。

✆088-687-2580 MAP 81A-1

IN 15:00、OUT 11:00 ¥1泊2食19500円～ 所鳴門市鳴門町土佐泊浦大毛16-45 JR鳴門站搭德島巴士14分，アオアヲナルトリゾート前下車即到 P免費 刷卡可

建於瀨戶內海國立公園內的絕景度假村

人氣鄉土料理自助餐「阿波三昧」包含生魚片、天婦羅等約90種

從大片窗戶可看到鳴門海峽全景就在眼前

可看到海景的絕景咖啡廳

●Terrace cafe Ohge

テラスカフェ オーゲ

位於AoAwo Naruto Resort 1樓的咖啡廳。提供鳴門金時聖代、阿波漢堡、午餐限定漩渦美食套餐、下午茶等豐富菜色。

8:00～23:00 休無休 P免費

鳴門鯛魚堡附香腸1950円（1日限定10客）

※若住宿費用標示為「1泊附早餐」或「1泊2食」，則為2位住宿時1位的費用；若標示為「1泊房價」，則為單人房1位住宿，以及雙床房2位住宿的總房價。費用皆包含稅金與服務費。

以阿波舞聞名全國的街道
德島市
●とくしまタウン

是這樣的地方！

以日本三大盂蘭盆舞蹈之一「阿波舞」知名的城市。位在吉野川河口處，自古就以城下町繁榮。德島拉麵與當地美食種類也很豐富

MAP P.87・附錄②4
住宿資訊 P.83
洽詢處 德島市觀光課 ✆088-621-5232

ACCESS

巴士：德島機場 —機場巴士— 德島站　所需時間／約28分　費用／600円

電車：岡山站 —JR快速列車Marine Liner號 自由座— 高松站 —JR特急渦潮號— 德島站　所需時間／約2小時20分　費用／4630円

車：鳴門IC —11 192— 德島市區　約13km

車：德島IC —11 192— 德島市區　約5km

5大名產是這個！德島的美食

德島有許多以當地食材入菜的名產料理，像是濃厚湯汁讓人口水直流的德島拉麵等。邊走邊品嘗獨特豐富的縣民美食吧！

德島美食的代表！德島拉麵

甜甜鹹鹹的濃厚系湯汁上漂浮著生雞蛋和豐盛的豬肋肉，德島美食人氣No.1的口味吃過一次就忘不了。

讓德島拉麵之名聞名全國的極品美食

茶系 中華蕎麥麵 加肉蛋(中) 850円
耗費約半天熬煮而成的祕傳湯頭。自製麵條會根據季節改變粗度
麵：細直麵
濃郁度：★☆☆

中華そばいのたに
●ちゅうかそばいのたに

讓德島拉麵的名號享譽全國的創始店。豚骨添加海鮮和蔬菜熬煮的湯頭鹹甜適中，滋味濃郁，後味則清爽。自製細麵和口味濃厚的豬肋肉十分相襯。 MAP 87A-2

✆088-653-1482
營10:30～17:00（售完打烊） 休週一
所德島市西大工町4-25 交JR德島站步行15分 P免費

↑白天時店前必定大排長龍

德島拉麵的基本

➲推薦搭配米飯一起吃

麵：**中細的直麵**是基本款。許多店家都會使用能一口氣吸入口中、**長約20cm的短麵**。

湯汁：主流是以**豚骨醬油為基底的「茶系」**。不妨跟口味清爽的「**黃系**」、**濃郁甘甜的「白系」**比較看看吧！

肉：**將煮得甜甜鹹鹹、滋味濃郁的豬肋肉**大量放到麵條上。依照店家的風格，有些也會放叉燒。

雞蛋：依照個人喜好**打上生雞蛋**。拌在肉上會變成壽喜燒風格，融入湯中可讓口味變得更加溫和。

可成家 本店
●かなりやほんてん

有人氣No.1且後味柔和順口的「白」、基本的「黑」、主打海鮮高湯的「香」等，創意十足的菜單讓人著迷。

✆088-631-4158 MAP 附錄②4E-4
營11:00～19:45（售完打烊）
休週三、第1週二 所德島市南庄町1-27
交JR藏本站步行15分

白系 中華蕎麥麵 加肉(大) 960円
特徵是濃郁的湯汁。平日限定的炸雞套餐（＋280円）很受歡迎。
麵：細直麵
濃郁度：★☆☆

香濃順口的中華蕎麥麵讓人想整碗吃光

雞油芳香的黃金湯頭，甜味與濃郁完美調和

黃系 支那蕎麥麵 (加肉、大) 950円
作為配料的肉能選擇豬肋肉或豬腿肉
麵：中細直麵
濃郁度：★☆☆

支那そば 三八
●しなそばさんぱ

發源自鳴門市的拉麵店。號稱中華風「黃系」拉麵的代表店。湯汁以雞骨和豚骨熬煮，味道香濃又爽口。

✆088-633-8938 MAP 87A-1
營10:30～15:00、17:00～20:00（週六日、假日為10:30～20:00）
休週二（每月1日不定休） 所德島市北田宮2-467 交JR佐古站步行17分 P免費

東大 大道本店
●とうだいおおみちほんてん

口味懷舊的拉麵以豚骨、雞骨、蔬菜細細熬煮，廣受好評。凝結著美味和甜味的湯汁搭配祕傳的醬油調醬，極為相襯。

MAP 87A-3
✆088-655-3775
營11:00～翌4:00 休無休 所德島市大道1-36
交JR德島站步行15分
P免費

以拉麵界的大師級口味為目標 每天進化的東大

茶系 德島拉麵 (加肉) 650円
口味香濃，能感覺到美味濃郁的滋味。生雞蛋能免費加到滿足為止
麵：中粗直麵
濃郁度：★★★

微甜滋味的創作什錦燒
豆玉

據說是戰後不久才誕生的什錦燒，內餡添加德島縣民熟悉的甜煮金時豆。也稱作「豆燒」、「豆天」。

在名店品嘗使用德島食材的優質美食

豆玉 690円
鬆軟甘甜的自製煮豆和醬汁十分相襯

添加大量甜煮金時豆

ニュー白馬
●ニューはくば

聽說創業於戰後不久的什錦燒老店。除了豆玉和天玉等德島風格的什錦燒之外，以鳴門金時和蓮藕等德島名產入菜的創作料理也深受歡迎。

088-623-2251 MAP 87B-2
11:00～13:30、17:00～20:30（週四為17:00～20:30、週六日、假日為11:00～14:30、17:00～20:30）
休 週三（逢假日則翌日休） 所 德島市一番町1-13 JR德島站步行5分 P 有合作停車場

口感鬆軟、內餡豐盛的什錦燒

豆玉 800円
特徵是Q彈的口感。外帶建議致電預約

はやしのお好焼
●はやしのおこのみやき

創業50年以上，德島代表性的什錦燒店。在豆玉中添加鮮蝦和花枝的豪華版什錦豆玉燒等，有約25種不同食材的什錦燒可供選擇。

088-623-7120 MAP 87B-3
11:00～20:00 休 週日（阿波舞期間無休）
所 德島市南內町1-30-1 JR德島站步行10分 P 免費

說到德島的「炸物」就是這個！
炸魚餅

將在德島近海捕獲的白帶魚或狗母魚等打成魚漿，用咖哩粉和一味辣椒粉、胡椒等調味，裹上麵包粉再油炸就完成了。

酥脆可口的德島縣民靈魂美食

炸魚餅
（1塊）108円～
口味香香辣辣的炸物能直接吃，也能當作蓋飯的配料

池添蒲鉾店
●いけぞえかまぼこてん

1910年創業的魚板店。除了德島名產炸魚餅之外，竹輪、鯛魚竹輪等商品也很豐富齊全。早上有現炸的炸物可供選擇。

088-622-8255 MAP 87B-3
7:00～17:30 休 週日、假日
所 德島市幸町3-100 JR德島站步行10分 P 免費

口感極佳的品牌地雞
阿波尾雞

獨特名稱和阿波舞有關的德島地雞。肉質柔軟的帶骨阿波尾雞和各部位的炭烤雞肉都不可錯過。

外皮酥脆肉質軟嫩多汁

帶骨阿波尾雞雛鳥
1480円
將美味十足的阿波尾雞放在熱騰騰鐵板上的豪邁料理

一鴻 秋田町本店
○いっこうあきたまちほんてん

能品嘗使用德島特產料理的居酒屋。招牌菜單帶骨阿波尾雞是用祕傳香料醃漬入味後，再以高溫窯爐烘烤而成。

MAP 87A-3
088-623-2311
18:00～23:30（週六日、假日為17:00～22:30）
休 無休 所 德島市仲之町1-46アクティアネックスビル2F
JR德島站步行15分
P 有合作停車場

德島的推薦住宿

位在德島縣廳東側

德島GRANDVRIO酒店
●とくしまグランヴィリオホテル

飯店前面有遊艇碼頭，能在市區中感受度假氣氛。具備日西合併的宴席料理、中式料理等4間餐廳。

MAP 87B-3
088-624-1111
IN 15:00、OUT 11:00
¥ 1泊費用單人房7800円～、雙床房12000円～
所 德島市万代町3-5-1
JR阿波富田站步行10分
P 免費 可

眺望遊艇碼頭的夜景，美不勝收

簡約整潔的客房

直通JR德島站極為便利

JR德島克雷緬特飯店
●ジェイアールホテルクレメントとくしま

空間極盡奢華的高級飯店，展現出悠閒的飯店生活。客房多達250間，有能單人住宿的雙人房、雙床房、和室等5種房型。

MAP 87B-2
088-656-3111
IN 14:00、OUT 12:00
¥ 1泊費用單人房15730円～、雙床房26620円～
所 德島市寺島本町西1-61
JR德島站即到
P 1晚1000円 可

直通JR德島站的大型飯店

採用中型雙人床的豪華雙床房

※若住宿費用標示為「1泊附早餐」或「1泊2食」，則為2位住宿時1位的費用；若標示為「1泊房價」，則為單人房1位住宿，以及雙床房2位住宿的總房價。費用皆包含稅金與服務費。

阿波舞的小知識

一 歷史

有400多年歷史的德島縣祭典。據說起源是在江戶時代的德島城築城祝賀活動上所跳的舞,但另一種更古老的說法,認為源自德島縣內各地所舉行的盂蘭盆舞,而且更有說服力。

二 舞蹈方式

搭配以「跳舞的傻瓜和看跳舞的傻瓜,同樣都是傻瓜不一起跳舞太吃虧了!」歌詞聞名的囃子樂曲「よしこの」跳舞。有男舞和女舞2種舞蹈方式。

男舞
必須一直保持彎腰姿勢,動作較大,偶爾會出現滑稽的舞步

女舞
高舉雙手,優美靈活的舞姿讓人目不轉睛

三 樂器

有5種樂器,用7‧7‧7‧5調的輕快節奏與音色炒熱氣氛。

橫笛
鉦
三味線
締太鼓
大太鼓

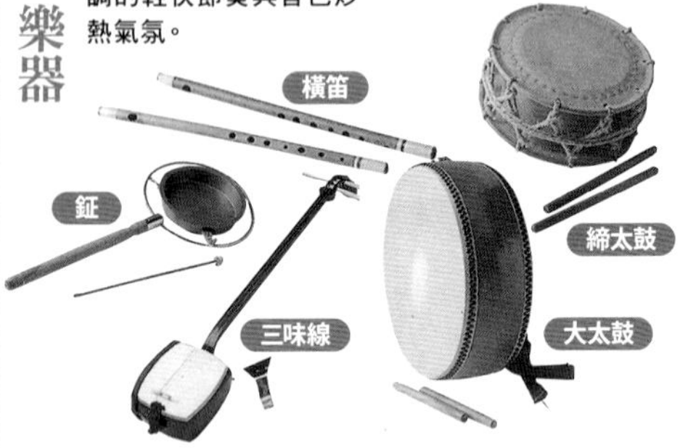

四 連隊

跳阿波舞的隊伍稱呼。一個連隊的規模從50～200人都有。每年約有950個連隊參加。

確認能臨時參加的連隊!

即興連 不需要事先申請,服裝不拘,免費參加。在集合場所接受知名連隊的簡單訓練,再到附近的免費演舞場享受阿波舞吧!

強而有勁的男舞!

Yattosa!

8月 12～15日

有100萬人造訪的盛夏祭典

阿波舞

阿波舞是日本代表性的盂蘭盆舞。舞者多達約10萬人,觀眾約達100萬人。一起來享受看了感動、跳了興奮的阿波舞吧!

MAP 87B-3

在演舞場被阿波舞的熱鬧氣氛包圍

演舞場裡會設置被稱為「棧敷席」的階梯式觀眾席,可在此欣賞舞者們充滿活力的舞蹈。

洽詢處
☎088-678-5181(阿波舞連接未來實行委員會)
HP https://www.awaodorimirai.com/

阿波舞會場MAP(參考)
=收費演舞場
=免費演舞場

あわぎんホール
藍場浜演舞場
阿波銀行
シビックセンター さくらホール アミコドーム
新町橋橋演舞場
新町橋
新町橋東 おどり広場
德島中央 德島東‧警察署
にわか連集合場所
阿波舞會館
兩國本町演舞場
德島市役所
ふれあい橋
兩國広場
兩國橋
幸町公園
兩國橋南 おどり広場
南內町演舞場
阿波おどり からくり時計
かちどき橋
阿波富田駅
德島県庁

活動期間外也能觀賞
阿波舞 SPOT

大型活動看這裡!
※詳細內容有可能變更

鳴門市阿波舞
舉辦日 2023年8月9～11日
地 點 JR鳴門站周邊特設演舞場
時 間 19:00～22:00
費 用 早鳥票700円、當日票1000円
☎088-684-1157(鳴門市觀光振興課)

秋季的鳴門市阿波舞
舉辦日 2023年11月3～4日
地 點 ASTY TOKUSHIMA
時 間 約10:00～約16:00
費 用 免費入場
☎088-621-2702(德島縣觀光政策課)

↑能觀賞阿波舞會館專屬連的公演

↑公演下半場能和舞者一起跳舞

一整年都能觀賞阿波舞的地方就是這裡!

阿波舞會館 ●あわおどりかいかん

劇場裡每天上演專屬連「阿波の風」與知名連所表演的阿波舞。館內有「阿波舞博物館」和販售物產的商店「あるでよ德島」。

MAP 87A-3

☎088-611-1611 🕐9:00～21:00(視設施而異)
休2、6、10月的第2週三(逢假日則翌日休) ¥免費入館(進入阿波舞博物館需300円) 🚉德島市新町橋2-20 🚃JR德島站步行10分 🅿1小時330円～

公演概要

白天公演(阿波の風)	夜間公演(知名連)
上演次數 1天4次(11:00‧14:00‧15:00‧16:00)	上演次數 1天1次(20:00)
上演時間 約40分	上演時間 約50分
觀賞費 800円	觀賞費 1000円

德島市

充滿歷史的德島中心地區

●とくしまタウン

自古作為城下町而繁榮的一區。夏季會舉辦阿波舞，城鎮裡瀰漫著熱情氛圍。遍布許多以當地食材入菜的餐飲店和咖啡專賣店。

區域導覽

MAP P.87・附錄②4
住宿資訊 P.83

在特集介紹！
德島的美食→P.82
阿波舞→P.84

拍攝美照的小技巧！「旅遊拍照Tips」

「昭文社MAPPLE編輯部」的取材攝影師給大家一點「旅遊拍照」的小建議。

風景篇

和令人感動的風景相遇是旅行時的一大樂趣。花一點小工夫就可以大幅改變照片看起來的印象。

1

2

3

Tips 1 構圖（角度）

在拍海或山的絕景時，不將整體風景平均入鏡，試著讓距離較近的物體占較多畫面1。稍微從中心點移開，可以表現出風景的廣度和深度。雲或天空很美麗時，可讓上方的天空入鏡較多，也能拍出令人印象深刻的照片2。拍攝有歷史感的街道或有水路的風景時，改變中心位置，也能拍出給人不同印象的照片3。

1

2

3

Tips 2 光線（時間）

天氣好時，雖然可以拍出美麗的藍天和綠葉，但正中午時分也能透過頂光拍出強烈的光影對比1。另外，早上或傍晚時也有許多適合按下快門的時機。若想讓太陽入鏡，取景時可嘗試別將太陽放在正中央2。太陽落下的方向會依季節而有所不同。因此必須確認好方位和時間再進行規劃。拍夜景時，推薦日落後20～40分，此時天空仍帶有一絲藍的魔幻時刻3。使用夜景模式，並關掉閃光燈是最佳選擇。雖然最近有很多高度的防手震功能，但盡量不要移動相機和手機才能拍出最美的照片。

1

2

Tips 3 縮放（視角）

善用變焦功能。使用時不是用望遠鏡的感覺，而是當作剪裁風景的方式來運用，可以拍出更多不同的角度。遇到壯觀景色時，先拍一張全景1，再拍一張近距離的裁切視角2。

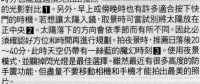

※照片為參考圖片

MAP 87A-3

眉山

●びざん

景點 ☎088-652-3617（眉山空中纜車）

萬葉集也曾歌頌的德島地標

獲選為日本自然百選，標高290m的優美小山。萬葉集曾歌頌「雲間遠眺阿波山如眉」，因而得名。山腳和山頂以架空索道連結。夜景也很秀麗。

自由參觀 所 德島市眉山町茂助ヶ原 JR德島站步行10分，阿波舞會館5樓 山麓站搭空中纜車6分 P 使用阿波舞會場停車場（1小時330円～）

從山頂一望德島市內

MAP 87A-3

活魚水産 紺屋町店

●かつぎょすいさん こんやまちてん

美食 ☎088-655-3359

享用優質＆豐富的海產

以生魚片或天婦羅等簡單料理來享用在鳴門近海捕撈的當季鮮魚。直接傳達食材美味的料理組合，就是店家自信的證據。另有精選的德島地酒400円起。

17:00～23:30
休 不定休 所 德島市紺屋町21-4
JR德島站步行15分

生魚片海鮮拼盤（3～4人份）3280円～（照片為4人份）

MAP 附錄②4E-4

德島縣文化之森綜合公園

●とくしまけんぶんかのもり そうごうこうえん

景點 ☎088-668-1111

德島文化資訊的發送基地

位於可眺望園瀨川、綠意盎然丘陵地的綜合文化設施。約40公頃的廣大腹地中，有圖書館、博物館、近代美術館、文書館等6處文化設施。

自由入園 所 德島市八万町向寺山
JR德島站搭德島巴士20分，文化の森下車即到
P 免費

德島縣立博物館裡展示貴重的恐龍化石

稍微走遠一點！ 可接觸、玩木頭玩具的美術館

德島木頭玩具美術館

●とくしまきのおもちゃびじゅつかん

玩樂

運用德島自然和樹文化的美術館。大量使用德島縣產杉樹的空間，聚集了不分男女老幼都可玩樂的木頭玩具。

MAP 附錄②4E-3

☎088-672-1122
9:30～16:30（7、8月為～17:30）
休 週三（逢假日則翌日休，8月12～15日則營業）
¥ 入館費800円 所 板野町那東キビガ谷45-22 あすたむらんど徳島内 JR板野站搭德島巴士12分，あすたむらんど下車即到 P 免費

以德島縣內風景為概念的「里山廣場」

MAP 87A-3

味楽

●みらく

美食 ☎088-655-1530

阿波豬的烤內臟非吃不可

能享用德島生產的牛、豬、雞肉等燒肉的店。蘸著胡椒鹽品嘗的阿波豬內臟，後味清爽，帶有甜味。豬肚和牛肚等各部位都一應俱全，能享受邊吃邊比較的樂趣。

17:00～22:00 休 無休
所 德島市富田町1-20 KENBANビル2F
JR德島站步行15分 P 有合作停車場

6種豬內臟拼盤（1人份）720円（照片為2人份）

小型參拜巡禮

第1號札所～第5號札所 輕鬆體驗參拜巡禮

約1200年前，弘法大師修行時走過的四國四縣八十八札所。
第1號札所到第5號札所是適合新手的參拜巡禮路線。
不妨一邊飽覽寧靜的風景，一邊走走看吧！

被稱作「一番さん」，廣為人知的皈依寺廟

第1號札所
靈山寺
●りょうぜんじ
LINK▶P.153

據說是奈良時代，行基和尚聽從聖武天皇的敕願而開辦的祈禱寺廟。在莊嚴寺院比鄰而建的境內，總是充滿大批香客，熱鬧非凡。和第1號札所的名號相符，能在參拜旅程開始時受戒並聆聽講經（預約制2000円）。

這裡是Point!

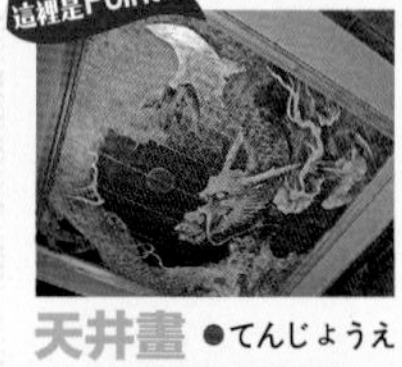

天井畫 ●てんじょうえ
畫在本堂天花板的龍絕對不可錯過。更深處的本堂天花板有天體照片

參道深處的本堂

步行約15分

弘法大師親手種植的長命杉讓人感動不已

第2號札所
極樂寺
●ごくらくじ
LINK▶P.153

主祀的阿彌陀如來是重要文化財（非公開）。寬敞的境內一角佇立著樹齡約1200年的「長命杉」，相傳是由大師所栽種的。在本堂階梯入口有刻著釋迦足跡的佛足石。

也被稱作「安產大師」，來新願安產的人也很多

步行約15分

弘法大師所挖掘的黃金水井

第3號札所
金泉寺
●こんせんじ
LINK▶P.153

位在境內的黃金水井

相傳弘法大師看見村民深受乾旱所苦後決意挖掘水井，而從井口湧現的靈水讓井有了「黃金之井戶」的稱號，也就是寺名的由來。境內保留著弁慶測試力量的「弁慶的力石」。

步行約1小時15分

前往古剎，紅漆的鐘樓門很吸睛

第4號札所
大日寺
●だいにちじ
LINK▶P.153

傳說弘法大師停留此處修行時，自己雕刻大日如來像作為主祀神像，並重建寺院。在廢寺無數次之後，終於在天和・貞享年間（1681～1688年）再次重建。

擺放著代表西國33處主祀佛像的33尊木造觀世音像

步行約25分

許多武將虔誠信奉的寺院

第5號札所
地藏寺
●じぞうじ
LINK▶P.153

身高達4m的巨大弘法大師銅像

弘法大師聽從嵯峨天皇的敕願開設，祭祀大師所雕刻的一寸八分（約5cm）的勝軍地藏菩薩。廣受源義經等諸多武將和阿波藩主等人信奉。

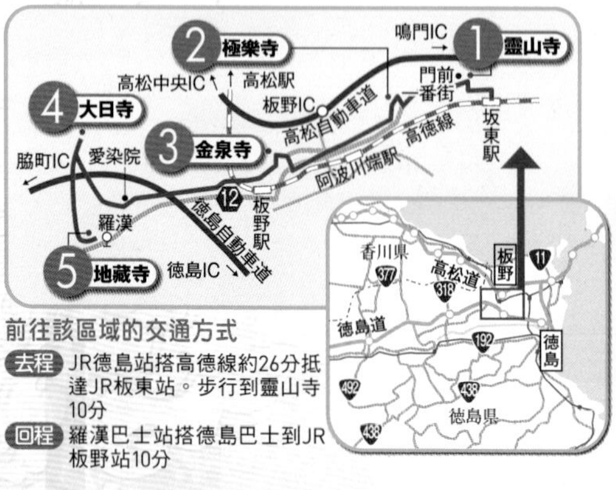

前往該區域的交通方式

去程 JR徳島站搭高徳線約26分抵達JR板東站。步行到靈山寺10分

回程 羅漢巴士站搭徳島巴士到JR板野站10分

基本關鍵字

釘 札所參拜巡禮的意思。有從第1號札所順時針巡禮的「順打」，以及逆時針巡禮的「逆打」。

接待 用食物款待參拜者的善根習慣。接受款待之後，要給對方納札作為謝禮。

念經 指在寺廟的主佛面前誦經的日課。

這就是進行參拜巡禮的裝扮

服裝基本上沒有限制。也可依需求在途中備齊裝備。

裡面裝的是…

經本
刊載著般若心經、十三佛真言的四國靈場專用經文

納經帳
用來取得每一處札所主佛、寺廟的墨書及寺印的筆記本

納札（白札200張）
顏色依照參拜巡禮的次數而異，有白、綠、紅、銀、金。初次參拜巡禮請選擇白札

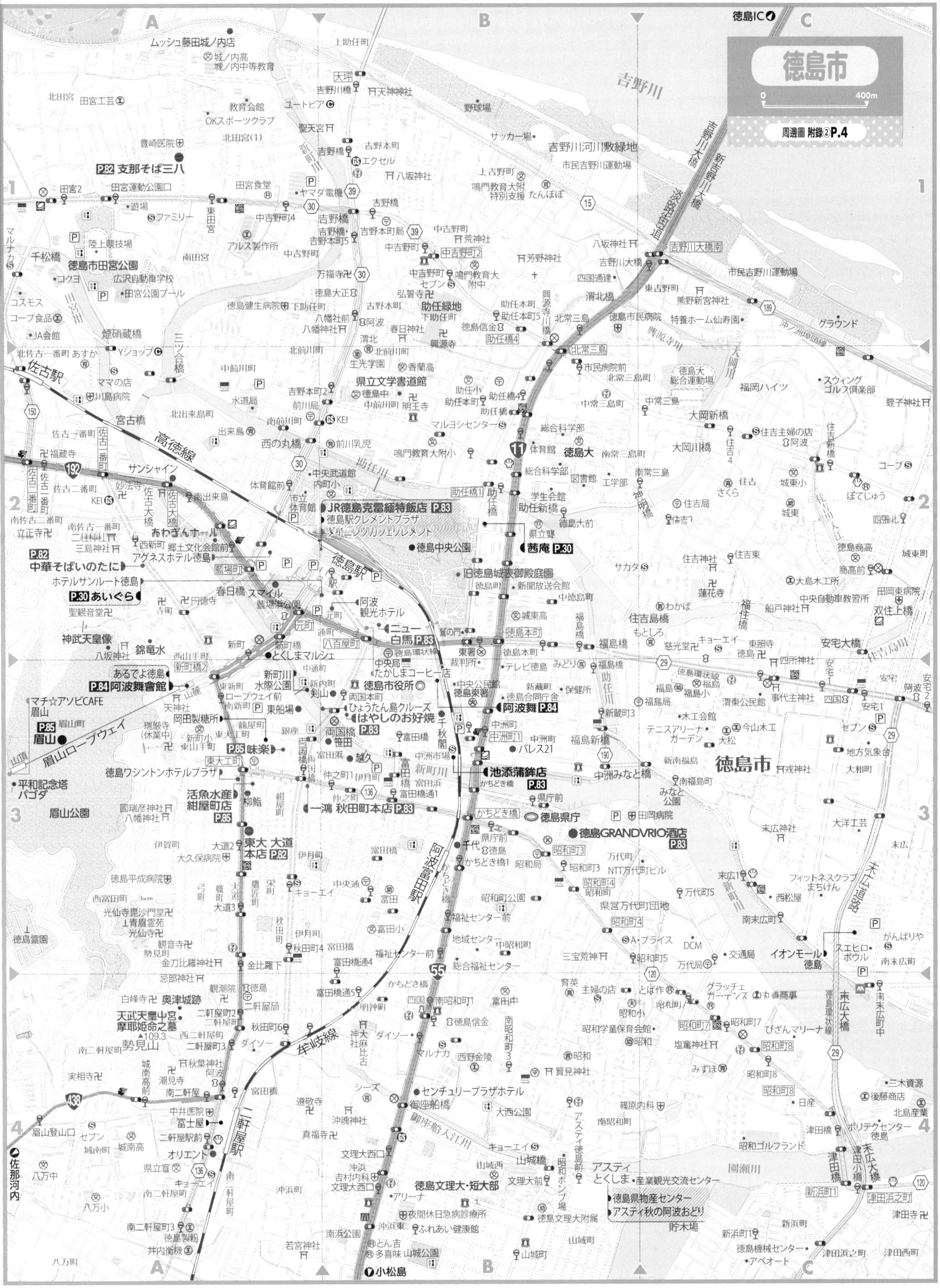

●景點 ●玩樂 ●美食 ●咖啡廳 ●購物 ●溫泉 ●住宿 四國八十八札所

脇町

わきまち

架設卯建的商家比鄰而建

✦是這樣的地方！

從德島市區沿吉野川往西約40km，就是藍染商人的城鎮。街道旁鱗次櫛比的厚重房舍，述說著過往的繁榮光景，為重要傳統的建造物群保存地區。

在以往藍染商人生活的脇町卯建街道散步

脇町從江戶時代到明治時代都是阿波藍的集散地，繁榮一時。在傳統房舍比鄰而立的街道上悠閒散步吧！

卯建是指裝設在1樓和2樓屋頂之間的小型防火牆

在卯建的街道輕鬆散步吧

脇町卯建街道

●わきまちうだつのまちなみ

脇町南町的街道，帶有本瓦葺屋頂和圍牆的房舍連綿不絕。往東西延伸的430m民宅街道稱為「卯建街道」，保留著從江戶到明治時代，以藍商致富的約85棟商家。

MAP 附錄②5C-4
☎0883-53-8599（美馬觀光協會）
所 美馬市脇町南町
交 JR穴吹站搭計程車8分
P 使用公路休息站藍ランドうだつ停車場

遊覽方式的訣竅

遊覽一圈約需2小時

精彩景點集中在長430m的街道上，是十分適合散步的小範圍。也遍布咖啡廳和伴手禮店。

秀麗的建築設計也要關注

在格子結構的背面加裝木板的木窗等傳統建築樣式隨處可見。磚瓦模樣、鬼瓦、卯建形狀等，任何一種樣式都是獨一無二的。

MAP 附錄②5

洽詢處
美馬市観光協會
☎0883-53-8599

ACCESS

電車：德島站 — JR高徳・徳島線 — 穴吹站
所需時間／約1小時10分　費用／870円

車：德島IC — 徳島道 — 脇町IC
約41km　費用／1280円
脇町IC — 193・12 — 脇町
約3km

在這裡停車

公路休息站 藍ランドうだつ

●みちのえきあいランドうだつ

MAP 附錄②5C-4

1樓的商店販售特產品和伴手禮。2樓能品嘗以阿波尾雞入菜的料理。
（➡附錄③P.21）

有許多街道的資訊

美馬市傳統工藝體驗館 美來工房

●みましでんとうこうげいたいけんかんみらいこうぼう

在明治時代曾是稅務署，參考舊德島地方法務局脇町分局內當時的照片改建而成。館內會簡單明瞭地介紹脇町的歷史。

MAP 附錄②5C-4
☎0883-53-8599（美馬觀光協會）
L 9:00～17:00　休 無休　¥ 入館免費　所 美馬市脇町脇町92　交 JR穴吹站搭計程車8分
P 使用公路休息站藍ランドうだつ停車場

資料館為氣氛高雅的洋館

在和風空間享用以當地食材入菜的午餐

茶里庵

●さりあん

能品嘗到食材豐盛，加有阿波尾雞和各式蔬菜等、口味樸實的蕎麥米菜粥。另有販售價格實惠的優質當地煎茶。

☎0883-53-8065　MAP 附錄②5C-4
L 10:00～15:00　休 週二、有不定休　所 美馬市脇町脇町132-5　交 JR穴吹站搭計程車8分　P 免費

蕎麥米菜粥套餐1100円

瀰漫懷舊氛圍的西洋時尚建築

脇町劇場Odeon座

●わきまちげきじょうオデオンざ

1934年蓋來當作劇場小屋，戰後作為電影院而聞名的劇場。1995年重建，能參觀重現當時樣貌的旋轉舞臺。

☎0883-52-3807　MAP 附錄②5C-4
L 9:00～17:00　休 週二（逢假日則開館）
¥ 入館費200円　所 美馬市脇町猪尻西分140-1　交 JR穴吹站搭計程車8分　P 免費

以電影《抓住彩虹的男人》而一躍成名

藍染商人的私人住宅大公開

藍商佐直吉田家住宅

●あいしょうさなおよしだけじゅうたく

1792年創業的藍染商人住宅。據說屋主曾是脇町數一數二的富商。在600坪的寬敞腹地裡有母屋、抵押品倉庫、中央倉庫等建築。

☎0883-53-0960　MAP 附錄②5C-4
L 9:00～16:30　休 無休　¥ 參觀費510円
所 美馬市脇町脇町53　交 JR穴吹站搭計程車8分　P 使用公路休息站藍ランドうだつ停車場

建築物獲指定為美馬市的有形文化財

稍微走遠一點！

借景吉野川的美麗石庭

蓮華山 本樂寺

●れんげさんほんらくじ

景點

僧侶惠運於828年所開創的真言道場。位於能眺望吉野川的高地，枯山水的石庭相當美麗。也能品嘗素食料理（預約制）。

☎0883-52-2754　MAP 附錄②5C-4
L 9:00～16:30（夏季為～17:00）
休 無休　¥ 參拜費300円　所 美馬市穴吹町三島小島123　交 JR小島站步行15分　P 免費

借景吉野山和阿讚山脈的石庭

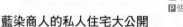

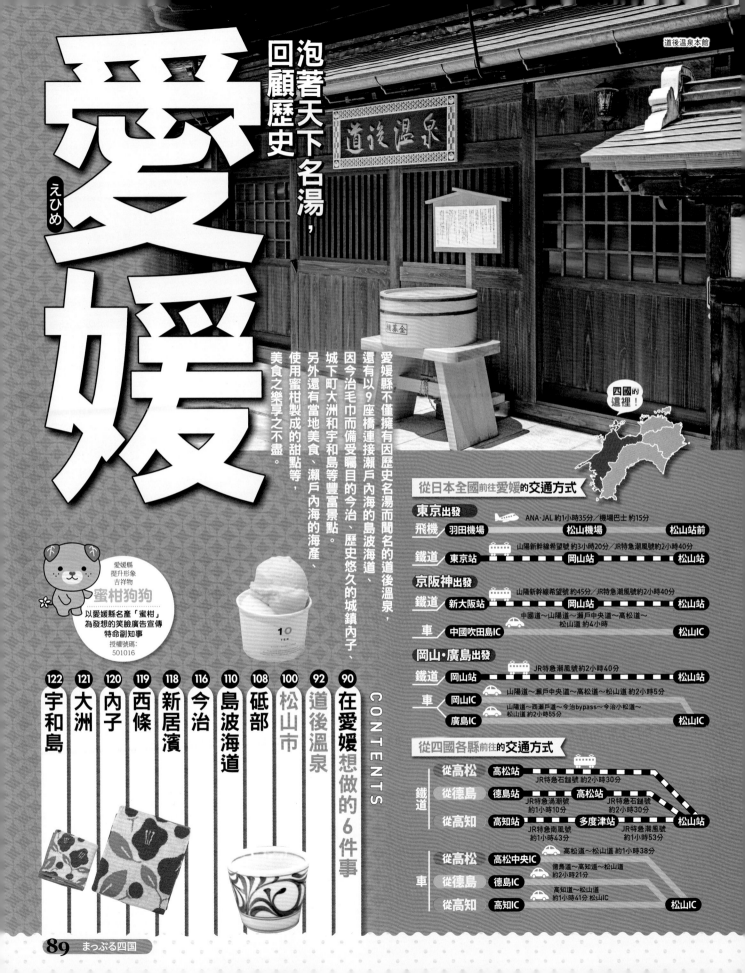

道後温泉本館

愛媛

えひめ

泡著天下名湯，回顧歷史

愛媛縣不僅擁有因歷史名湯而聞名的道後溫泉，還有以9座橋連接瀨戶內海的島波海道、因今治毛巾而備受矚目的今治、歷史悠久的城鎮內子、城下町大洲和宇和島等豐富景點。另外還有當地美食、瀨戶內海的海產、使用蜜柑製成的甜點等，美食之樂享之不盡。

愛媛縣提升形象吉祥物

蜜柑狗狗

以愛媛縣名產「蜜柑」為發想的笑臉廣告宣傳特命副知事

授權號碼:501016

CONTENTS

從日本全國前往愛媛的交通方式

東京出發

- 飛機：羽田機場 → 松山機場 → 松山站前（ANA·JAL 約1小時35分／機場巴士 約15分）
- 鐵道：東京站 → 岡山站 → 松山站（山陽新幹線希望號 約3小時20分／JR特急潮風號約2小時40分）

京阪神出發

- 鐵道：新大阪站 → 岡山站 → 松山站（山陽新幹線希望號 約45分／JR特急潮風號約2小時40分）
- 車：中國吹田島IC → 松山IC（中國道～山陽道～瀨戶中央道～高松道～松山道 約4小時）

岡山·廣島出發

- 鐵道：岡山站 → 松山站（JR特急潮風號約2小時40分）
- 車：岡山IC → 松山IC（山陽道～瀨戶中央道～高松道～松山道 約2小時5分）
- 車：廣島IC → 松山IC（山陽道～西瀨戶道～今治bypass～今治小松道～松山道 約2小時55分）

從四國各縣前往的交通方式

鐵道

- 從高松：高松站 → 松山站（JR特急石鎚號 約2小時30分）
- 從德島：德島站 → 高松站（JR特急渦潮號 約1小時10分）→ 松山站（JR特急石鎚號 約2小時30分）
- 從高知：高知站 → 多度津站（JR特急南風號 約1小時43分）→ 松山站（JR特急潮風號 約1小時53分）

車

- 從高松：高松中央IC → 松山IC（高松道～松山道 約1小時38分）
- 從德島：德島IC → 松山IC（德島道～高知道～松山道 約2小時21分）
- 從高知：高知IC → 松山IC（高知道～松山道 約1小時41分 松山IC）

就是這個準沒錯 在愛媛想做的6件事

→道後溫泉本館整修工程期間仍開放入內泡澡

在道後溫泉盡情泡湯 P.92

道後溫泉因是日本最古早的名湯而聞名。不妨在道後溫泉本館、道後溫泉別館飛鳥乃溫泉、椿之湯這3座大眾浴場，盡情來個外湯巡禮吧。

↑道後溫泉別館 飛鳥乃溫泉

連結今治和大島的來島海峽大橋

在島波海道島嶼巡禮 P.110

連接愛媛縣今治市和廣島縣尾道市的島波海道，是可以看到島嶼之美和絕景的兜風路線。自行車道規劃完善，可在此騎腳踏車遊逛島嶼。

←騎自行車之樂

前往愛媛縣的象徵松山城 P.100

聳立於市中心的松山城，有21棟建築物被指定為重要文化財，有如松山市的象徵。春天被櫻花點綴的松山城也值得一看。

←從天守可以一覽瀨戶內海

在Minetopia別子參觀產業遺產 P.118

日本三大銅山之一，可就近學習別子銅山相關的各種設施。是了解日本近代化歷史相當貴重的地方。

←現今仍留存的礦山鐵道

仍留存在東平區的儲礦庫遺跡

↑臥龍山莊（大洲市）

在內子&大洲的傳統街道散步 P.120・121

內子昔日因生產和紙和木蠟而繁榮，大洲則是被稱為伊予小京都的城下町。走在充滿情懷的街道上，來趟時光旅行吧。

八日市・護國街區（內子町）

大快朵頤鯛魚飯 P.102・122

說到愛媛，就會想到鯛魚飯。有鯛魚跟米飯一起炊煮的東予、中予風，跟在米飯上鋪上生魚片的南予風2種吃法。

↑宇和島的名店ほづみ亭是南予風

愛媛1day 標準行程

從松山城到道後溫泉，納入松山市區內代表性觀光地的行程，首先就從這裡出發！

10：00 START JR松山站

伊予鐵道JR松山站前電車站

伊予鐵道大街道電車站

10：30 松山城 P.100

12：00 松山空中纜車街 P.101

可一邊品嘗當地甜點，邊逛逛街散步

13：20 坂上之雲博物館 P.101

參觀小說《坂上之雲》的資料

伊予鐵道大街道電車站

伊予鐵道道後溫泉站

15：00 道後商店街 P.96

逛商店尋找伴手禮

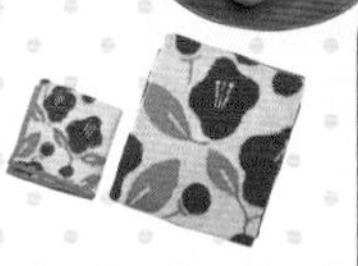

16：00 道後溫泉本館 P.93

17：30 GOAL 道後的溫泉旅宿 P.98

在溫泉街的高級旅宿裡停留

還有其他必看景點

一邊眺望風車和海，一面兜風

愛媛縣最西端的景點
佐田岬
●さだみさき

全長約40km的細長半島最前端。通過海岬的國道197號左右兩邊都可眺望海洋，是絕佳的兜風路線。

MAP 附錄②14D-2
☎0894-38-2657
（伊方町觀光商工課）
大洲IC車程74km

透過色彩繽紛的小布包許願
圓滿寺
●えんまんじ

作為祈求戀愛的能量景點而聞名的古寺。據說是從防火衍生成防止外遇，能夠保佑夫妻婚姻美滿。

MAP 92B-1
☎089-946-1774
腹地內自由　所松山市道後湯月町4-49　伊予鐵道道後溫泉站步行7分

能保佑戀愛順利的小布包，1個300円

想要搭乘這個！
充滿懷舊風情的柴油蒸氣火車
少爺列車

在夏目漱石小說《少爺》中被比喻為火柴盒的小型蒸氣機關車，在此以柴油蒸氣火車的面貌完整重現。行駛於伊予鐵道松山市站～道後溫泉站、道後溫泉站～古町2條路線，僅週六日、假日行駛。乘車1次1300円。

MAP 92A-2
☎089-948-3323
（伊予鐵道鐵道部）

＼遊逛該區域的優惠票券／
市內電車1日券

選擇搭乘前往松山市中心地帶和道後溫泉的路面電車會很方便。電車站徒步圈內聚集了許多觀光景點。

☎089-948-3323
（伊予鐵道鐵道部）

效期 1天
金額 800円
販售窗口
伊予鐵售票中心（松山市站）等

※也有2日、3日、4日券（少爺列車除外）。3日、4日券僅在伊予鐵MaaS（電子票）販售

在山間與溪谷感受自然之美感
面河溪
●おもごけい

面河溪位於四國名峰石鎚山南麓，上游長約10km，流域廣闊。秋天的紅葉季會有許多觀光客前來，熱鬧非凡。

MAP 附錄②7C-4
☎0892-21-1192
（久萬高原町觀光協會）
所久万高原町若山
松山IC車程61km

面河溪的蓬萊溪充滿溪谷之美

在這裡遊玩
Good River
●グッドリバー

全國首屈一指的峽谷運動景點，可在面河溪玩水。「面河溪HALF DAY」需時3小時，詳情請於官網確認。

在透明度超高的面河溪進行峽谷運動

☎0895-30-2250　MAP 附錄②11C-1
6月上旬～10月上旬舉辦　服務時間為9:00～20:00
休舉辦期間無休　¥7000円（週六、日、假日多500円，預約制）　所集合地點／Good River面河區（久萬高原町面河溪內）　P免費　HP http://goodriver.jp

島波海道
➡P.110

用9座橋樑連結廣島縣尾道市、愛媛縣今治市之間島嶼的海道。

道後溫泉
➡P.92

歷史悠久、四國首屈一指的溫泉鄉。包括道後溫泉本館在內，泡湯後散步也很迷人。

松山市
➡P.100

曾是松平15萬石的城下町而繁榮。文人輩出，也是夏目漱石、司馬遼太郎小說的背景舞台。

大洲
➡P.121

有縣內最大的一級河川—肱川。鎮上有許多歷史建築林立，最適合在街道上走走逛逛。

宇和島
➡P.122

以宇和島城為中心發展的南予中心都市，也是著名的鬥牛城市。

今治
➡P.116

因高品質今治毛巾而聞名的區域。當地美食今治烤雞非吃不可。

新居濱
➡P.118
西條
➡P.119

有許多大自然區和啤酒工廠等適合大人來的觀光景點。

內子
➡P.120

從江戶到大正時期，因生產木蠟與和紙而興盛的城鎮。

砥部
➡P.108

約有100間窯戶散布的陶瓷之鄉，可以來這裡尋找喜歡的器皿。

以開業3000年歷史自豪 前往道後溫泉吧！

道後溫泉本館於2019年開始進行整修工程，工程期間仍可在1樓泡湯，還有舉辦期間限定的活動。另外兩個風格獨特的別館也別忘了去逛逛。 MAP 92A-1

日本三大古湯而聞名的名湯
道後溫泉

●どうごおんせん

是這樣的地方！

每年有逾百萬人到訪，是愛媛縣代表性的觀光勝地。包含道後溫泉本館在內，共有3座公共浴池，還有道後商店街等，周邊聚集了許多吸引人的景點。

MAP P.92
住宿資訊 P.98・99

洽詢處
道後觀光服務處
☎089-921-3708
松山觀光代表協會
☎089-935-7511

ACCESS

巴士：松山機場 —松山機場利木津巴士→ 道後溫泉站前
所需時間／約40分 費用／950円

電車：JR松山站前 —伊予鐵道（路面電車）→ 道後溫泉站
所需時間／約25分 費用／180円

車：松山IC —33・11・20・188・187→ 道後溫泉本館
約8km

玩樂方式1

3個外湯巡禮

在道後溫泉本館、道後溫泉別館 飛鳥乃溫泉、道後溫泉 椿之湯這3個風格迥異的設施，接連享受道後溫泉。

道後溫泉本館→P.93
道後溫泉別館 飛鳥乃溫泉→P.94
道後溫泉 椿之湯→P.95

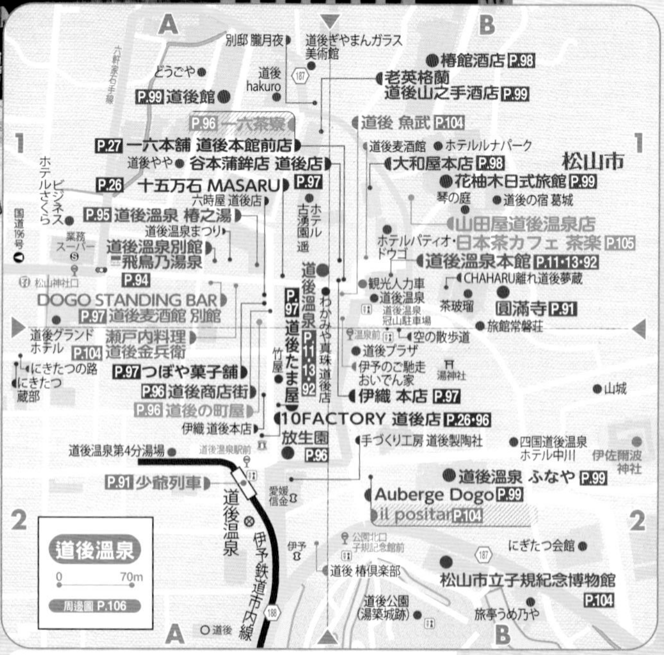

●景點 ●玩樂 ●美食 ●咖啡廳 ●購物 ●溫泉 ●住宿 ㊁四國八十八札所

道後溫泉基本知識

1 日本最古老的溫泉

與有馬溫泉、白濱溫泉並列日本三大古湯。自古在《古事紀》、《日本書紀》當中就有記載。

2 深受名人喜愛的名湯

正岡子規、與謝野晶子、伊藤博文等**多數文人和名人都很喜愛道後的溫泉**。前往松山中學擔任英語教師的明治文豪夏目漱石，其小說《少爺》裡也以「住田溫泉」之名出現。

3 其實是美肌之湯

泉質是對肌膚刺激較小的滑嫩**鹼性單純溫泉**。在道後溫泉可以享受無加溫、無加水的源泉放流式溫泉，享受讓肌膚變滑嫩的美人湯。

仍然保留明治風貌的道後溫泉象徵

道後溫泉本館

●どうごおんせんほんかん　MAP 92B-1

1894年改建的木造三層樓近代和風建築，是日本首座被指定為重要文化財的現存大眾浴場。保留往昔樣貌的建築內，由細長廊道和樓梯將浴室、休息室結構複雜地交織串連起來。

☎089-921-5141（道後溫泉事務所）
營6:00～23:00（22:30截止受理） 休無休（12月有1天臨時休館） ￥泡湯費420円
所松山市道後湯之町5-6
交伊予鐵道道後溫泉站步行5分 P使用道後溫泉停車場（本館泡湯客1小時免費，之後每30分100円）

只泡湯則無法使用休息室

大家的道後溫泉活化計畫

越來越無法將視線移開道後溫泉

DOGO

道後溫泉本館於2021年7月後開始進行後期維修保護工程，到2023年的這3年間，實施一項名為「大家的道後溫泉活化計畫」。在整個道後溫泉區域展開各種「藝術×人×溫泉」活動。

最新資訊請確認官網!
HP https://dogoonsenart.com

➲覆蓋在道後溫泉本館屋頂的帳篷上，印著大竹伸朗的《熱景／NETSU—KEI》『熱景／NETSU－KEI』
©Shinro Ohtake / dogo2021

※道後溫泉本館目前正在維修保護工程期間，外觀和使用方式可能會有變更。詳情請確認官網站。 HP https://dogo.jp

施工期間，入口設在道後溫泉本館的東側

玩樂方式2 溫泉街散步

泡完湯後，可以到約有60間商店林立的道後商店街邊走邊吃，一面尋找伴手禮，悠閒散步。

道後商店街→P.96

玩樂方式3 住進溫泉旅宿

道後溫泉有很多以浴池為傲的旅宿，可在這裡度過悠閒時光。每一間的料理和客房都有不同意趣，住起來相當舒適。

道後的溫泉旅宿→P.98

相當有威嚴的外觀（照片為施工前）

注意！現在正在維修保護工程期間！

❶工程到什麼時候？
預定到2024年12月底。可能隨時會公布詳情，出發前請先確認。

❷工程期間可以使用嗎？
當然可以，工程期間也有營業。雖然有休息室的2樓以上休館，但可在1樓的浴池泡湯。

❸工程期間有什麼值得期待的地方嗎？
工程已結束的日本唯一皇室專用浴池「又新殿」，重新開放參觀。

4 有3個特色鮮明的外湯

除了是國家的重要文化財，也是現存公共浴場的**道後溫泉本館**，還有**道後溫泉別館 飛鳥乃湯泉**和**道後溫泉 椿之湯**，共有3個地方可享受道後溫泉。本館南側的冠山打造了「空中步道」，也可以在這裡泡足浴。

➲空中步道的足浴

前往
道後溫泉！

道後溫泉別館
飛鳥乃溫泉
●どうごおんせんべっかんあすかのゆ

089-932-1126 MAP 92A-1
¥ 依泡湯方案而異
休 無休（12月有1天臨時休館）
所 松山市道後湯之町19-22
交 伊予鐵道道後溫泉站步行3分
P 使用道後溫泉停車場（泡湯客1小時免費，之後每30分100円）

飛鳥乃湯泉和椿之湯包圍著中庭，2座設施以迴廊連接（照片為2023年3月）

宛如美術館的公共浴場
道後溫泉別館 飛鳥乃溫泉

●どうごおんせんべっかんあすかのゆ

道後溫泉充滿話題性的藝術公共浴場。除了溫泉以外，還有仿造飛鳥時代建築樣式的建築物，以及運用傳統工藝點綴色彩的館內等，有許多值得一看的地方。

使用休息室的方案可租借浴衣

椿之森

依照聖德太子造訪此處時所留下的話，重現當時道後溫泉樣貌的中庭。山茶花（椿）盛開的一角有流著溫泉的湯川。

飛鳥乃溫泉 魅力在這裡！

① 到處都有值得一看的藝術
建築物為飛鳥時代的建築樣式，非常適合被稱為日本最古老的道後溫泉。館內還有愛媛傳統工藝與最尖端藝術合作的作品，呈現與道後溫泉相關的傳說和故事。

② 享受源泉放流的美人湯
跟道後溫泉本館一樣，可享受無加溫、無加水的源泉放流式溫泉。道後溫泉特有的湯釜裡裝了滿滿的美人湯。

③ 可泡特別浴室和露天浴池
除了大浴場，還有重現皇室專用浴室「又新殿」的特別浴室，以及道後公共浴場唯一的露天浴池。並有大廣間和5種包廂，依方案會準備不同休息室。

泡湯介紹

泡湯方案	1樓浴室	2樓大廣間	2樓包廂	2樓特別浴室
泡湯費／1人（12歲以上）	610円	1280円	1690円	1690円 ※需房間使用費1組2040円
營業時間	6:00～23:00	6:00～22:00	6:00～22:00	6:00～22:00
截止受理	22:30	21:00	21:00	20:40
休息室	×	2樓大廣間	2樓包廂	2樓特別浴室
茶・茶點	無	有	有	有
租借	無	浴衣	浴衣、毛巾	浴衣、湯帳、毛巾、浴巾

大廣間 2樓

大廣間休息室約有60張榻榻米大。裝飾著以金箔加工的和紙，以及伊予竹細工等傳統工藝。

↑和道後溫泉本館2樓的大廣間一樣寬敞

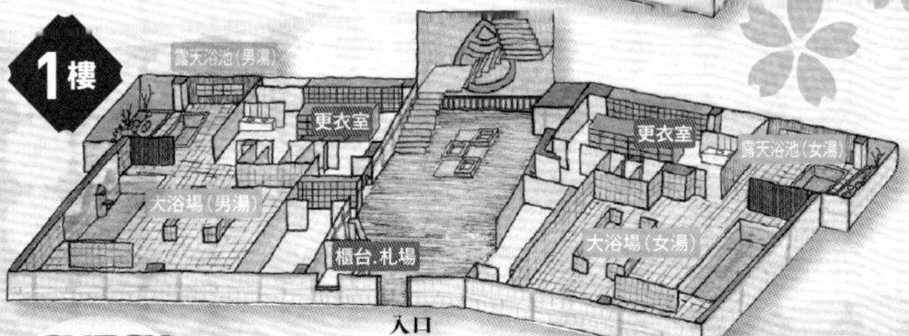

特別浴室 2樓

重現皇室專用浴室又新殿的家庭浴池，有2種不同意趣的浴池。可體驗身穿古代浴衣「湯帳」泡湯。

休息室 2樓

特別浴室分別附設休息室和更衣室。銀色紙門和懷舊照明給人一股高貴的威覺。

→附設的休息室

↑每當泡完1組就會換湯

包廂休息室 2樓

2樓的包廂共有5間。以愛媛的傳統工藝呈現道後溫泉相關傳說，並點綴著美麗的裝飾。

←椿之間　↓白鷺之間間

CHECK

每30分就會在陶板壁畫上，投影往昔的道後風景

↑女性浴室

大浴場 1樓

寬敞的大浴場，以砥部燒的陶板壁畫呈現道後溫泉相關和歌的世界觀，可一邊泡湯一邊欣賞壁畫。

入口 1樓

營造出踏入太古道後的氛圍。讓人聯想到山門的天花板和紙，使用的是有淨化空氣作用的沸石和紙。

→左右的男女浴室入口掛著伊予絣暖簾

鄰接飛鳥乃溫泉的另一個公共浴場

道後溫泉 椿之湯

●どうごおんせんつばきのゆ

據說從前造訪此處的聖德太子曾讚賞過綻放於此的山茶花（椿）而得名。建設於1953年，於2017年進行改建。以迴廊和中庭與飛鳥乃溫泉連接。

✆089-935-6586 MAP 92A-1
L6:30～23:00（22:30截止受理） 休無休（12月有1日臨時休館） ¥泡湯費400円 所松山市道後湯之町19-22 交伊予鐵道道後溫泉站步行3分 P使用道後溫泉停車場（泡湯客1小時免費，之後每30分100円）

↑花崗岩點妝的浴室。照片為女性浴室

←倉庫風的外貌為地標

露天浴池 1樓

道後溫泉公共浴場的第一座露天浴池。牆面使用的是縣內產媛檜的裝飾板，行燈則是使用菊間瓦。

←女性浴室的露天浴池

道後商店街
適合泡湯後散步

在溫泉療癒身心之後，前往道後商店街。可以在這裡享用外帶美食，或是尋覓伴手禮，隨興度過每一刻。

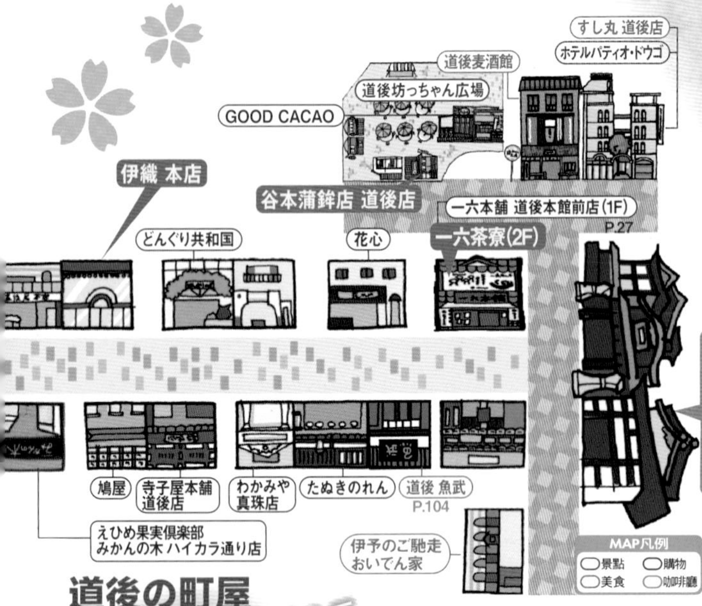

道後の町屋
●どうごのまちや

改建自大正時期民宅的懷舊咖啡廳，可在和式座位悠閒眺望庭院。可搭配自家焙煎咖啡，品嘗使用愛媛縣產食材的咖啡廳菜單。

在和式座位悠閒喝茶，欣賞庭院

一邊眺望庭院，享用自製甜點和咖啡

咖啡拿鐵和自製蛋糕套餐870円

☎089-986-8886 MAP 92A-1
10:00～21:00
休週二、三（逢假日則翌日休）
所松山市道後湯之町14-26

一六茶寮
●いちろくさりょう

因一六塔聞名的一六本舖所經營的咖啡廳，販售甜點師傅垣本晃宏監修的甜點和輕食，推薦松山名產鍋燒烏龍麵。

☎089-921-2116 MAP 92A-1
（一六本舗 道後本館前店）
11:00～18:30 休週四 所松山市道後湯之町20-17 一六本道後本館前店２F

能夠一覽道後溫泉別館地理位置極佳的咖啡廳

SHIRASAGI 1080円
淋上溫熱的巧克力，欣賞外觀上的變化

大窗戶對面是道後溫泉本館

有許多柑橘甜點的專賣店

鮮榨蜜柑（R）600円～

義式冰淇淋（兩球）500円～

欣賞機關鐘和享受足浴

放生園
●ほうじょうえん

位於道後商店街入口的小休息廣場，機關鐘塔為地標。傍晚煤氣燈會亮燈，讓風情倍增。

MAP 92A-2
☎089-948-6558（松山市觀光・國際交流課）
自由入園（足浴為6:00～23:00） 休無休
所松山市道後湯之町

小說《少爺》中的登場人物會現身報時

10FACTORY 道後店
●テンファクトリー どうごてん

大量使用採購自契約農家的愛媛縣產柑橘，泡完湯後最適合來一杯果汁或義式冰淇淋。

☎089-997-7810 MAP 92A-2
9:30～19:00 休無休
所松山市道後湯之町12-34

這裡是這樣的地方

從道後溫泉本館連綿到伊予鐵道道後溫泉站，約250m的拱形商店街，約有60間店家聚集於此。營業到晚上9點的店家很多，可以從旅館換上浴衣再出來散步。

伊予鐵道道後溫泉站即到～步行5分
MAP 92A-1

DOGO STANDING BAR 道後麦酒館 別館

●ドウゴスタンディングバーどうごばくしゅかんべっかん

可享用當地啤酒的立飲式酒吧。使用啤酒廠直送的道後啤酒和愛媛縣產果汁的水果啤酒，約有10種口味可品嘗。

↑時尚的站立式酒吧

泡完湯後來一杯！位於飛鳥乃湯泉前的啤酒吧

↑道後啤酒有4種口味，各650円（一杯250mℓ）

☎089-931-6616 MAP 92A-1
🕒16:00～22:00（週六日、假日為12:00～打烊時間有變動） 休不定休
所松山市道後湯之町14-16

道後たま屋

●どうごたまや

不使用水，只用蜜柑汁炊煮米飯的「元祖蜜柑飯糰」為該店特色。另外也有販售其他吉祥小物和伴手禮。

注意當地用在營養午餐的元祖蜜柑飯糰！

↓元祖蜜柑飯糰（雞）378円（牛）486円

☎089-915-5014 MAP 92A-2
🕒9:30～19:00（週六為～21:00）
休不定休 所松山市道後湯之町6-13

谷本蒲鉾店 道後店

●たにもとかまぼこてんどうごてん

於1916年創業，本店在八幡濱市的老字號魚板道後店。持續遵守傳統製法，剛出爐的魚板鬆軟，風味絕佳。

啤酒搭配愛媛名產魚板享用

↓炸小魚餅 280円

↑太刀魚卷 1支720円

☎089-933-3032 MAP 92B-1
🕒8:30～21:00 休無休
所松山市道後湯之町20-14
道後坊っちゃん広場内

伊織 本店

●いおりほんてん

毛巾專賣店「伊織」的全日本最大店舖。主要販售今治毛巾，還有以毛巾材質製作能妝點日常生活的各式周邊產品，琳瑯滿目。伊織 本店限定商品是非常受歡迎的伴手禮。

高質感的今治毛巾販售店

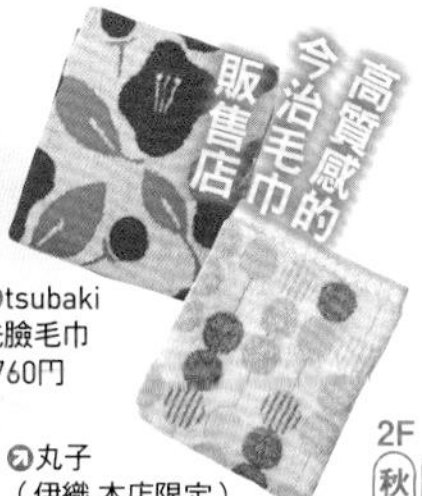

↗tsubaki 洗臉毛巾 1760円

↗丸子（伊織 本店限定）洗臉毛巾1760円

☎089-913-8122 MAP 92B-1
🕒9:00～21:30 休無休
所松山市道後湯之町20-21

つぼや菓子舗

●つぼやかしほ

1883年創業。包入3色餡的求肥餅以竹籤串起，帶有溫和的甜味。為夏目漱石的小說《少爺》中出現的丸子店原型。

愛媛銘菓少爺丸子的創始店

↓少爺丸子 5串入 650円

☎089-921-2227 MAP 92A-1
🕒9:30～18:00、20:00～21:00
休週二（逢假日則翌日休）
所松山市道後湯之町14-23

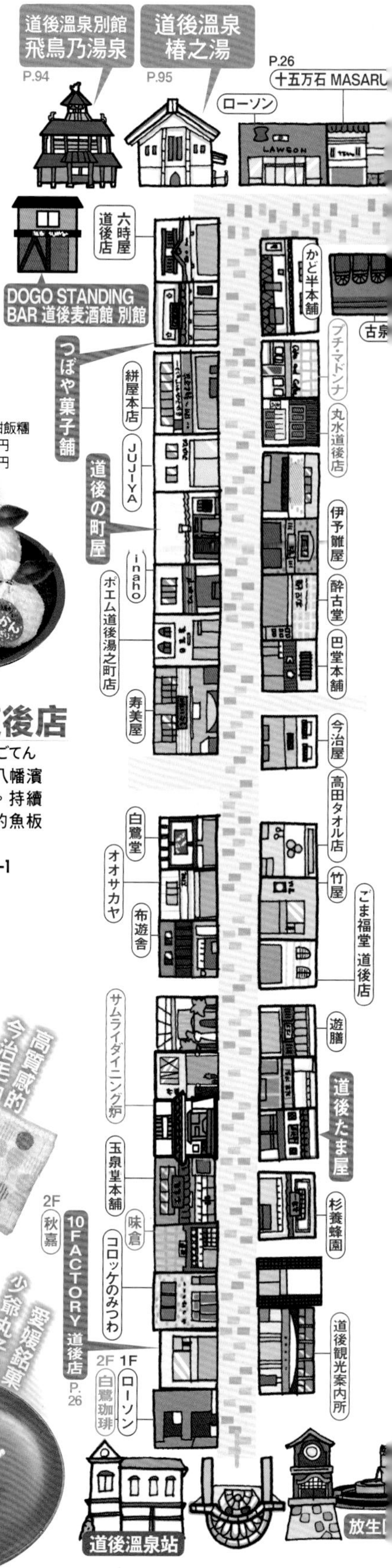

道後溫泉住宿的

這裡最棒♥
在道後住宿能品嘗到充滿四國4縣味覺的宴席料理。

◎真鯛、鰹魚、甜融豬、阿波尾雞、讚岐烏龍麵等四國美食

享受22種類泡湯趣，
享用奢華的和風宴席

道後溫泉王子酒店

●どうごプリンスホテル

以大浴場和2023年3月重新改裝的庭園露天浴池等，有豐富泡湯趣和奢華宴席料理為傲的溫泉旅宿。接駁牛頭巴士、藝妓迎接、館內活動等周到的款待大受好評。1樓的「宿の駅 道プリまるしぇ」販售當地特產品。

☎089-947-5111 MAP 106F-2
IN 15:00、OUT 10:00 ¥1泊2食17750円～
所松山市道後姫塚100 交伊予鐵道道後溫泉站步行9分 P1晚770円 刷可

◎可享受8種充滿開放感的庭園露天浴池泡湯趣。其中4種（檜、桶、陶器、石）的包租露天浴池可盡情享受私人空間

◎2022年11月開幕的「宿の駅 道プリまるしぇ」也有舉辦以此為據點的巴士觀光之旅

老字號風格和頂級服務
為魅力之處的道後著名旅館

大和屋本店

●やまとやほんてん

1868年創業的純和風旅館。因種類豐富的客房類型、可選擇日式或西式的晚餐，以及保持適當距離注重客人隱私的服務等而大獲好評。數寄屋造式建築的館內還設有正式的能舞台，可在此欣賞仕舞表演。退房時間為正午12時，能盡情放鬆休息也是一大賣點。

☎089-935-8880 MAP 92B-1
IN 15:00、OUT 10:00 ¥1泊2食33000円～
所松山市道後湯之町20-8 交伊予鐵道道後溫泉站步行5分 P1晚800円 刷可

◎眺望以篝火照亮的能舞台充滿威嚴的風貌，一邊享用晚餐

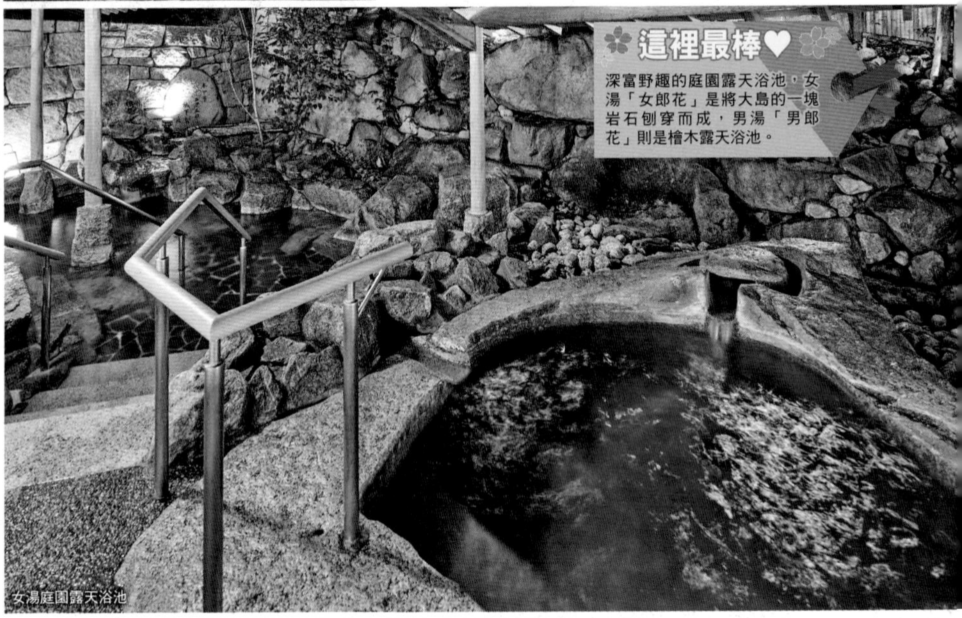

這裡最棒♥
深富野趣的庭園露天浴池，女湯「女郎花」是將大島的一塊岩石刨穿而成，男湯「男郎花」則是檜木露天浴池。

女湯庭園露天浴池

融合明治時代洋館與沉穩的和風氛圍

椿館酒店

●ホテルつばきかん

明治時期的洋風建築形象，充滿優雅氛圍的飯店。可在花崗岩大浴場與被日本庭園環抱的露天浴池享受道後溫泉。在開放式廚房的自助餐享用餐點，有豐富的料理任君挑選。

☎089-945-1000 MAP 92B-1
IN 15:00、OUT 10:00
¥1泊2食16650円～
所松山市道後鷺谷町5-32
交伊予鐵道道後溫泉站步行8分（道後溫泉站有接送服務，需聯絡）
P1晚770円 刷可

◎3樓是充滿開放感的挑高大廳

這裡最棒♥
男性浴場和女性浴場分別都有被日本庭院環繞的露天浴池。

◎開放感的石造露天溫泉

※若住宿費用註明為「1泊附早餐」或「1泊2食」，則代表2位住宿時1位的費用；若註明為「1泊房價」時，則代表單人房1位住宿，以及雙床房2位住宿的總費用。費用皆包含稅金與服務費。

皇族與文人也會造訪的
正統老字號旅宿

道後溫泉 ふなや

詠風庭可看到四季更迭的各種樣貌

1626年創業。設施內的庭園「詠風庭」據說連夏目漱石、正岡子規等松山相關的文豪也曾造訪。大浴場有檜湯和御影湯，還有三溫暖、露天浴池。另外可享用善用瀨戶內食材的和食、法式料理。

☎089-947-0278 MAP 92B-2
IN 15:00、OUT 10:00 ¥1泊2食23250円～ 所松山市道後湯之町1-33 伊予鐵道道後溫泉站步行3分 P1晚660円 可

這裡最棒♥
4月到10月底可在設於小川沿岸的川席享用餐點。2人以上起餐，預約至前一天。
川席料理（三層重箱）

這裡最棒♥
頂樓景觀露天浴池依不同時段，可欣賞夕陽、星空等多樣變化的美景。
俯望松山市區的屋頂露天溫泉

天井中庭引人矚目的溫泉度假村

花柚木日式旅館

●はなゆづき

室內的裝潢擺飾在細節上也見用心

11層樓挑高的館內有著縱橫交錯手扶梯的摩登造型溫泉飯店。從屋頂的露天溫泉所眺望的景色美不勝收。大量使用愛媛食材的早晚餐點也相當令人期待。 MAP 92B-1

☎089-943-3333 IN 15:00、OUT 10:00 ¥1泊2食15000円～ 所松山市道後湯月町4-16 伊予鐵道道後溫泉站步行5分 P1晚500円 可

充滿英格蘭風格的
時尚溫泉飯店

老英格蘭 道後山之手酒店

●オールドイングランドどうごやまのてホテル

滿溢英國風古典氛圍的飯店，在道後溫泉街也相當引人注目。溫泉有石浴池和檜浴池，可度過悠閒的療癒時光。所有洋室客房都有擺放洗練簡約的家具。

☎089-998-2111 MAP 92A-1
IN 13:00、OUT 12:00 ¥1泊2食19950円～ 所松山市道後鷺谷町1-13 伊予鐵道道後溫泉站步行5分 P1晚800円 可

這裡最棒♥
客房以木地板營造出溫暖的空間。擺放著英國風的家具，每個房間擺設都不一樣。
歐洲風的客房

享受知名溫泉後
再品嘗道後的義大利料理

Auberge Dogo

●オーベルジュどうご

在標榜「道後的義大利料理」的餐廳il positano（➡P.97）提供大量使用四國山珍海味的豐富料理菜單。住宿者可免費使用咖啡廳和酒吧。

MAP 92B-2
☎089-934-1414
IN 15:00、OUT 11:00 ¥1泊2食11000円～ 所松山市道後湯之町1-26 伊予鐵道道後溫泉站即到 P1晚700円 可

這裡最棒♥
鄰近道後溫泉本館的清新脫俗什宇風小型飯店。飯店自傲的創作和風懷石料理光看就賞心悅目。
配置席夢思床鋪的客房

建築師黑川紀章打造的
獨創設計

道後舘

●どうごかん

以倉庫宅邸為構想而建造的大廳，有從2樓流瀉的瀑布與流水。大浴場設有露天溫泉和寢湯等豐富多樣的溫泉設施。晚餐能品嘗到使用瀨戶內海的海鮮和伊予當季食材製作的宴席料理。

MAP 92A-1
☎089-941-7777
IN 15:00、OUT 10:00 ¥1泊2食22000円～ 所松山市道後多幸町7-26 伊予鐵道道後溫泉站步行5分 P1晚550円 可

這裡最棒♥
黑川紀章設計的客房充滿著和風傳統與脫俗的摩登氛圍。擁有京風、民藝和花數寄等各異其趣的風格。
在附設庭園露天溫泉的客房悠閒度過

西日本最大規模城郭

造訪松山城

松山城是愛媛首屈一指的觀光勝地。廣闊的腹地內擁有為數眾多的重要文化財。在豐富的景點中挑選最值得推薦的重點在此介紹。

松山城 ●まつやまじょう

由武將加藤嘉明於1602年開始築城，耗時約25年完成。於標高132m的勝山山上建設本丸；中麓有二之丸；山腳則有三之丸配置的連郭式平山城。包含天守閣，共有21棟現存建築物被指定為重要文化財。同時也是著名的賞櫻勝地。

089-921-4873（松山城綜合事務所） MAP 107C-2
9:00～16:00（30分前截止受理，視時期有所變動）
休 無休（僅天守休12月第3週三） ¥ 入園免費，天守參觀費520円 所 松山市丸之内1 伊予鐵道大街道電車站步行5分（至空中纜車東雲口站） P 2小時420円

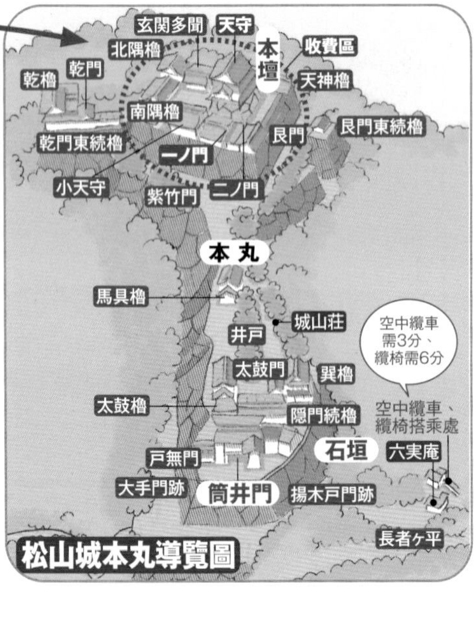

松山城本丸導覽圖

在文學城鎮飽覽懷舊的觀光景點

松山市

●まつやまタウン

是這樣的地方！

松山市以城市的象徵——松山城為中心，與小說及俳句相關的景點分布各處。在城下町隨性散步，盡情享受在地美食和購物樂趣吧。

MAP P.92・106・107・附錄②7

住宿資訊 P.106

洽詢處 松山市観光・國際交流課 089-948-6556

ACCESS

- 巴士：松山機場 — 松山機場利木津巴士 — JR松山站前　所需時間／約15分　費用／700円
- 電車：岡山站 — JR特急潮風號 — 松山站　所需時間／約2小時40分　費用／6950円
- 車：松山IC — 33 — 松山市區　約6km
- 電車：JR松山站前 — 伊予鐵道（路面電車） — 大街道　所需時間／約13分　費用／180円

稍作休憩片刻 城内推薦的休息處

參觀城內後感到疲倦時，可品嘗美味的甜點與茶品歇息片刻。也別忘了添購些伴手禮。

六実庵

●むつみあん

位於空中纜車山頂站前廣場，販售伴手禮的休息處。能夠品嘗到抹茶、紅豆湯或甜酒等。

089-945-4333 MAP 107C-2
9:15～17:00（視時期有所變動） 休 無休

抹茶（附少爺丸子和糕點630円）

城山荘

●じょうざんそう

位於本丸內的輕食店。在別具風情的店內或戶外用餐。添加自製果凍的伊予柑霜淇淋相當受歡迎。

089-941-4622 MAP 107C-2
9:00～17:00 休 無休

水龍頭蜜柑果汁塑膠杯400円、玻璃杯500円

伊予柑霜淇淋500円

文豪們所摯愛的 城下町漫步

在文學和俳句重鎮 造訪文學家的相關景點

介紹連載作品刊登於報紙時的版面

小說《坂上之雲》的主題博物館

A 坂上之雲博物館
●さかのうえのくもミュージアム

展示司馬遼太郎的小說《坂上之雲》的主角秋山好古、真之兄弟和正岡子規相關的資料。特展也值得一看。 MAP 106D-3

089-915-2600
9:00～18:00 休 週一（逢假日則開館，有臨時開館） ¥ 參觀費400円 所 松山市一番町3-20
伊予鐵道大街道電車站即到

模擬子規故居的文學資料館

B 子規堂
●しきどう

展示約100項珍貴的資料

資料館位於正宗寺的腹地內，重現了正岡子規17歲赴東京前所居住的故居。放置有子規愛用書桌的房間內，展示著遊記和寫生本。
MAP 107C-4

089-945-0400
9:00～16:40 休 無休 ¥ 入館費50円 所 松山市末広町16-3 正宗寺内 伊予鐵道松山市站即到 P 免費

復原秋山兄弟的生育地

C 秋山兄弟出生地
●あきやまきょうだいせいたんち

根據當時照片復原的住家

展示秋山好古的騎馬像、真之的胸針、真跡和史料等。
MAP 106D-3

089-943-2747
10:00～17:00 休 週一（逢假日則翌日休）
¥ 入館費300円 所 松山市歩行町2-3-6
伊予鐵道大街道電車站步行3分

要去吃午餐的話 前往松山空中纜車街

使用有機栽培蔬菜的料理種類豐富

D お野菜食堂 SOHSOH ロープウェイ通り本店
●おやさいしょくどうソウソウロープウェイどおりほんてん

使用有機栽培蔬菜和糙米的養生料理選擇眾多。午晚餐都以定食為主，也提供單點料理。

070-5510-7568 MAP 106D-3
11:30～21:00
休 週日 所 松山市大街道3-2-10 伊予鐵道大街道電車站即到

豐富蔬菜的糙米定食 1650円
每週更換的5種小菜搭配米飯和湯，分量充足

以在地蔬菜和伊予牛排為賣點

E CHARLIE'S VEGETABLE
●チャーリーズ・ベジタブル

可大快朵頤愛媛新鮮蔬菜和伊予牛A級鐵板燒牛排的奢華餐廳。也有品項充足的酒單。

089-915-6110 MAP 106D-3
17:30～24:00
休 週二 所 松山市歩行町2-3-16
伊予鐵道大街道電車站步行5分 P 免費

伊予牛牛排全餐
4800円～
在眼前烹調伊予牛A級牛排

美味！ 品嘗愛媛的在地甜點恢復元氣

愛媛柑橘專賣店品嘗到滋味讓人感動的冰淇淋

F 10FACTORY 松山本店
MAP 106D-3
●テンファクトリーまつやまほんてん

販售向簽約農家採購的縣產柑橘所製成的果汁和冰淇淋。不僅能內用、也能外帶。

089-968-2031
9:30～17:30 休 無休
所 松山市大街道3-2-25
伊予鐵道大街道電車站步行3分

義式冰淇淋（雙球）
500円
圖片為最受歡迎的溫州橘果乾口味。能嘗到果乾的口感

別具個性的自製淋醬&鬆軟的綿綿冰

G あんから庵
●あんからあん

除了梅子和葡萄等當季的果實外，還能嘗到黑蜜等店家自製淋醬的剉冰（4月中旬～10月底，淋醬售完即停止供應）等共19種口味。

089-935-8858 MAP 106D-3
11:00～19:00 休 週三～五
所 松山市二番町2-5-11 菅ビル2F
伊予鐵道大街道電車站步行3分

（左）伊予柑 850円
（右）美生柑 900円
搭配滋味頂級的自製淋醬，大分量的果肉是魅力所在

誕生於大正時代的日式甜點

H ひぎり茶屋
●ひぎりぢゃや

1912年創業的在地老字號茶屋。點餐後現做的日切燒，有紅豆餡、白餡和奶油等4種口味。 MAP 107C-4

089-933-0915（ひぎりやき本店）
9:30～18:00 休 無休 所 松山市湊町5-4-1 伊予鐵道松山市站即到

日切燒（1個）120円～
據說是松山市無人不知的甜點

收費區域

本壇
●ほんだん

天守和櫓等豐富的精彩景點

以天守閣為中心的城郭建築物中樞。從本壇入口往天守廣場的途中，設立了數座大門、石垣和櫓，扮演著重要的最終防衛設施角色。

據說為加藤嘉明曾使用過的鎧甲
可免費體驗試穿武士鎧甲

天守
●てんしゅ

3層3樓地下1層的層塔型天守。於江戶末期完成重建，內部展示鎧甲和書狀等歷史文物。最上層能將市區一覽無遺。

一之門
●いちのもん

守護著通往天守的本壇入口，櫓和小天守環繞十分震撼。從本壇虎口看去，天守聳立在其對面。

筒井門
●つついもん

松山城最大的櫓門

據說為築城時從伊予郡正木城移建而成，是構成正面防禦的城內最堅固大門。

石垣
●いしがき

絕佳的攝影景點

有如迷宮般的層層石垣與優美的扇形弧度為欣賞重點。於城的南側有著日本全國罕見，連結山腳的二之丸和山頂天守的「登石垣」。

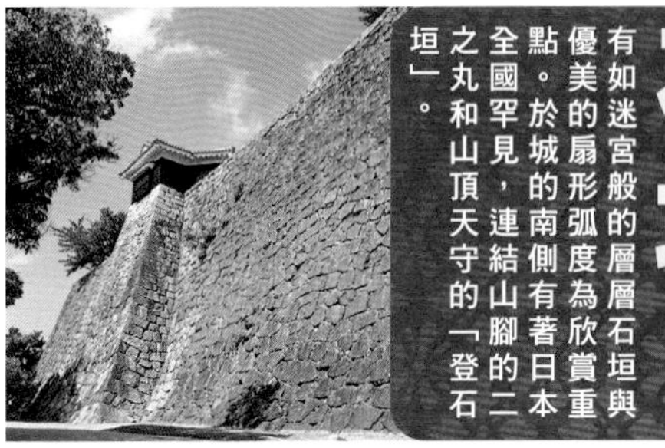

鯛魚炊飯
4～5人(預約制)
6000円前後
將整隻鯛魚放進釜飯裡炊煮

生雞蛋和秘傳醬汁為亮點的極品鯛魚飯

鯛魚飯

充分品嘗瀨戶內海鯛魚的魅力

鯛魚飯為愛媛在地料理的代表之一。在東予、中予地區普遍的料理方法是將整隻烤鯛魚放入釜器內炊煮。在南予地區則是將鋪上鯛魚生魚片的丼飯稱為鯛魚飯。

太田屋北条店

●おおたやほうじょうてん

以中予鯛魚飯創始店而聞名的老字號旅館。使用瀨戶內海潮流快速的齋灘所捕獲的最高級鯛魚，以獨特調味方法炊煮而成的絕品鯛魚飯。其他種類的海鮮單點料理也一應俱全。

✆089-993-0021 MAP 附錄②7A-3
🕒11:00～14:00、17:30～20:00（5～10月為預約制）
休週三（逢假日則營業） 所松山市北条774
交JR伊予北條站步行10分 P免費

➡店內為沉穩的和風空間

\這間店也要CHECK！/

建於北條港渡船即到的鹿島

太田屋鹿島店

●おおたやかしまてん

MAP 附錄②7A-3
✆089-993-0012
4月下旬～10月底營業
🕒11:00～16:00，之後需預約（8名～）
休週三、天候不佳時
所松山市北条辻1596-3
交鹿島渡船場即到

在松山市品嘗

愛媛的鄉土料理

北邊為瀨戶內海，西面宇和海的愛媛縣擁有豐富的海產資源。在鯛魚和沙丁魚等生猛海鮮漁獲量日本第一的松山市，盡情享用愛媛在地自傲的鄉土料理。

五志喜 ●ごしき

創業約380年的五色細麵製造商的合作餐廳。以梅肉或抹茶等4種顏色上色，加上白色細麵組成的五色細麵，上頭放上甘甜調味的鯛魚而成的鯛魚細麵無比美味。

✆089-933-3838 MAP 106D-3
🕒11:00～14:30、17:00～22:00
休不定休 所松山市三番町3-5-4
交伊予鐵道大街道電車站步行7分

⬆除了和式與下嵌式座位外，還設有包廂

鯛魚細麵

鄉土料理的五色細麵和吉祥寓意的鯛魚攜手演出

繽紛點綴慶典宴席的傳統料理。鄉土料理的五色細麵鋪上一隻完整的煮鯛魚，再淋上鯛魚煮汁的醬料食用。夏季為涼麵、冬季則趁熱享用。

整隻煮鯛魚端放其上色彩繽紛奪目的五色細麵

鯛魚細麵
1850円
將鯛魚的煮汁作為高湯，淋上稀釋的醬汁後享用愛媛『松山市』

愛媛的鄉土料理

鍋燒烏龍麵

鋁鍋為特徵的松山風格烏龍麵

鋁鍋中放入烏龍麵和甘甜醬汁熬煮而成。柔軟的麵搭配上甘煮牛肉或油豆腐等配料，是道令人懷念且心安的滋味。

特別搭配高湯的訂製麵條為重點

鍋燒烏龍麵
700円
裝於能直接以火烹煮的鋁鍋中提供給顧客

ことり

1949年創業時，便提供鍋燒烏龍麵料理的老字號餐廳。將北海道利尻產頂級昆布和伊予灘的秋刀魚乾熬煮成高湯，帶著樸實滋味。麵和醬油皆是為了搭配高湯而量身訂作。

↑昭和懷舊的氛圍

☎089-921-3003 MAP 106D-4
L10:00～14:00（售完打烊） 休週三、不定休
所松山市湊町3-7-2 🚃伊予鐵道松山市站步行10分

守護亙久不變的好滋味 鍋燒烏龍麵的發源店

鍋燒烏龍麵
800円
於甘甜食物匱乏的戰後所孕育而生。甘甜的高湯充分滲透軟麵條之中

アサヒ

1947年的戰後創業的烏龍麵店，廣受當地居民的喜愛。這道鍋燒烏龍麵加入以當地產沙丁魚乾和岩手產昆布熬煮成的高湯，有許多家庭代代都是忠實粉絲。

☎089-921-6470 MAP 106D-4
L10:00～16:00（售完打烊）
休週二、三 所松山市湊町3-10-11
🚃伊予鐵道松山市站步行10分

➲位於大街道商店街中的巷弄

三津濱燒

三津濱居民的靈魂美食

超過60年傳承的平民好滋味。在薄麵糊放上蕎麥麵和蔬菜等多層什錦煎餅。為三津濱的代表性美食，通常會放入竹輪和魚粉。

蕎麥麵糊附肉蛋
810円
調味過的蕎麥麵和麵糊十分搭配的三津濱燒

世代傳承的三津濱燒名店

お好み焼 日の出

●おこのみやきひので

創業逾50年，以不變的滋味受到當地顧客愛戴的知名餐廳。招牌料理蕎麥麵糊附肉蛋，食材滋味和甜辣醬的組合可謂絕配。

MAP 附錄②7A-3
☎089-952-3676
L11:00～18:10
休週三（有臨時休） 所松山市三杉町11-8
🚃伊予鐵道三津站步行3分
※現在僅剩外帶，需洽詢

松山壽司

漱石和子規皆鍾愛的散壽司

在松山地區於慶祝喜事時或招待訪客時端出的款待料理。據說夏目漱石初次造訪正岡子規家時，子規以此道料理款待漱石，而讓漱石欣喜不已。

松山壽司
1320円
將星鰻和當季蔬菜攪拌入壽司飯中，再擺放上當季的魚肉

在以壽司為主的和食店享用著名的鄉土料理

日本料理 すし丸

●にほんりょうりすしまる

創業70年的日本料理店。使用瀨戶內海當季食材的宴席料理和鄉土料理等菜色選擇豐富多樣。星鰻和鮮蝦等色彩繽紛食材的松山壽司，堪稱視覺與味覺的雙重饗宴。

☎089-941-0447 MAP 106D-3
L11:00～14:00、16:30～22:00 休無休
所松山市二番町2-3-2 🚃伊予鐵道大街道電車站步行5分 P有合作停車場

↑擺放繪畫點綴，饒富風情的店內空間

當地解饞小吃也要Check!

労研饅頭たけうち大街道支店

●ろうけんまんとうたけうちおおかいどうしてん

昭和初期將中國的「饅頭」改良為日式風格的蒸糕點。共有斑豆等14種口味。

☎089-921-6997 MAP 106D-3
L9:30～19:00（售完打烊） 休週三 所松山市大街道2-3-15 🚃伊予鐵道大街道電車站即到

勞研饅頭
（1個）150円
使用酵母菌的古法製作而成的樸實蒸糕點

甜不辣
（1片）220円
可邊走邊吃並且單點1片也OK。令人懷念的老滋味

東雲かまぼこ

●しののめかまぼこ

有名的甜不辣使用愛媛的當地魚貨帶骨磨成魚漿，再以蒙古岩鹽調味製成。 MAP 106D-3

☎089-935-8622 L9:00～18:00
休不定休 所松山市大街道3-7-4
🚃伊予鐵道大街道電車站步行5分

文學與美食景點雲集之鎮

松山市

●まつやまタウン

以松山城為中心繁榮發展的城下町。許多俳人與知識分子出身於此，故文人相關的景點也為數眾多。可搭配愛媛的代表性在地美食一同觀光遊賞。

區域導覽

MAP P.92・106・107 附錄②7

住宿資訊 P.106

在特集介紹！
造訪松山城→P.100
愛媛的鄉土料理→P.102

MAP 106D-2

Art Labo KASURI

●アートラボカスリ

☎089-968-1161 景點

認識具有傳統的伊予絣

介紹日本三大絣之一「伊予絣」歷史的資料館。可體驗製作藍染、公主達摩，也可購買化妝包、杯墊等伊予絣製品。

營 9:00～17:00（體驗為9:30～15:30）
休 無休
所 松山市大街道3-8-1
交 伊予鐵道大街道電車站步行5分

位於松山空中纜車街

MAP 92B-2

松山市立子規紀念博物館

●まつやましりつ しきさねんはくぶつかん

☎089-931-5566 景點

建於道後公園一隅的俳句殿堂

主要介紹與松山淵源深厚的文學家正岡子規的一生，著重於其生長環境、交友關係和人格特質。約收藏6萬件的親筆手稿和書簡，平時約展出其中的300件。

營 9:00～16:30（5～10月為～17:30） 休 週二（逢假日則翌日休） ¥ 參觀費400円 所 松山市道後公園1-30 交 伊予鐵道道後溫泉站步行5分 P 30分100円

復元子規和漱石同住的愚陀佛庵（1樓）

MAP 92B-2

il positano

●イル・ポジターノェ

☎089-934-0009 美食

大啖美味的道後義大利料理

大量使用四國山珍海味的料理一應俱全。以柴窯燒烤的拿坡里披薩950日圓，還有義大利麵與燉飯。使用獨門創意義大利豬培根的料理大受好評。

營 11:00～22:00
休 無休 所 松山市道後湯之町1-26 Auberge Dogo內 交 伊予鐵道道後溫泉站即到
P 使用Auberge Dogo停車場

使用瀨戶內海食材的各式義大利料理

MAP 附錄②7A-4

伊丹十三紀念館

●いたみじゅうぞう きねんかん

☎089-969-1313 景點

與松山關係密切的電影導演

高中時期在松山度過，且身兼隨筆作家與演員的伊丹十三，館內依名字之故規劃了13間展區來介紹其事蹟軌跡。另外附設咖啡廳與紀念品店。

營 10:00～17:30 休 週二（逢假日則翌日休）
¥ 入館費800円 所 松山市東石井1-6-10
交 伊予鐵道松山市站搭伊予鐵巴士20分，天山橋下車，步行3分 P 免費

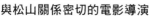

精心設計的常設展覽室

MAP 106D-1

一草庵

●いっそうあん

☎089-948-6891（松山市文化財課） 景點

漂泊的俳句詩人終焉之地

自由律俳句詩人種田山頭火選擇此處作為人生最後的住處。在1940年過世之前，約在此生活了10個月。現在的庵為1952年重建之物。

營 僅外觀能自由參觀（內部公開為週六日、假日的9:00～17:00，視時期有所變動） 休 無休 ¥ 免費入館 所 松山市御幸町1-435-1 交 伊予鐵道赤十字病院前電車站步行7分

靜靜佇立於充滿綠意的土地

MAP 106D-3

えひめキッチン

☎089-943-8877 美食

有許多愛媛當地的美食

可體驗打開水龍頭倒果汁的店家。除了可以吃到當地食材的愛媛午間套餐1400円之外，晚上還有依預算安排的創作料理全餐（預約制）。

營 11:00～15:00（15:00～為預約制） 休 不定休
所 松山市大街道3-3-5 友近ビル1F
交 伊予鐵道大街道電車站即到

水龍頭蜜柑汁（1杯）150円

MAP 92B-1

道後 魚武

●どうごうおたけ

☎089-913-1414 美食

瀨戶內海活魚為主角的鄉土料理店

提供瀨戶內海新鮮魚料理的鄉土料理店。位於鄰近道後溫泉本館的絕佳位置。除了宇和島鯛魚飯和午餐限定的道後天丼1080日圓外，套餐類或單點料理等選擇也豐富多樣。

營 11:00～22:30 休 無休
所 松山市道後湯之町13-19
交 伊予鐵道道後溫泉站步行5分

宇和島鯛魚飯1738円

MAP 92A-1

瀨戶內料理 道後金兵衛

●せとうちりょうり どうごきんべえ

☎089-993-5511 美食

道後人氣的和食餐廳

建於道後溫泉別館 飛鳥乃溫泉前。大量使用瀨戶內食材的鄉土料理和原創料理種類豐富。白天提供道後金兵衛大名御膳等餐點。

營 11:00～14:30、17:00～24:30（週六日、假日為11:00～24:30）※有變動 休 無休 所 松山市道後湯之町14-17 交 伊予鐵道道後溫泉站步行3分

道後金兵衛大名御膳1518円

MAP 106E-2

燒肉 萬屋

●やきにくよろずや

✆089-995-8929 美食

全為包廂、客群廣泛的人氣燒肉店

提供國產牛到黑毛和牛、牛骨拉麵等料理，經常有親子三代的愛好者前來光顧。輕鬆單人燒肉拼盤2380円、萬屋豐盛拼盤4580円（2～3人份）等拼盤料理相當豐富。

營 17:00～22:00（週六日、假日為～22:30）
休 無休 所 松山市道後町2-3-20
交 伊予鐵道南町電車站即到 P 免費

在包廂內悠閒享用頂級牛肉

MAP 106D-3

少爺美食大廳

●ぼっちゃん フードホール

✆089-933-8555 美食

一層樓就可品嘗到各式各樣的料理

位於松山三越1樓，共有550席，是四國最大規模的美食大廳。時髦又開放的大廳裡有西班牙料理、小酒館、日本料理、中華料理、咖啡廳、精釀啤酒專賣店等。

營 10:00～22:00（視店鋪而異） 休 無休
所 松山市一番町3-1-1 松山三越1F 交 伊予鐵道大街道電車站即到 P 使用松山三越停車場（付費）

大廳工作人員經常在現場待機

MAP 106D-3

わかみや真珠本店

●わかみやしんじゅ ほんてん

✆089-931-0715 購物

愛媛的首間珍珠專賣店

位於大街道的空中纜車街，販售高品質的愛媛產珍珠。除了高單價商品外，還有如1080日圓起的手機吊飾這類適合作為伴手禮的平價商品。

營 10:00～18:00
休 週三 所 松山市大街道3-2-32（空中纜車街）
交 伊予鐵道大街道電車站步行3分

光澤飽滿優美的珍珠，是女性的憧憬

MAP 92B-1

山田屋道後溫泉店 日本茶カフェ 茶楽

●やまだやどうごおんせんてん にほんちゃカフェちゃらく

✆089-921-5388 咖啡廳

在時尚的店內品嘗聖代

因「山田屋まんじゅう」聞名的老字號和菓子店所直營的日本茶咖啡廳。精選日本茶搭配和風甜點一起享用，秋季還有栗子聖代等季節性口味登場。

營 10:00～17:30
休 無休 所 松山市道後鷺谷町5-13
交 伊予鐵道道後溫泉站步行5分

茶樂聖代1155円

這裡也要CHECK！ 深受當地人喜愛的老字號百貨公司

松山三越 ●まつやまみつこし

購物

1946年開業的大型百貨公司。四國最大級美食區「少爺美食大廳」提供瀨戶內、四國當季食材做的料理，觀光客也非常喜歡。

✆089-945-3111 MAP 106D-3

營 10:00～19:00（視設施而異） 休 無休
所 松山市一番町3-1-1 交 伊予鐵道大街道電車站即到 P 消費1000円以上1小時免費

美食大廳內的「少爺橫丁」可選擇食物和飲料，找個喜歡的位子享用

MAP 附錄②7B-4

POÈME SWEETS PARK

●ぽえむスイーツパーク

✆089-955-8333 購物

愛媛銘菓「母惠夢」的主題樂園

設有可參觀母惠夢製造過程的參觀路線、能吃到現做母惠夢的內用空間、體驗區、商店等。店內現烤的頂級母惠夢在此數量限定販賣。

營 9:00～18:00 休 無休
所 東温市則之內甲2585-1
交 伊予鐵道橫河原站搭計程車10分 P 免費

能隔著玻璃參觀附設的工廠

BABY母惠夢（10個裝）972円

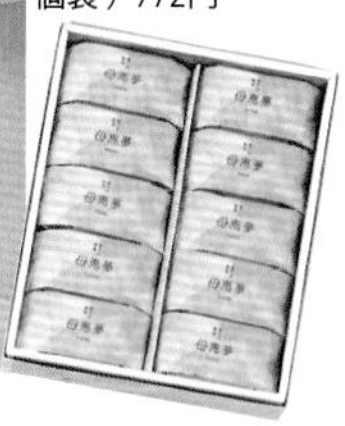

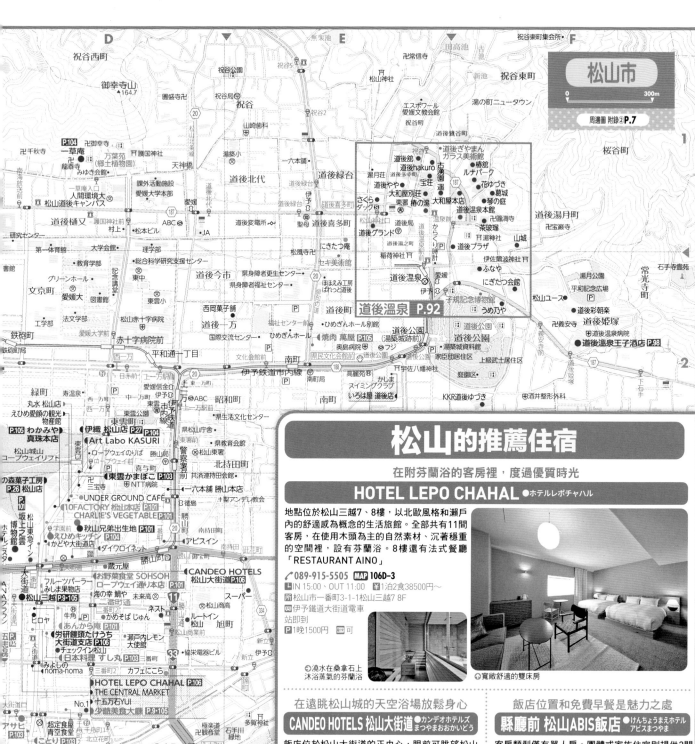

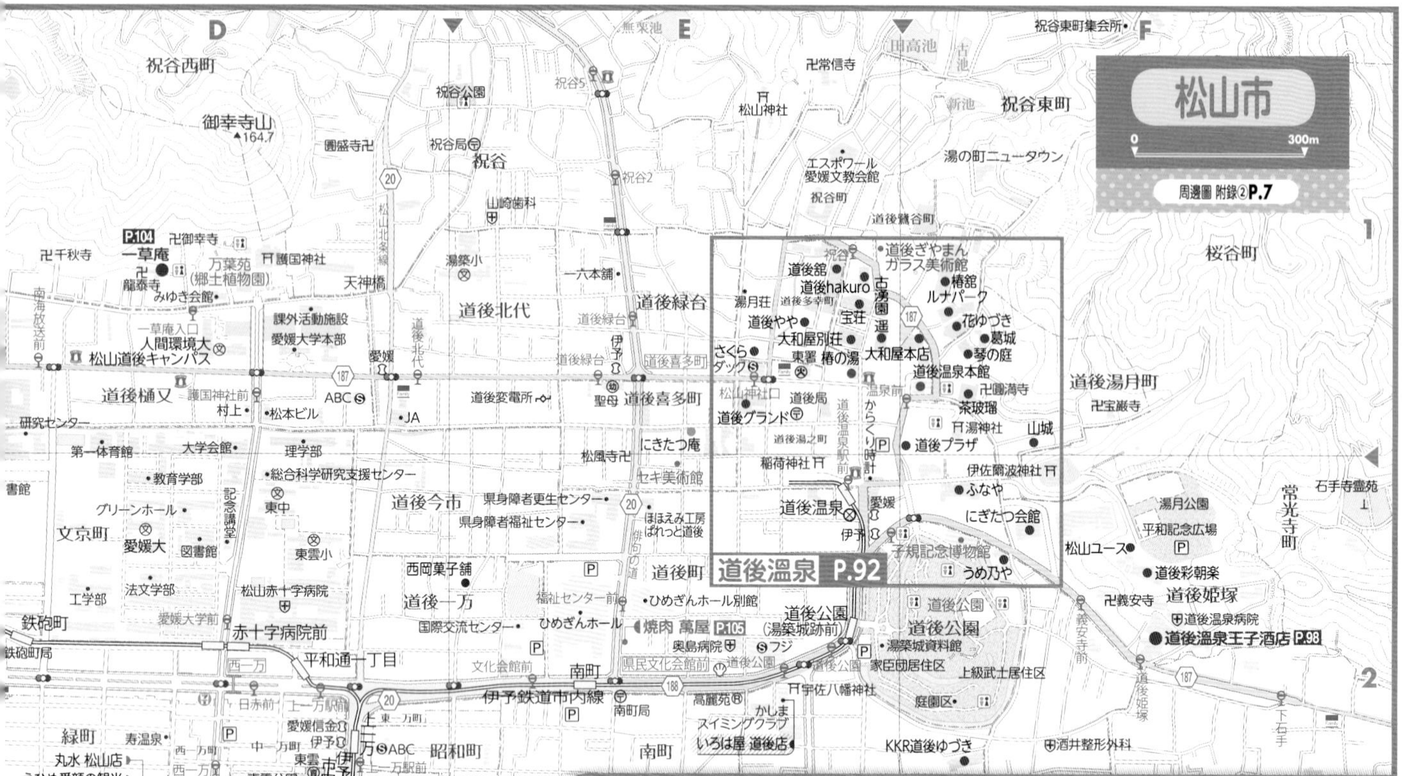

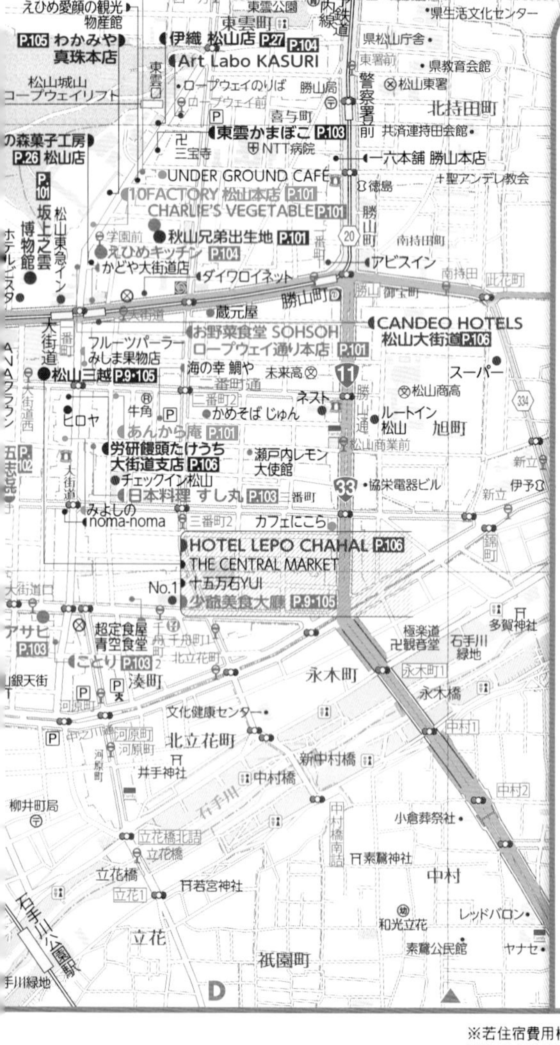

松山的推薦住宿

在附芬蘭浴的客房裡，度過優質時光

HOTEL LEPO CHAHAL ●ホテルレポチャハル

地點位於松山三越7、8樓，以北歐風格和瀨戶內的舒適感為概念的生活旅館。全部共有11間客房，在使用木頭為主的自然素材、沉著穩重的空間裡，設有芬蘭浴。8樓還有法式餐廳「RESTAURANT AINO」

089-915-5505 MAP 106D-3
IN 15:00、OUT 11:00 ¥1泊2食38500円～
所 松山市一番町3-1-1松山三越7 8F
伊予鐵道大街道電車站即到
P 1晚1500円 刷卡 可

↻澆水在桑拿石上沐浴蒸氣的芬蘭浴

↻寬敞舒適的雙床房

在遠眺松山城的天空浴場放鬆身心

CANDEO HOTELS 松山大街道 ●カンデオホテルズまつやまおおかいどう

飯店位於松山大街道的正中心，眼前可眺望松山城。最頂樓設有展望露天浴池和早餐餐廳，可享用到甜點豐富的自助早餐。

089-913-8866 MAP 106D-3
IN 15:00、OUT 11:00 ¥1泊房價單人房9000円～
所 松山市大街道2-5-12
伊予鐵道大街道電車站即到 刷卡 可

↻可將松山城和市容一覽無遺的天空浴場

↻日式現代風的客房

飯店位置和免費早餐是魅力之處

縣廳前 松山ABIS飯店 ●けんちょうまえホテルアビスまつやま

客房類型僅有單人房。團體或家族住宿則提供2間相鄰的連通房。免費提供日西式的自助早餐。

089-941-9003 MAP 107C-3
IN 15:00、OUT 10:00 ¥1泊房價單人房5800円～
所 松山市一番町4-1-8 伊予鐵道縣廳前電車站即到 P 1晚700円～ 刷卡 可

↻也有單人房2人利用7800円～的方案

↻沙拉吧備受好評

※若住宿費用標示為「1泊附早餐」或「1泊2食」，則為2位住宿時1位的費用；若標示為「1泊房價」，則為單人房1位住宿，以及雙床房2位住宿的總房價。費用皆包含稅金與服務費。

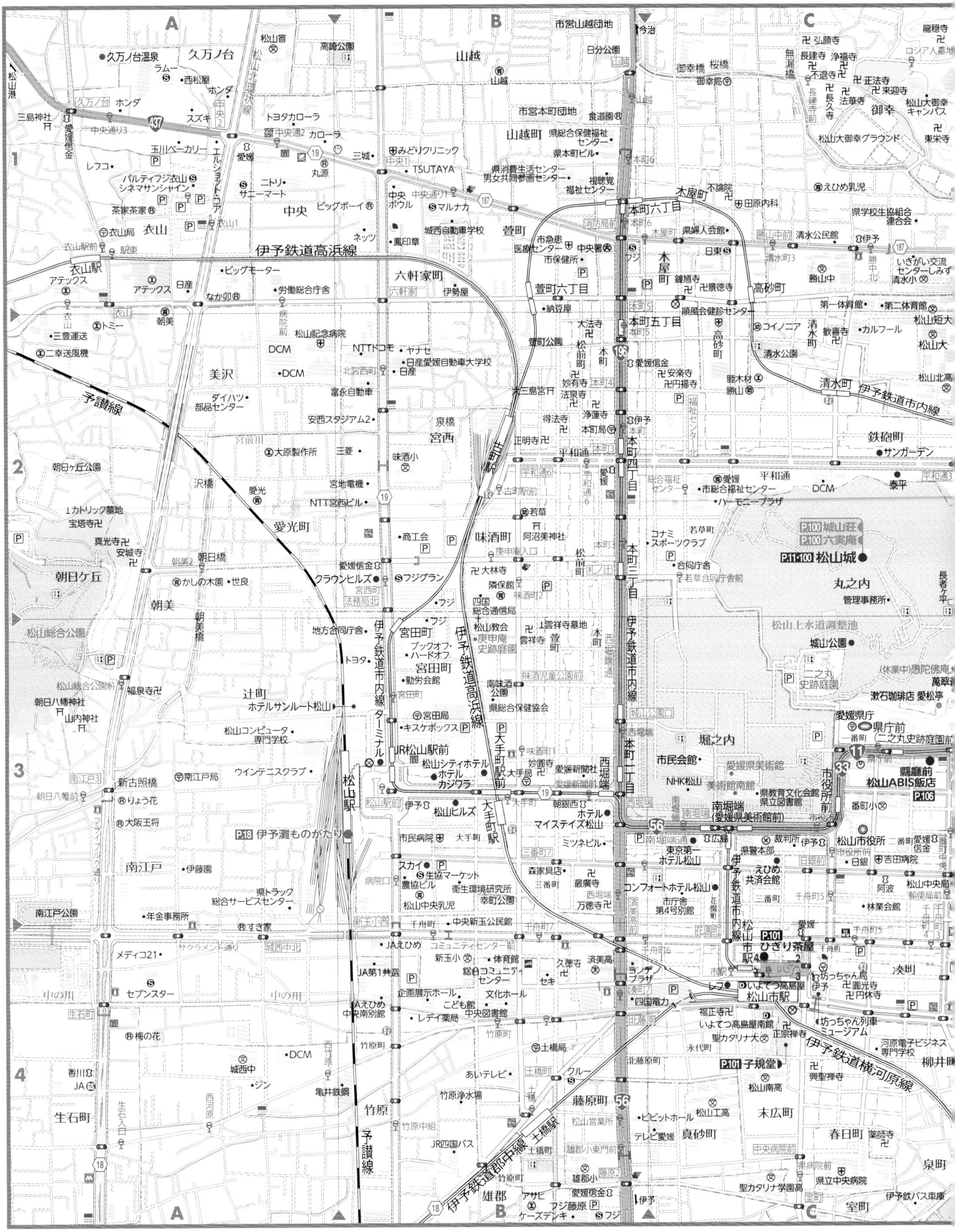

景點 玩樂 美食 咖啡廳 購物 溫泉 住宿 卍 四國八十八札所

梅山窯 梅野精陶所製的蕎麥碗

約100間燒窯所雲集的陶瓷城鎮 砥部

●とべ

是這樣的地方！

砥部是距離松山市南方約8公里的陶瓷城鎮。手拿散步地圖漫遊於同為藝廊的工坊或燒窯，悠閒自在地尋找心儀的陶器吧。

探訪陶藝之鎮

MAP
P.109・附錄②7

洽詢處
砥部町地域振興課
089-962-7288

ACCESS

巴士：松山市站 —伊予鐵巴士— 砥部燒傳統產業會館前
所需時間／約46分 費用／730円

車：松山IC —33— 砥部
約7km

砥部町是匯集了各式各樣燒窯的陶藝之鎮。造訪觀光景點、咖啡廳和體驗設施的同時，放慢腳步悠閒地漫遊欣賞鎮上風光吧。

首先前往燒窯參觀！

大部分的燒窯集中分布於砥部燒傳統產業會館（➡P.191）的1km半徑圈內。由於巷弄錯綜複雜，所以建議在販賣部索取免費地圖。在窯業社區「陶里之丘」內匯集了個性派作家的藝廊。

What's 砥部燒

於光滑白瓷繪上藍色圖案的優美陶器。厚實且堅固，適用於日常生活。最近出現不少色彩圖案繽紛，由年輕創作家繪製的作品。

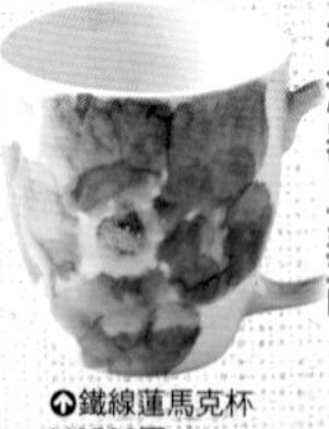

鐵線蓮馬克杯 M3520円

柔和圖案布滿器皿表面

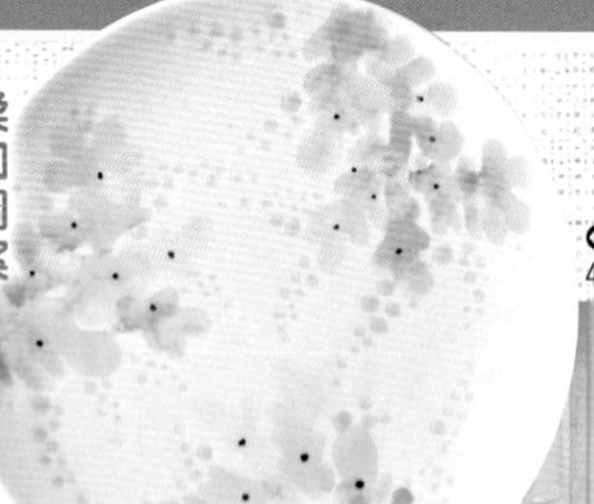

金合歡6寸盤 4950円

迷人的陶藝家大東亞琳

東窯 ●ひがしがま

來自菲律賓的大東亞琳所創作的作品色彩鮮豔，使用約20種顏色的染料繪製。於藝廊空間也展示著價格平易近人的商品。

089-962-7156 MAP 109A-2
10:30～18:30 休週二
所砥部町五本松885-21 交伊予鐵道松山市站搭伊予鐵巴士46分，砥部焼伝統産業会館前下車，步行15分 P免費

綠意環繞的建築

梅山窯 梅野精陶所 ●ばいざんがまうめのせいとうしょ

1882年創業，擁有梅山窯之名的燒窯。在此孕育出砥部僅有的唐草圖案而聞名。園區內設有商品販賣部。

089-962-2311 MAP 109A-2
8:00～17:00 休週一、二、不定休
所砥部町大南1441 交伊予鐵道松山市站搭伊予鐵巴士47分，砥部町客下車，步行15分
P免費

唐草圖案的蕎麥麵豬口杯

孕育唐草圖案的老字號燒窯

在燒窯內可以自由參觀陶工的製陶過程

挑戰上色繪圖體驗！

透過上色體驗，將旅行的感動記錄下來，前來繪製一個世上絕無僅有的原創作品吧。

選擇喜愛的器皿描繪圖案

↑邊接受指導邊自由繪圖

＼作品完成！／

↑燒製完成的器皿約在2～3週後能夠送抵手上

砥部町陶藝創作館

●とべちょうとうげいそうさくかん

↑選擇一款自己喜愛的素燒器皿

從80種的素燒器皿中選擇自己喜愛的樣式，使用名為吳須的繪具來著色繪圖。方案所需時間約30分到1小時。也能體驗拉坏製陶。

☎089-962-6145 MAP 109B-1
L 9:00～16:00 休 週四（逢假日則翌日休）
¥ 繪圖體驗300円～、拉坏體驗（黏土1kg、含指導費用、預約制）1500円（皆需另付運費） 所 砥部町五本松82 🚌 伊予鐵道松山市站搭伊予鐵巴士46分，砥部焼伝統産業会館前下車，步行7分 P 免費

學習歷史和作品

瞭解砥部燒從江戶時代一脈相承而來的傳統與悠久歷史，認識其古今變化。

展示珍貴的資料

砥部燒傳統產業會館

●とべやきでんとうさんぎょうかいかん

↑展示各種文物史料和優異的陶工作品

介紹富含砥部燒歷史的珍貴陶器資料館。並且展示與販售來自約80間燒窯的作品。

MAP 109B-1
☎089-962-6600
L 9:00～17:00 休 週一（逢假日則翌平日休） ¥ 入館費300円 所 砥部町大南335 🚌 伊予鐵道松山市站搭伊予鐵巴士46分，砥部焼伝統産業会館前下車即到 P 免費

能參觀工廠&體驗的砥部燒複合式設施

砥部燒觀光中心 炎之里

●とべやきかんこうセンターえんのさと

大型的砥部燒製造直售店，銷售鎮內別具特色的燒窯作品。在此可參觀製陶過程和繪圖上色體驗。附設有咖啡廳餐館。

↑展示販售約70間的燒窯作品

MAP 109B-1
☎089-962-2070
L 9:00～17:00 休 無休 所 砥部町千足359
🚌 伊予鐵道松山市站搭伊予鐵巴士45分，砥部焼観光センター口下車，步行5分 P 免費

若想歇息片刻

用邸部燒享受咖啡時光

砥部焼ギャラリー紫音

●とべやきギャラリーしおん

此選品店精選出「日常生活可使用」的砥部燒。陳列著約10間窯場的作品，到處都是富有個性的器皿，可慢慢在店內尋找自己中意的商品。

↑店內為挑高空間，冬季有燒柴的暖爐

☎089-962-7674 MAP 109A-2
L 10:00～17:30 休 週二、第3週三（逢假日則翌日休） 所 砥部町五本松885-13 🚌 伊予鐵道松山市站搭伊予鐵巴士46分，砥部焼伝統産業会館前下車，步行15分 P 免費

↑赤十草紋路的小碗公（すこし屋）2530円

←深藍色令人印象深刻的5寸盤（ヨシュア工房）2200円

時尚有型的設計為魅力之處

元晴窯

●げんせいがま

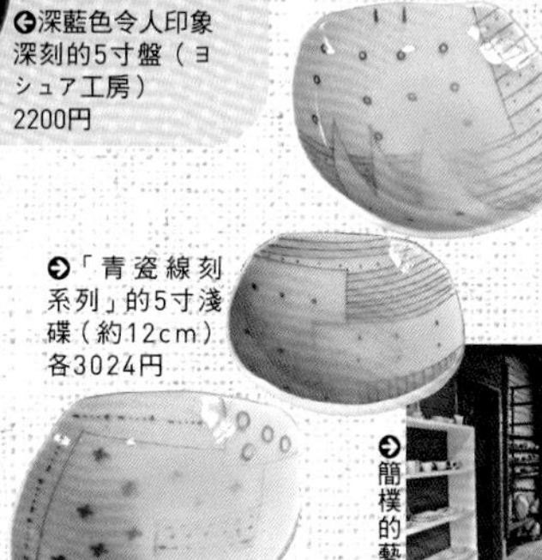

→「青瓷線刻系列」的5寸淺碟（約12cm）各3024円

於富有設計感的白瓷器皿繪上直線、曲線和英文字等簡單摩登圖案。在藝廊空間中，主要販售最新的作品。

→簡樸的藝廊空間

MAP 109A-2
☎089-962-3028
L 10:30～17:00（需洽詢）
休 不定休 所 砥部町五本松885-20
🚌 伊予鐵道松山市站搭伊予鐵巴士46分，砥部焼伝統産業会館前下車，步行15分 P 免費

●景點 ●玩樂 ●美食 ●咖啡廳 ●購物 ●溫泉 ●住宿 卍 四國八十八札所

陶彩窯（長戶製陶所）

●とうさいがまながとせいとうじょ

展現個性的特色作品眾多

帶有漸層的青白瓷和使用圓形與直線的簡樸設計陶器等，創作家們的作品適合用於日常生活之中。可參觀工廠內部。

☎089-962-2123 MAP 109A-2
L 9:00～18:00 休 不定休
所 砥部町五本松196
🚌 伊予鐵道松山市站搭伊予鐵巴士46分，砥部焼伝統産業会館前下車，步行15分 P 免費

↑摩登造型設計的馬克杯3520円

↑染付古邸部文茶碗（1個）2200円

↓陶彩窯是以三角形屋頂為特徵的建築

道跳島遊 駕車遊逛

島波海道串連起各個特色鮮明的島嶼。漂浮在風平浪靜的瀨戶內海上的大小島嶼，和橋梁交織而成的絕景是這裡的最大特色。想要嚴選景點，快速遊覽的話適合1天，想要慢慢觀光則推薦2天1夜。

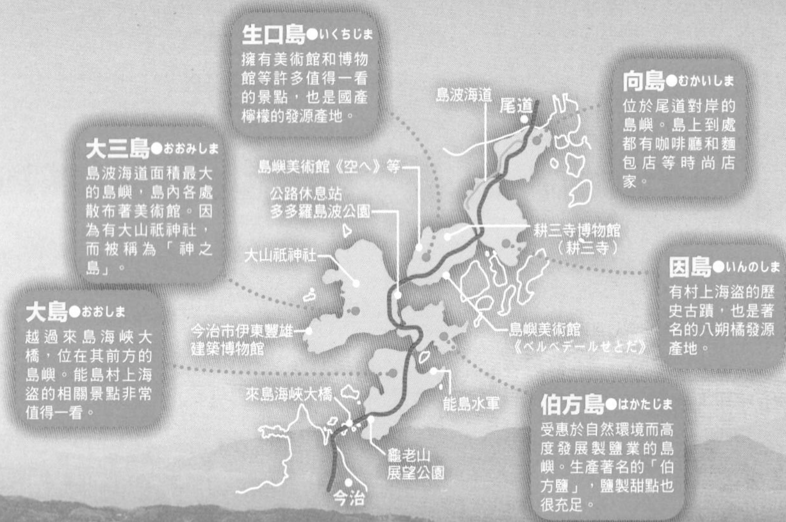

生口島●いくちじま
擁有美術館和博物館等許多值得一看的景點，也是國產檸檬的發源產地。
向島●むかいしま
位於尾道對岸的島嶼。島上到處都有咖啡廳和麵包店等時尚店家。
大三島●おおみしま
島波海道面積最大的島嶼，島內各處散布著美術館。因為有大山祇神社，而被稱為「神之島」。
因島●いんのしま
有村上海盜的歷史古蹟，也是著名的八朔橘發源產地。
大島●おおしま
越過來島海峽大橋，位在其前方的島嶼。能島村上海盜的相關景點非常值得一看。
伯方島●はかたじま
受惠於自然環境而高度發展製鹽業的島嶼。生產著名的「伯方鹽」，鹽製甜點也很充足。
島波海道
尾道
島嶼美術館《空へ》等
公路休息站
多多羅島波公園
耕三寺博物館
（耕三寺）
大山祇神社
今治市伊東豐雄建築博物館
島嶼美術館
《ベルベデールせとだ》
來島海峽大橋
能島水軍
龜老山
展望公園
今治

島波海道

美麗島嶼和橋梁交織而成的海道

●しまなみかいどう

✦是這樣的地方！✦

連接愛媛縣今治市和廣島縣尾道市的島波海道，是可以看到島嶼之美、絕景的兜風路線&騎自行車的人氣景點。這裡還有豐富的海產及柑橘甜點等，遊玩方式千變萬化。

島波海道
今治
道後溫泉
新居濱
松山市
西條
砥部
內子
大洲
宇和島

MAP 附錄②15

洽詢處
今治市觀光課
✆0898-36-1541

ACCESS

從松山往島波海道
車：松山IC —松山道・今治小松道— 今治湯之浦IC（約46km　費用／1490円）→ 196 317 → 今治IC（約10km）

從尾道往島波海道
車：新尾道站 → 363 2 → 西瀨戶尾道IC（約4km）

從松山往今治
電車：松山站 —JR特急潮風號— 今治站（所需時間／約40分　費用／2260円）

建議遊玩方式

景點間移動駕車最為方便

由於景點分布範圍很大，其間的移動方式最推薦駕車。雖也有巴士行駛，但班次較少，需經常確認時刻。

注意單向交流道

走島波海道時，島內若有2個交流道，只能從行進方向前方的交流道下橋。

以今治或尾道為觀光據點

在四國據點愛媛縣今治市和本州據點廣島縣尾道市，皆有豐富的住宿設施和餐廳。交通也十分方便，最適合作為島波觀光的據點。

世界第一座 壯觀的三連式吊橋

來島海峽大橋

●くるしまかいきょうおおはし

大橋連結今治和大島，橫跨在與鳴門海峽、關門海峽並列為日本三大急潮的來島海峽上。全長約4km，是島波海道數一數二的長度。

✆0898-23-7250　MAP 附錄②15A-4
（本州四國聯絡高速道路島波今治管理中心）
¥自行車通行費200円
所今治市砂場町～吉海町
交今治北IC即到

有完善的自行車道，最適合騎自行車的來島海峽大橋

島波海

每天形成大型漩渦的時間都不同

超滿魄力的潮流體驗，感受海賊氛圍！

飽覽瀨戶內的絕景
くるしまかいきょうおおはししゅうへん
來島海峽大橋周邊

在能島村上海賊相關的大島上，有充滿魄力的潮流體驗和絕景咖啡廳。在伯方島則可購買鹽製品當伴手禮。

\START/ 今治IC

約17km 約20分

大島 龜老山展望公園
●きろうさんてんぼうこうえん

位於大島南端，海拔307.8m的龜老山山頂。從全景展望台能將夜間點燈的來島海峽大橋和美麗的瀨戶內島嶼一覽無遺。由限研吾氏設計出融入環境的建築也值得關注。

✆0897-84-2111（今治市吉海支所）MAP 附錄②15A-4
自由入園　所今治市吉海町南浦487-4　大島南IC車程4km　P免費

約12km 約25分

大島 能島水軍
●のしますいぐん

宮窪水道因洶湧海潮而聞名，可搭乘小型船前往3個主要景點，從船上眺望潮流。最大可達16節的急流非常刺激。

✆0897-86-3323　MAP 附錄②15B-3
9:00～16:00（每隔1小時2名以上出航）
休週一（逢假日則翌日休）　¥潮流體驗1500円　所今治市宮窪町宮窪1293-2
大島南IC車程9km　P免費
※會依海潮狀況出航，需事前確認時間

可將瀨戶內海的島嶼之美一覽無遺的最強觀景點

360度大全景

夕陽也美不勝收♥

來島海峽大橋在夕陽的照射下，美麗動人

往P.112

從龜老山展望公園眺望的景色

What's 村上海盜

14～16世紀左右，成為瀨戶內海霸權的海盜，平時是從事海上警衛與運輸工作。在島波海道周邊留有許多相關景點，村上海盜歷史遺跡群的故事已被認定為日本遺產。

島波海道自行車之旅

聚集來自各國自行車手的聖地！

島波海道除了新尾道大橋之外，所有橋梁都附設自行車步行道，另有豐富的自行車租借設施，新手也能輕鬆體驗。在這裡可飽覽島橋上的景色，和體驗愉快的島上騎車，是自行車手憧憬不已的場所。

STEP 1 首先租借自行車

可在島波海道沿道的10處中心租借自行車，並於所有中心租借歸還（電動自行車和雙人自行車除外）。也有停車場，所以也能駕車前往。別忘了戴安全帽。

從越野車到兒童用車應有盡有

自行車租借費用

租借費 1日2000円 ＋ 保證金 1輛1100円
（電動自行車僅1日為2500円）
（雙人自行車為1日為3000円）

※若自行車於同樣的租借中心或同島內的租借中心歸還，可拿回保證金。

STEP 2 島內&橋樑巡遊

橋上與島內的自行車道整備完善，從JR今治站到JR尾道站的車道左側，設有推薦的自行車路線（Blue Line），新手也能輕鬆體驗的道路整備萬全。橋的通行費為50～200円。

Blue Line

自行車步行道

STEP 3 善用島波自行車休息站

島波海道周邊約有230座自行車休息站。自行車輪胎打氣、洗手間和補水站等設施完備。

詳細資訊請於
https://cycle-oasis.com/
確認一下

認明這個看板

來島海峽大橋周邊

約5km
約12分

大島 枯井山展望公園
●カレイやまてんぼうこうえん

位於海拔232m的枯井山山頂附近。重現村上水軍偵敵台的展望台，可將能島、大島大橋、伯方島、大三島的景觀盡收眼底。

✆080-2989-5179（能島之里）MAP 附錄②15B-3
L自由入園　所今治市宮窪町宮窪　交大島南IC車程10km　P免費

從山頂眺望有水軍城的能島

↑可看到周圍的急流

即到

↓木板露台座

可眺望海景的法式烘焙坊咖啡廳

←整顆水蜜桃 750円（6月下旬～8月底左右）、冰紅茶600円

伯方島 マリンオアシスはかた

設有特產販賣所和餐廳。除了伯方鹽，還有販售伯方鹽的加工品、島產蔬菜、柑橘等該地特有季節商品。

✆0897-72-3300 MAP 附錄②15B-3
L10:00～16:00　休無休（冬季為不定休）
所今治市伯方町叶浦甲1668-1 道の駅伯方S.Cパーク內　交伯方島IC即到　P免費

吹著舒適海風眺望山上絕景的咖啡廳

←從海拔20m處眺望絕美風景

約9km
約18分

伯方島特產鹽製伴手禮在這裡！

↑建於伯方海灘前方

→一整排柑橘商品

←鹽霜淇淋350円

約3km
約6分

伯方島 Pâtisserie T's cafe玉屋
●パティスリーティーズカフェたまや

可品嘗大量使用當季水果的甜點。整顆水蜜桃裡面有加卡士達醬（夏季限定）相當受歡迎。雖然店內也可眺望海洋，但推薦於好天氣時選坐露台座。

✆0897-72-0343 MAP 附錄②15B-3
L10:00～16:30（外帶為～17:00）
休週日　所今治市伯方町有津2328　交伯方島IC車程3km　P免費

大島 open cafe遠見茶屋
●オープンカフェとおみちゃや

建於枯井山展望公園的展望台旁。從沒有外牆、充滿開放感的店內，可一邊欣賞能島和伯方島等瀨戶內海上的群島，一邊品嘗島嶼套餐。週六、日和連休假日亦有營業，冬季則公休。

✆0897-86-2883（僅營業日）MAP 附錄②15B-3
L週六日和連休假日的10:00～15:30（午餐時間為～11:00～）　休週一～五、冬季　所今治市宮窪町宮窪6363-1　交大島南IC車程10km　P免費

島嶼套餐1200円
使用島上食材共12道料理的餐盤套餐

順道一遊SPOT♪

大島 來島海峽急流觀潮船
●くるしまかいきょうきゅうりゅうかんちょうせん

搭乘專用船體驗急流

從下田水港出發，體驗來島海峽的洶湧潮流，所需時間約45分。會配合海潮狀況出航，因此時間需事先確認。

MAP 附錄②15A-4
✆0898-25-7338（しまなみ）L9:00～16:00左右　休無休（12～2月超過5名需預約）　¥乘船費1800円　所今治市吉海町名4520-2 公路休息站 よしうみいきいき館內　交大島南IC車程1km　P免費

←搭乘遊艇接近急流

大島 吉海玫瑰公園
●よしうみバラこうえん

在廣大的玫瑰園裡度過悠閒時光

占地總面積2.8ha的公園裡，種植了全球約400種五顏六色的玫瑰。也有遊具、噴水池和草皮廣場。

MAP 附錄②15B-4
✆0897-84-2111（今治市吉海支所）
L自由入園　所今治市吉海町福田1292
交大島南IC車程4km　P免費

←四國最大規模的玫瑰公園

大島 村上海盜博物館
●むらかみかいぞくミュージアム

介紹日本規模最大的村上海賊

即舊今治市村上水軍博物館。除了展示古文書和出土文物等實物史料之外，還有模型、立體透視模型和影片等，淺顯介紹村上海盜的故事。

✆0897-74-1065 MAP 附錄②15B-3
L9:00～16:30　休週一（逢假日則翌平日休）　¥常設展參觀費310円
所今治市宮窪町宮窪1285
交大島南IC車程9km　P免費

↑據說為實際穿過的陣羽織（村上海盜博物館收藏）

→2樓為常設展示室

愛媛［島波海道］

島波海道跳島遊

一邊眺望多多羅大橋稍做休息

前往「神之島」大有來歷的神社

大三島（おおみしま）

大三島上有大山祇神社和博物館等許多值得一看的景點，也務必要去逛有許多柑橘伴手禮的公路休息站。

↑交流屋台市有許多島產檸檬

↑自行車手也很喜歡的公路休息站

約7km 約10分

道路休息站多多羅島波公園

●みちのえきたたらしまなみこうえん

↑可眺望多多羅大橋的絕佳拍照景點

位於多多羅大橋橋邊的公路休息站，可坐在海邊的長椅眺望多多羅大橋。另外有販售當地蔬菜和水果的交流屋台市。

✆0897-87-3866 MAP 附錄②15B-3
L 10:00～17:00、餐廳為11:00～15:00
休 無休（冬季為不定休） 所 今治市上浦町井口9180-2
🚗 大三島IC即到 P 免費

往P.114

→境內有樹齡2600年的大樟樹鎮坐在此

大山祇神社

●おおやまづみじんじゃ

全國有1萬多間祭祀大山積神（天照大神的兄神）的神社總本社，也是讓大三島被稱為「神之島」的神社。寶物館裡會保存展示8成被指定為國寶．重要文化財的武具。

✆0897-82-0032 MAP 附錄②15A-3
L 境內自由參觀、寶物館為8:30～16:30
休 無休 ¥ 寶物館入館費1000円 所 今治市大三島町宮浦3327 🚗 大三島IC車程7km P 使用附近的停車場（免費）

↑指定為重要文化財的拜殿

約17km 約22分

島波特產

買柑橘伴手禮回家吧！

島波區域為全國數一數二的柑橘產地。外觀清爽的甜點最適合當伴手禮！

＼在這裡購買／

公路休息站 しまなみの駅御島

●みちのえきしまなみのえきみしま

販售在大三島採集的農產品和柑橘類、海產加工品等特產。

✆0897-82-0002 MAP 附錄②15A-3
L 8:30～17:00 休 無休 所 今治市大三島町宮浦3260 🚗 大三島IC車程7km P 免費

せとうちみかんゼリー
↓裡面有滿滿蜜柑果肉
瀨戶內蜜柑果凍 1個170円

＼在這裡購買／

Limone

●リモーネ

檸檬農家的直售商店，販售使用有機・無農藥栽培柑橘的利口酒和甜點。

MAP 附錄②15B-3
✆0897-87-2131（僅洽詢） L 11:00～17:00 休 週二、五
所 今治市上浦町瀨戶2342 🚗 大三島IC車程3km P 免費

大三島檸檬甜酒 1瓶(200mℓ)2100円
←帶點苦味的檸檬利口酒

順道一遊SPOT♪

TOKORO MUSEUM OMISHIMA

充滿現代藝術的世界

●ところミュージアムおおみしま

建於蜜柑田斜坡，展示約30件國內外的立體作品。從開放式露台座望去的瀨戶內海風景也很美麗。

✆0897-83-0380 MAP 附錄②15A-3
L 9:00～16:30
休 週一（逢假日則翌日休）
¥ 入館費310円
所 今治市大三島町浦戶2362-3
🚗 大三島IC車程14km P 免費

↑在階梯狀的空間展示作品

今治市伊東豊雄建築博物館

融入島嶼風景的現代建築

●いまばりしいとうとよおけんちくミュージアム

活躍於全世界的建築家伊東豊雄所設計的博物館。由舊宅改建的「銀色小屋」等2棟建築所構成。

✆0897-74-7220 MAP 附錄②15A-3
L 9:00～17:00 休 週一（逢假日則翌日休）
¥ 參觀費840円 所 今治市大三島町浦戶2418 🚗 大三島IC車程15km P 免費

↑表現造船之町・今治多面體構造的「鋼鐵小屋」

しまなみコーヒー

帶著野餐的心情享受下午茶時光

位在高地，能眺望大海的咖啡站。可開心享用現磨咖啡和現榨柑橘汁。

MAP 附錄②15B-3
✆090-4977-8191
L 10:00～17:00（有變更） 休 週一～五（逢假日則營業，視營業、時期、天候有所變動）
所 今治市上浦町井口7594-1
🚗 大三島IC即到

↑僅週六日、假日營業

→鮮榨檸檬汁 580円

⬆川上喜三郎《ベルベデールせとだ》@舊尾道市立南小學旁

⬆松永真《千里眼"のぞいてみよう、瀬戸田から世界が見える。"》@瀬戸田日落海灘

融入瀨戶內海的各項作品相當壯觀

約12km 約17分

（到瀬戸田日落海灘）

しまなみドルチェ本店

●しまなみドルチェほんてん

使用瀨戶田檸檬和柑橘的自然派義式冰淇淋，經常備有10種口味，可在看得到海的露台座品嘗。

0845-26-4046 MAP 附錄②15B-2
營 10:00～17:00 休 無休
所 広島県尾道市瀬戸田町林20-8 交 生口島南IC車程8km P 免費

使用當地水果做成的義式冰淇淋

⬆義式冰淇淋雙球600円

約3km 約6分

島嶼美術館

●しまごとびじゅつかん

⬆真板雅文《空へ》@瀬戸田日落海灘

作家可自行選擇擺設地點，並從這片風景獲得靈感並製作，共展示了17件戶外藝術作品。大多數的作品都在海岸邊，每一個都很獨特。

MAP 附錄②15B-2
0845-27-2210（尾道市瀬戸田支所島嶼振興課） 營 自由參觀 所 交 視作品而異

約4km 約8分

（從瀬戸田日落海灘出發）

適合拍照打卡的島嶼風景

生口島（いくちじま）

海岸邊有許多藝術作品，每項都值得一看，是景致絕佳的拍照景點。瀨戶田檸檬的甜點也是來到此處必吃的美食！

耕三寺博物館（耕三寺）

●こうさんじはくぶつかんこうさんじ

耕三寺耕三為紀念母親而興建的淨土真宗本願寺派寺院。境內的博物館有一部分對外公開，並復元了全國名寺、古寺的堂塔，當中有15座被登記為有形文化財。

MAP 附錄②15B-2
0845-27-0800
營 9:00～17:00 休 無休
¥ 入館費1400円 所 広島県尾道市瀬戸田町瀬戸田553-2
交 生口島南IC車程7km
P 免費

腹地內有許多美麗的建築物

未來心之丘（みらいしん）の丘
約5000m²的大理石庭園。大小各異的紀念碑聳立於此，宛如希臘神殿

⬅聳立於入口，被登錄為有形文化財的中門

➡華麗的朱色迴廊

順道一遊SPOT♪

來自全國的自行車手在此聚集

cafe VIA shimanami

●カフェヴァイアシマナミ

鹽町商店街有自行車咖啡廳，可在此享用瀨戶田檸檬製作而成的飲料和甜點。也有販售周邊商品和衣物。

080-4373-4355 MAP 附錄②15B-2
營 9:00～17:00 休 週一～四（逢假日則營業） 所 広島県尾道市瀬戸田町瀬戸田426-1 交 生口島南IC車程7km

⬆柑橘芭菲1000円（12月中旬～5月下旬）

⬆以檸檬為主題的周邊「島波海道模特兒」

盡情享用鄉土料理濱子鍋

瀬戸の味 万作

●せとのあじまんさく

主角是在瀨戶田町捕獲的新鮮海產。濱子鍋裡面會放做成味噌燒口味的島嶼名產如料理章魚和昆布高湯、祕傳味噌、鯛魚、章魚、蝦子、蔬菜等。

0845-27-3028 MAP 附錄②15B-2
營 11:00～15:00（晚上僅預約） 休 週四 所 広島県尾道市瀬戸田町瀬戸田530-1 交 生口島南IC車程7km

➡濱子鍋1800円（照片為1人份）在鹽田工作的「濱子」們曾吃的鄉土料理

抒情詩般的日本畫世界在此展開

平山郁夫美術館

●ひらやまいくおびじゅつかん

美術館中完整介紹生口島出身的日本畫家平山郁夫的畢生偉業，可欣賞其年少時期一直到晚年的貴重作品。

MAP 附錄②15B-2
0845-27-3800
營 9:00～16:30 休 無休 ¥ 入館費920円～（視展示館而異）
所 広島県尾道市瀬戸田町沢200-2 交 生口島南IC車程7km
P 免費

⬆建築物為建築家今里隆所設計

前往充滿話題的主題樂園

因島
いんのしま

前往獨特的主題樂園學習村上海盜的歷史吧，這裡也有八朔橘發源地特有的伴手禮。

學習「發酵」的同時享受島上的悠閒時光

HAKKO花園點綴著四季更迭的花草和農作物

一邊眺望瀨戶內的海洋，一邊悠閒泡足浴

可和山羊互動的動物交流廣場

充滿開放感的咖啡廳露台座

HAKKO午間套餐1080円 加入酒粕和鹽麴的味噌漢堡排

有商店和咖啡廳的HAKKO入口

HAKKO公園
●ハッコーパーク

約10km 約16分

萬田發酵所經營的「發酵」學習主題樂園。園內的花園裡有使用萬田酵素栽培的植物和動物，還有商店、咖啡廳等，此外還有舉辦可參觀萬田酵素部分製作過程的工廠參觀之旅。

☎0120-85-1589 MAP 附錄②15B-2
L 10:00～17:00（咖啡廳為～16:30） 休 週三（逢假日則開園） ¥ 免費入園 所 広島県尾道市因島重井町5800-95 交 因島南IC車程3km P 免費

約5km 約14分

白瀧山
●しらたきさん

五百羅漢石佛向下俯瞰

可眺望瀨戶內海絕景

海拔226m的岩山，上面據說有因島村上水軍第6代首領．村上吉村所建造的觀音堂。觀音堂周邊有大小約700尊石佛，是著名的能量景點。

MAP 附錄②15B-2
☎0845-26-6212（尾島市因島綜合支所島嶼振興課） 所 広島県尾道市因島重井町 交 因島南IC車程8km P 免費

約6km 約16分

將因島村上海盜的歷史訴說至今

12分之1比例的大阿武船模型

因島水軍城
●いんのしますいぐんじょう

1983年築城的城型資料館。展示許多自南北朝時代活躍於室町時代、並獲認定為日本遺產的村上海盜武將用品和遺留品。

☎0845-24-0936 MAP 附錄②15C-2
L 9:30～16:30（視時期有所變動） 休 週四（逢假日則開館） ¥ 入館費330円 所 広島県尾道市因島中庄町3228-2 交 因島南IC車程4km P 免費

本丸作為海盜資料館對外公開

約2km 約5分

\GOAL/

因島北IC

順道一遊SPOT♪

因島特有的柑橘甜點

博愛堂
●はくあいどう

使用八朔橘和柑橘製作甜點大受好評的日式點心暨西點店。八朔橘蕨餅使用了和三盆糖，帶有清淡的甜味。

MAP 附錄②15C-2
☎0845-22-5421
L 9:30～18:00 休 週日、假日 所 広島県尾道市因島土生町2085-10 交 因島南IC車程4km P 免費

八朔橘蕨餅950円，附果肉顆粒醬汁

經常銷售一空的因島名產

八朔橘大福 1顆200円 10月上旬～8月中旬限定販售

はっさく屋
●はっさくや

因島大橋紀念公園裡的麻糬點心店。八朔橘大福和整顆蜜柑大福、葡萄甘夏大福等季節性大福為名產。

☎0845-24-0715 MAP 附錄②15C-2
（尾道市因島綜合支所島嶼振興課）
L 8:30～17:00（售完打烊） 休 週一、二（逢假日則翌日休） 所 広島県尾道市因島大浜町246-1 因島大橋紀念公園內 交 因島南IC車程8km P 免費

四季花卉盛開的休憩公園

尾道市因島Flower Center
●おのみちしいんのしまフラワーセンター

地點位於白瀧山麓，可免費入園的花草公園。四季更迭的花草點綴園內，可和家人或團體來訪，在此度過悠閒時光。

MAP 附錄②15B-2
☎0845-26-6212
（尾道市因島綜合支所島嶼振興課）
L 9:00～17:00
休 週二（逢假日則翌日休） ¥ 免費入園
所 広島県尾道市因島重井町1182-1 交 因島南IC車程6km
P 免費

從展望露臺眺望園區

連結瀨戶內海島嶼的四國入口

今治

●いまばり

✦是這樣的地方！

今治是東予地區的中心，餐廳和飯店匯集於此。作為島波海道的玄關口，身兼觀光基地十分方便。今治也因日本第一的毛巾生產量而聞名全國。

MAP
P.117・附錄②7・15

洽詢處
今治市觀光課
✆0898-36-1541

ACCESS

電車：松山站 ―JR特急潮風號― 今治站
所需時間／約40分 費用／2260円

車：松山IC ―松山道・今治小松道― 今治湯ノ浦IC ―196・38― 今治市區
約46km 費用／1490円 約10km

將海水引進護城河 日本首屈一指的海城

目前遺留有本丸、二之丸、內護城河和石垣等。因海水的漲退潮而改變水位的護城河內可見海水魚

當地特產一網打盡 自傲

除了全國聞名的今治毛巾之外，還有頂級糖漿的剉冰、靈魂食物今治燒豚玉子飯和今治烤雞肉串等，道地美食應有盡有。前來稱霸今治自傲的5大必做事項吧。

1 今治城

いまばりじょう

夜間點燈也璀璨華美

由燈光設計師海藤春樹所策劃的夜間點燈。每天從日落30分後到23時為止，夢幻之城浮現眼前

1602年由築城名將藤堂高虎所建設的城堡。築城時因鄰近海邊，海灘的砂被吹起而又有「吹揚城」的別名。5層6樓的天守閣為1980年時重建，內部展示與今治藩相關的資料。從6樓的展望台能遠眺來島海峽大橋。 MAP 117

✆0898-31-9233 ⏰9:00～17:00 休無休 ¥參觀費520円 所今治市通町3-1-3 🚌JR今治站搭瀨戶內巴士9分，今治城前下車即到 P1小時100円

2 今治毛巾

今治的毛巾生產約占日本國內生產的6成。職人以技術編製而成的毛巾，因擁有卓越的吸收性及柔軟觸感而廣受歡迎。具設計感和高機能性的產品正持續問世。

重新翻修舊毛巾工廠

コンテックスタオルガーデン今治

●コンテックスタオルガーデンいまばり

⇧越用越喜愛的毛巾琳瑯滿目

將舊織品工廠和事務所改建成商店和咖啡廳的工廠店鋪。在播放著慢調爵士的紅磚建築內，販售kontex品牌的毛巾。可到附設的咖啡廳中享用日式甜點。

MAP 附錄②15A-4
✆0898-23-3933
⏰10:00～17:45
休週一（逢假日則翌日休）
所今治市宅間854-1
🚌JR今治站搭瀨戶內巴士13分，宅間下車，步行10分
P免費

高品質的今治毛巾齊聚一堂

今治タオル 本店

●いまばりタオルほんてん

今治毛巾的官方直營店鋪。僅陳列來自30間公司、約400種今治毛巾品牌商品的店家。優越的吸水性和柔軟觸感，使用起來非常舒適。附設可體驗安心、安全、高品質的今治毛巾LAB和imabari towel CAFÉ。

MAP 附錄②15A-4
✆0898-34-3486
⏰9:30～18:00
休無休
¥免費入館
所今治市東門町5-14-3 テクスポート今治1F
🚌JR今治站搭瀨戶內巴士10分，今治營業所下車，步行7分
P免費

⇧由毛巾專家協助挑選商品

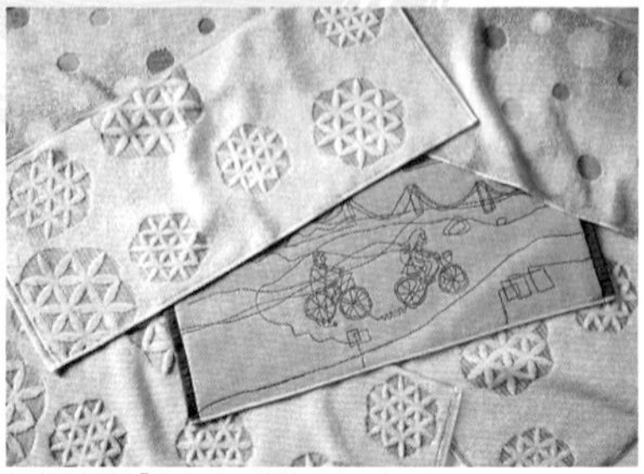

⇧產地原創「ふわり」擦臉毛巾1100円～
今治毛巾品牌認定編號：第2021-1086號、2021-1100號、2021-1106號

今治5大

3 剉冰

將冰塊從冰箱取出，稍待片刻才刨成剉冰為一大特徵。將食材的香氣和滋味發揮到極致的糖漿堪稱一絕。還有期間限定販售的剉冰別忘了事先確認。

愛媛縣產伊予柑的清爽甜味和嚴選國產牛奶簡直絕配

糖漿用完即停止販售，故推薦7月上旬之前前往

奢侈使用大量果實的濃厚糖漿

登泉堂 ●とうせんどう

最受歡迎的是草莓牛奶。嚴選色澤香氣飽滿的當地產草莓，耗時約1個月調製而成的自製糖漿，可以吃到紮實的草莓果肉。剉冰的提供為黃金週到9月下旬為止。冬季則由麻糬披薩等獨特的個性甜點登場。 MAP 附錄②7B-2

☎0898-22-5735 營10:00～17:45（剉冰為11:00～） 休週一
所今治市郷新屋敷町2-5-30 交JR伊予富田站步行15分 P免費

豐富多樣的頂級口感剉冰

Tamaya ●タマヤ

口感有如淡雪般的剉冰最為知名。夏季販售超過30種剉冰，懷舊風味的奶昔和草莓牛奶最受歡迎。全年皆有供應剉冰。

MAP 117
☎0898-22-2076
營10:30～20:00（夏季為～21:00） 休不定休
所今治市共栄町2-2-54
交JR今治站步行15分

⬆夏日皇后的草莓牛奶冰880円、特製宇治金時牛奶冰770円、牛奶金時和三盆冰770円

4 今治燒豚玉子飯

白飯放上薄片叉燒和半熟荷包蛋，用叉燒醬汁調味而成的丼飯。約40年前原為餐廳的員工餐，爾後被市內約60間餐廳放入菜單當中。祕訣是直接用湯匙享用。

推薦給喜歡吃粗飽的人
充滿飽足感的濃郁滋味

重松飯店

●しげまつはんてん

提供超過60種料理的熱門大眾中華料理店。最受歡迎的燒豚玉子飯有沓用傳承30年燒賣醬汁所燉煮的五花肉和腿肉，以及半熟荷包蛋。午餐顧客大多為當地的上班族。

⬆營業前便會大排長龍的人氣餐廳

豬五花肉和腿肉的叉燒，再鋪上當地產蜜柑蛋的半熟荷包蛋

MAP 附錄②15A-4
☎0898-22-6452
營11:45～13:45、18:00～19:45（週三～五僅中午營業） 休週一 所今治市大正町5-4-47
交JR今治站步行15分 P免費

自創業以來長久傳承的甘甜醬汁，讓味道極富深度

雞蛋、醬汁和叉燒相得益彰的「燒豚玉子飯」先驅

白楽天 今治本店

●はくらくてんいまばりほんてん

當地著名的老字號中華料理店。燒豚玉子飯為初代店長於1970年獨立開店時開始被列在菜單上。還有單點的麵飯類，或是套餐和晚間全餐等豐富多樣料理。當日午餐也能在晚間時段點餐。

⬆時髦的氛圍吸引不少女性客人光顧

MAP 117
☎0898-23-7292 營11:00～14:30、17:00～21:30 休週二 所今治市常盤町4-1-19 交JR今治站步行10分 P免費

5 今治烤雞肉串

使用獨特的傾斜鐵板，用鐵板燒烤口感酥脆的「雞皮」最為有名。用煎鏟邊壓邊烤為最大特徵，調味醬有甜辣醬油或鹽味等眾多種類。

雖說是雞皮，但還是能吃到雞肉，Q彈又多汁

創業40年以上的老字號
鐵板烤雞肉串的王道

世渡

●せと

名列「今治烤雞肉串四天王」其一的名店。專業熟練的燒烤師將肉的鮮度、切肉方式和燒烤方式等細節兼顧得面面俱到。除了烤雞皮外，還有雞翅或雞肝等單點料理，甚至是全餐料理等，烤雞肉串菜單的選擇豐富多樣。

MAP 117
☎0898-31-1614
營17:00～20:30 休週一、二
所今治市黃金町1-5-20 交JR今治站步行15分 P免費

⬆店內有吧檯座、和式座位和包廂

獨門研發的地雞「伊予水軍雞」超美味!

やきとり山鳥 ●やきとりさんちょう

追求美味而生的地雞伊予水軍雞，特徵為恰到好處的油脂和彈牙的口感。越嚼越能嘗到鮮美肉汁，深獲縣內外顧客們的好評。除了烤雞肉串外也有飯類或單點料理等豐富選擇。

☎0898-22-7188 MAP 117
營17:00～22:30 休週一
所今治市末広町1-4-7
交JR今治站步行10分 P免費

⬅店內設有水槽，能品嘗到新鮮活魚

外皮酥脆油脂濃郁，雞肉軟嫩美味

四國頂尖的臨海工業都市

新居濱

●にいはま

是這樣的地方！

因江戶時代採礦開坑的別子銅山而蓬勃發展，為四國首屈一指的臨海工業都市。沿海地帶工廠帶狀分布，為東予地區的中心都市之一。

有「東洋的馬丘比丘」之稱的產業遺產

Minetopia別子

●マイントピアべっし

利用別子銅山遺跡的礦山觀光地，每年約吸引超過50萬的觀光客來訪。共有能參觀銅山遺產的「東平區」和作為觀光基地集結設施與景點的「端出場區」等2座區域。同時參觀2座區域約需花費3小時。

✆0897-43-1801

L休所P依區域而異

東平區

3～11月開園

MAP 附錄②6D-3

過去曾是別子銅山的採礦本部，設於標高約750m的山中。儲礦庫或Incline（爬坡軌道）遺跡等礦山相關的設施仍留存至今。

✆0897-43-1801（Minetopia別子）L自由參觀 所新居浜市立川町654-3 ⊡新居濱IC車程18km P免費

東平儲礦庫遺跡

前往東平區的道路險峻難行，建議可搭乘端出場區域出發的附導覽定期觀光巴士。

端出場區 MAP 附錄②6D-3

在約6萬㎡的廣大占地內，除了有觀光基地Minetopia本館外，還有能學習礦山歷史的觀光坑道、採砂金和銅工藝品的體驗設施等分布其中。

✆0897-43-1801（Minetopia別子）

L9:00～17:00（視設施而異、視時期有所變動）

休無休（2月有1週左右的休館，視時期有設施休館） ¥免費入場、觀光坑道＋礦山鐵道1300円

所新居浜市立川町707-3 ⊡JR新居濱站搭瀬戸內巴士20分，於マイントピア別子下車即到 P免費

⊙利用鐵路前往觀光坑道

⊙觀光坑道「江戶區域」

MAP 附錄②6

洽詢處

新居濱市運輸觀光課

✆0897-65-1261

ACCESS

電車	松山站	JR特急潮風號	新居濱站
		所需時間／約1小時10分 費用／3560円	
車	松山IC	松山道	新居浜IC
		約58km 所需時間／約40分 費用／1730円	

產業遺產×休閒度假

全家來學習的戶外教學

除了利用礦山遺跡的熱門設施外，還有科學博物館與歷史紀念館等豐富觀光景點。適合全家大小暢遊一日時光。

就要買這個！

明治創業的老字號糖果店

別子飴本舗

●べっしあめほんぽ

明治時代創業的老字號糖果鋪。別子飴是以麥芽糖、乳製品和上白糖為主原料的牛奶糖。共有特產的蜜柑、可可、抹茶、花生和草莓等7種口味。

✆0897-45-1080 MAP 附錄②6D-3

L8:30～17:00 休不定休 所新居浜市郷2-6-5 ⊡JR新居濱站搭瀬戸內巴士8分，柳ノ下下車，步行4分 P免費

⊙別子飴懷舊包裝（1袋）118円～

在遊戲中學習自然與科學

愛媛縣綜合科學博物館

●えひめけんそうごうかがくはくぶつかん

圓錐形的入口棟、正方形的展示棟和彎月形的生涯學習棟等，本館還擁有世界最大的直徑30m圓頂螢幕，以及天象儀棟等。展示棟設有3間常設展示室與戶外展示。

✆0897-40-4100 MAP 附錄②6D-3

L9:00～17:00（視時期有所變動） 休週一（逢假日、第1週一則翌平日休） ¥常設展參觀費540円、天象儀參觀費540円（特別展等需額外付費） 所新居浜市大生院2133-2 ⊡JR新居濱站搭瀬戸內巴士21分，総合科学博物館下車即到 P免費

⊙近未來意象的建築設計是建築家黑川紀章的作品

⊙和風建築與西洋文化完美調和的舊廣瀨宅邸

回溯日本近代化產業的腳步

新居濱市廣瀨歷史紀念館

●にいはましひろせれきしきねんかん

介紹明治時代為別子礦山的近代化貢獻良多的住友中興之祖──廣瀨宰平的事業功績及其日常生活的紀念館。由重要文化財舊廣瀨宅邸和展示館所組成，也能參觀作為名勝景點而聞名的庭園。

✆0897-40-6333 MAP 附錄②6D-3

L9:30～17:00 休週一、逢假日的翌日休（假日翌日若逢週日則開館） ¥入館費550円 所新居浜市上原2-10-42 ⊡JR新居濱站搭計程車20分 P免費

西條 湧出伏流水的優美水都

是這樣的地方！

●さいじょう

位於西日本最高峰石鎚山的山麓，因名水百選其一的「うちぬき」源源不絕流出伏流水，而成為優美水都聞名全日本。

不斷湧水、永不枯竭的觀音水

水之都 うちぬき散步

西條的象徵「うちぬき」所指的是伏流水自然湧出的水井。可見於市內各處，也會舉辦導覽行程。在造訪觀光景點的同時也一同遊賞吧。

1. 西條市綜合文化會館
   設有うちぬき的飲水場
2. 觀音水
   新町川源頭的湧水
3. Aquatopia水系
   新町川沿岸整備了散步道和公園
4. うちぬき廣場
   設有名水百選的紀念碑
5. 弘法水
   從大海湧出的清水。留有弘法大師的傳說

0897-56-2605（西條市觀光物產協會）

MAP 附錄②7

洽詢處

西條市觀光物產協會

0897-56-2605

ACCESS

電車	松山站	JR特急潮風號	伊予西條站
		所需時間／約1小時　費用／3390円	
車	松山IC	松山道	いよ西条IC
		約49km　所需時間／約35分　費用／1490円	

展覽名留日本鐵道史上的6輛名車

四國首座正宗的鐵道博物館

鐵道歷史公園 in SAIJO

●てつどうれきしパークインサイジョウ

共有「四國鐵道文化館北館・南館」、「十河信二紀念館」和「觀光交流中心」等3座設施。傳達四國的鐵道文化與西條的魅力。

MAP 附錄②7C-3

0897-47-3855 L9:00～16:30 休週三（逢假日則翌日休，觀光交流中心無休） ¥四國鐵道文化館入館費（北館・南館通用）300円，十河信二紀念館和觀光交流中心免費入館 所西条市大町798-1 JR伊予西條站即到 P免費

介紹先民生活的資料館

愛媛民藝館

●えひめみんげいかん

建於陣屋原址的土藏造建築。土藏造的民藝美術館中，收藏自室町時代約200件的民藝品及工藝品。以展示先民日常生活中的重要器具為主軸。

MAP 附錄②7C-3

0897-56-2110 L9:00～16:30 休週一（逢假日則翌日休） ¥入館費200円 所西条市明屋敷238-8 JR伊予西條站步行16分 P免費

主要展示庶民的日常用品

就要買這個！

柚子和味噌的絕妙風味

星加のゆべし

●ほしかのゆべし

相傳曾被獻給西條藩主松平家的柚子味噌風味和菓子。販售「ゆべし（柚餅子）」（1條）356日圓。

MAP 附錄②7C-3

0897-56-2447 L9:30～18:00 休無休 所西条市東町225-2 JR伊予西條站步行15分 P免費

一口柚餅子（3個入）390円

稍微走遠一點

從瓶山所見的翠綠天狗岳

海拔1982m的西日本最高峰

石鎚山

●いしづちさん　MAP 附錄②7C-4

作為信仰靈山而受崇拜的日本七靈山之一。作為山岳信仰的修行道，石鎚山有著險峻難行的登山步道，亦可搭乘空中纜車（8:40～17:00，依時期而異）或開車到達七合目。

0897-59-0331（石鎚登山空中纜車） ¥空中纜車來回2000円 所西条市小松町、面河村、久万高原町 JR伊予西條站搭瀨戶內巴士54分，於ロープウェイ前下車，搭空中纜車8分，山頂成就下車，步行3小時到山頂 P1日500円～

可體驗到正統的攀岩活動

建於公路休息站小松オアシス內

露營場有充足的租借用品

在大自然當中充分體驗戶外活動

mont-bell OUTDOOR OASIS ISHIZUCHI

●モンベルアウトドアオアシスいしづち　MAP 附錄②7C-3

鄰近石鎚山SA，由mont-bell監製的複合設施。館內除了有mont-bell商店之外，還有高約6m攀岩場和抱石牆，還附設露營場。

0898-76-3111 L9:00～19:00（視設施有所變動） 休無休 ¥攀岩（20分）1000円、抱石（1小時）500円、日營1帳 1000円～ 所西条市小松町新屋敷乙22-29 公路休息站小松オアシス內 直通石鎚山SA（いよ小松IC車程4km） P免費

令人滿心雀躍的懷舊街景

木蠟&白壁小鎮

內子的主要街道在這裡

八日市・護國街區

●ようかいちごこくのまちなみ MAP 120B-1

從江戶時代後半到明治、大正時代所建設的商家宅邸和民宅綿延約600m。漆塗的大壁、海鼠壁和紅殼格子等傳統特色建築令人遙想昔日生活。

木蠟資料館上芳我邸

●もくろうしりょうかんかみはがてい

為生產木蠟致富的本芳我家的分家宅邸，1894年落成。主屋和木蠟生產設施等10棟建築被指定為重要文化財。倉庫裡設有咖啡廳。

MAP 120B-1
☎0893-44-2771
L 9:00～16:30 休 無休
¥ 入館費500円
所 內子町內子2696
🚃 JR內子站步行20分

公開展示木蠟的生產器具和工法

➲被宅邸環繞的中庭

國家的重要文化財

內子座

●うちこざ

➲可租借拍紀念照用的法被衣

建於1916年，瓦葺屋頂入母屋造式建築的劇場小屋。仍使用創建當時保存下來的花道、旋轉舞台和座席等設備舉辦公演無舉行活動時則可參觀內部。

※2023年秋季進入修復工程期間，無法參觀

☎0893-44-2840 MAP 120A-2
L 9:00～16:30 休 無休 ¥ 入館費400円
所 內子町內子2102 🚃 JR內子站步行10分 P 免費

購買內子的蠟燭作為禮物

➲能參觀和蠟燭的製作過程

大森和蠟燭屋

●おおもりわろうそくや

於內子經營約200年的老字號和蠟燭店。和蠟燭不會滴蠟，大幅擺動的美麗火焰別具魅力。將木蠟反覆塗抹於蠟芯而成，傳統的技法由第6代和第7代的親子所繼承延續。

☎0893-43-0385 MAP 120B-1
L 9:00～12:00、13:00～17:00
休 週二、五（有時會營業，請參照官網）
所 內子町內子2214
🚃 JR內子站步行15分

➲和蠟燭1枝297円～

➲店內的陳列架擺放著商品

內子

●うちこ

商家和民宅櫛比鱗次的白壁小鎮

是這樣的地方！

昔日因生產木蠟而繁榮的內子町八日市・護國一帶，被選定為重要傳統的建築物群保存地區。內子保留有為數眾多的歷史建築，饒富風情的街景綿延不絕。遊逛咖啡廳和伴手禮店，悠閒漫步於巷弄之間吧。

MAP
P.120・附錄②14

洽詢處
內子町訪客中心
☎0893-44-3790

ACCESS

電車：松山站 —JR特急宇和海號— 內子站
所需時間／約25分 費用／2060円

車：松山IC —松山道— 內子五十崎IC —56— 內子
約34km 費用／1080円 約1km

JR內子站步行20分可到八日市．護國街區。若自駕前往，建議將車停在八日市．護國街區北側的街區停車場（1日300円），沿著平穩的坡道向下散步。

●景點 ●玩樂 ●美食 ●咖啡廳 ●購物 ●溫泉 ●住宿 卍四國八十八札所 讚岐烏龍麵

就要在這休息

大快朵頤當季蔬菜料理和蕎麥麵

蕎麦つみ草料理 下芳我邸

●そばつみくさりょうりしもはがてい

此間和食餐廳改建自屋齡140年以上的富商宅邸。使用國產蕎麥粉的蕎麥麵與當地蔬菜料理組合而成的季節御膳深受歡迎。

☎0893-44-6171 MAP 120B-2
L 11:00～14:30 休 週三、1・2月的平日
所 內子町內子1946
🚃 JR內子站步行12分 P 免費

➲野遊便當1850円

能以平價享用南予名產鯛魚飯

りんすけ

創業約110年的料亭「魚林」姊妹店。能品嘗到名產鯛魚飯或山藥泥麥飯。

☎0893-44-2816（魚林）MAP 120A-2
L 11:30～14:00、17:00～20:00
休 週三 所 內子町內子2027 🚃 JR內子站步行10分 P 使用內子まちの駅Nanze停車場（免費）

➲鯛魚飯1100円

大洲 ●おおず

綻放於肱川沿岸的優美城下町

✦是這樣的地方！✦

建於恬靜的肱川沿岸，以大洲城為中心而繁榮發展的城下町。從明治到大正保留下來的民宅林立，在小花街的周邊分布著歷史建築和活用自然景觀的庭園。

隨意遊逛 伊予的小京都

想放慢腳步悠閒探訪風情萬種的街道

大洲的主要街道在這裡！

小花街 ●おはなはんどおり

於藩政時代作為城下町的中心而蓬勃發展。忠實保留江戶時代的街道和民宅，隨處可見風情萬種的街景。因1966年播放的NHK晨間劇《阿花小姐》以此為背景而知名。

MAP 121B-1

善用自然景觀的借景庭園

臥龍山荘 ●がりゅうさんそう

約3000坪的山莊，因位於肱川首屈一指的風景名勝而聞名。擁有數奇屋造風格的臥龍院、不老庵和知止庵等3處建築物，可參觀內部。

☎0893-24-3759 MAP 121B-2
L 9:00～16:30 休無休
¥入館費550円 所大洲市大洲411-2 ▣JR伊予大洲站搭宇和島巴士4分，大洲本町下車，步行7分

↑有如河上浮船的不老庵

↑使用珍貴木材的優美臥龍院

明治時代誕生的時髦洋風建築

大洲紅磚瓦館 ●おおずあかれんがかん

1901年所建的大洲商業銀行本店。館內設有物產中心、展示室和資料藝廊等，可作為休息處使用。

MAP 121B-1
☎0893-24-1281
L 9:00～17:00 休無休
所大洲市大洲60 ▣JR伊予大洲站搭宇和島巴士4分，大洲本町下車，步行5分 P免費

↑英國式的紅磚架構為特徵

建於斜坡上的近代和風別墅

盤泉荘（舊松井家住宅） ●ばんせんそうきゅうまついけじゅうたく

在菲律賓經營事業而致富的松井國五郎，在1926年建造的別墅。地點矗立於彷彿高地的斜坡旁。

☎0893-23-9156 MAP 121B-2
L 9:00～16:30 休無休 ¥入館費550円 所大洲市柚木317 ▣JR伊予大洲站搭宇和島巴士4分，大洲本町下車，步行10分 P免費（使用大洲まちの駅あさもや停車場）

從窗戶一覽柚木街景

MAP P.121・附錄②14

洽詢處
大洲市觀光協會
☎0893-24-2664

ACCESS

電車	松山站 —JR特急宇和海號— 伊予大洲站	所需時間／約35分	費用／2260円
車	松山IC —松山道— 大洲IC —56— 大洲	約42km 費用／1300円	約5km

街區從鄰近大洲市中心部的肱川橋向外延伸。商家、武家宅邸和明治時代的建築隨處可見，是散步的好去處。JR伊予大洲站搭宇和島巴士4分在大洲本町下車後開始觀光。若駕車前往，建議可使用大洲まちの駅あさもや的免費觀光停車場。

●景點●玩樂●美食●咖啡廳●購物●溫泉●住宿 卍 四國八十八札所

就要在這休息

於厚實感的店內享用鄉土料理

大洲炉端 油屋 ●おおずろばたあぶらや

將曾出現於司馬遼太郎《街道散步》中的老字號旅館改建而成。可嘗到使用當地食材的定食和爐端燒。

☎0893-23-9860 MAP 121B-1
L 11:30～14:00、18:00～22:00
休週一（逢假日則翌日休）
所大洲市大洲42 ▣JR伊予大洲站搭宇和島巴士4分，大洲本町下車，步行3分

↑薩摩汁定食950円

可享用抹茶和輕食的茶屋

山荘画廊臥龍茶屋 ●さんそうがろうがりゅうぢゃや

鄰近臥龍山荘。設有茶屋和畫廊，庭園中有水琴窟。由於畫廊無展覽的期間為休館日，請事先確認。

☎0893-24-6663 MAP 121B-2
L 11:00～17:00（畫廊僅週日～15:00）
休週一 所大洲市大洲398-6
▣JR伊予大洲站搭宇和島巴士4分，大洲本町下車，步行7分 P免費

↑抹茶套餐（附和菓子）750円

宇和島

●うわじま

受惠於伊達家文化遺產和豐饒大自然的城鎮

✦是這樣的地方！✦

面對宇和海的南予中心都市。繁盛長達9代的伊達家文化遺產遍布宇和島城四周。同時也因鬥牛之城而名聞遐邇。

MAP
P.122・附錄②14

洽詢處
宇和島市觀光協會
✆0895-49-5800

ACCESS

電車	松山站 —JR特急宇和海號— 宇和島站 所需時間／約1小時20分 費用／3560円
車	松山IC —松山道— 宇和島朝日IC —274・56・320— 宇和島站 約82km 費用／1890円 約1km

眺望宇和海美景 伊達十萬石的城下町

保留往昔景觀，相當浪漫

保留於城山上景觀絕佳的天守

宇和島城

●うわじまじょう

已列為重要文化財的現存天守，為藤堂高虎於1601年蓋好後，伊達家2代藩主伊達宗利所新建。從1615年伊達政宗的長男秀宗入城以來，持續9代都是伊達家的住所。

✆0895-22-2832 MAP 122B-2
🕒9:00～17:00（11～2月為～16:00）休無休 ¥天守參觀費200円 所宇和島市丸之內 🚃JR宇和島站步行15分，從登城口到天守步行20分 P1小時100円

400年前耕作至今的獨特景觀

⊙所栽種的馬鈴薯獲得美味好評

遊子水荷浦的梯田

●ゆすみずがうらのだんばた

在山的斜面遺留著石砌的梯田。被選拔為「農村景觀百選」和「重要文化的景觀」。梯田的山腳處設有餐廳和商店。

MAP 附錄②14E-4
✆0895-62-0091（梯田守護會）
🕒自由參觀 所宇和島市遊子水荷浦
🚃宇和島南IC車程19km P免費

宇和島市營鬥牛場

●うわじましえい とうぎゅうじょう

建於丸山山頂的全天候型鬥牛場。定期鬥牛大會為1月2日到10月為止，每年舉辦5次。除了大會舉辦日外還能以DVD影片觀賞大會。

感受勇猛的宇和島鬥牛世界

⊙決定好想支持的牛隻會更添樂趣

✆0895-25-3511 MAP 122B-1
🕒8:30～17:00（定期鬥牛大會為12:00～） 休週六、日、假日
¥定期鬥牛大會觀戰費3000円、鬥牛DVD觀戰免費
所宇和島市和靈町一本松496-2 🚃JR宇和島站步行25分（定期鬥牛大會當日從宇和島站有免費巴士） P免費

展示伊達家傳承的眾多珍寶

⊙讓人聯想到城門的厚重感入口

宇和島市立伊達博物館

●うわじましりつだてはくぶつかん

建於伊達家宅邸遺址的博物館。公開展示伊達家傳承的武具、書畫和婚禮用品等文物。豐臣秀吉的肖像畫僅限黃金週期間特別對外展覽（需洽詢）。 MAP 122A-2

✆0895-22-7776
🕒9:00～16:30 休週二（逢假日則翌日休） ¥入館費500円 所宇和島市御殿町9-14 🚃JR宇和島站搭宇和島巴士8分，東高校前下車，步行5分 P免費

●景點 ●玩樂 ●美食 ●咖啡廳 ●購物 ●溫泉 ●住宿 卍 四國八十八札所

就要在這休息

清爽湯頭的特色強棒麵

菊屋

●きくや

明治創業的麵類專賣店。採用沙丁魚乾的和風高湯，搭配豬肉、魚板和蔬菜等豐富食材，分量十足。

✆0895-22-1145 MAP 122B-2
🕒11:00～15:00、17:30～19:50
休週四、每月1次週三不定休 所宇和島市中央町2-3-33 🚃JR宇和島站步行10分

⊙強棒麵（中）1100円

品嘗特產鯛魚飯

ほづみ亭

●ほづみてい

能享用到使用宇和海新鮮海產的鄉土料理和單點品項。搭配料理啜飲的地酒也令人期待。

✆0895-22-0041 MAP 122B-1
🕒11:00～13:20、17:00～21:20 休週日（逢連休則休最後一天） 所宇和島市新町2-3-8 🚃JR宇和島站步行5分 P免費

⊙宇和島鯛魚飯1350円

岩間 沈下橋

高知 こうち

大自然豐富的 幕末志士淵源之地

位於四國南部的高知縣，是孕育出幕末英雄坂本龍馬等志士的地方。除了有作為土佐藩城下町而繁榮的高知市區之外，還有可眺望四萬十川和太平洋的足摺岬、室戶岬等豐饒的多處自然景點。此外，太平洋的海產、山產等土佐特有的特殊當地美食也充滿魅力。

從日本全國前往高知的交通方式

東京出發

- 飛機：羽田機場 → 高知機場（ANA・JAL 約1小時30分）→ 高知站（機場巴士 約25分）
- 鐵道：東京站 → 岡山站（山陽新幹線希望號 約3小時20分）→ 高知站（JR特急南風號 約2小時35分）

京阪神出發

- 鐵道：新大阪站 → 岡山站（山陽新幹線希望號 約45分）→ 高知站（JR特急南風號 約2小時35分）
- 車：中國吹田IC → 高知IC（中國道～山陽道～瀨戶中央道～高松道～高知道約3小時45分）

岡山・廣島出發

- 鐵道：岡山站 → 高知站（JR特急南風號 約2小時35分）
- 車：廣島IC → 高知IC（山陽道～瀨戶中央道～高松道～高知道 約3小時14分）

從四國各縣前往的交通方式

鐵道

- 高松出發：高松站 → 多度津站（JR快速列車 SUNPORT南風RELAY號 約33分）→ 高知站（JR特急 南風號 約1小時45分）
- 松山出發：松山站 → 多度津站（JR特急 潮風號 2小時）→ 高知站（JR特急 南風號 約1小時41分）
- 德島出發：德島站 → 阿波池田站（JR特急列車 劍山號 約1小時15分）→ 高知站（JR特急列車 南風號 約1小時10分）

車

- 出發高松：高松中央IC → 高知IC（高松道～高知道 約1小時25分）
- 出發松山：松山IC → 高知IC（松山道～高知道 約1小時41分）
- 出發德島：德島IC → 高知IC（德島道～高知道 約2小時4分）

CONTENTS

就是這個準沒錯 在德島想做的6件事

大啖鰹魚半敲燒！

P.128

造訪高知時一定要吃鰹魚半敲燒！通常會搭配佐料、柚子醋、鹽、醬油沾醬等一起享用。簡單的吃法就能突顯鰹魚的鮮味。

鹽味鰹魚（咲くら）

鹽味鰹魚丼（藁焼き鰹たたき明神丸ひろめ店）

在四國喀斯特絕景兜風

P.147

位於高知與愛媛的縣界，東西約25km的石灰岩台地。在可眺望四國連山，和宏偉壯觀牧歌景色的全景道路上暢快兜風吧。

天狗高原位於四國喀斯特的東端

以五段城為中心延伸的五段高原

放牧場的牛群

在週日市場逛街購物

P.126

綿延著約300間攤販的日本最大街頭市集，蔬菜、水果、點心、日用雜貨等一字排開。可邊吃當地美食，邊逛街購物。

吃冰淇淋降溫

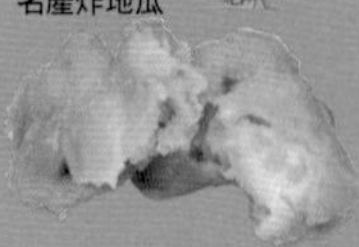
週日市場名產炸地瓜

當地產蔬菜一字排開

在龍馬的淵源之地&高知城進行歷史散步

P.130・132

名留歷史、至今仍吸引眾多愛好者的坂本龍馬淵源之地散布在市內。山內一豐建的高知城是日本現存保有珍貴古天守的城。

土佐24萬石的地標——高知城

佇立於桂濱的龍馬像

高知縣立坂本龍馬紀念館

在弘人市場邊走邊吃

P.126

鰹魚、溪蝦等高知美食，在這約有60間店家連綿的室內市場大集合。鰹魚半敲燒、地瓜條等伴手禮選擇也很豐富。

川溪蝦（やいろ亭）

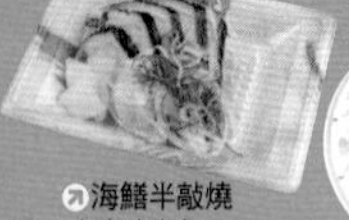
海鱔半敲燒（珍味堂）

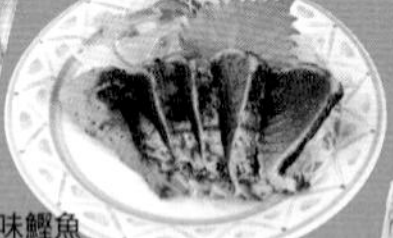
切片鹽味鰹魚（やいろ亭）

在四萬十川進行水上活動

P.143

河川清澈可見底的四萬十川，除了有超受歡迎的獨木舟之外，還有泛舟、溯溪等能享受大自然的活動。

和河川融為一體的獨木舟

驚險刺激的泛舟

充滿負離子能量的溯溪

高知 標準行程 1day

前往以龍馬淵源之地為中心的高知市必去景點。在弘人市場享用土佐地區美食。

9:40 START 高知IC

開車約5km／10分

10:00 高知縣立高知城歷史博物館 P.131

接觸高知的歷史和文化

約400m／步行7分

11:00 高知城 P.130

在南海名城高知城散步

約600m／步行10分

12:00 弘人市場 P.126

在陳列眾多高知美食的市場吃午餐

開車約13km／25分

14:30 桂濱 P.132

立有坂本龍馬銅像的知名景點

約600m／步行10分

15:30 高知縣立坂本龍馬紀念館 P.133

深入瞭解幕末英雄坂本龍馬

開車約13km／25分

17:00 GOAL 高知市內的飯店住宿 P.135

在高知市內玩到深夜

還有其他必看景點

為神祕之藍「仁淀藍」所震懾

笑淵 ●にこぶち

◎整備完善的階梯底下就是瀑潭

據說這裡原本是水蛇化身的大蛇棲息的神聖地方，藍色的瀑布潭正是美女與大蛇傳說的故事舞台。從樹間灑落而下的陽光照射在水面上時，會散發出寶石般的光芒，正午時分最美。

MAP 附錄②10D-1
☎088-893-1211（伊野町觀光協會）
所 いの町清水上分2976-11
交 伊野IC車程40km
P 免費

通往天空的絕景兜風

UFO LINE（町道瓶森線）

●ユーフォーラインちょうどうかめがもりせん

位於高知縣和愛媛縣縣界，海拔1300～1700公尺沿著山脊的道路。天氣放晴時，可遠眺石鎚山系和太平洋，壯觀景色連綿不絕。11月底到4月上旬因積雪關閉。

MAP 附錄②7C-4
☎088-893-1211（伊野町觀光協會）
所 いの町寺川 町道瓶ヶ森線

◎因車子廣告而引起話題

前往「光之畫家」莫內的世界

北川村「莫内庭園」馬摩丹

●きたがわむらモネのにわマルモッタン

以畫家莫內鍾愛的法國吉維尼花園為原型打造的庭園。色彩繽紛的睡蓮池旁還有紫藤、玫瑰、鮮艷的花草爭奇鬥艷。

☎0887-32-1233 MAP 附錄②8E-3
L 9:00～16:30 休 6～10月的第1週三、12～2月 ¥ 入園費1000円
所 北川村野友甲1100 交 土佐黑潮鐵道奈半利站搭北川村營巴士9分，モネの庭下車即到 P 免費

◎有如莫內代表作＜睡蓮＞的風景

船隻看起來像是浮在空中的樂園之海

柏島 ●かしわじま

位於高知縣西南部周長約4km的小島。以高透明度著稱的潛水勝地，近年來成為高知縣首屈一指的絕景景點而人氣沸騰。

MAP 附錄②13C-4
☎0880-62-8133（大月町觀光協會）
所 大月町柏島
交 黑潮拳ノ川IC車程86km

◎島嶼周邊有床板珊瑚群生

想要搭乘這個！

以優惠價格觀光高知市內

MY遊巴士

從JR高知站出發經由五台山停靠桂濱等景點的觀光巴士。平日行駛9班，週六日、假日行駛12班。只要出示乘車券，就能免費單程搭路面巴士（市內均一區間）、路線巴士桂濱線（※1），內附觀光設施折價券等特典。

（※1）無法使用五台山券，有指定上下車停留站。

☎088-823-1434 MAP 139C-2（高知縣觀光代表協會）

金額 桂濱券1000円、五台山券600円
販售窗口 とさてらす（高知旅廣場）、MY遊巴士車內等

＼遊逛該區域的優惠票券／

土佐電交通 電車1日乘車券

可1日無限搭乘，內附觀光設施折價券等特點，也有販售電子票。

☎088-833-7121（土佐電交通 電車輸送課）

效期 1天
金額 市內均一區間500円
販售窗口 路面電車內、播磨屋橋服務中心等

仁淀川 ➡P.146

水質透明度極高，被譽為「奇蹟的清流」。可進行獨木舟等水上活動。

高知市 ➡P.126

高知觀光的據點區域。南海名城「高知城」和週日市場觀光客絡繹不絕，熱鬧非凡。

四萬十川 ➡P.142

水流緩慢的四萬十川中游到下游是絕佳的兜風路線。

桂濱 ➡P.132

呈現一大片弓狀白砂青松的風景名勝。有龍馬像和桂濱水族館等必看景點。

室戶岬 ➡P.150

可欣賞到被認定為世界地質公園的壯觀海岸線。

四國喀斯特 ➡P.147

可在緩坡山脈上看到特有的白色石灰岩景色，是絕佳的高原絕景勝地。

足摺岬 ➡P.148

位於四國最南端的足摺岬。周邊有洞門、巨石群等神祕景點散布。

高知的市場好有趣！

除了鮮魚店、物產店雲集、一整天都很熱鬧的弘人市場，以及擁有300年歷史、日本最大規模的週日市場之外，也要去拜訪高知美食齊聚一堂的直銷處。

高知美食的夢幻天堂

在弘人市場邊走邊吃

店家數約60　全年

10:00～23:00

（週日為9:00～，視店舖而異）

擁有約60間店舖的室內市場。能品嘗到使用鰹魚和鯨魚的土佐料理餐廳，以及販售當地特產的商店雲集於此，當地顧客和觀光客總是絡繹不絕，也很適合在此採購伴手禮。

MAP 139B-3
088-822-5287
休 1月1日、每年休6次左右（視店舖而異）
所 高知市帯屋町2-3-1
交 土佐電交通大橋通電車站步行3分
P 1小時300円～

D

煙燻蛋鹹牛肉洋芋沙拉 500円

運用馬鈴薯的甜味，可和附4種小菜的飲料套餐1000円一起享用。

不管白天晚上都充滿活力，高知數一數二的美食景點「弘人市場」。掌握3個重點，大逛特逛吧！

先掌握這些重點！

1 確保所有人的座位　抵達後

市場內為約有470個座位的美食廣場形式，只要有空位都可以就坐。人多時必須和其他人併桌，所以抵達時先確保座位吧！

2 前往各個店家點餐

需自行前往各個店家點餐和拿取，筷子和水杯可向各個店家拿取，等餐點到齊，就可以乾杯了！

3 餐盤留在桌上即可　有專屬人員會來收！

餐後的餐具會由工作人員統一回收。塑膠餐盤和紙類垃圾請丟到附近垃圾桶。

是這樣的地方！

約有50間餐飲店和10間物產店聚集的攤販村，從高知名產、佳餚到甜點等豐富的美食和伴手禮都匯集於此。除了午餐之外，白天喝酒也是這裡的樂趣之一。也有能外帶的店家。

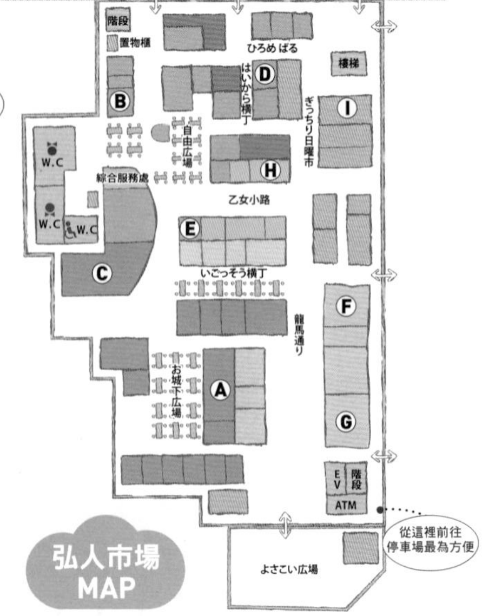

Q&A

Q 有停車場嗎？

弘人市場的2、3樓設有24小時營業的停車場。每小時300円，20:00～翌8:00時段最多400円。在各個店家消費2000円以上則可獲得折扣。

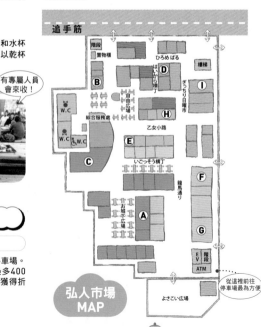

高知的街頭市集

週日市場

店家數約300　每週日

約6:00～15:00

從高知城追手門往東約1km綿延著約300間的攤販，販售當地產的蔬果以及日用雜貨。以17000人的來訪客數為傲，吸引眾多縣內縣外顧客到訪。

MAP 139B-3
088-823-9456（高知市產業政策課）
休 1月1、2日，8月10～12日
所 高知市追手筋　交 JR高知站步行10分

笑容可掬的攤販商

\ SHOP DATA /

A 大排長龍的名店

藁焼き鰹たたき明神丸 ひろめ店
●わらやきかつおたたきみょうじんまるひろめてん
088-820-5101　11:00～21:00（週日、假日為10:00～20:00）

B 從半敲燒到中華料理種類豐富

やいろ亭●やいろてい
088-871-3434　11:30～22:00（週六為11:00～、週日為10:30～21:00）

C 高知的珍味佳餚齊聚一堂

珍味堂●ちんみどう
088-872-0266
10:00～22:30（週日為9:00～）

D 男爵馬鈴薯專賣店

イモバルTOSAYAMA男爵
●イモバルトサヤマだんしゃく
080-1993-1168
15:00～23:00（週日為10:00～）

E 點餐後才開始手工包餃子

ひろめで安兵衛●ひろめでやすべえ
088-822-0222　12:00～21:00（週日、假日為11:00～20:00）

F 名產為手作地瓜條

黒潮物●くろしおぶっさん
088-820-6575
10:00～18:00（週日為9:00～）

G 有許多近海的當季海鮮

土佐黒潮水●とさくろしおすいさん
088-873-7198
10:00～22:00（週日為9:00～）

H 羅列豐富的高知經典伴手禮

おみやげ屋●おみやげや
088-820-6575（黒潮物産）
10:00～18:00（週日為9:00～）

I 販售高知所有釀酒商的地酒

西寅●にしとら
088-872-6676
10:00～18:00（週日為9:00～17:00）

來吃這個吧!!

B 切片鹽味鰹魚（稻草燒烤） 1人份1300円
當天進貨的鰹魚以稻草燒烤的方式烹調，厚片帶嚼勁的赤身勘稱極品。

想吃豪邁的稻烤鰹魚，就要到明神丸

A 鹽味半敲丼 900円
米飯上面鋪著稻草炙烤的大塊鹽味鰹魚，淋上柚子醋，口味十分清爽。

E 屋台餃子 7個入500円
以酥脆薄皮包的餃子，蔬菜的鮮和肉汁在口中恣意擴散

D 洋芋沙拉可樂餅 600円
開心享用熱騰騰的馬鈴薯甜味

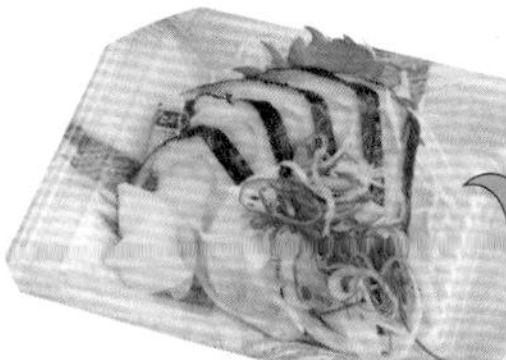

C 海鱔半敲燒 580円
特色是白身魚清淡的口味和有嚼勁的口感

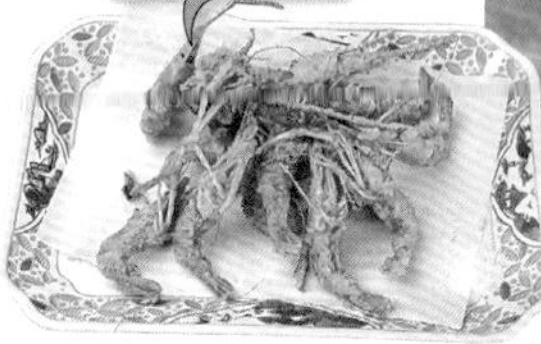

B 炸溪蝦 500円
連同酥脆的外殼一起享用，最適合配啤酒

伴手禮 Check!

H 美樂圓餅 170円

I 土佐文旦酒 1310円

G 稻草燒烤半敲燒 1塊2800円～

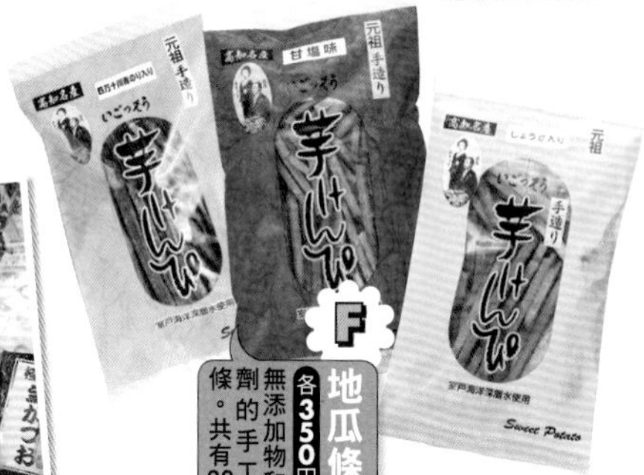

F 地瓜條 各350円
無添加物和防腐劑的手工地瓜條。共有20種

\這裡也要CHECK!/

匯集高知美食的主題樂園

JA農夫市場とさのさと
●JAファーマーズマーケットとさのさと

日本國內最大規模，匯集高知縣全域特產的直銷處。除了使用縣產食材的咖啡廳之外，還有匯集高知「美食」的選貨店，以及在當地有開設餐廳的「AGRI COLLETTO」。

MAP 141B-2
088-878-8722
9:00～19:00（視店鋪而異）
休 無休　所 高知市北御座10-46
JR高知站搭土佐交通巴士5分，北御座下車即到

陳列著高知產農產品的JA農夫市場

週日市場的遊逛方式

1 建議上午前往
市集從早上開始，很多店都是售完打烊，因此建議於商品齊全的上午前往。

2 宅配方便
幾乎每個店家都可宅配，大量購買時可以利用。寄往海外須另外洽詢。

3 事前查好停車場
這裡沒有專用停車場，最好事先查好附近哪裡有付費停車場。

日本最大規模市集

↑發現高知名產文旦！

↓每間攤販的平均正面空間約為2.5m

←即使排隊也想吃的名產炸地瓜

夏天有當季的鮮紅桃太郎番茄

道地的鰹魚和土佐料理

無以言喻的美味！撐破肚皮也要吃！

種類豐富的鰹魚料理 非常適合搭配地酒享用

高知特產！鰹魚半敲燒

高知縣民的靈魂食物，會搭配佐料，並沾上柚子醋、鹽、醬油醬汁享用。

これやき套餐（十八切）2838円

搭配天日鹽享用的鹽味，和搭配特製柚子醋的醬汁，能一次吃到2種鰹魚半敲燒的代表性吃法。※「これやき」在高知腔意為「就是這個」

除了太平洋捕獲的鰹魚外，還有在山林間培育的土佐次、高知特有的鯨魚肉，以及吸收豐沛陽光培育的蔬菜等，採用天然食材的高知美食品質不在話下。高知同時也是名酒產地，有許多能品嘗到當地引以為傲的地酒和鄉土料理的居酒屋。

鰹魚小常識

鰹魚一年有2次產季。初夏的初鰹魚肉質緊實，晚秋的洄游鰹油脂豐富並帶有濃厚的滋味。以高知傳統的一本釣捕獲的鰹魚，比起漁網捕撈較不會傷及魚身，味道更加美味。另外香氣四溢的稻草燒最受歡迎。

明神丸 帯屋町店

●みょうじんまるおびやまちてん

帶町屋商店街的人氣店。除了現烤半敲燒之外，還可以品嘗到多種鰹魚料理及石蓴天婦羅等高知名產。中午以定食為主，晚上除了定食以外，還有豐富的單點料理，可以搭配地酒一同享用。

有桌席、吧檯座和下嵌式座位

MAP 139B-3
088-824-0001
11:30～13:30、17:00～22:30
休 不定休　所 高知市帯屋町2-1-27
土佐電交通大橋通電車站步行3分
P 有合作停車場

這些也值得推薦

鰹魚三味（十二切）…1958円
鹽味半敲鰹魚握壽司（五貫）…858円

美味地酒和土佐料理！美酒為傲的居酒屋

高知共有18座釀酒廠，自古便以產酒地而廣為人知。酒品辛香順口，清爽的滋味讓料理更添美味。在此介紹能搭配地酒享用的鄉土料理餐廳。

十駕堂 ●じゅうがどう

精心設計挑選的在地食材化為料理

食材和酒類都是店員們精心思考挑選後才放入菜單之中。提供鰹魚半敲燒等樸實簡單的料理，滿足來訪老饕們的味蕾。店內瀰漫著大人的沉穩氛圍。

MAP 139C-3
088-882-0161
18:00～24:00
休 週三（逢假日前一天則營業）
所 高知市はりまや町2-8-12 アルファはりまや橋1F　JR高知站步行10分

美酒推薦

土佐しらぎくぼっちり（1合）

750円

由仙頭酒造場所釀造，相當順口的特別純米酒。特徵為有柑橘的香氣

燒烤鰹魚片 時價

軍雞雞肉串 550円

飲み喰い処 せい和 ●のみくいどころせいわ

深受當地客人支持的美酒佳餚餐廳

位於播磨屋橋附近，是當地人最愛光顧的店家。特製土佐燒是以自製味噌炒雞皮和韭菜而成的料理。約提供150種適合搭配地酒的料理。

MAP 139C-3
088-882-0885
17:00～22:50　休 週一
所 高知市はりまや町1-4-2
JR高知站步行10分

美酒推薦

船中八策（300mℓ）

1450円

司牡丹酒造的人氣品牌。清爽不膩的超辛口，深受愛酒者好評。

店內散發以開店50年以上的氛圍

土佐燒 450円

道地的鰹魚和土佐料理

熱騰騰的鰹魚半敲燒是這間店的吃法

鰹魚半敲燒 1320円
彈牙的口感令人愛不釋手。靜置數月釀造成的醬汁濃醇順口

魚の店 つづき

●さかなのみせつづき

現在的鰹魚半敲燒主流吃法是趁溫熱時候吃，據說是約30年前由此間餐廳開始推廣。除了鰹魚之外，還有海鱔等當季魚種，可搭配淡麗辛口的地酒一起享用。

☎088-884-2928 MAP 139C-3
L18:00～23:00 休週日、一
所高知市はりまや町1-4-1 田中ビル2F 🚃JR高知站步行10分

這些也值得推薦
鰹魚半敲燒鹽味…1320円
鰹魚生魚片………1320円

咲くら

●さくら

夫婦一同經營的暖心餐廳。白天為當地受歡迎的蕎麥麵店，晚上則主要提供海鮮，是土佐當地色彩濃厚的居酒屋。點餐後現烤的鰹魚半敲燒絕對不容錯過。

☎088-825-3439 MAP 139B-3
L12:00～14:00、17:30～22:00 休週日（逢連假則休最後一日，午間不定休）
所高知市本町2-2-19 北村ビル1F
🚃土佐電交通大橋通電車站即到

◎裝潢和燈光小巧精緻的店內空間

這些也值得推薦
竹籠蕎麥麵…………600円
清水鯖魚生魚片‥1500円～

白天吃蕎麥麵，晚上品嘗現烤的鰹魚半敲燒

鹽味半敲燒 1500円～
切成厚片的半敲燒份量足夠，令人心滿意足，能吃到魚肉在口中化開的滋味

入口即化、香氣四溢的嚴選頂級鰹魚半敲燒

鰹魚半敲燒 1480円
從一本釣捕獲的鰹魚當中，嚴選適合做成半敲燒的大小和優質魚肉

土佐料理 司高知本店

●とさりょうりつかさこうちほんてん

創業100年以上的鄉土料理老店。鰹魚料理除了有半敲燒之外，還有生魚片、可樂餅、酒盜等豐富的單點料理。大量使用高知山珍海味的皿鉢料理和宴席料理大受好評。中午還提供定食選擇。

☎088-873-4351 MAP 139C-3
L12:00～20:30（週日、假日為11:30～20:00） 休不定休 所高知市はりまや町1-2-15 🚃JR高知站步行10分 P有合作停車場

這些也值得推薦
鰹魚半敲燒鹽味…1480円
鰹魚丼……………850円

◎鹽烤稀有的鰹魚腹部脂肪部位550円

◎創業1917年的老舖

更加貼近高知的食文化！

皿鉢料理

將高知的美食豪邁地擺放於大盤子上，可自由挑選自己喜愛的食物享用。在土佐方言稱為「おきゃく」的宴會中，經常會出現皿鉢料理。

拼盤：有燉煮與燒烤、油炸或魚漿類食品等，種類豐富
壽司：一般是鯖魚或梭子魚的姿壽司。有時也會附握壽司或卷壽司
半敲燒：不可或缺的鰹魚半敲燒。搭配大量佐料享用
生魚片：將土佐海灣捕獲的紅肉、白肉等當季漁獲平均擺盤

皿鉢料理（照片為5人份）
1人9900円～
2人以上可預約

在這裡吃得到
以鮮度為傲的鄉土料理

得月楼●とくげつろう

☎088-882-0101 MAP 139C-3
L11:00～14:00、17:00～22:00、預約制 休不定休 所高知市南はりまや橋1-17-3 🚃土佐電交通播磨屋橋電車站步行3分 P有合作停車場

こうじ家

●こうじや

能品嘗到港口直送的鰹魚等當地漁獲以及地雞土佐次郎。身為品酒師的店長精心挑選出15種高知地酒。設有半包廂席、和式座位和吧檯座。

MAP 139B-3
☎088-875-1233
L17:00～22:00 休週日（逢連假則休最後一日） 所高知市廿代町7-23 マツチヨビル2、3F 🚃JR高知站步行10分

美酒推薦
地酒品評（3種）
1200円
首先挑選自己喜歡的1種酒，另外2種則是由店長推薦風味相異的酒

◎脫鞋入座的半包廂座有如包廂般放鬆

炭火燒土佐次郎（雞腿肉）
900円

在舒適愜意空間品評推薦的名酒

懷舊風味炸鯨魚排 780円
當日生魚片拼盤 1400円
番茄燉土佐次郎 980円

高知城

こうちじょう

這裡是 天守

位於高知市中心廣大的高知公園內。高知城是日本現存唯一完整保有本丸建築群的城郭，江戶時期的外觀仍然保存至今。

擁有全日本珍稀的古天守

高知的象徵性代表

親身感受高知的歷史和傳統文化

高知市區

●こうちタウン

以高知市為中心的區域，其中高知城擁有全日本唯一保存完整的本丸建築群。除了能品嘗到鰹魚半敲燒的市場，還有眾多優質的餐廳。

是這樣的地方！

MAP	P.139-141・附錄②10
住宿資訊	P.135
洽詢處	高知市觀光企劃課 ☎088-823-9457

四國喀斯特
仁淀川　高知市區
桂濱
四萬十川
室戶岬
足摺岬

ACCESS

巴士	機場聯絡巴士	
	高知機場	高知站
	⏱所需時間／約25分　💴費用／740円	

電車	JR特急南風號	
	岡山站	高知站
	⏱所需時間／約2小時25分　💴費用／6070円	

車	高知道	
	高知IC ─44─249─ 高知市區	
	🚗約3km	

市區交通

電車	土佐電交通棧橋線	
	高知站前	播磨屋橋
	⏱所需時間／約5分　💴費用／200円	

Check
全國僅剩3座城同時保有天守及追手門

土佐24萬石的象徵。1601年由進駐土佐的山內一豐開始築城，於2年後入城。1611年三之丸完工，耗時10年才完成的城郭建築。1727年因城下町的大火，除了追手門外其餘建築幾近燒毀，爾後花費25年時間於1753年完成重建。目前仍保持著優美的外觀，天守等15座建築物被指定為重要文化財。

☎088-824-5701（高知城管理事務所）**MAP** 139A-3
🕐9:00～16:30　休無休　💴天守・本丸御殿（懷德館）入館費420円　所高知市丸ノ內1-2-1 高知公園內　🚃土佐電交通高知城前電車站步行10分　🅿1小時370円

高知城MAP

↑22時前天守有夜間點燈

重要文化財 天守

外觀為4重，內部為3層6階的結構。2重的入母屋樣式屋頂上設有2重櫓的望樓型天守。頂樓有著360度的全景景觀，能將高知市區一覽無遺。

↑從天守所見的景色

擬寶珠高欄

頂樓迴廊設置的欄杆上的寶珠狀裝飾物。是獲得德川家康特別許可的設置。

重要文化財

本丸御殿
（懷德館）

書院造的古典建築樣式，據說築城時山內一豐夫婦就居住於此。與天守相通的構造僅見於高知城。

↑展示NHK大河劇《功名十字路》劇中飾演一豐妻子的仲間由紀惠所穿著的服飾

↑地板稍高的空間為藩主專用的房間「上段之間」

一豐之妻—千代像

據說一豐能順利度過無數次的難關，要歸功於妻子默默地在背後支持。公園內設有為了一豐所購買的名馬與千代並立的雕像。

觀光志工導覽 引領帶路

分成到本丸御殿前行程（需時50分，隨時出發）跟登至天守最上層行程（需時1小時30分，9:10、13:30出發）的免費導覽行程。

☎088-820-1165（土佐觀光導覽志工協會）
🕐受理9.00～16.00
💴免費

探訪位於高知周邊的龍馬相關景點吧

龍馬就誕生於此

坂本龍馬誕生地

●さかもとりょうまたんじょうち

原為坂本龍馬生長宅邸的場所。現在則改建為上町醫院，一旁立有龍馬誕生地的石碑。

088-803-4319（高知市觀光魅力創造課） MAP 139A-3
所高知市上町1-7 交土佐電交通上町1丁目電車站即到

龍馬的姊姊和坂本家族長眠之地

坂本家墓所

●さかもとけぼしょ

位於高知市西北的丹中山區域，自江戶時代便擁有悠久的墳墓山歷史。坂本家一族的長眠之地。

088-832-7277（高知市民權・文化財課） MAP 141A-3
所高知市山手町 交土佐電交通上町5丁目電車站步行7分 P免費

年輕龍馬曾參拜過的

和靈神社

●われいじんじゃ

作為坂本家的本家守護神而建立的神社。據說龍馬脫藩前曾來參拜過。每年3月下旬會舉辦脫藩祭。

088-803-4319（高知市觀光魅力創造課） MAP 141A-3
L自由參拜 所高知市神田 交JR高知站搭計程車20分

了解龍馬的生長過程和前半生

龍馬生地紀念館

●りょうまのうまれたまちきねんかん

以影像、模型介紹坂本龍馬誕生至脫藩前少年時代的生活，與當時上町的歷史、文化等。

MAP 139A-4
088-820-1115
L8:00～18:30 休無休
¥入館費300円 所高知市上町2-6-33 交土佐電交通上町1丁目電車站即到 P免費

位於JR高知站前的高知觀光據點

高知旅廣場

●こうちたびひろば

觀光服務處提供400種以上的觀光小冊子。能在三位志士雕像前合照，也舉行多種活動。

MAP 139C-2
088-879-6400（高知觀光情報發信館さとてらす）
L8:30～18:00 休無休 ¥免費入館 所高知市北本町2-10-17 交JR高知站南口即到 P1小時200円

展示土佐歷史文化與為數眾多的大名用品

高知縣立高知城歷史博物館

こうちけんりつこうちじょうれきしはくぶつかん

從高知城展望大廳所見的景色

收藏和展示土佐藩．高知縣約67000件的相關歷史資料。以土佐藩主山內家傳承下來的美術工藝品和古文書等實物資料的展示為主，時常會舉辦各式的企劃展。從3樓的高知城展望大廳可將高知城、追手門和山內一豐像一覽無遺。

088-871-1600 MAP 139B-3
L9:00～18:00（週日為8:00～） 休無休 ¥入館費500円（舉辦企劃展時為700円） 所高知市追手筋2-7-5 交土佐電交通高知城前電車站步行3分

兼容歷史傳統和近代的建築概念

焦點①

建物&素材

將高知的貴重歷史資料以運往未來的「船」為主題所呈現的建築物。牆壁使用高知縣產的檜木，裝飾有土佐塗漆和土佐打刃物，還有使用土佐和紙的天花板也值得一見。

檜木牆壁綿延的館內

焦點③

體驗&活動

感覺好像變身成武將了呢!

舉辦豐富多樣可深入了解歷史的講座、體驗及活動。於3樓展示大廳設有提供館藏資料複製品試穿的體驗空間，男女老少都能大大滿足。

體驗空間

造型奇特的頭盔和華麗的陣羽織一字排開。

活動

除了配合季節和傳統節日推出的活動外，還會舉辦參觀史蹟的散步會、體驗講座和料理教室等豐富項目。

焦點②

歷史資料&美術工藝品

主要由3間展示室所構成。每間展示室約隔2個月會更換展示品，於特別展示室會舉辦各式企劃展。有機會欣賞到珍貴的歷史資料實品。
※展覽不定期更換內容

陳列山內家傳承的美術工藝品

高知城歷史博物館吉祥物「YAMAPYON」的推薦伴手禮

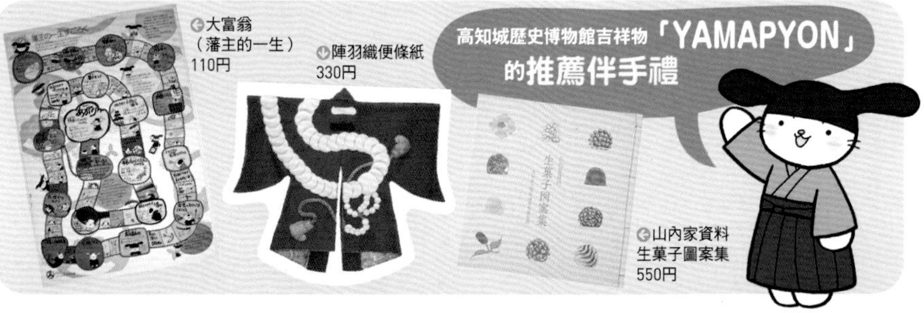

大富翁（藩主的一生）110円

陣羽織便條紙 330円

山內家資料 生菓子圖案集 550円

龍王宮

龍王宮的前端便是祭祀大海津見神的海津見神社。作為海洋、漁業、商業和戀愛之神而備受百姓尊崇信仰。

是這樣的地方！

桂濱

●かつらはま

風光明媚的高知專屬風景勝地

面向浩瀚的太平洋，桂濱的海灣描繪出平緩弧線，是高知首屈一指的景觀勝地。周遭一帶被規劃為桂濱公園，設有龍馬像和高知縣立坂本龍馬紀念館等景點。

MAP P.141・附錄②10

洽詢處
桂浜公園管理事務所
088-841-4140

ACCESS

巴士	高知站	MY遊巴士 ⏱所需時間／約52分 ¥費用／1日券1000円	桂濱
車	高知IC	44・376・14・34 約13km	桂濱

新設施全新開幕超受注目！

桂濱公園

桂濱公園主要以建有幕末志士「坂本龍馬銅像」的桂濱為中心。除了在2023年正式開幕的桂濱UMI-NO TERRACE之外，還有高知縣立坂本龍馬紀念館和桂濱水族館，玩樂方式自由隨興。

桂濱公園MAP

凝望太平洋肅然而立

坂本龍馬像

MAP 141C-4

●さかもとりょうまぞう

嘴唇緊閉，凝望著太平洋遠方的龍馬像。1928年由高知縣的有志青年進行募款所建，高約5.3m，包含台座則為13.5m。

更靠近龍馬

每年2次，於4月上旬～5月下旬和9月中旬～11月中旬會設置和龍馬視線高度相同的展望台。入場費為100円。

高知具代表性的壯觀景勝地

桂濱

●かつらはま

位於龍頭岬和龍王岬之間有如弓形的白砂青松名勝地。在夜來祭中歌頌著「賞月名所為桂濱」，被選為日本海濱100選、日本日出100選。也以面向太平洋而立的坂本龍馬雕像而聞名。

MAP 141C-4
088-841-4140（桂濱公園管理事務所）
所 高知市浦戸 交 JR高知站搭土佐電交通巴士35分，桂浜下車，步行4分 P 使用桂濱公園停車場（8:30～18:00為1次400円）

可眺望雄偉的太平洋，由縣產檜木打造的本濱休息站。這裡也是相當受矚目的看日出和賞月景點

新設施全新開幕大注目！桂濱公園

能深入瞭解龍馬的事蹟

高知縣立坂本龍馬紀念館

●こうちけんりつさかもとりょうまきねんかん MAP 141B-4

本博物館內介紹了土佐引以為傲的幕末志士坂本龍馬為主的幕末史。新館除了有展出龍馬手寫書信等龍馬生涯的主要展覽之外，也附設約翰萬次郎展示室。本館則是重現了龍馬遭暗殺的近江屋八疊間等設施，可更立體地掌握幕末史。

☎088-841-0001 🕒9:00～16:30 休無休 ¥入館費700円（更換展覽期間為500円） 所高知市浦戸城山830 交JR高知站搭土佐電交通巴士32分，龍馬記念館前下車，步行2分 P免費

↑來自日本各地龍馬粉絲必訪的龍馬殿堂

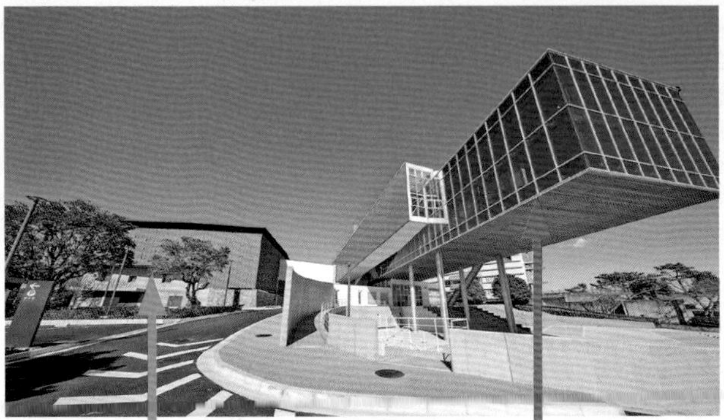

↑體驗型展示的本館（右）與博物館形式的新館（左）

新館

展示龍馬的親筆書信等歷史資料，以及透過影像介紹的劇場空間。入館由此進入。

約翰萬次郎展示室

展示紀錄了從約翰萬次郎那聽來的西洋資訊的《漂巽紀略》

本館

由「幕末廣場」、「幕末寫真館」和博物館商店構成。從宛如船隻甲板的屋頂上眺望雄偉太平洋的風景非看不可。

幕末廣場

展覽透過影像和聲音來介紹龍馬和幕末歷史。

和風格獨特的生物相遇

桂濱水族館

●かつらはますいぞくかん MAP 141C-4

↑可愛的企鵝餵食體驗也非常受歡迎

兼具「參觀」、「互動」、「學習」的水族館。四國唯一可同時看到北海獅、海獅、海象的地方。除了可以餵食海龜、水豚、企鵝之外，日本三大怪魚日本尖吻鱸的群游和魚解說板也不容錯過。

☎088-841-2437 🕒9:00～17:00（視時期有所變動） 休天候不佳時 ¥入館費1600円 所高知市浦戸778 桂浜公園內 交JR高知站搭土佐電交通巴士36分，桂濱下車，步行5分 P使用桂濱公園停車場（1次400円）

↑說不定可以遇到吉祥物「おとどちゃん」

2023年3月盛大開幕！

↑充滿開放感的全天候型休息區是絕佳的拍照景點

受大眾關注的多目的使用景點

桂濱 UMI-NO TERRACE

●かつらはまうみのテラス MAP 141C-4

2022年10月，聚集伴手禮商店、餐廳、咖啡廳的「桂濱 UMI NO TERRACE」的部分設施開張，桂濱博物館等設施於2023年3月正式開幕。

☎088-841-4140（桂濱公園管理事務所） 🕒8:30～18:00（視店鋪而異） 休無休 所高知市浦戸6 交JR高知站搭土佐電交通巴士35分，桂浜下車即到 P使用桂濱公園停車場（8:30～18:00為1次400円）

2022年10月OPEN

SHIP'S MARKET

●シップスマーケット

販售許多獨創角色「桂浜デニーロ」的環保袋、T恤等雜貨，另外點心、調味料等食物伴手禮選擇也很豐富。

🕒8:45～17:30 休無休

↑首推「桂浜デニーロ」商品

↑吉祥物「桂浜デニーロ」玩偶1320円

↑海鹽長崎蛋糕（5片裝）600円

←MAKINO生薑糖漿（150mℓ）各1300円

SOUVENIR SHOP BOOTS

●スーベニールショップブーツ

有以「司牡丹」酒廠為首的各式土佐酒，種類豐富。高知銘菓和引起話題的最新甜點也任君挑選，選購起來特別愉快。

🕒8:30～17:30 休無休

←司牡丹純米酒「龍馬的口信」（720mℓ）1650円

→PATISSERIE FROMAGE 坂本龍馬（費南雪起司條）810円。也有2條裝330円

→桂濱餅（大）1190円

海辺の焙じ茶専門店 マンテンノホシ桂浜店

●うみべのほうじちゃせんもんてん マンテンノホシかつらはまてん

可品嘗到使用津野町特產焙茶的大福、蛋糕捲、霜淇淋等7種香氣四溢的焙茶甜點。

🕒9:00～17:00 休無休

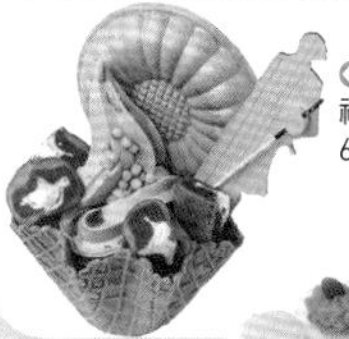

←滿天星大福霜淇淋660円

↓每個季節都可品嘗到7種口味的爛漫花丸子480円

桂浜美食館 神

●かつらはまびしょくかんじん

點餐後才會開始用稻草燒烤的鰹魚半敲燒和土佐赤牛，可搭配丼飯或定食享用。還有很多高知特有的菜色。

🕒10:00～17:30 休無休

↑稻草燒鰹魚半敲燒丼定食 1500円

夜來祭

注意！6大要素

關注這6大要素，讓祭典更加有趣。

舞蹈

唯一的規則就是「敲響鳴子向前進」。剩下的就是微笑與跳舞。

服飾

表現自己隊伍的色彩，繽紛萬千的服飾有如藝術一般

鳴子

鳴子的敲響方式也是審查的標準。據說原本是驅趕麻雀的道具。

音樂

只要在曲調的某處放入「呦啾哩呦、呦啾哩呦…」的「夜來鳴子舞蹈」的片段就OK!

地方車

播放音樂、引導舞者的裝飾卡車。同時也是隊伍象徵人物的表演舞台。

獎牌

各競演場和演舞場（部分除外）個別進行審查，將獎牌授予最笑容可掬的活潑舞者。

體驗南國土佐熱情的4日祭典

夜來祭

夜來祭是土佐的夏日象徵，於1954年為了戰後的復興鼓舞市民，以及帶動商店街人潮而舉辦的祭典。現在約有200個團體共2萬名舞者身穿色彩繽紛、別具特色的服裝大展舞技。設有審查會場的「競演場」和舞者在觀眾間跳舞的「演舞場」。

MAP 131B-3

也可當日報名參加!

如果覺得「光是觀賞也太無聊」的話，可直接報名能當日參加的隊伍。

あったか高知踊り子隊

以來自縣外的觀光客為對象，10和11日的17時起於高知縣廳東通路（預定）受理報名（名額有限）。參加費3000日圓（附鳴子和土佐和紙的法被衣）

✆088-823-5941
（高知市旅館飯店協同組織）

市民憲章よさこい踊り子隊

10、11日的14時起，於高知追手前高校運動場受理報名。紙法被衣費用500円（預定）。需自行準備鳴子。

✆088-823-9080
（高知市區域社區推進課）

洽詢

**高知商工会議所内
よさこい祭振興**

✆088-875-1178
HP http://www.cciweb.or.jp/kochi/yosakoiweb/

在這裡獲取情報!

高知夜來祭資訊交流館

●こうちよさこいじょうほうこうりゅうかん

夜來祭的資訊傳播中心。設有150吋大型螢幕播放夜來祭的歷史影像專區，實際手持鳴子跳舞的體驗專區等。多功能展廳也有舉辦企劃展等各式活動。

MAP 131C-3

✆088-880-4351

L 10:00～18:00 休 週三 ¥ 免費入館

所 高知市はりまや町1-10-1
交 JR高知站步行15分

➲展示前次獲獎隊伍的服裝

Information

祭典行程

8月9日 前夜祭・煙火大會

由去年獲獎的隊伍於中央公園競演場表演華麗的舞蹈。於鏡川河畔會舉行煙火大會。

8月10·11日 正式祭典

於各大會場由出場隊伍表演舞蹈。開始時間因會場而異。在競演場會進行獲獎隊伍的評選。

8月12日 全國大會・後夜祭

在正式祭典獲獎的隊伍和從縣外前來的夜來祭隊伍進行比賽。最後會舉辦頒獎典禮。

會場・票券

會場由高知市內的9座競演場和7座演舞場所組成。在能看到眾多隊伍舞蹈的追手筋本部競演場於10～12日設有付費的座位。白天和夜晚的表演為完全對調制，6月下旬起於日本全國便利商店等地販售。

✆088-823-4016（高知市觀光協會）
HP http://www.welcome-kochi.jp/yosakoi/sajikiseki.html

若想認識充滿話題的隊伍的話

若想知道前年度的獲獎隊伍，或是祭典當天有想看的特定隊伍，則可進入「どこいこサービス」網站，便能輕易查詢到進行舞蹈的會場。

HP http://dokoiko.tosanonatsu.com

※關於2024年的活動內容，請洽✆088-875-1178（高知商工會議所內夜來祭振興會）確認。

高知的推薦住宿

男性用檜木露天浴池
女性用露天浴池附按摩浴缸

天誠和室10張榻榻米房型。可在榻榻米或廊台的長椅上悠閒休憩

由天誠和千壽2棟建築物組成

守護明治時代至今的歷史與傳統

城西館
●じょうせいかん

1874年創業的老字號旅館，沉著穩重有威嚴。從最頂樓的展望浴池可眺望高知城和遠處的四國山脈。晚餐可選擇皿鉢料理、宴席料理或法式宴席料理。 MAP 139A-3

☎088-875-0111
IN 15:00、OUT 10:00
¥1泊2食19800円～
所 高知市上町2-5-34
交 土佐電交通上町1丁目電車站即到
P 1晚880円
刷卡 可

以獨創華麗的單品餐點招待旅客的美食旅宿

土佐御苑
●とさぎょえん

除了名產「鰹魚半敲燒」之外，還會提供大量使用高知山珍海味的土佐料理。大浴場有岩石浴池、信樂燒天然鐳礦石的「龜浴池」等豐富多彩的露天浴池。

女湯有「雪屋浴池」和「龜浴池」

☎088-822-4491 MAP 139C-2
IN 15:00、OUT 10:00 ¥1泊2食15400円～ 所 高知市大川筋1-4-8 交 JR高知站搭土佐電交通高知橋電車站下車，步行5分 P 1晚800円 刷卡 可

有皿鉢料理等運用傳統的創作宴席料理

建於土佐藩主淵源之地的旅宿

三翠園
●さんすいえん

建於第15代土佐藩主山內豐信（容堂）的郊區宅邸。壯觀的日本庭園裡保留著被列為重要文化財的武士宅邸遺址。晚餐能品嘗鄉土料理。

☎088-822-0131 MAP 139B-4
IN 15:00、OUT 10:00
¥1泊2食16650円～
所 高知市鷹匠町1-3-35
交 土佐電交通縣廳前電車站即到
P 1晚500円 刷卡 可

建於腹地內的舊山內家別邸長屋

使用當季食材的色彩繽紛料理

能夠接觸高知傳統工藝的站前飯店

JR高知克雷緬特Inn
●ジェイアールクレメントインこうち

融入土佐和紙、土佐漆喰等傳統工藝的內部裝潢相當吸引人。早餐可從使用了高知特產食材的6種定食中選擇。

☎088-855-3111 MAP 139C-2
IN 15:00、OUT 11:00
¥1泊單人房12100円～、雙床房17600円～ 所 高知市北本町1-10-59
交 JR高知站即到 P 1晚1000円

雙床房備有120cm寬的床鋪

寬敞客房消去旅行的勞頓

高知王子大飯店
●こうちプリンスホテル

位於高知中心地帶的料理旅館。在餐廳能品嘗到高知縣產新鮮食材的料理，也很推薦9樓的景觀大浴場和1樓的大浴場。

☎088-883-2323 MAP 141B-3
IN 15:00、OUT 10:00
¥1泊2食13200円～ 所 高知市南宝永町4-2
交 土佐電交通寶永町電車站即到
P 1晚770円～ 刷卡 可

寬敞舒適附起居間的和室

位於高知市區，交通便利

高知Terminal Hotel
●こうちターミナルホテル

位在能步行前往播磨屋橋、高知城、週日市場和高知市文化廣場CUL-PORT等景點的絕佳地點。有單人房、寬敞單人房、雙人房等共4種客房類型，親民的價格頗具魅力。 MAP 139C-3

☎088-884-4500 IN 16:00、OUT 10:00
¥1泊單人房5000円～、雙床房10500円～ 所 高知市はりまや町1-13-27 交 JR高知站步行15分 P 1晚600円 刷卡 可

建於播磨屋橋觀光巴士轉運站前方

※若住宿費用標示為「1泊附早餐」或「1泊2食」，則為2位住宿時1位的費用；若標示為「1泊房價」，則為單人房1位住宿，以及雙床房2位住宿的總房價。費用皆包含稅金與服務費。

高知

高知市區&高知市周邊

令人開心的玩樂景點

在此介紹能從高知市區輕鬆前往，
男女老幼都能開懷暢遊的推薦景點。

野市動物公園是這樣的地方！
能藉由互動區、飼育員的動物餵食時間&導覽等加深對動物的認識。

香南市

高知縣立野市動物公園

●こうちけんりつのいちどうぶつこうえん

在19.9ha的廣大園區內飼養著約100種共1100隻動物。不使用籠子和柵欄，重現野生動物棲息環境的展示方式很受歡迎。

☎0887-56-3500 MAP 140E-2
L9:30～16:00 休週一（逢假日則翌日休） ¥入園費470円 所香南市野市町大谷738 🚃土佐黑潮鐵道野市站步行20分 P免費

小熊貓「小凱」
雖然是個小帥哥，但很貪吃

小熊貓的餵食時間
週六日、假日為11:50～※雨天中止
小熊貓的主要食物是竹葉，也很喜歡吃蘋果。

鯨頭鸛 莎莎
飛行的樣子充滿魄力！

動物科學館
以「向動物們挑戰！」為主題，能在遊戲中學習動物的能力和身體結構等知識。

麵包超人博物館是這樣的地方！
立體模型忠實重現麵包超人們生活的城鎮，還設置了麵包工廠及細菌城立體展示的麵包超人世界等，讓到訪者進入整個故事的世界觀之中。

香美市

香美市立柳瀨嵩紀念館 麵包超人博物館

●かみしりつやなせたかしきねんかんアンパンマンミュージアム

展示柳瀨嵩所描繪的麵包超人大型版畫及繪本原稿，以及重現麵包超人世界的立體模型。戶外有充滿魄力的麵包超人角色模型。

☎0887-59-2300 MAP 140F-1
L9:30～16:30（7月20日～8月31日為9:00～）
休週二（逢假日則翌日休、春假暑假期間則無休） ¥入館費800円 所香美市香北町美良布1224-2 🚃JR土佐山田站搭JR四國巴士22分，美良布（アンパンマンミュージアム）下車，步行5分 P免費

巨大達旦旦像
細菌人所操縱的巨大機器人。高約7公尺，眼睛會閃紅光。

柳瀨嵩藝廊
展示柳瀨嵩為了此間藝廊而描繪的麵包超人原畫。

頂樓不時會出現麵包超人蹤跡！

博物館商品也不容錯過！

麵包超人酥餅罐
（6片裝）
1015円

使用柳瀨嵩原畫的餅乾罐

\還有其他！/

令人開心的玩樂景點

高知市

出現於歌謠中的高知代表性象徵

播磨屋橋

●はりまやばし

於夜來祭中傳船唱的這座橋，是為了江戶初期的富商播磨屋崇德和櫃屋道清兩家來往所建的橋。目前附近被規劃為播磨屋公園，重現朱色塗漆的太鼓橋。

✆088-803-4319 MAP 139C-3
（高知市觀光魅力創造課）
L自由參觀 所高知市はりまや町
交JR高知站步行10分

重現江戶時代的朱色塗漆太鼓橋。橋下並無流水

高知市

高知的漫畫文化發信地

高知漫畫基地

●こうちまんがベース

除了高知相關的漫畫家作品和資料之外，還有漫畫甲子園有關的展覽。在「漫畫室」裡，可用平板或畫具學習漫畫的畫法。

✆088-855-5390 MAP 139B-3
L12:00～18:00、週六日、假日為10:00～17:00 休週二、四
所高知市丸ノ内1-1-10
交土佐電交通高知城前電車站步行5分

會不定期舉行活動

南國市

親身體會海洋堂的製作

海洋堂SpaceFactoy南國

●かいようどうスペースファクトリーなんこく

可參觀將館內打造成宇宙船的海洋堂親手打造的巨大立體透視模型製作現場。也會舉辦立體透視模型、模型上色體驗等豐富多彩的工作坊。 MAP 140D-2

✆088-864-6777（海洋堂高知）
L10:00～17:30 休週二（逢假日則翌日休） ¥免費入館、體驗需付費
所南国市大そね甲1623-3
交JR御免站步行10分 P免費

彷彿宇宙基地的外觀

高知市

深受小孩子喜愛的休閒景點

わんぱーくこうち

裡面有約100種動物的動物樂園、摩天輪、旋轉木馬等的遊樂園，也有可運動的水邊散策廣場。

✆088-834-1890 MAP 141B-3
L9:00～17:00 休週三（逢假日則翌日休） ¥免費入園、遊樂設施須付費
所高知市桟橋通6-9-1 交土佐電交通桟橋通5丁目電車站步行10分 P免費

大自然環繞的園內

高知縣立牧野植物園是這樣的地方！
內藤廣所設計的藝術建築融入五台山景觀，為一大看點。可透過驚人規模的溫室與廣大庭園，欣賞遼闊腹地內栽種的3000種以上植物。

高知市

高知縣立牧野植物園

●こうちけんりつまきのしょくぶつえん

表彰植物學者牧野富太郎博士豐功偉業的植物園，除了有能夠瞭解博士一生的牧野富太郎紀念館・展示館，還有如叢林般的溫室、介紹高知植被的土佐植物生態園，以及一年四季花卉都會盛開的50周年紀念庭園等，可在裡面散步。

✆088-882-2601 MAP 141C-3
L9:00～16:30 休無休（有休園保養期） ¥入園費730円 所高知市五台山4200-6 交JR高知站搭MY遊巴士27分，於牧野植物園正門前下車即到 P免費※停車場最新資訊請確認官網

牧野富太郎紀念館 本館
除了有五台山大廳、圖書室之外，還有植物學商店和餐廳。入園券於此處和南門入口販售。

圖片提供／高知縣立牧野植物園

西島園藝區是這樣的地方！
一整年都可以吃到哈密瓜和西瓜，是花與水果的樂園。1棵樹只會栽培1顆果實，可以品嘗到嚴選水果的營養和甜味都濃縮其中的濃郁香味。

南國市

西島園藝區

●にしじまえんげいだんち

在廣大的腹地裡，有好幾排溫室的觀光農園。購買水果券可試吃全年都有栽種的哈密瓜和西瓜，此外，1～6月限定的採草莓活動也很受歡迎。一邊悠閒欣賞繽紛賞花會，一邊享用午餐和甜點，感受格外不同。

✆088-863-3167 MAP 140D-2
L9:00～17:00 休無休 ¥免費入場，水果券780円 所南国市廿枝600 交土佐黑潮鐵道後免町站搭土佐電交通巴士6分，古市下車，步行10分
P免費

購買水果券可試吃西瓜和哈密瓜

充分品嘗園內摘採水果的「哈密瓜的尾巴」1300円

展示&販售當季花卉
天花板上一整片五顏六色的九重葛，美麗壯觀。園內栽培了約200種花草，可恣意欣賞。

南國土佐的城下町

高知市區

●こうちタウン

區域導覽

作為土佐24萬石的城下町而繁榮發展，觀光景點大多集中在一處。依星期有不同市場，也有許多餐廳可品嘗到料理跟地酒。而能欣賞太平洋景熱的風景名勝「桂濱」還設有坂本龍馬像。

MAP
P.139-141・附錄②10
住宿資訊
P.135

在特集介紹！

前往桂濱→P.118
高知城→P.120
高知的市場GO！→P.122
道地的鰹魚和土佐料理→P.124
高知縣立牧野植物園→P.126
夜來祭→P.127

利他食堂

MAP 139C-2

●りたしょくどう

☎088-885-6983 美食

綻放創意的鰹魚半敲燒

可在時尚的空間享用從漁夫和農家直接進貨食材所製作的料理。推薦淋上芝麻油的生肝料理風鰹魚半敲燒。

營 18:00～23:00 休 週一
所 高知市相生町2-20 大久保ビル1F
交 JR高知站步行5分
P 免費

松葉燒生肝料理風鰹魚半敲燒1500円

高知縣立文學館

MAP 139B-3

●こうちけんりつぶんがくかん

☎088-822-0231 景點

親近土佐的文學

除了介紹高知文學家的常設展示室之外，還有高知縣出身作家宮尾登美子的相關展區，以及寺田寅彥的紀念室。

營 9:00～16:30 休 無休
¥ 參觀費370円（企劃展費用另計）
所 高知市丸ノ内1-1-20
交 土佐電交通高知城前電車站步行5分

以時代和主題介紹的常設展示室

満天の星アンテナショップ

MAP 141B-2

●まんてんのほしアンテナショップ

☎088-883-5039 咖啡廳

以使用特產茶的甜點為傲

四萬十川源流域的津野町是焙茶產地。在附設商店的咖啡廳中能品嘗到使用焙茶製作的大福、蛋糕捲等芳香的焙茶甜點。

營 9:30～17:00（咖啡廳為11:00～16:30）
休 無休 所 高知市南川添24-15
交 JR高知站搭土佐電交通巴士5分，南川添下車，步行5分 P 免費

焙茶霜淇淋（附焙茶）550円

酔鯨亭 高知店

MAP 139C-3

●すいげいていこうちてん

☎088-882-6577 美食

鯨魚料理吃法千變萬化

除了提供舌頭和尾巴等超過10種的鯨魚料理，還能以平實價格嘗到鰹魚或鰆魚等土佐滋味。也有定食及套餐料理。

營 11:30～13:30、17:00～21:00（週日、假日為17:00～21:00） 休 週一 所 高知市南はりまや町1-17-25 交 土佐電交通播磨屋橋電車站步行3分
P 有合作停車場

酥脆且香氣四溢的炸鯨魚塊1100円

うなぎ屋せいろ

MAP 139B-3

●うなぎやせいろ

☎088-825-3292 美食

能品嘗到鮮度優異的鰻魚

使用活鰻魚的鰻魚料理專賣店。能品嘗到以炭火快速燒烤、口感軟Q的鰻魚重箱3600円，或是鰻魚蓋飯等料理。

營 11:00～13:40
休 週三
所 高知市帯屋町2-5-21 西山ビル1F
交 土佐電交通大橋通電車站步行3分

鰻魚蓋飯1900円、鰻魚蒸籠飯1900円

青柳プラスワン店

MAP 141C-2

●あおやぎプラスワンてん

☎088-866-7771 購物

有許多高知特有的銘菓

1936年創業的和洋菓子店。因高知銘菓「土左日記」而聞名，在這裡可以用outlet的價格購買青柳的點心。播磨橋附近也有直營店。

營 10:00～18:00 休 不定休
所 高知市大津乙1741
交 高知IC車程5km P 免費

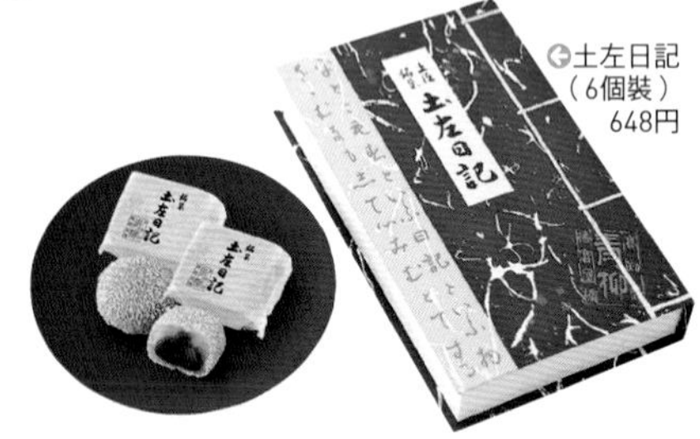

土左日記（6個裝）648円

1×1＝1

MAP 139C-3

●いちかけるいちはいち

☎088-882-4852 購物

高知名產冰淇淋

高知代表性的簡單冰淇淋。原料僅有雞蛋、砂糖、脫脂奶粉和香蕉香料。沙沙的口感和清爽的甜味，吃起來相當爽口。

營 9:00～18:00
休 週三（逢假日則營業，6～8月無休）
所 高知市南はりまや町2-3-12
交 土佐電交通播磨屋橋電車站步行5分

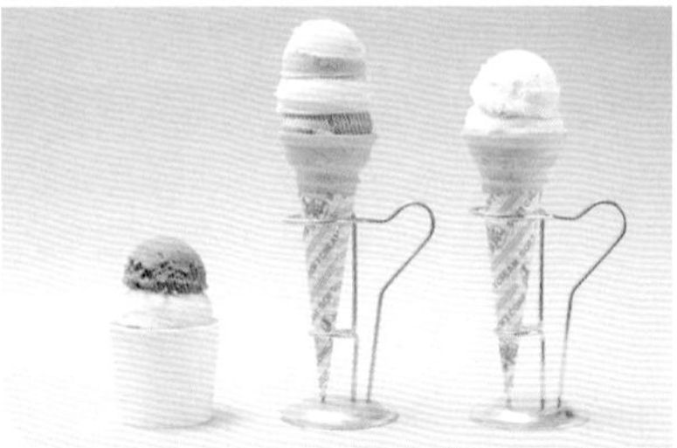

冰淇淋2層150円～。有草莓、蘇打等多種口味

RIN BELL

MAP 139B-2

●リンベル

☎088-822-0678 購物

特產帽子麵包的發源店

為昭和30年首次做出帽子麵包的永野旭堂直營店。除了有一般尺寸的帽子麵包162円外，還有特大和迷你尺寸。提供樸素味道的80種麵包。

營 7:00～18:00
休 週日、假日不定休
所 高知市永国寺町1-43
交 JR高知站步行15分
P 免費

能在咖啡廳空間享用剛購買的麵包

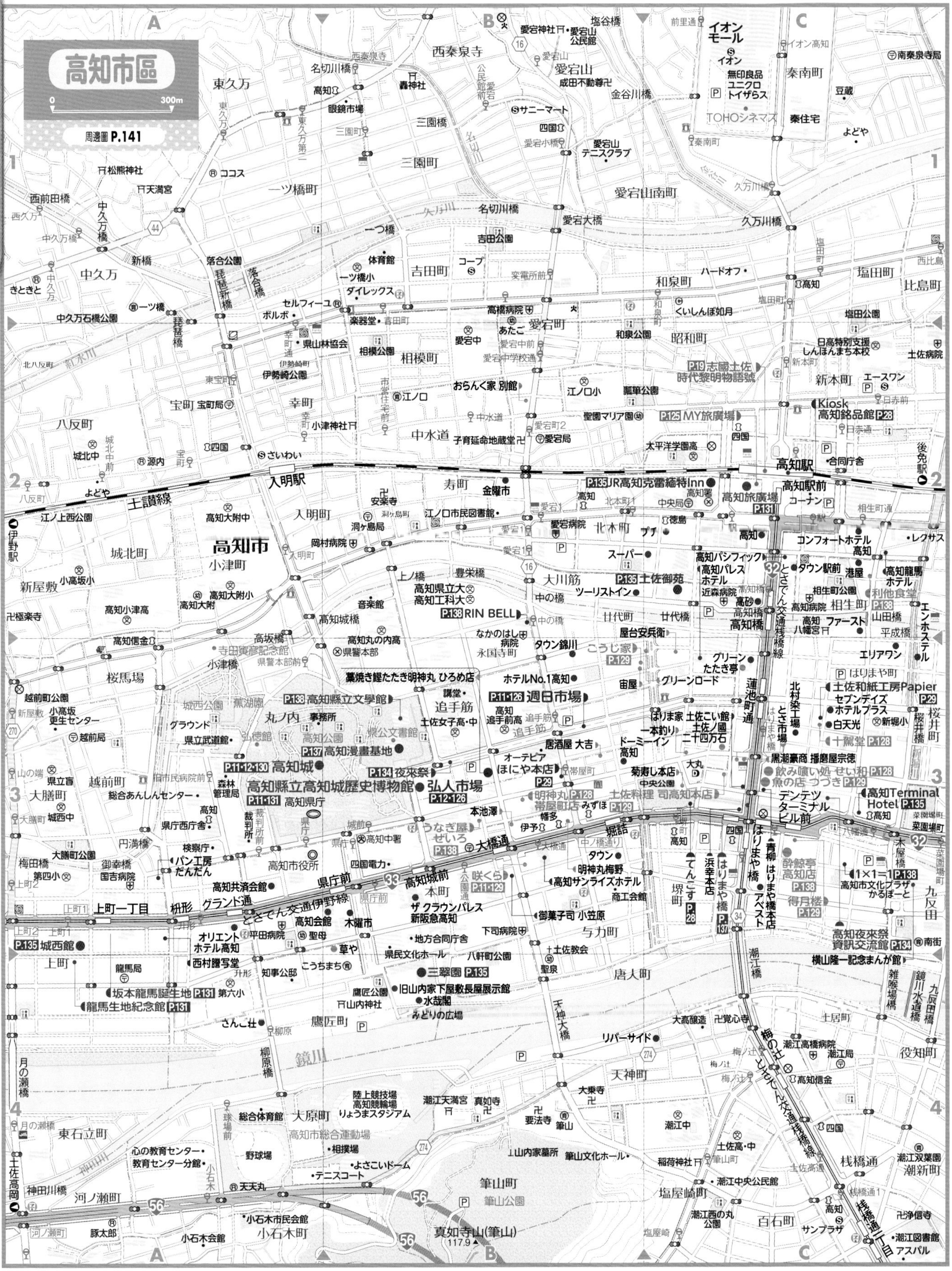

●景點 ●玩樂 ●美食 ●咖啡廳 ●購物 ●溫泉 ●住宿 卍 四國八十八札所

D
E
F
1
2
3
4
大豊
大豊IC
成合
若宮温泉
ニュー若宮温泉
大歩危駅
新改駅
土佐山田町有谷
土佐山田町佐竹
土佐山田町中後入
土佐山田町本村
土佐山田町大平
土佐山田町新改
土佐山田町入野
土佐山田町大法寺
土佐山田町佐野
土讃線
五百蔵
香北町白川
香麗橋
美良布
那賀
道の駅 美良布
P.136 香美市立柳瀬嵩紀念館 麺包超人博物館
香北町太郎丸
香北町橋川野
土佐中街道
杉田ダム
新佐野大橋
土佐山田町杉田
夢の温泉
香美市
清水ヶ森
北岩改
香北町岩改
岩改
土佐山田町間
高知自動車道
徳島北街道
天行寺
久礼田城跡
土佐山田町上改田
土佐山田町植
土佐山田町須江
高知工科大
小学校前
間口
土佐山田町影山
癒しの湯宿 龍河温泉
公路休息站 南国風良里 附錄② P.23
土佐山田駅
山田西町駅
談議所
土佐山田町楠目
土佐山田町山田島
土佐山田町林田
保育所前
龍河洞
土佐山田町逆川
秋葉山
489.9
香北町口西川
土佐山田町下ノ村
土佐山田町山田
土佐山田町加茂
町田橋
烏ケ森
192.1
龍河洞トンネル
龍河洞
土佐国衙跡
国分寺
天然の湯 ながおか温泉
巨峰園
土佐長岡駅
聞楽山
368.7
龍河洞スカイライン
香我美町口西川
香我美町中西川
土佐山田町岩積
戸板島橋
野市町西佐古
土佐山田町松本
土佐山田町戸板島
野市町東佐古
香我美町山北
香我美町山川
土佐山田町京田
野市町父養寺
野市町母代寺
香我美町福万
大日寺
金剛山(三宝山)
265
野市町本村
新岩渕橋
香我美町下分
夜須町細川
海洋堂SpaceFactory南國 P.137
後免駅
後免町駅
蔵福寺島
龍馬歴史館
野市町大谷
野市町兎田
野市町うしろ谷
八王子橋
香我美町上分
立田駅
立田
野市町深渕
野市町西野
P.136 高知縣立野市動物公園
岩田橋
サニーアクシス南国店
物部川橋
黒潮温泉龍馬の湯
野市町新宮
野市町中ノ村
和田橋
夜須町夜須川
南国バイパス
のいち駅
野市町東野
香宗川橋
香南のいちIC
香我美町徳王子
香南市
夜須町上夜須
高知龍馬空港IC
野市町上岡
香南かがみIC
土佐くろしお鉄道 ごめん・なはり線
土佐東街道
よしかわ駅
野市町下井
夜須町西山
高知県立月見山こどもの森
香我美町岸本
高知空港
ターミナルビル
物部川大橋
吉川町古川
土佐赤岡絵金祭り
吉川町吉原
赤岡町
あかおか駅
香我美駅
月見山
58.8
夜須町坪井
夜須駅
香南やすIC
ヤ・シィパーク
公路休息站 やす
高知東部自動車道
芸西村
リゾートホテル海辺の果樹園
手結岬
安芸
住吉海水浴場
土佐湾
かいだ屋
吉川漁港
赤岡漁港

高知廣域

周邊圖 附錄②P.10

高知市

●景點 ●玩樂 ●美食 ●咖啡廳 ●購物 ●溫泉 ●住宿 ㊵四國八十八札所

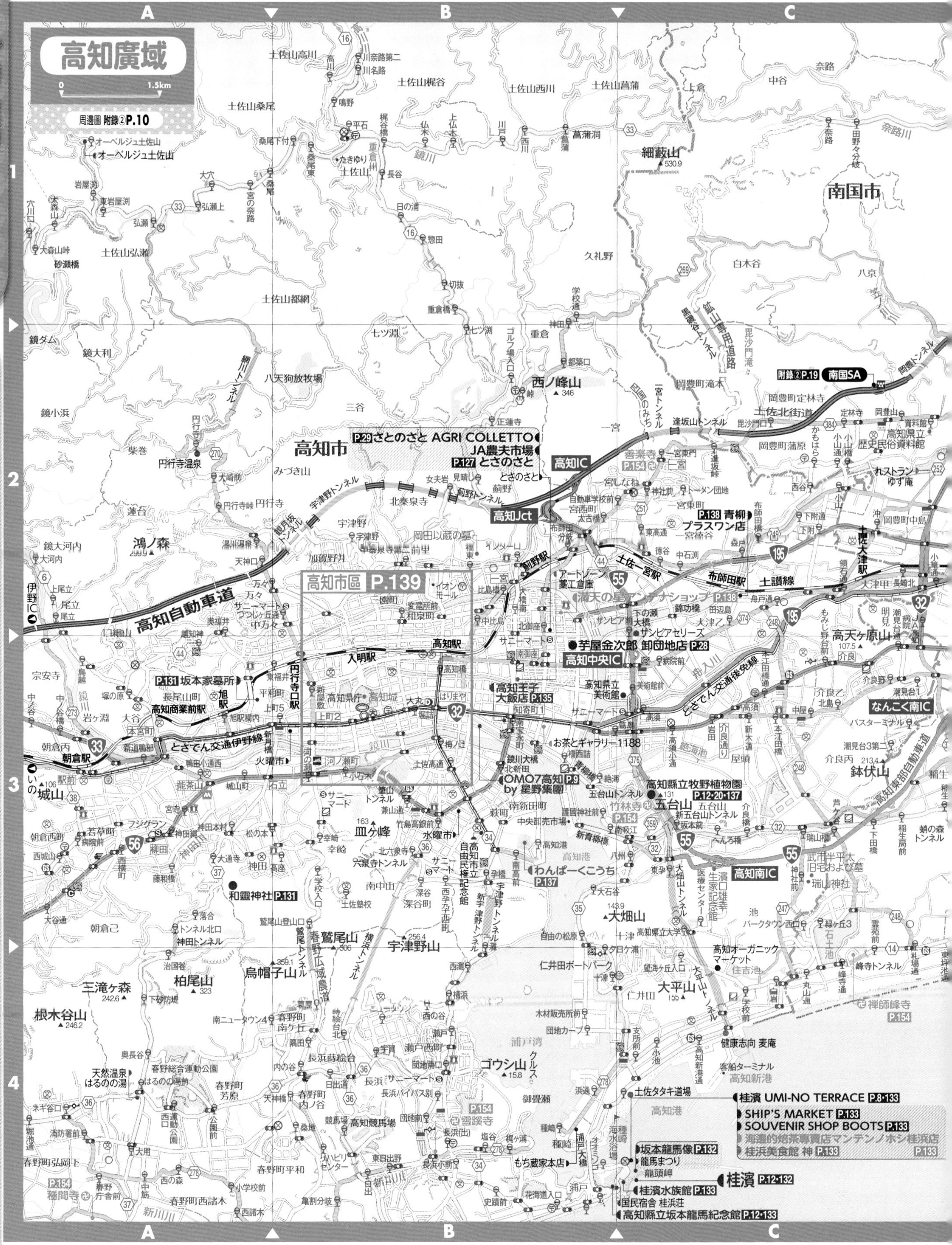

四萬十川

體驗清澈大河的豐沛自然

●しまんとがわ

是這樣的地方！

緩緩流經山林間的四萬十川周邊盡是自然豐沛的優美風景，也是極受歡迎的兜風及戶外活動景點。當地美食更是豐富多樣。

MAP 附錄③11-13

住宿資訊 P.137

洽詢處
四萬十市觀光協會
0880-35-4171

ACCESS

電車：高知站 —JR特急足摺號等— 中村站
所需時間／約1小時45分　費用／4940円

車：高知IC —高知道（約75km　費用／1090円）— 黑潮拳之川IC —56（約34km）— 中村站

玩耍吧

四萬十川遊逛方式 1

沉下橋美景兜風

MAP 附錄②12D-1

四處探訪架於四萬十川上的沉下橋，享受懷舊古風景色和當地美食吧。

代表四萬十川特色的沉下橋

步行渡橋享受潺潺溪流和山間空氣

佐田沉下橋

●さだちんかばし　MAP 附錄③12D-2

全長291.6m，是四萬十川最長的沉下橋。位於四萬十川的最下游，從中村站約車程15分左右。一年四季皆有眾多觀光客來訪。

0880-35-4171（四萬十市觀光協會）　所四万十市佐田　黑潮拳之川IC車程41km　P免費

曾多次出現於商業廣告和海報上

全長120m具有高知名度的橋梁

岩間沉下橋

●いわまちんかばし　MAP 附錄③12D-1

在無數的沉下橋當中特別知名的全長120m橋梁。周圍融合自然之美的景觀，曾多次出現於廣告和海報上。目前已禁止通行，僅供參觀。

0880-35-4171（四萬十市觀光協會）　所四万十市西土佐岩間　黑潮拳之川IC車程58km　P免費

擁有3座腳柱設計的稀有橋梁

同時也是當地居民的生活道路

勝間沉下橋

●かつまちんかばし　MAP 附錄③12D-2

又稱為「鵜之江沉下橋」。因電影《釣魚迷日記14》中的四國遍路旅人阿濱曾造訪過而聞名。

0880-35-4171（四萬十市觀光協會）　所四万十市勝間　黑潮拳之川IC車程50km　P免費

這裡也不容錯過

伴著溪流微風享用當季蛋糕

ストローベイルSANKANYA

●ストローベイルサンカンヤ　MAP 附錄③12D-1

位於公路休息站よって西土佐（➡附錄②P.23）內的咖啡廳。春季為草莓，秋季則是栗子等，以西土佐地區產的蔬果製作而成的蛋糕大獲好評。

0880-31-6070
10:00～17:00　休無休（12～2月為週二，逢假日則營業）　所四万十市西土佐江川崎2410-3　JR江川崎站步行10分　P免費

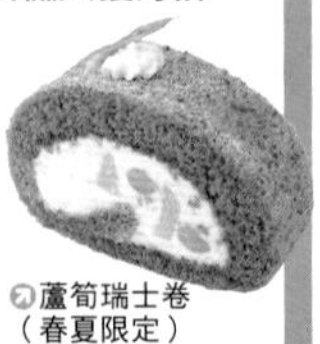

蘆筍瑞士卷（春夏限定）330円

當地居民也經常光顧

彷彿沿著河流建造

shimantoおちゃくりcafé

●シマントおちゃくりカフェ　MAP 附錄③11A-4

位於中游的公路休息站四万十とおわ（→P.144）所附設的咖啡廳。能邊欣賞四萬十川，邊享受當地產的栗子做成的甜點，或是四萬十川產的紅茶。

0880-28-5528
11:00～14:30（週六日、假日為10:00～）休週三（冬季有不定休）　所四万十町十和川口62-9　黑潮拳之川IC車程43km　P免費

設有面向四萬十川的大型玻璃窗座位

四萬十蒙布朗600円

被譽為最後清流的優美河川 在四萬十川

四萬十川是流經高知縣西部的四國最長河川，在流域範圍能進行水上活動或兜風等許多令人雀躍的娛樂活動。罕見的河川特色美食也不容錯過。

四萬十川遊逛方式 2 河上活動

僅從車窗遠眺實在不足以了解到四萬十川的真正魅力。實際親近大河，嬉遊水中吧。

在淺灘眾多的支流冒險 溪流健行

◎路線的途中會有小型瀑布

體驗資訊	北之川溪流健行
期間	7～9月
費用	6500円～（含裝備租借）
所需	2小時30分
預約	預約制

四萬十樂舍 ●しまんとがくしゃ

MAP 附錄③12D-1

位於四萬十川沿岸的體驗型住宿設施。提供獨木舟、溪流健行和浮潛等體驗活動，能徹底感受四萬十川的自然之美。

☎0880-54-1230 營8:30～17:30 休週三（7～9月無休） 所四万十市西土佐中半408-1 交四萬十町中央IC車程60km P免費

無比刺激的急流漂流 急流泛舟

◎大家同心協力勇渡急流

ふるさと交流センター ●ふるさとこうりゅうセンター

MAP 附錄③11B-4

四萬十川就近在眼前的露營場。提供獨木舟、泛舟和自行車等租借用品。中心內也有附設餐廳。

體驗資訊	急流泛舟
期間	4～10月
時間	9:30～、13:30～
費用	1艘14300円（1艘最多5位。含教練費、器材租借和保險等）
所需	約2小時
預約	預約制

☎0880-28-5758 營8:30～17:00 休週二、三（4～10月為不定休） 所四万十町昭和671-2 交JR土佐昭和站步行7分 P免費

與河流融為一體的感動 獨木舟

彷彿和大自然融為一體

◎全年都能體驗獨木舟樂趣

◎教練會細心指導，所以初學者也能安心

四萬十川之驛獨木舟館 ●しまんとかわのえきカヌーかん

MAP 附錄③12D-1

位於四萬十川中游的河畔。除了提供初學者也能遊玩的獨木舟方案外，還有泛舟漂流、自行車租借等豐富的玩樂選項。另附設露營場、網球場以及餐廳。

體驗資訊	1日8km 獨木舟之旅
期間	4～9月
費用	9000円（含器材租借）
所需	6小時
預約	預約制

☎0880-52-2121 營8:30～17:30 休無休 所四万十市西土佐用井1111-11 交JR江川崎站步行20分 P免費

四萬十川遊逛方式 4 海洋堂博物館

建於四萬十的深山之中，由海洋堂一手企劃，讓人興奮不已的夢幻世界。

位於深山的「模型的聖地」

海洋堂HOBBY館四萬十 ●かいようどうホビーかんしまんと

MAP 附錄③12E-1

◎模型創作者藝廊

海洋堂歷史與收藏的集大成之地。從不對外出借的世界第一模型收藏乃至於最新的塗裝模型；從知名模型創作者的恐龍到美少女等，所有的玩具模型齊聚一堂。☎0880-29-3355 營10:00～17:30（11～2月為～16:30） 休週二（逢假日則翌日休，暑假期間無休） ¥入館費800円 所四万十町打井川1458-1 交JR土佐大正站搭計程車10分 P免費

海洋堂河童館 ●かいようどうかっぱかん

MAP 附錄③12E-1

不可思議世界 滿滿河童的

◎使用四萬十杉原木和紅土等天然材料建造的建築

展示「四萬十川河童造型大獎」的投稿作品。除了有特色多樣的河童外，戶外還有以電鋸製作的特殊木雕河童。

☎0880-29-3678 營10:00～17:30（11～2月為～16:30） 休週二（逢假日則翌日休，暑假期間無休） ¥入館費500円 所四万十町打井川685 交JR打井川站搭計程車5分 P免費

四萬十川遊逛方式 3 四萬十美食

四萬十川是食材的寶庫。其中以傳統漁法捕撈的酥炸天然溪蝦絕對要吃到。

ごり

淡水鰕虎魚的幼魚。油炸或醃煮食用

Ⓐ ゴリ佃煮 730円

溪蝦

淡水蝦的代表，特徵為細長的螯

油炸溪蝦700円 Ⓒ
※眼有漁獲時提供

青海苔

在鹹淡水交會流域生長，香氣豐富的柔和口感

青海苔天婦羅770円 Ⓑ

Ⓒ 四万十屋 ●しまんとや

MAP 附錄③13B-4

在眼前的四萬十川捕獲的溪魚可在單點料理或定食中充分享用到。天氣好的時候推薦面對四萬十川的露臺座位。

☎0880-36-2828 營10:00～16:00 休週三 所四万十市山路2494-1 交土佐黑潮鐵道中村站搭高知西南交通巴士8分，於甲ヶ峰下車即到 P免費

Ⓑ 季節料理たにぐち ●きせつりょうりたにぐち

MAP 附錄③13A-4

只使用天然的食材，堅持提供當季料理而廣受好評。包含此餐廳所發明的青海苔天婦羅等，想一次品嘗所有河川美味就選擇四萬十川定食吧。

☎0880-34-3388 營11:30～13:00、17:00～21:30 休週日（假日前日則翌日休，暑假期間無休） 所四万十市中村大橋通4-50 交土佐黑潮鐵道中村站步行15分 P免費

Ⓐ 味劇場ちか ●あじげきじょうちか

MAP 附錄③13A-3

以劇場為概念的建築，1和2樓的吧檯座位能看到廚房內部。主要提供四萬十川和黑潮的海鮮等豐富多樣的鄉土料理。

☎0880-34-5041 營17:00～22:20 休無休 所四万十市中村新町1-39-2 交土佐黑潮鐵道中村站步行20分 P免費

區域導覽

四國最長河川的雄偉風景

四萬十川

●しまんとがわ

被譽為最後清流的四萬十川流域有著豐沛的自然資源。在此露營或自行車之旅的同時，徹底體驗絕無僅有的獨特風光吧。

MAP 附錄②11-13

住宿情報 P.145

在特集介紹！ 在四萬十川玩耍吧 →P.142

MAP附錄②13A-4

四萬十市蜻蜓自然公園

●しまんとし トンボしぜんこうえん

☎0880-37-4110 玩樂

暢玩日本第一的蜻蜓保護區

種類數量為日本第一的蜻蜓保護區，睡蓮盛開的水邊環境整備維持完善。園內的四萬十川學遊館裡展示蜻蜓和四萬十川的魚類等。

自由入園 所四万十市具同8055-5
土佐黑潮鐵道中村站搭計程車10分
P免費

園內可見到猩紅蜻蜓

MAP附錄②13A-3

安並水車之里

●やすなみすいしゃのさと

☎0880-35-4171（四萬十市觀光協會） 景點

水車於明治末期約有50座，現在仍有觀光用的15座仍在運行。初夏能欣賞到450株繡球花盛開的美景。

自由參觀 所四万十市安並 土佐黑潮鐵道中村站搭計程車10分 P免費

MAP附錄②12E-2

四萬十川野鳥自然公園

●しまんとがわやちょう しぜんこうえん

☎0880-37-0608（四萬十市公園管理公社） 玩樂

位於四萬十川河口廣闊的自然公園。以野鳥的棲息地和度冬地聞名，附設觀察小屋和遊覽步道。

自由入園 所四万十市間崎トロイケ1001-1 土佐黑潮鐵道中村站搭高知西南交通巴士16分，初崎分岐下車，步行5分 P免費

MAP附錄②12D-1

いわき食堂

●いわきしょくどう

☎0880-52-1172 美食

簡單品嘗川邊美食

有很多使用天然鰻魚、香魚、溪蝦、杜父魚等四萬十川河產的料理。推薦點料理手法簡單的鹽煮溪蝦。川魚料理的食材都是天然的，因此也可能會缺貨。

8:00～19:00 休第1、3週日（8月無休）
所四万十市西土佐津野川647-5
黑潮拳之川IC車程56km P免費

推薦點道鹽水煮溪蝦

MAP附錄②13A-3

鄉土料理花ぜん

●きょうどりょうりはなぜん

☎0880-34-5088 美食

品嘗四萬十川流域的鄉土料理

能品嘗到流傳於四萬十川河口域的幡多地區料理。將柑橘類的佛手柑榨汁滴上握壽司後享用。「ひっつけ寿司」1100円是著名的料理。

11:00～14:00、17:00～21:00 休週三
所四万十市中村東町1-8-19
土佐黑潮鐵道中村站步行20分 P免費

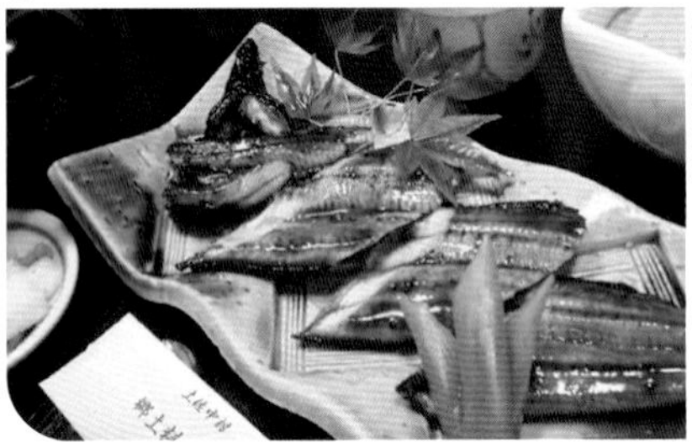

蒲燒鰻定食3300円

MAP附錄②12D-2

四万十カヌーとキャンプの里 かわらっこ

●しまんとカヌーとキャンプのさとかわらっこ

☎0880-31-8400 玩樂

在豐饒的大自然環繞下，遊玩水上活動

可在四萬十川露營、玩獨木舟的設施。舉辦約2小時30分的獨木舟之旅、獨木舟體驗、SUP之旅等活動。

服務時間為8:00～18:00
休週一（逢假日則翌日休，7～9月無休）
所四万十市田出ノ川24 四萬十町中央IC車程62km
P免費

新手也可以好好享受獨木舟之樂

這裡也要CHECK！ 搭配美麗河景享用四萬十美食

公路休息站 四万十とおわ

●みちのえきしまんとととおわ 購物

除了有當地產的栗子加工品之外，還有販售當季蔬菜和四萬十伴手禮。可在附設的餐廳眺望四萬十的景色，品嘗天然香魚、鰻魚、四萬十豬肉等。

☎0880-28-5421 MAP附錄②11A-4

8:30～17:00 休不定休 所四万十町十和川口62-9
四萬十町中央IC車程43km P免費

有許多四萬十的招牌伴手禮

可在「とおわ」食堂品嘗到的十和竹籃膳1580円，附味噌湯和白飯（依季節，內容、金額會有所不同）

「とおわのアイス屋さん」有口味樸實的冰淇淋300円

MAP附錄②11B-4

無手無冠

●むてむか

☎0120-400-108 購物

受惠自四萬十誕生的酒

明治時期創業的釀酒廠，使用四萬十川源流的湧泉和契約栽培米釀酒。純米生原酒「無手無冠」和栗燒酎「ダバダ火振」最適合當伴手禮。

8:00～17:00 休週日
所四万十町大正452
JR土佐大正站步行10分
P免費

香氣和甜味調和而成的無手無冠 純米生原酒（1.8ℓ）3263円

四萬十周邊住宿

用肌膚感受自然的露天溫泉

這裡最棒♥
只有9間客房的旅館。飯店最為自傲的是能遠眺四萬十川的2座露天溫泉。閑靜的環境讓人想像不到就位在市中心。

俯瞰一覽無遺的四萬十川
建於高處的獨棟旅館

安住庵 日式旅館

●なごみやどあんじゅあん

鄰近賞櫻勝地為松公園的溫泉旅館。晚餐提供將四萬十川與黑潮的食材設計成大受好評的一人份料理「單人皿鉢」。露天溫泉有石之湯殿和木之湯殿2種，早晚男湯女湯會互相對調。

MAP 附錄③13A 3
✆0880-35-3184
L IN 15:30、OUT 10:00 ¥1泊2食15900円～ 所 四万十市中村1815 交 土佐黑潮鐵道中村站搭計程車10分 P免費 刷卡可

↑升級的「單人皿鉢」為預約制（加3200円）

↑客房共有9間

↑使用四萬十石頭的露天浴池「山河之湯」

↑夜間照明的外觀

這裡最棒♥
1樓餐廳能享用到豐富的西式及和風四萬十料理。約30種品項的早餐自助餐大受好評。

適合作為戶外活動基地的方便位置

四萬十新皇家酒店

●しんロイヤルホテルしまんと

位於四萬十川下游區域，包含獨木舟或漁夫體驗等娛樂性高的住宿方案廣受好評。大浴場附設三溫暖，能舒緩一天玩樂後的疲勞。1樓也設有餐廳。

MAP 附錄②13A-3
✆0880-35-1000
L IN 15:00、OUT 11:00 ¥單人房6800円～、雙床房15200円～ 所 四万十市中村小姓町26
交 土佐黑潮鐵道中村站搭計程車10分
P免費 刷卡可

↑全部118間客房皆有免費Wi-Fi

←餐廳空間明亮整潔

四萬十川的自然美景療癒身心

星羅四萬十飯店

●ホテルせいらしまんと

能居高臨下俯瞰四萬十川的現代造型飯店。從客房和大浴場能欣賞到壯麗的河流及妝點周遭的翠綠稜線。晚餐提供香魚或溪蝦等豐富四萬十川食材的宴席料理，想搭配地酒好好品嘗享用。

✆0880-52-2225 MAP 附錄②12D-1
L IN 16:00、OUT 10:00
¥1泊2食12250円～
所 四万十市西土佐用井1100
交 JR江川崎站步行20分（JR江川崎站有接送服務，採預約制） P免費 刷卡可

←邊泡湯邊欣賞四萬十川風光

↑用心感受來自四萬十的美食

↑位於四萬十川中游的公共宿舍

這裡最棒♥
能俯瞰四萬十川，中下游唯一的飯店。步行即可到達能體驗乘船遊覽和屋形船的設施。

※若住宿費用註明為「1泊附早餐」或「1泊2食」，則代表2位住宿時1位的費用；若註明為「1泊房價」時，則代表單人房1位住宿，以及雙床房2位住宿的總費用。費用皆包含稅金與服務費。

徹底體驗奇蹟的清流
仁淀川

●によどがわ

是這樣的地方！

仁淀川是水質排名穩居上位的一級河川。以日本全國罕見的高透明度為傲，從上游到河口均能體驗豐富多樣的休閒活動。

MAP 附錄②10-11

洽詢處

伊野町產業經濟課

✆088-893-1211

ACCESS

電車：高知站 —JR土讃線— 波川站　所需時間／約24分　費用／260円

車：高知IC —高知自動車道— 伊野IC —高知西bypass— 波川公園　約10km　費用／440円　約6km

賞景、遊玩 親身體驗仁淀藍
仁淀川休閒活動

MAP 附錄②10D-2

以被稱作「仁淀藍」的高透明度水質為傲，仁淀川也因此被譽為「奇蹟的清流」。有多種獨木舟或健行等樂趣無窮的活動，來體驗仁淀川的清流吧。

搭屋形船悠閒渡河而下
屋形船

○從河寬20～50m的中游悠然渡船而下

屋形船 仁淀川
●やかたぶねによどがわ

可悠閒欣賞仁淀川景色的觀光屋形船。來回2km的乘船之旅，需時約50分

MAP 附錄②10D-2

✆0889-24-6988

所 日高村本村209-1（乘船處）

交 伊野IC車程18km　P 免費

★體驗DATA★

●時間9:00、10:10、11:30、13:00、14:30、16:00出發（12～2月需前1天預約）

●休息日視天候和河川狀況可能停駛

●乘船費2000円

漫步溪谷欣賞瀑布 瀑布健行

中津溪谷
●なかつけいこく

仁淀川的支流刻蝕出美景連綿的溪谷。沿著溪谷規劃了可以近距離觀賞「仁淀藍」的散步道，可造訪紅葉瀑布、龍宮淵、雨龍瀑布等景點。

MAP 附錄②11C-2

✆0889-35-1333（仁淀川町觀光協會）

所 仁淀川町名野川　交 JR佐川站搭黑岩觀光巴士34分（週日、假日有可能停駛），名野川下車，步行10分

P 免費

○位於溪谷深處的雨龍瀑布。神秘的姿態也被稱為「龍吐水」

有如在水上滑行般，划槳行舟心情暢快 獨木舟

土佐和紙工藝村QRAUD
●とさわしこうげいむらくらうど

○會事先傳授划槳方式，所以可以安心參加

建於清流仁淀川河畔的體驗型公路休息站。除了獨木舟、泛舟等水上活動之外，還能體驗製作手漉和紙、使用織布機等體驗活動。腹地內有住宿設施、餐廳、溫浴設施。

MAP 附錄②10D-2

✆088-892-1001

L 視設施而異

休 週三（逢假日則營業，視設施而異）

所 いの町鹿敷1226

交 JR伊野站搭縣交北部交通巴士14分，岩村下車即到　P 免費

★體驗DATA★

仁淀川獨木舟（獨木舟學校）

●時間9:30～、13:30～（需1日前預約，所需時間約3小時）

●休息日12～3月

●參加費5500円～

盡情體驗完各種活動之後，可住在腹地內的住宿設施

建於腹地內的住宿大樓，有寬敞的洋室和空間沉穩的和室。SPA有露天浴池和三溫暖，可用仁淀川的伏流水煮沸的熱水溫暖身體。

✆088-892-1001

L IN 15:00、OUT 10:00 ¥ 1泊2食10500円～

○可眺望河面和群山景色的旅宿

在清流恣意放縱嬉鬧 河邊戲水

○水流平穩擁有淺灘的波川公園

波川公園
●はかわこうえん

仁淀川是水流平穩的河川，擁有許多適合戲水的地方。其中又以波川公園距離高知市區最近，還有洗手間及商店等，設施完備，最為推薦。

MAP 附錄②10E-2

✆088-893-1211（伊野町觀光協會）L 自由入園　所 いの町波川

交 JR波川站步行10分　P 免費

仁淀川周邊 可順道造訪的景點

高知アイス売店
●こうちアイスばいてん

使用柚子、天日鹽等高知特產的冰淇淋工廠直營店，販售超過20種冰淇淋。在能眺望仁淀川的店裡內用也OK。

✆090-3787-8511 MAP 附錄②10D-2

L 11:00～16:30（週六日、假日為10:30～17:30）

休 第2、4週一（逢假日則翌日休，7、8月無休）

所 いの町柳瀨上分807-1　交 JR伊野站搭縣交北部交通巴士26分，和田下車即到　P 免費

○使用土佐次郎雞蛋的霜淇淋385円

池川茶園工房Cafe
●いけがわちゃえんこうぼうカフェ

能品嘗到茶農家的茶和以當地天然蜂蜜製作的甜點。還能體驗到高級冠茶和焙茶2種不同滋味的茶園布丁450円很受歡迎。

✆0889-34-3100 MAP 附錄②11C-1

L 10:00～18:00　休 週三（逢假日則翌日休）

所 仁淀川町土居甲695-4　交 JR佐川站搭黑岩觀光巴士34分，神母谷下車，步行3分　P 免費

○2種茶園布丁的苦味和香氣滋味絕妙

眺望連綿山峰奔馳於高原之間

四國喀斯特觀景景點

MAP 附錄②11B-2

最高峰海拔1485m的天狗之森與平緩山峰綿延不絕，四國喀斯特擁有白色石灰岩群的特殊景觀。晴朗時南邊可見太平洋，北邊則能將石鎚連峰一覽無遺，盡情享受高原的絕美景致。

於360度的大全景兜風

四國喀斯特

●しこくカルスト

是這樣的地方！

日本三大喀斯特之一。高知與愛媛縣界有著天狗高原、姬鶴平和五段高原等絕美景點，也能觀賞到石灰岩和高山植物。

五段高原

●ごだんこうげん

以五段城為中心，能將四國連山一覽無遺。四國喀斯特的當中被稱為Karrenfeld的石灰岩塊數量最多，能見到放牧的牛隻悠閒吃草的牧歌般風景。

✆0892-21-1192 MAP 附錄②11B-2
（久萬高原町觀光協會）
所愛媛県久万高原町西谷
🚗須崎東IC車程55km P免費

⇧能在放牧場遇見牛隻

姬鶴平

●めづるだいら

東西長約25km，幾乎位於四國喀斯特的正中央，一望無際的牧草地。平緩的丘陵設有展望台，能將喀斯特的雄偉景觀一覽無遺。

MAP 附錄②11B-2
✆0892-21-1192（久萬高原町觀光協會）
所愛媛県久万高原町西谷
🚗須崎東IC車程58km P免費

⇧能享受到雄偉的全景景觀

天狗高原

●てんぐこうげん

位於四國喀斯特東側。以繁星降下的村莊TENGU為起點的散步道規劃良好，是適合健行的區域。TENGU東邊的森林有著國家認定的森林浴步道。

MAP 附錄②11B-2
✆0889-62-3188（繁星降下的村庄TENGU）
所津野町天狗高原 🚗須崎東IC車程53km
P免費

⇧從丘陵地能將山峰一覽無遺

Check! 能在星空下入眠的旅宿

繁星降下的村莊TENGU

●ほしふるヴィレッジテング

建於天狗高原的住宿設施。除了有附能夠眺望星空的客房外，還有天文台、星象儀等能夠盡情觀看四國喀斯特星空的旅宿。不住宿也能在這裡的餐廳用餐。

MAP 附錄②11B-2
✆0889-62-3188
IN 15:00、OUT 10:00、餐廳為10:00～15:00 ¥1泊2食11220円～ 所津野町芳生野乙4921-2
🚗須崎東IC車程53km P免費

⇧附樓中樓的「星空客房」室

MAP
附錄②11
洽詢處
津野町產業課
✆0889-55-2021

ACCESS

車 高知IC —高知自動車道— 須崎東IC
約34km ¥費用／1090円
56 388 315 197 439 48 — 四國喀斯特（天狗高原）
約54km

Check! 使用最新技術的設施

KARST TERRACE

●カルストテラス

以天狗高原為主，簡單易懂地介紹四國喀斯特的地形，以及此處的花草和小動物。導入AR技術，可透過智慧型手機收看影片。

⇧建於TENGU附近

✆0889-62-3371 MAP 附錄②11B-2
8:30～17:00 休週一、二（逢假日則翌日休） ¥免費入館 所津野町芳生野乙4921-48
🚗須崎東IC車程53km P免費

四國喀斯特周邊圖

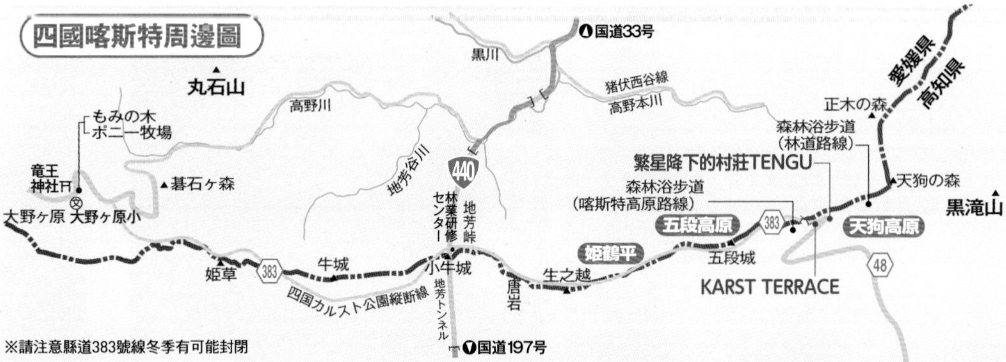

※請注意縣道383號線冬季有可能封閉

親身體驗大自然的宏偉能量

足摺岬NAVI

足摺岬周邊有亙古的巨石和黑潮所刻蝕而成的洞門等神秘的景點多不勝數。眺望獨特的斷崖和湛藍大海，用身體感受大自然的無比能量吧。

優美的灰白岩石景色是足摺岬的象徵

↑太平洋的生動景色壯闊展開

感動於自然鑿刻而成的鬼斧神工之景

足摺岬
●あしずりみさき

是這樣的地方！

在四國最南端的足摺岬，能見到黑潮沖刷而成的斷崖和洞門等令人目不轉睛的景觀。在龍串海域公園則是有優美的大海和天然形成的造景無限延伸。

MAP
P.149・附錄②12

住宿資訊
P.148

洽詢處
土佐清水市觀光協會
✆0880-82-3155

ACCESS

- 電車：高知站 — JR特急足摺號等 — 中村站　所需時間／約1小時45分　費用／4940円
- 巴士：高知西南交通巴士 — 足摺岬　所需時間／約1小時45分　費用／1900円
- 車：高知IC — 高知自動車道 — 黑潮拳之川IC　約75km　費用／1090円
- 56 42 321 27 — 足摺岬　約74km

足摺岬燈台
●あしずりみさきとうだい

矗立在約80m高的斷崖上，位於足摺岬前端的18m高燈塔。從1914年首次點燈至今，仍持續守護著來往船隻的安全。光度46萬燭光，光達距離可至38km。

MAP 149A-2
✆0880-82-3155（土佐清水市觀光協會）
L 外觀能自由參觀　休 無休　所 土佐清水市足摺岬　交 土佐黑潮鐵道中村站搭高知西南交通巴士1小時45分，足摺岬下車，步行5分　P 免費

見殘海岸
●みのこしかいがん

經歷無數次隆起和沉降，長久以來受到強浪和海風所侵蝕而成的花崗岩大地。在走完一圈約60分的步道上，能欣賞到天然紀念物的化石漣痕、屏風岩等獨特的海岸景觀。

✆0880-82-3155（土佐清水觀光協會）MAP 附錄②12D-4
所 土佐清水市見残し　交 土佐黑潮鐵道中村站搭高知西南交通巴士57分，於清水プラザパル前轉乘往宿毛站方向的巴士21分，竜串海洋館前下車，步行3分到玻璃船乘船處，搭玻璃船約30分於見殘海岸下船　P 免費

就連弘法大師都沒能見到的奇岩風情

←搭乘玻璃船渡海前往海岸

神祕大海的海底漫步

↑擁有獨特造型的海中展望台

足摺海底館
●あしずりかいていかん

位於龍串海域公園的日本最大規模海中展望塔。走下塔內樓梯後可到達展望室，能觀察到超過100種的熱帶魚和洄游魚。

✆0880-85-0201　MAP 附錄②12D-3
L 9:00～16:30　休 無休　¥ 入館費900円
所 土佐清水市三崎今芝4032　交 土佐黑潮鐵道中村站搭高知西南交通巴士57分，於清水プラザパル前轉乘往宿毛站方向的巴士21分，竜串海洋館前下車，步行7分　P 免費

高知縣立 足摺海洋館SATOUMI
●こうちけんりつあしずりかいようかんサトウミ

展示約350種、1萬5000隻生物。從足摺的原生林前往龍串灣和足摺的海洋，參觀生命從森林、河川流向太平洋之海的過程。內容豐富的展示大受好評。MAP 附錄②12D-3

✆0880-85-0635　L 9:00～16:30　休 無休　¥ 入館費1200円　所 土佐清水市三崎4032　交 土佐黑潮鐵道中村站搭高知西南交通巴士55分，於清水プラザパル前轉乘往宿毛站方向的巴士21分，竜串海洋館前下車即到　P 免費

海洋與自然的冒險博物館

↑外洋水族箱是一片海藍色的世界

住宿　俯瞰雄偉太平洋的飯店

足摺國際飯店
●あしずりこくさいホテル

建於四國最南端，足摺溫泉鄉高地的旅宿。提供新鮮海產和使用當地食材的料理。觀星活動和清晨散步等迷你行程也廣受好評。

✆0880-88-0201　MAP 149A-2
L IN 15:00、OUT 10:00　¥ 1泊2食15400円～　所 土佐清水市足摺岬662　交 土佐黑潮鐵道中村站搭高知西南交通巴士1小時42分，足摺国際ホテル前下車即到　P 免費　刷卡 可

↑具開放感的露天浴池

↑海景客房視野絕佳

白山洞門

●はくさんどうもん

由黑潮侵蝕形成的神祕洞門

就位於白山神社下，有著高約16m、寬17m、深15m的日本最大海蝕洞。從沿著國道27號散步道樓梯往下走，能就近觀賞到令人震懾的巨大洞門。

MAP 149A-2
☎0880-82-3155（土佐清水市觀光協會）
所土佐清水市足摺岬　交土佐黑潮鐵道中村站搭高知西南交通巴士1小時44分，白皇神社前下車，步行10分　P免費

能量景點info
洞門上的祠堂據說是白山神社的御神體

花崗岩的巨大洞門

足摺岬的能量景點

太平洋強浪形成的岩石之門、森林中謎樣的巨石群等，在大自然創造出的不可思議景色當中，來充電療癒一下吧。

松尾的雀榕

●まつおのアコウ

雀榕是根部從土壤長出，但攀附其他植物生長的亞熱帶植物。位於松尾神社的雀榕樹齡超過300年，高22m，已被指定為天然紀念物。

MAP 149B-2
☎0880-82-3155（土佐清水市觀光協會）
自由參觀　所土佐清水市松尾　交黑潮拳之川IC車程70km

被大樹擁有的強韌生命力所包裹

⊕遇到颱風也不會倒下的大樹，東西向寬10m，南北向也達6m

能量景點info
來感受寄生其他樹木生長的大自然奧祕吧

唐人駄場巨石群

●とうじんだばきょせきぐん

被稱為唐人石的巨石就分布於出土繩文時代到彌生時代石器之處。從巨石群往下俯瞰的廣場上有著巨石環的遺跡。

MAP 149D-2
☎0880-82-3155（土佐清水市觀光協會）
所土佐清水市松尾　交黑潮拳之川IC車程72km

遠古的神祕巨石

能量景點info
有著古代曾存在高度文明的說法

⊕高達6～7m的巨石是否為自然形成至今尚未有所定論

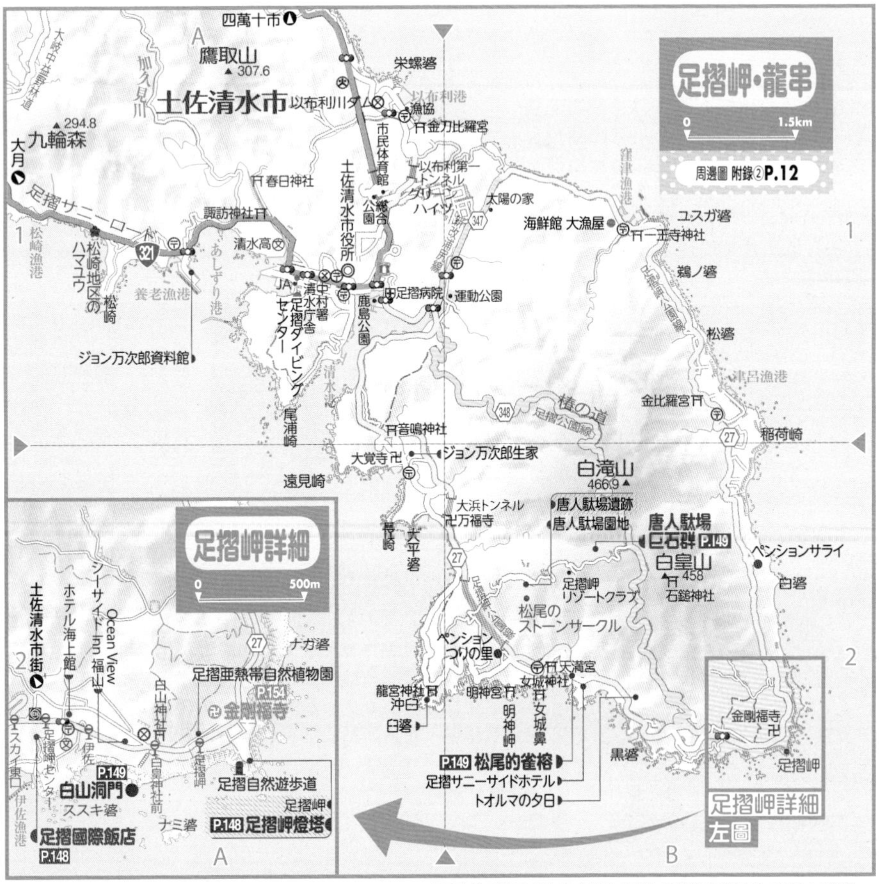

●景點 ●玩樂 ●美食 ●咖啡廳 ●購物 ●溫泉 ●住宿 卍四國八十八札所

大地的公園

室戶 聯合國教科文組織世界 地質公園

實際感受兜風

在太平洋有如V字形突出的室戶岬周邊有著優美海岸線和室戶岬燈塔等眾多景點。在壯麗宏偉的景色當中暢快兜風奔馳吧。

從室戶Skyline展望台能見到漂亮的海岸線

室戶岬

●むろとみさき

大海與岩石所交織出的壯麗風景

是這樣的地方！

周遭一帶被稱為聯合國教科文組織世界地質公園，能觀賞到自然所創造而出的雄偉風景。擁有室戶岬、室戶世界地質公園中心和室戶海豚中心等眾多景點。

何謂室戶地質公園?

地質公園是由意指大地或地球的「GEO」和代表公園的「PARK」所組合成的字彙。是為了保護具有地球科學價值的遺產和其涵蓋的生態系，或是維護人類生活永續等而實行的地域認定專案。室戶地質公園因特殊地形及當地妥善保存、活用獲得高度評價，被認可加盟為世界地質公園網的一員。

首先在此獲取地質公園的資訊

室戶世界地質公園中心 ●むろとせかいジオパークセンター

室戶地質公園的據點設施，展示中心和充滿魄力的地質劇場不容錯過。除了會舉辦各式地質行程（付費）外，另附設咖啡廳和商店。

☎0887-23-1610 MAP 附錄②8F-4

🕒9:00～17:00

休無休 ¥免費入館

所室戶市室戶岬町1810-2

🚌土佐黑潮鐵道奈半利站搭高知東部交通巴士1小時7分，室戶世界ジオパークセンター下車即到 P免費

MAP 附錄②8

洽詢處

☎0887-22-5161

室戶市観光地質公園推進課

ACCESS

電車：高知站 — JR土讃線、土佐黑潮鐵道後免・奈半利線 — 奈半利站

所需時間／約1小時30分 ¥費用／1340円

巴士：高知東部交通巴士 — 室戶岬

所需時間／約58分 ¥費用／1200円

車：南国IC — 32 55 — 室戶岬

約78km

暴風多雨的環境，保護房舍的先人智慧是一大看點

1 吉良川的住宅群

●きらがわのまちなみ

從明治到昭和初期因作為備長炭的集散地而繁榮發展的吉良川町。構成目前街區的建築物大多是該時期所建。為了保護住家受到強風暴雨的摧殘，而採用水切瓦屋簷和「石黑」等獨特工法打造出優美的住宅群景觀。

MAP 附錄②8F-4

☎0887-25-3670（吉良川街道館）

🕒自由參觀 休吉良川まちなみ館無休 所室戶市吉良川町 🚌土佐黑潮鐵道奈半利站搭高知東部交通巴士21分，吉良川学校通下車即到 P免費

➲將川原石堆砌而成，有「石黑」之稱的石牆

◆在高知最早被選為重要傳統建造物群保存地區

和鯨魚共生的室戶歷史

2 Kiramesse室戶鯨館

●キラメッセむろとくじらかん

附設於公路休息站キラメッセ室戸的體感型資料館。將古式捕鯨繪圖數位化後呈現出的動感捕鯨畫面、360度全景的勢子舟乘船虛擬實境體驗、或是能拍攝鯨魚從土佐灣躍出的AR體驗等，無論男女老幼能玩得盡興。

☎0887-25-3377 MAP 附錄②8F-4

🕒9:00～16:30 休週一（逢假日則翌日休，8月為不定休） ¥入館費500円 所室戶市吉良川町丙890-11 🚌土佐黑潮鐵道奈半利站搭高知東部交通巴士25分，キラメッセ室戸下車即到 P免費

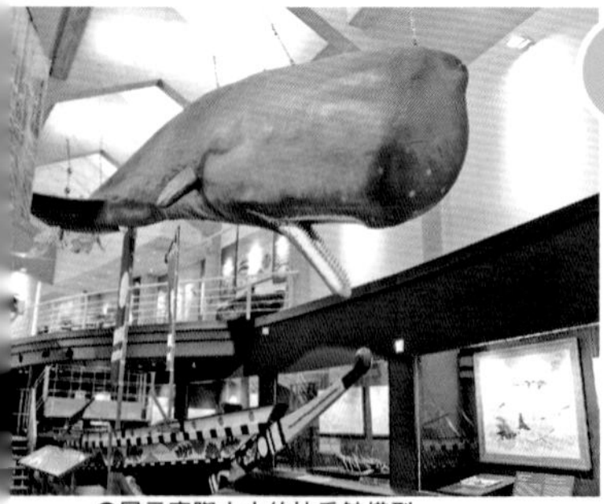

◆展示實際大小的抹香鯨模型

示範行程

START 南國IC

▼ 63km／約1小時50分

1 吉良川的住宅群

▼ 3km／約5分

2 Kiramesse 室戶鯨館

▼ 9km／約20分

3 室戶海豚中心

▼ 3km／約10分

4 室戶岬燈塔

▼ 2km／約5分

5 室戶岬

▼ 2km／約5分

6 シレスト室戶

▼ 80km／約2小時10分

GOAL 南國IC

兜風的注意事項

●示範行程是沿著海邊行駛的舒適路線。

●由於室戶岬附近車道較寬車流較少，請注意不要超速。

●行駛時要格外留意步行或以自行車進行遍路的人。

↑砂和泥的地層表示這裡為海底隆起而形成

眾多景點不勝枚舉!

天狗岩

因形狀類似天狗的側臉而得其名。從國道55號路上能見到的自然奇景。

ビシャゴ岩

據說約1400萬年前熔岩貫穿進入地層而形成。流傳著與絕世美女有關的傳說。

近距離體驗大自然的氣息

5 室戶岬

●むろとみさき

突出於太平洋，沿著約53.3km海岸線有著無數礁石和奇岩，值得一見的景點多如繁星。此處冬季依舊溫暖，故附近一帶生長著亞熱帶植物。建議行走於全長約2.6km的散步道來觀察海角自然風光。

0887-23-1610（室戶世界地質公園中心） MAP 附錄②8F-4

所室戶市室戶岬町 交土佐黑潮鐵道奈半利站搭高知東部交通巴士58分，室戶岬下車即到 P免費

行水之池

據說弘法大師於修行時在此沐浴的池子。岩石的凹陷可見到這裡曾在海中的證據。

用室戶海灣的海洋深層水放鬆休憩

6 シレスト室戶

●シレストむろと

使用室戶岬海灣約2km、水深374m富含礦物質的海洋深層水，設有溫水泳池、露天溫泉和芬蘭三溫暖。以德國引進的海洋療法為基礎，提供各式各樣的健康促進方案。

0887-22-6610 MAP 附錄②8F-4

L12:00～21:00 休週三

¥入館費（泳池、三溫暖、溫泉）1600円、僅泡湯700円 所室戶市室戶岬町3795-1 交土佐黑潮鐵道奈半利站搭高知東部交通巴士1小時，シレストむろと下車即到

P免費

↑肩頸spa舒緩筋骨

觀察、觸摸，度過與海豚共處的快樂時光

3 室戶海豚中心

●むろとドルフィンセンター

有大人小孩都可以參加的餵食體驗、想像自己是訓練師對海豚做出指令的訓練師體驗、在淺灘的互動體驗，以及最受歡迎的與海豚共舞4種方案可選擇

0887-22-1245 MAP 附錄②8F-4

L10:00～16:30 休無休（10～3月為週三休、假日，春假暑假期間則開園） ¥餵食體驗600円等 所室戶市室戶岬町鯨浜6810-162 海の駅とろむ内 交土佐黑潮鐵道奈半利站搭高知東部交通巴士50分，室戶營業所下車，步行5分 P免費

一起來玩吧♥

→可觸摸海豚，體驗當訓練師

建於風光明媚高台的白色燈塔

4 室戶岬燈塔

●むろとみさきとうだい

1899年所建，日本燈塔50選之一。配備了日本最大直徑2.6m的透鏡，光達距離49km。從這裡遠眺的壯闊海景令人讚嘆。

MAP 附錄②8F-4

0887-22-0574（室戶市觀光協會）

L外觀自由參觀

所室戶市室戶岬町 交土佐黑潮鐵道奈半利站搭高知東部交通巴士55分，スカイライン上り口下車，步行20分 P免費

→現今仍營運中，守護著海上的安全

咖啡廳&午餐 這裡也不容錯過

カフェ MUL蔵 ●カフェモルぞう

氣氛絕佳的隱密咖啡廳

使用古老的大理石地板和有百年歷史的桌子，內裝相當有氛圍的咖啡廳。提供咖啡400円、柚子蘇打、每日蛋糕等餐點。

↑復古教堂椅和燈具看起來好時髦

MAP 附錄②8F-4

0887-23-1766

L8:00～16:00 休週一、二

所室戶市浮津一番町58

交土佐黑潮鐵道奈半利站搭高知東部交通巴士35分，室戶浮津二番町下車即到 P免費

釜めし初音 ●かまめしはつね

室戶特有的魚料理深獲好評

位於室津港附近的餐廳。口味清淡的招牌釜飯，有蝦子、金目鯛、雞肉、什錦等5種可選擇。春夏可看到九孔，冬天可看到牡蠣。

↑室戶金目鯛丼1700円

MAP 附錄②8F-4

0887-22-0290

L11:00～13:00（週六日、假日為～13:30）、17:00～20:30 休不定休 所室戶市室津2616-1 交土佐黑潮鐵道奈半利站搭高知東部交通巴士47分，室戶下車，步行3分 P免費

シットロト

景色也很可口的紅茶和咖哩專賣店

面對太平洋而建。使用室戶地質公園海岸台地的西山台地所採的蔬菜，自製的地質咖哩很受歡迎。當季摘擷的紅茶和蛋糕也應有盡有。

↑半份的咖哩和蛋糕套餐1650円～

MAP 附錄②8F-4

0887-22-1176

L11:30～16:30 休週二、三，有不定休

所室戶市元甲2748-3 交土佐黑潮鐵道奈半利站搭高知東部交通巴士26分，平尾第二下車即到

P免費

四國靈場八十八所 全札所指南

在此介紹從德島縣第1號札所到香川縣的第88號札所，全札所的詳細資料。和其他觀光景點搭配參觀，目標是全札所制霸！

適合初次體驗者的路線在這裡！➡ P.80

關鍵①
認識弘法大師

774年誕生於現在的香川縣善通寺市。22歲時改名為空海，42歲時開創了四國八十八札所。爾後成為真言宗的開山祖師，於835年62歲時圓寂。弘法大師之名是醍醐天皇於921年所贈的法號。

巡禮的戒律！「十善戒」

- ❶不殺生 不能傷害生命
- ❷不偷盜 不能偷取財物
- ❸不邪淫 不做淫慾之事
- ❹不妄語 不能說謊
- ❺不綺語 不用華麗詞藻
- ❻不惡口 不說別人壞話
- ❼不兩舌 不油嘴滑舌
- ❽不慳貪 不存過分貪念
- ❾不瞋恚 不輕易發怒
- ❿不邪見 不存有邪惡的思想

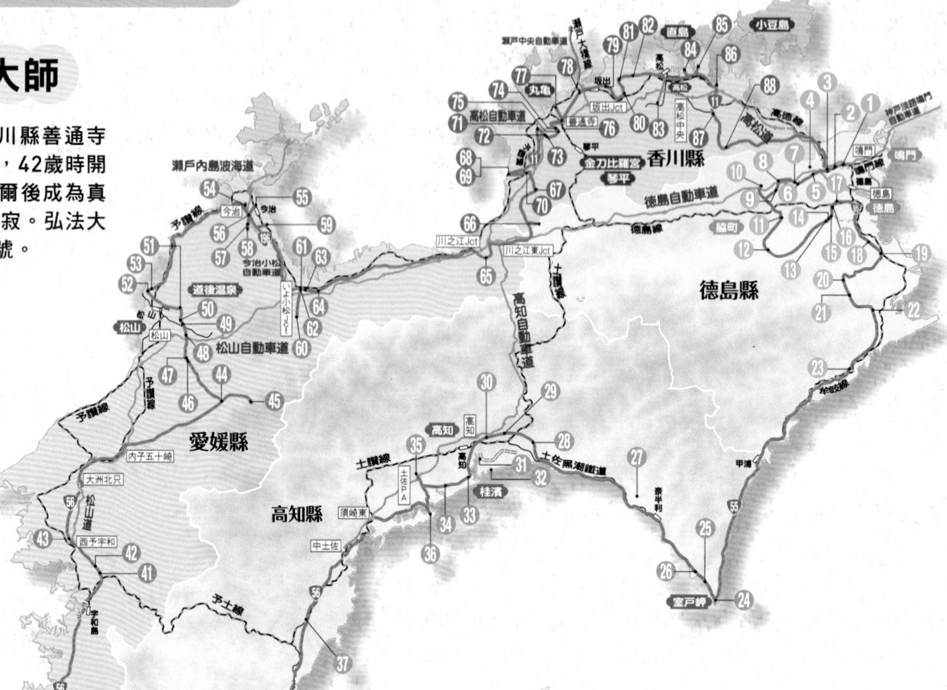

關鍵②

擬定計畫的建議

●一次巡禮中可自由決定札所的數量和順序

從第1號札所到第88號札所的全行程距離約1400km，由於範圍過於廣大，不用一次走完所有札所或是不照順序也沒有關係。關鍵在於訂定最適合自己的巡禮計畫。

●春季和秋季為最推薦的遍路季節

若選擇徒步遍路，則推薦氣候和緩的春秋兩季。但同時觀光客和參拜客的數量也多，時有擁擠。駕車的話則無需考慮季節，但冬季時山路有可能會結凍。

●在提供宿坊的寺院住宿

寺院附設的住宿設施被稱為宿坊。四國八十八札所中約有20座札所提供宿坊，也能參加清晨的誦經。1泊2食費用約7000円左右，需預約。

⊃用餐時間也是期待的樂趣之一

關鍵③
學習參拜的規則

1 在門前一禮

到達札所進入寺院境內前，需在山門（仁王門）深深一鞠躬。參拜完後出山門時也是一樣，面向寺院一鞠躬。

2 潔淨身心

首先清洗左右手。接著將勺子的水倒入左手用以漱口。最後再清洗一次左手。

3 鳴鐘

心懷感激鳴鐘一次。需注意部分的札所無法鳴鐘。請注意參拜後才鳴鐘被視為不吉利的象徵。

4 參拜本堂和大師堂

將納札置入納札箱。接著供奉燈火、線香和香油錢。參照佛經誦唱完般若心經後，複誦3次御本尊真言。

5 進行納經

參拜結束後，索取本尊和寺號的墨書與寺印。同時也能獲得印製有各札所的御本尊圖像的御影。

從下一頁起會分區介紹全部的札所←

發心的道場

德島

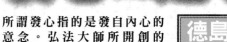

所謂發心指的是發自內心的意念。弘法大師所開創的八十八所漫長修行就是從德島縣的靈山寺為起點。

第1號札所 竺和山 靈山寺
じくわざん りょうぜんじ

MAP 附錄②4E-3
088-689-1111
納經為7:00～17:00 所鳴門市大麻町板東塚鼻126
JR板東站步行10分 P免費

第2號札所 日照山 極樂寺
にっしょうざん ごくらくじ

MAP 附錄②4E-3
088-689-1112
納經為7:00～17:00 所鳴門市大麻町桧段の上12
JR阿波川端站步行20分 P免費

第3號札所 龜光山 金泉寺
きこうざん こんせんじ

MAP 附錄②4E-3
088-672-1087
納經為7:00～17:00 所板野町大寺亀山下66
JR板野站步行15分 P免費

第4號札所 黑巖山 大日寺
こくがんざん だいにちじ

MAP 附錄②4E-3
088-672-1225
納經為7:00～17:00 所板野町黒谷字居内5
JR板野站搭計程車10分 P免費

第5號札所 無盡山 地藏寺
むじんざん じぞうじ

MAP 附錄②4E-4
088-672-4111 納經為7:00～17:00（羅漢堂為7:00～16:30） 休羅漢堂無休 ¥羅漢堂參拜自由樂捐200円 所板野町羅漢林東5 JR板野站搭德島巴士17分，羅漢下車步行7分 P免費

第6號札所 溫泉山 安樂寺
おんせんざん あんらくじ

MAP 附錄②4D-4
088-694-2046
納經為7:00～17:00 所上板町引野寺ノ西北8
JR板野站搭德島巴士23分，東原下車步行10分 P免費

第7號札所 光明山 十樂寺
こうみょうざん じゅうらくじ

MAP 附錄②4D-4
088-695-2150
納經為7:00～17:00 所阿波市土成町高尾法教田58
土成IC車程3km P免費

第8號札所 普明山 熊谷寺
ふみょうざん くまだにじ

MAP 附錄②4D-4
088-695-2065
納經為7:00～17:00 所阿波市土成町土成前田185 土成IC車程2km P停車費自由樂捐

第9號札所 正覺山 法輪寺
しょうかくざん ほうりんじ

MAP 附錄②4D-4
088-695-2080
納經為7:00～17:00 休無休 所阿波市土成町土成田中198-2
土成IC車程4km P免費

第10號札所 得度山 切幡寺
とくどさん きりはたじ

MAP 附錄②4D-4
0883-36-3010
納經為7:00～17:00 休無休 所阿波市市場町切幡観音129
土成IC車程7km P免費

第11號札所 金剛山 藤井寺
こんごうざん ふじいでら

MAP 附錄②4D-4
0883-24-2384
納經為7:00～17:00 所吉野川市鴨島町飯尾1525
JR鴨島站搭計程車10分

第12號札所 摩廬山 燒山寺
まろさん しょうさんじ

MAP 附錄②8D-1
088-677-0112
納經為7:00～17:00 所神山町下分地中318
土成IC車程37km P1次300円

第13號札所 大栗山 大日寺
おおぐりざん だいにちじ

MAP 附錄②4E-4
088-644-0069
納經為7:00～17:00 所德島市一宮町西丁263 JR德島站搭德島巴士37分，一の宮札所前下車即到 P免費

第14號札所 盛壽山 常樂寺
せいじゅざん じょうらくじ

MAP 附錄②4E-4
088-642-0471
納經為7:00～17:00 所德島市国府町延命606 JR德島站搭德島巴士24分，常楽寺前下車步行5分 P免費

第15號札所 藥王山 國分寺
やくおうざん こくぶんじ

MAP 附錄②4E-4
088-642-0525 納經為7:00～17:00
所德島市国府町矢野718-1 JR德島站搭德島巴士24分，国分寺前下車步行7分 P免費

第16號札所 光耀山 觀音寺
こうようざん かんおんじ

MAP 附錄②4E-4
088-642-2375
納經為7:00～17:00 所德島市国府町観音寺49-2
JR府中站步行20分 P免費

第17號札所 瑠璃山 井戶寺
るりざん いどじ

MAP 附錄②4E-4
088-642-1324
納經為7:00～17:00 所德島市国府町井戸北屋敷80-1
JR府中站步行20分 P免費

第18號札所 母養山 恩山寺
ぼようざん おんざんじ

MAP 附錄②8E-1
0885-33-1218
納經為7:00～17:00 所小松島市田野町恩山寺谷40 JR德島站搭德島巴士44分，恩山寺前下車步行10分 P免費

第19號札所 橘池山 立江寺
きょうちざん たつえじ

MAP 附錄②8F-1
0885-37-1019
納經為7:00～17:00 所小松島市立江町若松13
JR立江站步行5分 P1次300円

第20號札所 靈鷲山 鶴林寺
りょうじゅざん かくりんじ

MAP 附錄②8E-1
0885-42-3020
納經為7:00～17:00 所勝浦町生名鷲ヶ尾14
德島IC車程27km P奉獻金

第21號札所 舍心山 太龍寺
しゃしんざん たいりゅうじ

0884-62-2021 MAP 附錄②8E-1
納經為7:00～17:00 所阿南市加茂町龍山2 在JR桑野站附近的桑野上巴士站搭德島巴士16分，於和食東下車步行10分，到山麓站搭空中纜車10分於山頂下車即到 P免費（使用空中纜車乘車處的停車場）

輕鬆愉快前往寺院♪

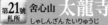

第21號札所 前往太龍寺

享受10分鐘的空中遊覽

太龍寺空中纜車
たいりゅうじロープウェイ

0884-62-3100
MAP 附錄②8E-2

從公路休息站「鷲の里」到太龍寺高低差508m，全長2775m，是日本最長的空中纜車。

8:00～16:40
休無休 ¥來回2600円
所那賀町和食郷田野76
在JR桑野站附近的桑野上巴士站搭德島巴士16分，和食東下車步行10分
P免費

從最大斜角30度俯瞰那賀川同時緩緩登山

第22號札所 白水山 平等寺
はくすいざん びょうどうじ

MAP 附錄②8E-2
0884-36-3522
納經為7:00～17:00 休無休 所阿南市新野町秋山177
JR新野站搭計程車5分 P免費

第23號札所 醫王山 藥王寺
いおうざん やくおうじ

MAP 附錄②8E-2
0884-77-0023 納經為7:00～17:00（瑜祇塔為9:00左右～16:00左右） 休瑜祇塔為不定休 ¥瑜祇塔戒壇巡訪參拜費100円 所美波町奥河内寺前285-1 JR日和佐站步行7分 P免費

稍微繞道探訪

四國別格二十靈場第15號札所 前往箸藏寺

於八十八所巡禮途中參拜

箸藏山空中纜車
はしくらさんロープウェイ

0883-72-0818 MAP 附錄②5A-4

因「琴平奥之院」而信仰者眾的真言宗別格本山箸藏寺。從停車場搭箸藏山空中纜車前往箸藏寺。

8:00～16:45（12～3月為9:00） 休無休
¥來回1700円 所三好市池田町州津藏ノ井559-14
JR箸藏站步行10分
P免費

四季流轉的美景必看

修行的道場

修行的道場以位於室戶岬前端的最御崎寺為起點。在此的重點為心靈面的修行。

高知

第33號札所 高福山 雪蹊寺
こうふくざん せっけいじ

MAP 141B-4
☎088-837-2233 納經為7:00～17:00
所 高知市長浜857-3 交 JR高知站搭土佐電交通巴士24分，長浜営業所下車步行5分 P 奉獻金

第34號札所 本尾山 種間寺
もとおざん たねまじ

MAP 141A-4
☎088-894-2234
納經為7:00～17:00 所 高知市春野町秋山72
交 土佐IC車程9km P 免費

第35號札所 醫王山 清瀧寺
いおうざん きよたきじ

MAP 附錄②10E-2
☎088-852-0316
納經為7:00～17:00 所 土佐市高岡町丁568-1
交 JR伊野站搭計程車20分

第36號札所 獨鈷山 青龍寺
とっこうざん しょうりゅうじ

MAP 附錄②10E-3
☎088-856-3010 納經為7:00～17:00
休 無休 所 土佐市宇佐町竜601
交 土佐IC車程12km P 免費

第37號札所 藤井山 岩本寺
ふじいさん いわもとじ

MAP 附錄②11C-4
☎0880-22-0376
納經為7:00～17:00 所 四万十町茂串町3-13
交 JR窪川站步行10分 P 奉獻金

第38號札所 蹉跎山 金剛福寺
さださん こんごうふくじ

MAP 149A-2
☎0880-88-0038 納經為7:00～17:00 休 無休
所 土佐清水市足摺岬214-1 交 土佐黑潮鐵道中村站搭高知西南交通巴士1小時45分，足摺岬下車即到 P 免費

第39號札所 赤龜山 延光寺
しゃっきざん えんこうじ

MAP 附錄②12D-2
☎0880-66-0225
納經為7:00～17:00 所 宿毛市平田町中山390
交 土佐黑潮鐵道平田站搭計程車5分 P 免費

第29號札所 摩尼山 國分寺
まにざん こくぶんじ

MAP 140D-2
☎088-862-0055 納經為7:00～17:00（本堂寶物參觀為9:00～16:00） 休 無休 ¥ 寶物參觀費500円 所 南国市国分546
交 JR後免站搭計程車7分 P 免費

第30號札所 百百山 善樂寺
どどざん ぜんらくじ

MAP 141C-2
☎088-846-4141
納經為7:00～17:00 所 高知市一宮しなね2-23-11
交 JR土佐一宮站步行20分 P 免費

第31號札所 五台山 竹林寺
ごだいさん ちくりんじ

MAP 141C-3
☎088-882-3085 納經為7:00～17:00（寶物館、庭園為8:30～16:30） 休 無休 ¥ 寶物館、庭園參觀費400円 所 高知市五台山3577 交 JR高知站搭計程車20分 P 免費

第32號札所 八葉山 禪師峰寺
はちようざん ぜんじぶじ

MAP 141C-4
☎088-865-8430
納經為7:00～17:00 所 南国市十市3084
交 高知IC車程10km P 免費

第24號札所 室戶山 最御崎寺(東寺)
むろとざん ほつみさきじひがしでら

MAP 附錄②8F-4

有被稱為「空海七不思議」的石頭和不喰芋，以及敲打時會發出鐘聲的鐘石，據說這個聲音會傳到冥界。

☎0887-23-0024
納經為7:00～17:00
所 室戸市室戸岬町4058-1
交 土佐黑潮鐵道奈半利站搭高知東部交通巴士56分，スカイライン上り口下車步行20分 P 免費

第25號札所 寶珠山 津照寺(津寺)
ほうしゅざん しんしょうじつでら

MAP 附錄②8F-4
☎0887-23-0025 納經為7:00～17:00 休 無休 所 室戸市室津2652-イ 交 土佐黑潮鐵道奈半利站搭高知東部交通巴士47分，室戸下車步行5分 P 免費（使用室津港停車場）

第26號札所 龍頭山 金剛頂寺
りゅうずざん こんごうちょうじ

MAP 附錄②8F-4
☎0887-23-0026
納經為7:00～17:00 所 室戸市元乙523
交 南國IC車程69km P 1次200円

第27號札所 竹林山 神峯寺
ちくりんざん こうのみねじ

MAP 附錄②9B-4
☎0887-38-5495 納經為7:00～17:00
所 安田町唐浜2594 交 土佐黑潮鐵道唐濱站搭計程車10分
P 1次300円

第28號札所 法界山 大日寺
ほうかいざん だいにちじ

MAP 140E-2
☎0887-56-0638
納經為7:00～17:00 所 香南市野市町母代寺476-1
交 土佐黑潮鐵道野市站搭計程車5分 P 免費

流傳著弘法大師傳說的神祕洞窟

祭神為大國主命

因有落石而禁止入內。僅限參觀外觀

御廚人窟 ●みくろど

傳說約1200年前修行中的弘法大師住居的洞窟。據說從這裡見到的風景僅有天空和大海，因此得名法號「空海」。從御廚人窟所聽到的海浪聲被選為「日本的音風景100選」。一旁的神明窟據說是空海度過難關後的開悟之地，僅外觀可參觀。

☎0887-22-0574（室戸市觀光協會）
MAP 附錄②8F-4
自由參觀
所 室戸市室戸岬町 交 土佐黑潮鐵道奈半利站搭高知東部交通巴士1小時，室戸岬ホテル前下車步行5分 P 免費

菩提的道場

所謂菩提即為道、知、覺。經過前2座的道場，方能夠達到其境界的道場。

愛媛

第56號札所 金輪山 泰山寺
きんりんざん たいさんじ

MAP附錄②15A-4
0898-22-5959 納經為7:00～17:00
所今治市小泉1-9-18 JR今治站搭瀬戸内巴士8分，小泉下車步行10分 P1次200円

第57號札所 府頭山 榮福寺
ふとうざん えいふくじ

MAP附錄②7B-2
0898-55-2432 納經為7:00～17:00 休無休 所今治市玉川町八幡甲200 JR今治站搭瀬戸内巴士23分，大須木下車步行15分 P奉獻金100円

第58號札所 作禮山 仙遊寺
されいざん せんゆうじ

MAP附錄②7B-2
0898-55-2141 納經為7:00～17:00
所今治市玉川町別所甲483 JR今治站搭計程車20分 P參道維護費400円

第59號札所 金光山 國分寺
こんこうざん こくぶんじ

MAP附錄②7B-2
0898-48-0533 納經為7:00～17:00
所今治市国分4-1-33 JR今治站搭瀬戸内巴士23分，国分寺下車步行3分 P1次200円

第60號札所 石鐵山 横峰寺
いしづちさん よこみねじ

MAP附錄②7C-4
0897-59-0142 納經為7:00～17:00
所西条市小松町石鎚2253 いよ小松IC車程17km，從停車場步行10分 P1次1850円（含林道通行費）

第61號札所 栴檀山 香園寺
せんだんさん こうおんじ

MAP附錄②7C-3
0898-72-3861
納經為7:00～17:00 所西条市小松町南川甲19
JR伊予小松站步行20分 P免費

第62號札所 天養山 寶壽寺
てんようざん ほうじゅじ

MAP附錄②7C-3
0898-72-2210
納經為7:00～17:00 所西条市小松町新屋敷甲428
JR伊予小松站即到 P免費

第63號札所 密教山 吉祥寺
みっきょうざん きちじょうじ

MAP附錄②7C-3
0897-57-8863
納經為7:00～17:00 所西条市氷見乙1048
JR伊予氷見站即到 P1次300円

第64號札所 石鉄山 前神寺
いしづちさん まえがみじ

MAP附錄②7C-3
0897-56-6995
納經為7:00～17:00 所西条市洲之内甲1426
JR石鎚山站步行10分 P免費

第65號札所 由靈山 三角寺
ゆれいざん さんかくじ

MAP附錄②6F-3
0896-56-3065
納經為7:00～17:00 所四国中央市金田町三角寺甲75
三島川之江IC車程5km P1次200円

第47號札所 熊野山 八坂寺
くまのざん やさかじ

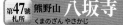

MAP附錄②7A-4
089-963-0271 納經為7:00～17:00 所松山市浄瑠璃町八坂773 伊予鐵道松山市站搭伊予鐵巴士30分，於森松轉乘15分，八坂寺前下車步行5分 P免費

第48號札所 清瀧山 西林寺
せいりゅうざん さいりんじ

MAP附錄②7A-4
089-975-0319 納經為7:00～17:00
所松山市高井町1007 伊予鐵道久米站搭伊予鐵巴士11分，高井局前下車步行7分 P免費

第49號札所 西林山 淨土寺
さいりんざん じょうどじ

MAP附錄②7A-4
089-975-1730 納經為7:00～17:00
所松山市鷹子町1198 伊予鐵道久米站步行7分
P1次100円

第51號札所 熊野山 石手寺
くまのざん いしてじ

MAP附錄②7A-4
089-977-0870 納經為7:00～17:00（寶物館為8:00～）休無休 ¥寶物館參觀費200円 所松山市石手2-9-21 伊予鐵道松山市站搭伊予鐵巴士20分，石手寺下車步行5分 P免費

第52號札所 瀧雲山 太山寺
りゅううんざん たいさんじ

MAP附錄②7A-3
089-978-0329 納經為7:00～17:00
所松山市太山寺町1730 伊予鐵道三津站搭伊予鐵巴士11分，太山寺下車步行10分 P免費

第54號札所 近見山 延命寺
ちかみざん えんめいじ

MAP附錄②15A-4
0898-22-5696 納經為7:00～17:00 休無休
所今治市阿方甲636 JR今治站搭瀬戸内巴士9分，阿方下車步行10分 P冥加費100円

第55號札所 別宮山 南光坊
べっくざん なんこうぼう

MAP117
0898-22-2916
納經為7:00～17:00 所今治市別宮町3-1
JR今治站步行7分 P免費

第40號札所 平城山 觀自在寺
へいじょうざん かんじざいじ

MAP附錄②13B-2
0895-72-0416 納經為7:00～17:00 休無休
所愛南町御荘平城2253-1 JR宇和島站搭宇和島巴士1小時15分，於平城札所前下車，步行5分 P免費

第41號札所 稻荷山 龍光寺
いなりざん りゅうこうじ

MAP附錄②14F-4
0895-58-2186
納經為7:00～17:00 所宇和島市三間町戸雁173
JR伊予宮野下站步行20分 P免費

第42號札所 一粿山 佛木寺
いっかざん ぶつもくじ

MAP附錄②14F-4
0895-58-2216
納經為7:00～17:00 所宇和島市三間町則1683
三間IC車程3km P免費

第43號札所 源光山 明石寺
げんこうざん めいせきじ

MAP附錄②14E-3
0894-62-0032
納經為7:00～17:00 休無休 所西予市宇和町明石201
JR卯之町站搭計程車8分 P免費

第44號札所 菅生山 大寶寺
すごうさん だいほうじ

MAP附錄②11B-1
0892-21-0044 納經為7:00～17:00 所久万高原町菅生1173-2 JR松山站搭JR四國巴士1小時8分，久万中學校前下車步行20分 P免費

第45號札所 海岸山 岩屋寺
かいがんざん いわやじ

MAP附錄②11B-1
0892-57-0417
納經為7:00～17:00 所久万高原町七鳥1468
松山IC車程36km P1次200円

第46號札所 醫王山 淨瑠璃寺
いおうざん じょうるりじ

MAP附錄②7A-4
089-963-0279 納經為7:00～17:00 所松山市浄瑠璃町282 伊予鐵道松山市站搭伊予鐵巴士30分，於森松轉乘16分，浄瑠璃寺前下車即到
P免費

絢爛的天花板畫巡禮

第53號札所 須賀山 圓明寺
すがさん えんみょうじ

MAP附錄②7A-3

089-978-1129
納經為7:00～17:00
所松山市和気町1-182
JR伊予和氣站步行5分
P免費

除了平成時期所繪的天花板格子繪外，還保有年代不詳的天花板畫

第50號札所 東山 繁多寺
ひがしやま はんたじ

MAP附錄②7A-4

089-975-0910
納經為7:00～17:00
所松山市畑寺町32
伊予鐵道松山市站搭伊予鐵巴士23分，畑寺下車步行15分 P免費

和御伽草子插畫一起畫上的鐘樓堂的二十四孝天花板畫

涅槃的道場

香川

消除煩惱之火，達到完成智慧而大徹大悟的境地稱之為涅槃。巡遊讚岐，以結願之寺，第88號札所大窪寺為目標前進吧。

第81號札所 綾松山 白峯寺
りょうしょうざん しろみねじ

MAP附錄②5B-2
☎0877-47-0305 納經為7:00～17:00（寺寶收藏庫為10:00～15:00） 休寺寶收藏庫為雨天時 ¥寺寶收藏庫參拜費500円（預約制） 所坂出市青海町2635 交坂出IC車程16km P免費（新年期間則須付費）

第82號札所 青峰山 根香寺
あおみねざん ねごろじ

MAP附錄②17A-4
☎087-881-3329
納經為7:00～17:00 所高松市中山町1506
交高松西IC或高松檀紙IC車程14km P免費

第83號札所 神毫山 一宮寺
しんごうざん いちのみやじ

MAP附錄②4E-2
☎087-885-2301
納經為7:00～17:00 所高松市一宮町607
交琴電一宮站步行10分 P免費

第84號札所 南面山 屋島寺
なんめんざん やしまじ

MAP附錄②17C-4
☎087-841-9418 納經為7:00～17:00（寶物館為9:30～16:00）
休寶物館不定休 ¥寶物館入館費500円 所高松市屋島東町1808
交JR屋島站搭屋島山上接駁巴士18分，屋島山上下車步行3分
P1次300円（使用屋島山上觀光停車場）

第85號札所 五劍山 八栗寺
ごけんざん やくりじ

MAP附錄②17C-4
☎087-845-9603 納經為7:00～17:00（地軌式纜車為7:30～17:15，每月1日為5:00～，往返1000円） 所高松市牟礼町牟礼3416 交琴電八栗站搭計程車5分到八栗地軌式纜車登山口站，搭纜車4分，山上站下車步行5分 P免費

＼輕鬆愉快前往寺院♪／
第85號札所 前往八栗寺

搭地軌式纜車參拜
八栗地軌式纜車 やくりケーブル

☎087-845-2218
MAP附錄②17C-4

前往八栗寺的參拜客絡繹不絕。因結緣與生意買賣等靈驗而有高人氣。從八栗登山口約4分可抵達山頂。

7:30～17:15（每月1日為5:00～） 休無休
¥來回1000円 所高松市牟礼町牟礼3378-3
交土佐電八栗站搭計程車5分 P免費

第86號札所 補陀洛山 志度寺
ふだらくさん しどじ

MAP附錄②5C-2
☎087-894-0086
納經為7:00～17:00 休無休 所さぬき市志度1102
交JR志度站步行10分 P免費

第87號札所 補陀落山 長尾寺
ふだらくさん ながおじ

MAP附錄②5C-3
☎0879-52-2041
納經為7:00～17:00 所さぬき市長尾西653
交琴電長尾站步行5分 P免費

第88號札所 醫王山 大窪寺
いおうざん おおくぼじ

MAP附錄②5C-3
☎0879-56-2278 納經為7:00～17:00（大師堂地下內拜為8:00～16:00） 休無休 ¥大師堂地下內拜費500円 所さぬき市多和兼割96 交志度IC車程23km P免費

＼輕鬆愉快前往寺院♪／
一口氣爬升抵達海拔916m **第66號札所 前往雲邊寺**

雲邊寺空中纜車
うんぺんじロープウェイ
☎0875-54-4968
MAP附錄②6F-2

於1987年開通。能享受全長約2600m、約7分鐘的空中散步。天氣晴朗時能遠眺瀨戶大橋和本州。

7:20～17:20（12～2月為8:00～） 休無休
¥來回2200円 所觀音寺市大野原町丸井1974-57
交大野原IC車程10分km
P免費

第74號札所 醫王山 甲山寺
いおうざん こうやまじ

MAP51A-2
☎0877-63-0074
納經為7:00～17:00 所善通寺市弘田町1765-1
交JR善通寺站搭計程車10分 P1次200円

第75號札所 五岳山 總本山善通寺
ごがくざん そうほんざんぜんつうじ

MAP51A-2
☎0877-62-0111 納經為7:00～17:00（戒壇巡禮、寶物館為8:00～16:30） 休寶物館換展期間休 ¥戒壇巡禮・寶物館參觀費500円 所善通寺市善通寺町3-3-1 交JR善通寺站步行20分 P1次300円

第76號札所 雞足山 金倉寺
けいそくざん こんぞうじ

MAP51A-2
☎0877-62-0845
納經為7:00～17:00 所善通寺市金蔵寺町1160
交JR金藏寺站步行10分 P1日200円

第77號札所 桑多山 道隆寺
そうたざん どうりゅうじ

MAP51A-1
☎0877-32-3577
納經為7:00～17:00 所多度津町北鴨1-3-30
交JR多度津站步行15分 P免費

第78號札所 佛光山 鄉照寺
ぶっこうざん ごうしょうじ

MAP51B-1
☎0877-49-0710
納經為7:00～17:002無休 所宇多津町1435
交JR宇多津站步行20分 P免費

第79號札所 金華山 天皇寺
きんかざん てんのうじ

MAP附錄②5A-2
☎0877-46-3508
納經為7:00～17:00 休無休 所坂出市西庄町天皇1713-2
交JR八十場站步行5分 P1輛200円

第80號札所 白牛山 國分寺
はくぎゅうざん こくぶんじ

MAP附錄②17A-4
☎087-874-0033
納經為7:00～17:00 休無休 所高松市国分寺町国分2065 交JR國分站步行5分 P免費

第66號札所 巨鼇山 雲邊寺
きょごうざん うんぺんじ

MAP附錄②6F-2

位於標高927m的雲邊寺山山頂，是四國靈場中的最高位置。從前曾是讓遍路行者挫折的難關之一，現在則有從香川縣運行的纜車。

☎0883-74-0066

納經為7:00～17:00（空中纜車7:20～17:20、12～2月為8:00～，無休，來回2200円） 所德島県三好市池田町白地ノロウチ763-2 交大野原IC車程10km到山麓站，搭空中纜車7分，山頂站下車步行3分 P使用雲邊寺空中纜車山麓站停車場（免費）

第67號札所 小松尾山 大興寺
こまつおざん だいこうじ

MAP附錄②6F-2
☎0875-63-2341（小松尾寺）
納經為7:00～17:00 休無休 所三豊市山本町辻4209
交さぬき豊中IC車程8km P免費

第68號札所 七寶山 神惠院
しっぽうざん じんねいん

MAP附錄②6F-2
☎0875-25-3871（觀音寺）
納經為7:00～17:00 所觀音寺市八幡町1-2-7 觀音寺內
交JR觀音寺站搭計程車5分 P免費

第69號札所 七寶山 觀音寺
しっぽうざん かんのんじ

MAP附錄②6F-2
☎0875-25-3871
納經為7:00～17:00 所觀音寺市八幡町1-2-7
交JR觀音寺站搭計程車5分 P免費

第70號札所 七寶山 本山寺
しっぽうざん もとやまじ

MAP附錄②6F-2
☎0875-62-2007
納經為7:00～17:00 所三豊市豊中町本山甲1445
交JR本山站步行20分 P免費

第71號札所 劍五山 彌谷寺
けんござん いやだにじ

MAP附錄②6F-1
☎0875-72-3446
納經為7:00～17:00 所三豊市三野町大見乙70
交JR三野站搭計程車10分 P免費

第72號札所 我拜師山 曼荼羅寺
がはいしざん まんだらじ

MAP附錄②5A-3
☎0877-63-0072
納經為7:00～17:00 所善通寺市吉原町1380-1
交JR善通寺站搭計程車10分 P1次200円

第73號札所 我拜師山 出釋迦寺
がはいしざん しゅっしゃかじ

MAP附錄②5A-3
☎0877-63-0073
納經為7:00～17:00 所善通寺市吉原町1091
交JR善通寺站搭計程車15分 P免費

十一畫

十二畫

十三畫

十四畫

十五畫以上

父母濱(P.16•35)

弘人市場(P.12•126)

祖谷蔓橋(P.11•72)

來島海峽大橋(P.15•110)

景…景點 玩…玩樂 食…美食 買…購物 咖…咖啡廳 溫…溫泉 住…住宿 麵…讚岐烏龍麵

Index
Mapple Magazine
哈日情報誌 四國

符號、數字

英文字母

日文假名

一畫

二畫

三畫

四畫

景…景點 玩…玩樂 食…美食 買…購物 咖…咖啡廳 溫…溫泉 住…住宿 麵…讚岐烏龍麵

【哈日情報誌系列20】

四國

MAPPLE まっぷる 哈日情報誌

作者／MAPPLE昭文社編輯部
翻譯／林琬清
編輯／林庭安
特約編輯／彭智敏
內頁排版／李筱琪
發行人／周元白
出版者／人人出版股份有限公司
地址／231028新北市新店區寶橋路235巷6弄6號7樓
電話／(02)2918-3366（代表號）
傳真／(02)2914-0000
網址／www.jjp.com.tw
郵政劃撥帳號／16402311人人出版股份有限公司
製版印刷／長城製版印刷股份有限公司
電話／(02)2918-3366（代表號）
香港經銷商／一代匯集
電話／(852)2783-8102
第一版第一刷／2019年2月
修訂二版第一刷／2024年1月
定價／新台幣500元
港幣167元

國家圖書館出版品預行編目(CIP)資料

四國 / MAPPLE昭文社編輯部作；林琬清翻譯. ——
修訂二版. -- 新北市：人人出版股份有限公司, 2024.01
面；　公分. -- (哈日情報誌；20)
ISBN 978-986-461-367-0(平裝)

1.CST: 旅遊　2.CST: 日本四國

731.7709　　　112019666

MM日本20
202401